I SAGGI

NuoveVoci

Mario Vassalle

Sintesi
Una visione d'insieme della realtà umana

Albatros

In copertina
Immagine da Fotolia

© 2011 Gruppo Albatros Il Filo S.r.l., Roma
www.gruppoalbatrosilfilo.it

ISBN 978-88-567-3931-2

I edizione febbraio 2011
stampato da Digital Team sas, Fano (PU)

Distribuzione per le librerie Mursia s.p.a.

Sintesi
Una visione d'insieme della realtà umana

All'amore di Dio verso le sue creature

"Naturalmente li omini boni disiderano sapere."
(Leonardo da Vinci)

"So bene che, per non essere io letterato, che alcuno
presuntuoso gli parrà ragionevolmente biasimare coll'allegare io
essere omo sanza lettere...
... Diranno che, per non avere io lettere, non potere ben dire
quello di che voglio trattare. Or non sanno questi che le mie
cose son più da essere tratte dalla sperienzia, che d'altrui
parola; la quale [sperienzia] fu maestra di chi bene scrisse, e
così per maestra la piglio e quella in tutti i casi allegherò."

(Leonardo da Vinci, Codice Atlantico, *f. 327 v.)*

Indice

AVVERTENZA

Lo scopo di questo saggio è di mettere in relazione le varie componenti della realtà umana in una visione d'insieme basata sulla mia formazione scientifica di medico ricercatore. Delineo un sistema di pensiero, indagando se vi sia un'organizzazione strategica che inquadri e dia un significato ai vari aspetti della vita. La costanza dei fenomeni della mente umana sembra indicare che questa sia governata da leggi ben precise, basate sulla genetica, come per le altre funzioni del corpo.

Non voglio certo analizzare le diverse componenti della realtà umana *per sé*, dal momento che questo è un compito impossibile per chiunque. Non esamino, per es., l'amore in se stesso, ma piuttosto se e come le varie forme d'amore abbiano un ruolo preciso nello svolgersi del dramma della vita.

La mia maniera di procedere riflette la mia esperienza di scienziato, dal momento che sono un fisiologo che investiga i meccanismi che fanno battere il cuore. Una maniera di individuare il significato e funzione delle differenti componenti della mente è quella di considerare quello che succederebbe se una componente specifica fosse abolita, così come si può fare in un esperimento.

Come nel metodo scientifico, le mie conclusioni sono basate sull'esperienza diretta della mente e non su quello che è stato scritto da altri. Pertanto, dal punto di vista filosofico, mi si potrebbe accusare di essere "omo sanza lettere". Per questo, ho citato Leonardo da Vinci, di cui condivido l'importanza del procedimento sperimentale.

I differenti metodi d'analisi derivanti da differenti formazioni professionali sono complementari. Pertanto, le differenti analisi contribuiscono ad una maggiore comprensione, esaminando gli stessi problemi da differenti punti di vista, con differenti nozioni e con diverso metodo. Lo scopo delle varie contribuzioni è unico e resta quello di una migliore comprensione della realtà che si vive.

Un'analisi diretta che prende in considerazione le contribuzioni della scienza alla conoscenza permette una visione delle cose, la cui concretezza deriva dall'esame dei fatti e non dalla discussione delle varie teorie. Questo saggio non studia la filosofia, ma quello che la filosofia studia. Tanto più che al di fuori di ciascuna specializzazione siamo tutti "Homini sanza lettere" (e questo non esenta neanche i filosofi). Quali che siano le fatiche di un'analisi filosofica, la vita continuerà come sempre. Ma questo non ci dispensa dallo sforzo di capire, perché la *qualità* della vita che si vive non può essere basata sull'incomprensione dell'ignoranza.

INTRODUZIONE

Spesso, si vive la vita senza analizzarla. La relazione tra vivere e analizzare è ben espressa nell'adagio: "Primum vivere, deinde philosophari". Il che significa non che non ci si debba porre delle domande sulla vita (nostra e in generale), ma che invece è importante prima di tutto vivere e poi riflettere sulla vita.

D'altra parte, come si potrebbe riflettere sulla vita se prima non la si vivesse? Questa può essere la ragione principale per cui un musicista può comporre della musica quando è ancora un ragazzo (non c'entra la logica, ma solo un innato senso creativo di armonie musicali donato dalla genetica). Invece, per un filosofo si richiede la maturità degli anni per raggiungere la pienezza della sua facoltà ragionativa e una conoscenza basata sull'esperienza (e non solamente su quello che si legge).

Ma proprio perché è importante prima di tutto vivere, sembrerebbe importante anche domandarsi cosa sia la vita, se ha uno scopo e quale, quali siano le sue caratteristiche, che cosa sia la "normalità", perché vi debba essere il bene e il male, come la mente sia strutturata funzionalmente, quali siano i suoi attributi e i suoi limiti, quale sia la sua relazione col mondo fisico, quali sono i fattori che regolano il comportamento umano, perché la vita e la morte, cosa è la realtà, qual è il nostro rapporto con Dio, ecc. *Se è importante vivere, sembrerebbe importante anche cercare di capire la vita mediante la riflessione.*

In tutti i tempi, molti si sono resi conto di certe verità attraverso l'esperienza comune di eventi ripetuti. Ad uno stadio elementare, questa conoscenza è espressa nei proverbi, che riflettono una specie di saggezza collettiva. Nascono dall'osservazione ripetuta di un fenomeno e ne formulano la caratteristica (per es., "Non tutto il male viene per nuocere"). La loro verità è generalmente e istintivamente riconosciuta e ad un proverbio si risponde in genere assentendo con un cenno del capo, senza la necessità d'ulteriori specificazioni. Per avere un valore universale, i proverbi si limitano alle comuni esperienze quotidiane. I "genitori" dei proverbi sono il buon senso e l'esperienza.

Un sistema d'indagine più avanzato è quello degli aforismi. Se individualmente si riflette su quello che si vede e si sente, si arriva a conclusioni che vanno oltre la saggezza spicciola, conclusioni che l'aforisma formula concisamente. Poiché afferma una verità più avanzata, l'aforisma richiede l'analisi di una riflessione che va oltre le apparenze. Se vere, le affermazioni degli aforismi sono riconosciute immediatamente come tali. Ci rivelano quello di cui potevamo anche avere esperienza, ma di cui non eravamo consapevoli.

Gli aforismi nascono da osservazioni, riflessioni e intuizioni circa noi stessi e gli eventi che viviamo, eventi che sono quanto mai vari e non sistematici. Per questa ragione, necessariamente anche gli aforismi sono vari e non sistematici. Colpiscono la mente di chi li legge, perché rivelano tratti del *modus operandi* di un sistema cui la mente partecipa.

Man mano che aumentano di numero, gli aforismi riflettono il modo di osservare, riflettere, pensare e vedere la vita da parte di chi scrive. Ma proprio perché gli aforismi procedono in ordine sparso, non disegnano sistematicamente una maniera di pensare. A questo contribuisce anche la diversa maniera di pensare di chi legge, una maniera che porta un lettore ad apprezzare certi aforismi ed un altro ad apprezzarne altri.

Similmente, le singole tessere sono indispensabili, ma se non sono disposte in maniera coerente, non creano un mosaico. Il rapporto tra aforismi e sistema di pensiero può essere approssimato anche dal gioco ad incastro. Provando i singoli pezzi si comincia ad intravedere un certo disegno e questo guida nel porre i pezzi rimanenti in maniera tale da definire il disegno ancora incompiuto.

Lo scopo di questa Sintesi è di *delineare le caratteristiche generali della realtà umana* che è l'oggetto degli aforismi che ho scritto nel *Diario di un Fisiologo del Cuore*, *L'Enigma della Mente*, *La Realtà dell'Io*, *Foglie d'Autunno*, *Conchiglie* e *Aghi di Pino*, di altri aforismi non pubblicati e di saggi su argomenti diversi.

Questa sintesi riflette la mia maniera di pensare (come potrebbe essere altrimenti?). Ma, essendo un investigatore della fisiologia del corpo, porto lo stesso atteggiamento e metodo nell'indagare la fisiologia della mente. Vale a dire, la ricerca della verità e non di opinioni, unendo la comprensione della realtà basata sull'esperienza (come fa la scienza) con le necessarie conseguenze logiche (come fa la filosofia).

Quello che segue vuol essere una specie di prospettiva in cui cerco di tracciare a grandi linee una sintesi degli elementi essenziali che costituiscono e regolano la realtà umana. Una specie di veduta panoramica della natura umana e dei suoi meccanismi che ci fa sollevare lo sguardo al di sopra delle inevitabili specializzazioni nelle quali si rischia di perderci. *Quali siano i rapporti di questo mio sistema di pensiero con altri sistemi è oltre lo scopo di questa indagine.*

Tu, lettore, mi aiuterai a valutare se quello che espongo corrisponde alla verità, che (come tale) è eterna e veramente uguale per tutti (e questo è più di quanto si possa asserire perfino della giustizia umana).

PREMESSA

Poiché questa sintesi è basata anche sull'analisi di precedenti aforismi, converrà brevemente caratterizzare la contribuzione di quegli aforismi.

Ci sono molte specie di aforismi e ciascuna riflette la personalità di chi li scrive. Tanti aforismi sono acuti, avvincenti, brillanti, spiritosi, paradossali, ecc. Alcuni vogliono intrattenere con un sorriso o una risata il senso dell'umorismo del lettore, spesso sottolineando le contraddizioni di quello che l'abitudine e la routine ci fanno accettare meccanicamente. Per questo, inducono a riflettere e spesso insegnano divertendo. Pertanto, gli aforismi sono di tanti tipi differenti e tutti hanno una loro utile e piacevole funzione. Insegnano nuove maniere di vedere quella realtà che normalmente solo si guarda.

Nel mio caso, l'interesse verso la realtà umana è condizionato dalla mia attività professionale di fisiologo. Essendo medico e ricercatore, il passo da quello che osservo circa l'ordine e complessità straordinarie dei fenomeni biologici del corpo all'interesse verso i fenomeni della mente è breve. Nella scienza, se uno non è sedotto dalla straordinaria bellezza di quello che la natura gli rivela, non meriterebbe neanche di fare delle scoperte.

Pertanto, gli aforismi che scrivo sono aforismi dettati dall'interesse verso quell'entità misteriosa e seducente che è la realtà umana. Vogliono intrattenere la curiosità e il desiderio di comprendere della mente, il desiderio di comprendere soprattutto se stessa. Il loro intento è di soddisfare il desiderio di capire quello che ci caratterizza e ci condiziona come essere umani. Come tali, *affermazioni dai miei precedenti aforismi e saggi sono liberamente intessute nel contesto di questa sintesi.*

SCOPO

Se l'incredibilmente straordinaria organizzazione del corpo induce (più che un profondo rispetto) un senso di meraviglia verso l'opera di Dio, come si può non essere sedotti dalla straordinarietà della mente e non cercare di indagarne i segreti meccanismi che la regolano? Anche in questo campo, la mia indagine cerca la comprensione della verità. Una verità che suscita un senso di stupore, cui la bellezza della Creazione impedisce di diventare soggezione. S'indaga qui non la fisiologia del cervello (come fanno i neurofisiologi), ma la fisiologia della mente, ovverosia della realtà umana.

Alla base di tale ricerca, ci sono domande generali che spesso implicano risposte improbabili se non impossibili, domande come "Come siamo stati creati" o "Perché siamo stati creati?" o "Perché siamo stati creati cosi come siamo fatti?". Qualcuno persino aggiungerà: "Siamo stati creati o siamo il prodotto di una non meglio precisata evoluzione?". "Un'evoluzione guidata da chi o da che cosa? Dal caso a caso?". Le domande sono difficili, ma non ci possono essere risposte di nessun genere senza domande, facili o difficili che siano. Inoltre, le risposte possono essere interessanti solo quando anche le domande lo sono.

In termini più generali, ci si domanda se la gran varietà della realtà non mascheri un piano ordinato che regola le basi naturali della realtà e del comportamento di ciascun individuo e della società. Un piano che fa sì che il comportamento individuale e collettivo si conformino nel loro insieme a leggi naturali inderogabili, senza le quali la realtà umana non può né sopravvivere né prosperare. L'incomprensione ci permette di ignorare le leggi naturali e la funzione degli istinti, ma non ci protegge dalle conseguenze negative che seguono agli sbagli della nostra ignoranza.

Se questa incomprensione si verifica individualmente, ne risulta varietà di comportamento, ma se si verifica a livello di una società ne potrebbe risultare una degradazione generale per il sincronizzarsi di atteggiamenti sbagliati. Si possono voler cambiare le leggi naturali non perché se ne sa di più, ma perché le circostanze ci permettono di perseguire gli sbagli della nostra incomprensione.

È facile prevedere quali sarebbero le conseguenze dell'infrazione di certe leggi fondamentali, per es., se *nessuno* s'innamorasse, si sposasse, avesse figli (o li amasse), fosse onesto, lavorasse, apprezzasse la bellezza, sentisse obblighi morali, ecc. Il disordine che ne seguirebbe ci fa intendere che vi debba essere un *Ordine* (anche se non siamo coscienti del suo operare) che regola le cose secondo i suoi scopi, una specie di regista invisibile della vita. Un Ordine che è stato incaricato della nostra salvaguardia e del nostro sviluppo, che permette al genere umano di avere caratteristiche specifiche e costanti, per cui può non solo sopravvivere, ma eccellere nel corso dei secoli. Un Ordine che è parte di quello che vediamo regolare con leggi immutabili lo stesso Universo.

Oltre all'Ordine, un altro fenomeno fondamentale che colpisce immediatamente è la *Varietà*, cioè la grande diversità individuale che si nota nella realtà umana (oltre che nella natura). Sulla terra, siamo miliardi, eppure non ci sono due individui assolutamente uguali dal punto di vista fisico e mentale. Di nuovo, questa varietà è essenziale dal momento che si perderebbe la nostra individualità e persino la nostra umanità se tutti fossimo fisicamente e mentalmente uguali, avendo le stesse preferenze, opinioni, gusti, aspirazioni, credenze, idee, difetti, comportamento, virtù, ecc. Si pensi allo shock che si proverebbe se camminando in un corridoio s'incontrassero l'uno dopo l'altro una diecina di individui che fossero identici a noi. Ci sembrerebbe che ci avessero rubato la nostra identità.

Se fossimo tutti uguali, non solo la noia ci falcerebbe prima di raggiungere quarant'anni, ma le grandi opere umane diverrebbero impossibili: un'opera con personaggi uguali? La musica: o tutte canzonette o tutte sinfonie? Quadri tutti dello stesso stile? Generazioni uguali alle precedenti per secoli e secoli? Conversazioni basate su: "Sì, sì, sono d'accordo?". Ne deriva che la realtà appare imperniata sui cardini essenziali e complementari dell'*Ordine* e della *Varietà*. Questi cardini, per essere articolati in ciascuno di noi e trasmessi di generazione in generazione, devono risiedere nella genetica, cioè nello strumento con cui (come vedremo) si realizzano la Varietà e l'Ordine nella biologia.

Questa organizzazione sembra voler impedire il rischio che l'Ordine porti al servaggio e la Varietà al caos. Pertanto, se da una parte vi sono strutture genetiche che provvedono i binari al comportamento umano, dall'altra vi sono le variazioni individuali che portano il binario di ciascuno verso la sua meta particolare (il suo "destino"). È come dire che noi tutti si usa il treno della vita, ma chi per andare in un posto e chi in un altro.

Queste considerazioni impostano la necessità di indagare *le leggi fondamentali dell'Ordine e della Varietà* in un tentativo di migliorare la comprensione di quelle leggi e pertanto di noi stessi. Diventa necessario considerare come sia regolata la nostra varietà (e le nostre somiglianze) e come si possa essere individualmente liberi e allo stesso tempo essere determinati dall'Ordine. A questo riguardo, la nostra libertà ci rende responsabili delle nostre scelte nel quadro generale di un Ordine non stabilito da noi. L'Ordine guida la nostra natura, ma ciascuno di noi è responsabile della sua condotta, dal momento che ciascuno può agire sia in conformità all'Ordine sia contro di quello.

Il fatto è che il comportamento d'ogni generazione è influenzato da svariati fattori (come lo stadio di sviluppo, il progresso, le condizioni economiche della società, ecc.) e, tra questi fattori, si annovera l'atteggiamento mentale prevalente verso le varie leggi di natura. Ci sono epoche dove si esalta la spiritualità ed epoche in cui si esalta il materialismo. Pertanto, l'umanità (pur rimanendo invariata) si comporta differentemente in epoche diverse secondo il prevalere di certe sue caratteristiche, e, necessariamente, con risultati diversi.

Si assiste ad un succedersi di cicli differenti, che sono necessari per la Varietà e per l'espressione di differenti caratteristiche umane. In un certo senso, si offre alle differenti componenti umane (razionalismo, spiritualità, romanticismo, religiosità, ecc.) l'occasione di dimostrare quello che sono capaci di creare. Il loro confronto e contrasto poi aiutano a definire i meriti e le limitazioni di ciascuna componente umana e le conseguenze del suo prevalere nel regolare la società. Si apprezza il fatto che l'equilibrio delle varie caratteristiche della mente non è statico e fisso, ma invece dinamico e soggetto al prevalere temporaneo delle varie componenti, anche in relazione a cambiamenti ambientali. Ma certo non vorremo che la nostra epoca sia mediocre solo per incomprensione. Quello che cerchiamo di fare dipende dalle aspirazioni che derivano dalla nostra comprensione e dalla nostra capacità di realizzarle. Ma anche nella diversità dei cicli, ci sono dei punti fermi. Per es., il rapporto tra società e Ordine è differente da quello tra individuo e Ordine. La moralità (per es., l'onestà o la veracità) fa parte dell'Ordine. La moralità non può essere impunemente ignorata da un'intera società sotto pena di caos (per es., nessun onesto e tutti bugiardi). Ma di queste virtù o della loro mancanza ne troveremo la più completa varietà nei singoli individui sia allo stato puro sia variamente mimetizzate.

METODO

Nel metodo aforistico, invece di cercare una ben difficile comprensione generale, l'aforisma analizza le caratteristiche della vita umana in ordine sparso. In fondo, questo metodo non è dissimile dal metodo scientifico, il quale esamina analiticamente i problemi che volta a volta colpiscono l'interesse e la curiosità dei vari ricercatori. La differenza è che il metodo analitico della scienza analizza il mondo fisico mediante l'esperimento, mentre con il metodo aforistico la mente analizza se stessa mediante intuizioni e riflessioni circa quello che osserva. La verità di un aforisma deve essere immediatamente evidente per tutti sulla base della sostanziale identità delle caratteristiche fondamentali della mente umana. Se un aforisma non è vero, non è un aforisma, ma uno sbaglio. Gli aforismi allargano la base della comprensione, delucidando punti particolari.

Facendone la sintesi, si fa un passo avanti, ponendo in relazione le varie conclusioni per dedurne leggi più generali. Gli aforismi cercano di chiarire la norma che regola un dato fenomeno e la sintesi cerca di chiarire le leggi che regolano le norme particolari. Come nella scienza si scrivono delle rassegne per analizzare criticamente quello che si sa su un certo problema, così gli aforismi si avvantaggiano delle sintesi della filosofia. L'analisi raccoglie i dati particolari e la sintesi ne esamina sistematicamente i significati generali.

Gli aforismi essenzialmente si basano sull'osservazione di quello che si offre alla nostra attenzione e sulla susseguente riflessione. Alcune volte, l'impressione inconsapevole causata dalle stesse ripetute percezioni si concreta in un'intuizione improvvisa circa il significato di quello che siamo venuti osservando. Improvvisamente, ci si rende conto di quello che non sapevamo per non esserne consapevoli.

Altre volte, si riflette consapevolmente su quello che si è osservato. Stimoli differenti raggiungono la mente e (se questa li trova interessanti) la riflessione cerca il significato degli eventi osservati per investigare se i singoli casi rivelino una legge generale che regola tutti gli eventi della stessa specie. In un certo senso, riflettendo sul significato si cerca di capire l'essenza di quello che si osserva, esprimendola nella sua essenzialità. Si può poi procedere oltre, mettendo in relazione le conclusioni dei singoli aforismi per sviluppare un quadro coerente della realtà umana. Di qui nasce la continuità tra la base degli aforismi e le costruzioni della sintesi: si va dal mattone all'edificio.

Osservazione e riflessione
Nell'osservare azioni e reazioni, naturalmente sorgono idee più generali circa il comportamento umano.

Per es., la correzione da parte di altri di un nostro sbaglio sembrerebbe esserci utile, ma può non esserci gradita, perché offende la nostra vanità o quello che crediamo essere il nostro interesse. In tal caso, la correzione suggerita comporterebbe conseguenze da noi ritenute irritanti o anche dannose. Qualcuno potrebbe anche concludere che "gli sbagli che sono nel mio interesse, non sono sbagli". Quando ci si rende conto che un'osservazione definisce non una reazione isolata, ma piuttosto una regola di condotta di molti, si capisce il suo ruolo nello spiegare certi comportamenti.

Sulla base dell'esempio citato, riflettendo ci si può fare delle domande più generali come cosa sia la vanità e quale sia la sua funzione, che cosa si debba intendere per "i propri interessi", o quali relazioni vi siano tra vanità e interessi (per es., "È la vanità nel nostro interesse?").

La risposta necessariamente varia secondo le differenti menti, ciascuna formulandola secondo le sue caratteristiche, vale a dire, secondo la sua maniera di pensare. Naturalmente, non tutte le risposte possono essere giuste. Di qui, il merito di quelle che lo sono. In un certo senso, con la riflessione, si passa dal dato singolo al sistema, dall'aforisma alla sua matrice filosofica. In senso più generale, s'indaga come la Varietà sia inquadrata nell'Ordine.

L'esperienza insegna che gli stessi fenomeni conducono

menti diverse a conclusioni diverse. La ragione di questa di diversità è che ogni mente riflette sui fenomeni osservati secondo la sua maniera di pensare e di sentire. Pertanto, la maniera con cui una mente caratterizza un fenomeno necessariamente caratterizza quella mente. Questo già definisce una caratteristica essenziale delle menti umane: *la capacità di pensare e la (necessaria) diversità nel ragionare*. Inoltre, le caratterizzazioni di una mente sottolineano che la maniera di pensare è influenzata anche dalla *maniera personale di sentire* (per es., un ottimista non vede la realtà come un pessimista anche se ambedue sono esposti agli stessi fenomeni).

Questa diversità ha il vantaggio che ciascuna mente sviluppa soprattutto i temi che la interessano e con conclusioni che possono chiarirne aspetti essenziali (vedi i differenti sistemi filosofici). In genere, la diversità delle conclusioni aumenta la nostra comprensione, vedendo differenti aspetti dello stesso problema. Tuttavia, potenzialmente, la diversità di conclusioni può portare ad una maggior confusione e a dubitare della loro validità (non possono essere tutte vere).

Di qui, nasce la necessità di scambio di nozioni tra le varie menti per porre quello che si pensa in una prospettiva più generale e verificarne la validità. Anche se non si è accordo, dobbiamo riflettere sul perché non lo siamo. Siamo individualmente diversi, ma condividiamo certe caratteristiche della mente che ci permettono di comunicare con gli altri. Questo si applica non solo alle generalizzazioni filosofiche, ma anche alla maniera di pensare di ciascun individuo.

Questa considerazione introduce il concetto d'individuo e di società, e delle loro reciproche relazioni, dal momento che quello che si conclude deve avere una *validità generale* e non solo per ciascuno di noi (deve essere una verità condivisa e non solo una nostra opinione diversa). Ci si rende conto che abbiamo diritto alla nostra opinione, ma (nel nostro interesse) non ai nostri sbagli. Di qui, la ricerca della verità, che (essendo tale) è valida per tutti. La verità poi ha il gran vantaggio di aumentare la comprensione di noi stessi e del mondo che ci circonda (non lo faranno certo le opinioni sbagliate).

Nel considerare il rapporto tra l'analisi degli aforismi e la loro sintesi, se gli aforismi sono sviluppati sufficientemente dal punto di vista qualitativo e quantitativo, alla fine dovrebbero delineare una maniera di pensare (quella di chi li scrive).

Tuttavia, la varietà degli aforismi (e soprattutto il loro "ordine sparso") possono non rendere ovvia la maniera di pensare (persino a chi li scrive), anche perché la maniera di pensare di un lettore dà importanza ad un certo aspetto di quello che legge e quella di un altro lettore ad un altro aspetto. Inoltre, c'è chi preferisce riflettere su una cosa e chi su un'altra, secondo gli interessi della propria mente. E soprattutto, secondo il detto americano, "Si può non vedere la foresta a causa degli alberi".

È vero che (come per una casa) gli aforismi sono i mattoni con cui si costruisce un sistema di pensiero. Ma è anche vero che in un deposito di materiali edilizi, i mattoni ci sono, ma la casa non c'è. Inoltre, come si è detto sopra, dati gli stessi aforismi, c'è chi si costruisce nella sua mente una certa interpretazione e chi un'altra (con mattoni uguali si possono costruire case anche completamente diverse). Il che significa che chi li scrive dovrebbe (ma non necessariamente se non ha una mente inclinata alla sintesi) essere quello che meglio precisa la visione della vita che gli aforismi che scrive gradualmente delineano.

Il che equivale a dire che è *la sintesi degli aforismi, non la loro somma*, che delinea un sistema di pensiero. Pertanto, degli aforismi non si può fare un riassunto, ma si può cercare di precisare le caratteristiche del sistema di pensiero cui porta la formulazione dei fenomeni analizzati, una sintesi che poi modifica la maniera di pensare. Si passa dall'aforistica alla filosofia.

Beninteso, essendo una sintesi, la visione generale che svolgo si basa anche su miei precedenti aforismi, riflessioni e saggi, che vengono liberamente incorporati nella struttura generale che sto intessendo. Si può anche non essere d'accordo con la visione generale che viene presentata, ma per non essere d'accordo (come per esserlo) è necessario definire correttamente (e pertanto comprendere) questa visione.

Riflessione e intuizioni

Spesso, i fenomeni della realtà sono osservati ripetutamente e ritenuti nella memoria. La riflessione confronta quello che si osserva di nuovo con quello che rievoca dalla memoria sullo stesso soggetto. Nel confronto, la riflessione vede quello che è comune tra percezione e ricordi e raggiunge una sua conclusione generale che si applica a quel fenomeno. Altre volte, si può arrivare a conclusioni in assenza di percezioni esterne riflettendo (per es., al buio) non su quello che si osserva, ma su quello che si è ripetutamente osservato e immagazzinato nella memoria.

La riflessione è un fenomeno attivo, nel senso che consciamente si analizza quello che si sa per capirne il significato (si pensa). La nostra curiosità ci pone delle domande e noi cerchiamo risposte che le chiariscano.

Tuttavia, si può anche essere colpiti, mediante un'*intuizione,* da una conclusione che non si cercava attivamente. Come una lampada improvvisamente illumina una stanza buia e ci fa vedere quello che vi è, similmente si può avere un'improvvisa intuizione che illumina di significato quello che si osserva o che era disponibile nella memoria. La differenza è che la riflessione analizza quello che sa e ne deduce delle conclusioni, mentre l'intuizione improvvisamente "vede" il significato di quello cui, consapevolmente o inconsapevolmente, la mente è o è stata esposta.

Se alla base dell'intuizione vi è un ragionamento, questo ragionamento non è cosciente. Si raggiunge una conclusione improvvisamente e senza passaggi deduttivi intermedi di cui si sia consci. Potrebbe darsi *(ma non si sa)* che l'intuizione derivi le sue conclusioni da quello che è conservato non nella memoria cosciente, ma nella memoria del subconscio.

La differenza è che quello che è depositato nella memoria può essere richiamato alla mente a volontà ("Dove sono andato ieri? Ah sì, sono andato in città", "Quando sei nato?", ecc.).

L'intuizione invece non è volontaria (non si può scegliere di avere un'intuizione). L'intuizione potrebbe essere il prodotto finale di un lavoro di analisi che non si serve della parte conscia della mente. Un'intuizione "emerge" inaspettatamente alla luce della consapevolezza della mente. La riflessione analizza quello che sa e l'intuizione ci può rivelare quello che "ufficialmente" non sapevamo (o, talvolta, che non sapevamo di sapere).

Pertanto, la ricerca dei significati può essere il risultato di un lavorio conscio (riflessione) o inconscio (intuizione). Ma in quello che si è appena detto sulla riflessione e intuizione, non è sempre facile separare quello che è dovuto all'una o all'altra.

Interazione reciproca tra pensare e imparare
Se è vero che quello che si percepisce influenza la mente, è anche vero che quello che si osserva è influenzato dalla mente (e selezionato dai suoi interessi). Si osserva secondo le caratteristiche della propria struttura mentale, come le nostre convinzioni politiche, estetiche, intellettuali o morali. Per es., se ci piace la musica, la si ricerca attivamente. Poi quello che si osserva e su cui si riflette contribuisce potentemente a sviluppare una maniera di pensare.

I fenomeni che ciascuno osserva sono eventi indipendenti e che si verificano senza ordine apparente. O meglio gli eventi che si percepiscono sono parte di un tutto che ha un ordine intrinseco, ma i singoli eventi sono analizzati quando l'attenzione della mente vi si concentra come risultato del nostro interesse scientifico, intellettuale o emotivo e spesso anche del caso. A sua volta, l'osservazione porta alla formulazione di conclusioni (inclusi gli aforismi), la cui varietà riflette l'ordine sparso delle osservazioni.

Pertanto, aforismi e riflessioni contribuiscono a strutturare la maniera di pensare, dal momento che le osservazioni formulate dagli aforismi contribuiscono nozioni che aumentano la comprensione della mente e pertanto la modificano. Il che potrebbe essere espresso dicendo che (come risultato dell'osservazione, riflessione e intuizioni) quello a cui è esposta la nostra mente evoca pensieri che poi modificano come si pensa. Si potrebbe anche dire che la riflessione consiste nel porsi delle domande su dati già acquisiti. È quello che, con metodi sistematici, fa anche l'educazione: costruisce su quello che si è imparato.

Il risultato generale dell'interazione tra struttura mentale e quello che la mente definisce delinea le caratteristiche predominanti di una mente. I vari atteggiamenti mentali inevitabilmente influenzano la maniera di riflettere e le conclusioni di ciascuno. Infatti, poi, si caratterizzano gli autori secondo la loro componente predominante (idealista, materialista, religioso, ateo, cinico, artistico, moralista, ecc). Nel passare dagli aforismi alla sintesi, la differenza è che ora *l'obiettivo è quello di definire non i singoli fenomeni, ma la visione che ha portato alle conclusioni espresse e da cui è stata influenzata* (la mente influenza quello che si percepisce e quello che si è percepito influenza la mente). Un'attività sintetica comporta differenti spazi mentali, vale a dire, la considerazione di domande (più che generali) essenziali e sistematiche, quali, per es., le relazioni e i significati dei vari aspetti di quello che si è venuti considerando. In particolare, si riflette se i fenomeni considerati singolarmente volta a volta non siano inquadrabili in un sistema con una struttura e funzione organiche.

Questo richiede che si parta da zero e non si assuma nulla. Implicitamente, si mette in questione tutto, non per spirito criticamente e aridamente distruttivo (e pertanto sbagliato), ma perché la mente non sia ingombra di prevenzioni e imbrigliata da pregiudizi prima di cominciare. E soprattutto, che la mente non si perda nei meandri senza fine delle contraddizioni irrilevanti allo scopo prefisso qui.

Nel corso di secoli, molti degli argomenti trattati qui sono stati considerati da differenti pensatori con conclusioni quanto mai differenti. Ma, (*come per la maggior parte dei sistemi filosofici*), lo scopo di questa sintesi non è una disamina critica dello sviluppo del pensiero filosofico nel corso dei secoli, ma la presentazione di un sistema di pensiero che in questo caso è "modulato" dall'esperienza scientifica dell'autore. Come sistema di pensiero, la sintesi presentata qui si cercherebbe invano nella sua interezza fuori delle pagine di questo saggio.

Quando si afferma che questa sintesi è basata anche sul metodo scientifico, s'intende dire che si considerano dal punto di vista filosofico quelle conoscenze a cui la scienza si ferma, rifiutandosi di trarne le inevitabili conseguenze logiche. La scienza non trae le conseguenze logiche (e in genere non deve) perché questo andrebbe oltre le verità dimostrate sperimentalmente per entrare (dal punto di vista della scienza) in affermazioni "teoriche" non dimostrabili con prove sperimentali. Per es., la scienza non nega Dio, ma, pur scoprendo le straordinarie meraviglie della creazione, non ne trae le conseguenze logiche affermandone il creatore.

Invece, è dovere della filosofia di riflettere sulle verità scientificamente dimostrate e proporre le conclusioni della logica basate su quei fatti. Questo è reso possibile se nella stessa mente sono presenti interessi scientifici e filosofici. In questo caso, la scienza e la filosofia si parlano e (presumibilmente) si ascoltano. Pertanto, quello che presento è la filosofia di uno scienziato.

RISULTATI

LE CARATTERISTICHE GENERALI DEL NOSTRO MONDO

La creazione dell'Universo implica il superamento di ostacoli di dimensioni inimmaginabili, quali, per es., la creazione della materia, l'estrema regolarità dei movimenti delle enormi masse di corpi celesti che si muovono a velocità impressionanti, o l'esatto equilibrio di grandi forze nel mantenere costanti le orbite degli astri (come l'orbita della luna intorno alla terra e della terra intorno al sole).

Ma quello che colpisce in maniera straordinaria sono i miracoli d'ingegnosità (perfino "genialità" è una parola inadeguata) profusi nel pianeta Terra. Per apprezzarne l'estensione, basta comparare la terra con la mancanza di vita sulla Luna o su Marte o (per es.) considerare la disponibilità e il ruolo d'enormi quantità d'acqua nel nostro pianeta (71% della superficie della terra è occupata dagli oceani).

A questo riguardo, è sufficiente elencare solo alcune delle meraviglie della fisica come la sorgente d'energia del sole (la batteria della vita), l'orbita ellittica della terra, la distanza ottimale (per es., per lo stato fisico dell'acqua o per la temperatura ambientale) della terra dal sole, la rotazione della terra su se stessa (giorno e notte), la rotazione intorno al sole con diversa inclinazione della terra (stagioni), stagioni opposte nei due emisferi, separazioni dei continenti, l'acqua e il suo ciclo (purificazione dell'acqua mediante l'evaporazione), la pioggia, la conservazione dell'acqua nella neve e nei ghiacciai delle montagne per quando non piove, le pianure (campi e agricoltura), i fiumi e la distribuzione dell'acqua, distribuzione dei mari, isole e penisole, giungle, laghi, montagne, vallate, ecc. Da non dimenticare il cielo stellato.

Le meraviglie crescono quando a quelle della fisica si aggiungono quelle della biologia. Le piante, i fiori, gli animali, i pesci, gli uccelli, ecc. fanno della terra un giardino terrestre.

Le realizzazioni della biologia non sono meno straordinarie di quelle della fisica, specialmente quando si considera la specie umana.

Nella creazione dell'uomo e della donna sono stati risolti problemi di estrema complessità, alcuni dei quali possono così essere accennati: la mente ed il corpo, la riproduzione della specie attraverso l'amore reciproco e le cellule seminali del maschio e della femmina, l'embriologia, i vari stadi della vita, il rinnovo delle generazioni attraverso la nascita e la morte, la diversità degli individui, l'individualità di ciascuno, il condividere tratti simili così da poter comunicare, leggi genetiche per mantenere la struttura e funzione nei limiti della norma, istinti che guidano inconsciamente l'azione individuale, inibizioni che limitano le deviazioni dei necessari impulsi degli istinti, i principi morali che regolano il comportamento degli individui e delle società, la libertà nell'ordine, l'ordine nella varietà, la varietà nell'ordine, la relazione col Creatore mediante l'istinto religioso, la mente con la sua comprensione e i suoi sentimenti, ecc.

Per strutturare le entità biologiche e assicurare la continuità della riproduzione (e pertanto stabilire la normalità), un meccanismo affidabile e riproducibile era necessario. Tale strumento è la genetica, uno strumento con cui la natura introduce l'Ordine nel mondo biologico, cosicché un animale o un fiore si riproducono attraverso successive generazioni con caratteristiche simili basate sul DNA e i suoi geni.

La genetica allo stesso tempo aggiunge la Varietà all'Ordine, nel senso che produce organismi quanto mai diversi (da un virus ad un elefante). Inoltre, nella stessa specie, la genetica non solo crea organismi simili abbastanza da interagire, ma anche contribuisce in maniera essenziale alle caratteristiche che assicurano la loro diversità individuale.

Ma uno dei capolavori della genetica è il suo definire la struttura non solo del corpo, ma anche della mente del genere umano. La complessità dell'organizzazione della mente umana è la premessa delle sue complesse realizzazioni che comprendono scoperte e creazioni. In particolare, la mente gioca un ruolo unico nella definizione del genere umano. La sua comprensione permette la percezione (e quindi l'esistenza) di realtà complesse. Pertanto, bisognerà prima di tutto considerare la mente e le sue caratteristiche.

LA MENTE

La mente e la realtà

La base primordiale d'ogni considerazione è che un sistema di pensiero necessita *la mente*. Senza la mente, le soluzioni non sono necessarie, perché i problemi non esistono (come per es., per una sedia).

A questo riguardo, invece di "Cogito ergo sum" si potrebbe dire "Sum quia cogito". In altre parole, il pensare non è tanto la dimostrazione dell'essere quanto il fatto che *si è in quanto si pensa* e finché si pensa: quando si muore, immediatamente si cessa di pensare (e di esistere). Nel coma, il corpo vive, ma la mente no: le conseguenze di questa separazione sono ovvie. Cosa diventa la realtà per un comatoso? Nulla. Non sa neanche che la sua realtà è cessata, perché la sua mente non è più cosciente di nulla.

Ma anche in condizioni normali, qual è la realtà di quello che non si conosce? Nulla, dal momento che non si sa quello che s'ignora completamente, neanche come cosa sconosciuta (per es., una stella ancora da scoprire). E quello che si conosce comincia ad esistere quando la mente ne diviene cosciente (come succede, per es., per le affermazioni degli aforismi).

Naturalmente, la mente non crea le molecole da cui provengono gli stimoli (non crea il mondo fisico), ma la mente crea la realtà umana quando percepisce gli stimoli dal mondo fisico. La crea secondo la struttura funzionale delle singole menti, ciascuna percependo stimoli in maniera non identica e aggiungendovi quelle caratteristiche che le sono proprie. Certamente, la realtà di una persona colta è assai differente da quella di una persona che non sa leggere. Ma la realtà di una persona colta è anche differente da quella di altre persone colte, specialmente se quelle hanno interessi diversi (la realtà di un poeta ha poco in comune con quella di un filosofo).

Poiché le menti non sono uguali, ciascuno crea la sua realtà (umana), che per lui è la *sola che esiste* dal momento che le altre realtà umane esistono solo in quanto percepite da quella mente (e secondo come quella le percepisce). Si sa che vi sono altre realtà umane e che non le abbiamo create noi, ma quelle realtà non possono essere che quelle percepite e concepite da noi. Infatti, ci si forma un'opinione personale di quello che si conosce e non si sa nulla di quello che non si conosce.

Pertanto, essendo la realtà mentale, più che "Tot capita, tot sententiae" si potrebbe dire "Tot capita, tot realitates". Certamente, la realtà di ciascuno è diversa da quella di tutti gli altri e talvolta anche in maniera quanto mai spiccata. Inoltre, la realtà individuale cambia continuamente come funzione dell'età, dell'educazione, delle esperienze, delle evenienze della vita, delle reazioni emotive, dello sviluppo, ecc.

Anche la realtà quotidiana è soggetta alla diversità delle menti. Un buon pranzo diventa tale quando gli stimoli gustativi che si ricevono sono gustosi per noi. Il cibo che si vede può essere appetitoso, ma solo quando lo si mangia e lo si gusta diventa buono (cioè, quando la mente ne percepisce e ne apprezza gli stimoli gustativi). Il buon pranzo comincia solo allora. Non si gusta un buon pranzo solo perché ce lo descrivono.

L'importanza della mente a questo riguardo è dimostrata dal fatto che (essendo le menti differenti) lo stesso pranzo è buono per una persona, ma può non esserlo per un'altra ("I calamari erano duri" o "La salsa non sapeva di nulla"). La diversità è tale che talvolta non si domanda agli altri se il pranzo era buono, ma piuttosto se è piaciuto a loro.

Ne deriva da queste considerazioni che *la realtà non può essere che mentale*. Poiché la mente non crea le molecole del mondo fisico, se si vede una rosa, certamente si percepisce una rosa (e non un cocomero). Ma la realtà della rosa è quella che le dà la mente che la percepisce. Nel mondo fisico, la rosa non è vellutata, non ha colore o profumo e non è delicata o bella. Questi attributi sono aggiunti dalla mente sulla base delle informazioni raccolte dai sensi e delle caratteristiche peculiari di quella mente.

I rapporti tra la mente e il mondo fisico
Le molecole esistono nel mondo fisico e gli oggetti esistono nella mente
come immagini sia percepite sia ricordate (per es., la nostra automobile)
o come concetti (per es., l'automobile in generale). Nell'esempio della
rosa, se le molecole della rosa non sono disponibili davanti
a noi, certamente non si vede una rosa. Ma se le molecole
della rosa sono di fronte a noi, i vari stimoli che percepiamo
e le caratteristiche che attribuiamo alla rosa (come bellezza,
delicatezza, colore, profumo, petali vellutati, significato sentimentale, ecc.) formano nella mente l'oggetto rosa come immagine di quella.

Nel mondo fisico, solo le molecole della rosa sono presenti
e queste molecole iniziano gli stimoli che eccitano i nostri recettori. Gli stimoli generano sensazioni che (se raggiungono
il cervello) diventano percezioni che evocano reazioni caratteristiche delle singole menti. Ma *nel mondo fisico non ci sono gli
attributi che noi diamo alla rosa.* Per es., la bellezza è percepita
dalla sensibilità individuale, non dall'occhio. L'occhio di persone differenti manda al cervello immagini simili, ma le differenti menti decidono se quello che vedono è bello o brutto.
Più in generale, è il buon gusto che permette alla bellezza di
essere apprezzata. Se tutti noi avessimo cattivo gusto, si apprezzerebbe solo la bruttezza.

Siccome le menti sono differenti, gli stessi stimoli portano
alla formazione di sensazioni simili, ma di percezioni differenti. Anzi, qualche volta anche le sensazioni sono differenti.
Se in una persona certi recettori sensoriali o mentali sono
sviluppati in grado differente o sono anormali, la percezione
degli attributi rispettivi ne è condizionata. Così una rosa non
è né bella né delicata per una persona rozza, non è rossa per
un daltonico o un cieco, non è profumata per uno che ha un
forte raffreddore, non è vellutata per uno che ha i guanti da
giardinaggio (o una mano incallita dal lavoro), non ha un significato sentimentale per una persona arida, ecc.

Dal che si deduce immediatamente che la realtà di ciascuna mente è differente quantitativamente e qualitativamente,
poiché riflette un diverso apparato sensoriale e la qualità e caratteristiche di quella mente (sensibilità, affettività, compren-

sione, cultura, finezza, ecc.). Anche se una rosa è una rosa per tutti, non è la stessa rosa per nessuno.

I meccanismi delle percezioni
Questo stato di cose pone ulteriori domande. *Come si stabiliscono i rapporti tra mondo fisico e la mente? Quali sono le caratteristiche responsabili per la costruzione della realtà nella nostra mente? Quali sono le relazioni tra molecole del mondo fisico, gli stimoli e le percezioni della mente?*

Per quanto riguarda le molecole, necessariamente si ha a che fare con fenomeni puramente fisici, cioè inanimati. Per questi fenomeni, non solo la bellezza e delicatezza non esistono, ma non esiste nulla. La facoltà di percepire e sentire è negata ai fenomeni e strutture fisiche. Non solo la bellezza, ma neanche i colori esistono come tali (rosso, verde, giallo ecc), ma solo come differenti lunghezze delle onde elettromagnetiche nello spettro visibile. Differenti lunghezze d'onda sono assorbite da differenti aggregati molecolari e altre sono riflesse e percepite da noi come differenti colori secondo il loro spettro.

Similmente, il profumo comporta delle molecole liberate nell'ambiente, che per se stesse non hanno odore. Lo stesso vale per gli altri attributi della rosa come l'essere vellutata (una rosa non è vellutata per un'altra rosa, per un garofano, per un albero, ecc.) e tanto meno la rosa ha un valore sentimentale, se non per la mente. Pertanto, una rosa come oggetto (cioè, come la conosciamo noi) non esiste nel mondo fisico, dove solo le sue molecole esistono, organizzate nella maniera peculiare alla rosa.

Se l'insieme delle molecole caratteristiche della rosa diventa "l'oggetto" rosa solo nella nostra mente, quali sono dunque i passaggi? Ebbene, il mondo fisico è una sorgente di *stimoli* potenziali che diventano attuali solo quando eccitano il *recettore* adatto. Per es., le onde elettromagnetiche visibili che non sono assorbite dalle cose sono riflesse, colpiscono la retina nell'occhio e inducono potenziali d'azione nei nervi ottici. I potenziali d'azione sono trasmessi al cervello dove provocano percezioni. Secondo la lunghezza d'onda delle radiazioni elettromagnetiche percepite dall'occhio, gli stimoli diventano un'immagine colorata di quello che si guarda. Se si chiudono gli occhi, gli stimoli sono gli stessi, ma le percezioni spariscono, perché il recettore non è disponibile.

Se non vi sono recettori, gli stimoli del mondo fisico non sono nulla. Per es., Marte non esiste per Marte, poiché gli stimoli del suo mondo fisico non sono percepiti da nessuno. L'esistenza del mondo fisico di Marte e delle sue caratteristiche è stabilita solo dalla mente umana, per quanto indirettamente. Gli "stimoli" ambientali emessi da quel mondo diventano attuali solo quando colpiscono i recettori strumentali dei sensori delle sonde spaziali e quando queste sonde trasmettono agli uomini gli stimoli che hanno ricevuto. La ricezione di questi stimoli da parte dei recettori dei ricercatori nei laboratori terrestri porta a quello che noi definiamo scoperte (in questo caso, l'ambiente fisico di Marte). Se una sonda cessa di funzionare, l'ambiente che trasmetteva cessa di fornire ulteriori informazioni.

Le sonde portano a scoperte (per noi), perché un anello planetario diviene (per noi) una realtà quando è percepito attraverso le immagini trasmesse alla terra. Quando si specifica "per noi", semplicemente si riconosce che *la nostra realtà non può essere che quella umana*. Un anello planetario non esiste per le entità inanimate o per gli animali, e la realtà è certamente di gran lunga differente per Dio: Dio non ha bisogno di "scoprire" quello che lui ha creato.

Sul nostro pianeta, nella nostra vita di tutti i giorni, la realtà è funzione degli stimoli e dei recettori reclutati, dal momento che i vari fenomeni fisici stimolano recettori diversi. Se si ascolta una musica registrata su un disco, solo i recettori acustici sono stimolati. Se si va a teatro, anche i recettori visivi sono reclutati, e così via. Queste informazioni sensoriali, tradotte in segnali elettrici inviati attraverso i nervi al cervello, sono lì decifrate come percezioni visive, acustiche, olfattive, tattili, ecc.

Solo a questo punto le varie sensazioni sensoriali cominciano ad esistere come percezioni diverse e simultanee, che sono integrate dalla mente nell'immagine di un oggetto. Queste percezioni vengono immesse nella memoria e possono iniziare processi ulteriori, come interesse, riflessione, attenzione, azione, piacere, dolore, sensazioni estetiche, ecc. Pertanto, nuove percezioni vengono a far parte della nostra realtà, modificandola. La conoscenza del rapporto fra stimoli e percezioni ne permette la manipolazione. Per es., si fa l'anestesia generale prima di cominciare un'operazione chirurgica per impedire agli stimoli che originano dai tessuti operati di diventare percezioni dolorose. Al contrario, nel caso delle vetrine dei negozi, si creano sorgenti "artificiali" di stimoli piacevoli per attirare sulla merce offerta l'attenzione dei passanti. Si dispone la merce in maniera che piaccia esteticamente a chi guarda per attirarne l'interesse. Le vetrine sono basate sul principio di creare stimoli che iniziano la percezione di una realtà (la merce in vendita) che altrimenti non esisterebbe per i potenziali acquirenti. Questo è vero in generale per la pubblicità: forza sulle persone stimoli che avrebbero ignorato e ai quali possono anche non essere interessate.

La percezione è condizionata dalle condizioni ambientali e dallo stato dei recettori. Se la rosa è nella vetrina illuminata di un negozio, si percepiscono solo le caratteristiche visive. Se è notte e la vetrina non è illuminata, non si vede nulla, perché la rosa non riflette una luce che non è disponibile.

Per lo stato dei recettori, se uno è daltonico non vede che la rosa è rossa e se uno è molto miope non vede la rosa per nulla (facoltà visiva). Se la rosa è posta sul marciapiede in fronte al negozio, avvicinando il naso uno sente il profumo (senso dell'olfatto). Inoltre, toccandola, sente quando sia piacevolmente vellutata (senso del tatto). Se poi si tocca una rosa conservata a bassa temperatura o in un freddo mattino di gennaio, ci si rende conto che la rosa è fredda (sensori termici). Se per caso ci si buca un dito con una spina, si aggiunge la percezione del dolore (purtroppo "Non c'è rosa senza spine..."). Si sa che la rosa è silenziosa, perché non emette stimoli che attivino l'udito.

Quindi, la rosa che nella vetrina aveva una certa dimensione, forma e colore, diventa profumata, vellutata o fredda quando si reclutano altri recettori specializzati del corpo umano. Più sono i vari recettori sensoriali attivati e più completa è la realtà mentale (l'immagine) di un oggetto. Se si entra in una stanza buia e se ne sente il caratteristico profumo, se ne deduce che ci devono essere delle rose, ma non si sa nulla del loro numero, forma, dimensioni, colore, o qualità tattili, dal momento che si percepisce solo usando l'olfatto.

Ne deriva che il mondo di una persona allerta è assai più brillante, vivace e interessante di quello di una mente opaca e non interessata. Nella stessa situazione, chi è allerta recluta più recettori e li sensibilizza attraverso l'attenzione del suo interesse. Pertanto, una persona allerta percepisce di più e meglio, con il risultato che la sua realtà è quantitativamente e qualitativamente migliore.

Ma, poiché gli interessi variano, *persone differenti possono essere allerta per stimoli differenti.* L'attenzione di un commerciante può non concentrarsi su quello che stimola un pittore o l'attenzione di quest'ultimo su quello che eccita l'attento interesse di un matematico. Pertanto, nella stessa situazione e a parità di stimoli, ciascuno percepisce (e vuole percepire) specialmente quello che lo interessa. Selezioniamo quello che nutre la nostra realtà, in tal maniera sviluppando ulteriormente la nostra individualità.

I recettori sensoriali sono dunque l'anello che unisce il mondo fisico alla realtà della mente. Senza i recettori, la mente non saprebbe nulla del mondo fisico. Questo rapporto tra caratteristiche fisiche e percezioni attraverso recettori specializzati a ricevere certi stimoli fa sì che l'aggregato di molecole che caratterizza una rosa sia percepito come "l'oggetto rosa". La *percezione* della rosa come oggetto richiede che le varie percezioni simultanee (visive, odorifere, tattili, ecc.) ricevute da parti differenti del cervello siano messe in relazione reciproca dalla mente e *integrate* nell'oggetto "rosa".

L'oggetto "rosa" è un'immagine che esiste dentro (ma non fuori) della mente. Che sia un'immagine, sembra indicato dal fatto che si può dipingere un oggetto quale ci ricordiamo di averlo veduto (per quanto in genere sia necessario avere un modello che ne evidenzi i dettagli). Fuori della mente ci sono solo aggregati di molecole da ciascuno dei quali originano stimoli specifici che sono percepiti dai recettori sensoriali come forma, dimensioni, consistenza, peso, colori, ecc.

Le immagini entrano a far parte della mente una volta che siano ritenute nella memoria. Sulla base di quello che s'impara dall'esperienza e si ritiene nella memoria, ci si forma il *concetto* (o idea) di rosa, che include caratteristiche comuni a vari tipi di rose (come le varie forme, colori e profumi). Si ritiene il concetto anche quando si dimenticano le rose che abbiamo veduto. Ma, quando se ne vede una, il concetto ci permette di riconoscere una rosa, anche se ha caratteristiche proprie che la distinguono da altri tipi di rose e che non avevamo mai visto prima. Nella percezione, si vede una rosa particolare, nel concetto si definiscono le caratteristiche comuni a tutte le rose. Nel concetto, tipicamente i vari tipi di rosa hanno colori, forme, foglie, spine e profumi diversi, ma con caratteristiche comuni (per es., la disposizione e forma dei petali) che le differenziano da altri fiori.

La prima volta che si vede una rosa, la mente ne ha la percezione, ma non può averne di già il concetto. Per questo, non la si conosce e si domanda che cosa sia. Se ci spiegano che si tratta di una rosa, si stabilisce allora la base per il nuovo concetto dell'oggetto rosa. In seguito, percependone altre, le riconosciamo come rose e inseriamo la loro percezione nel concetto di rosa. In questa maniera, l'esperienza allarga e raffina le nostre conoscenze.

Per questa ragione, il concetto di rosa è assai più articolato ed esteso per un fioraio che per una persona qualsiasi. Il concetto poi permette di comparare i vari tipi di rose, dal momento che le loro percezioni sono incluse nello stesso concetto. Se si ha una memoria normale, si può pertanto disquisire sulle rose anche quando non si percepiscono. Si può anche riconoscere una rosa se ci hanno insegnato come sono fatti i vari fiori. In tal caso, nell'insegnarci, ci hanno fatto vedere disegni o fotografie di fiori.

La memoria si distingue dal concetto, in quanto la memoria conserva il ricordo delle differenti percezioni, ma presumibilmente non va oltre. Invece, il concetto mette in relazione quello che si ricorda di quanto si è percepito. Nel concetto pertanto si organizzano certi tipi di ricordi secondo criteri precisi, elaborando e organizzando quello che è conservato nella memoria.

Ma anche i concetti devono essere ricordati dalla memoria, dal momento che anche i concetti sono suscettibili di analisi e sintesi che portano allo sviluppo di concetti più generali. Per es., comparando il concetto di rosa con quello di altri fiori, si arriva al concetto di fiore in generale. Da questo si passa al concetto delle varie componenti di quello che si vede in natura, definendo alla fine il regno vegetale. Quest'ultimo si può poi confrontare (per es.) col regno animale o minerale e così via. Nel fare queste analisi, si organizza sempre di più la nostra conoscenza secondo criteri precisi e si allarga la nostra comprensione.

Le percezioni sono una funzione delle caratteristiche del recettore: se l'occhio percepisse l'ultravioletto, i colori degli oggetti nella nostra mente cambierebbero (anche se gli stimoli rappresentati dai fenomeni fisici rimarrebbero gli stessi). Se dunque cambiassero le caratteristiche fisiologiche dei vari recettori, il mondo fisico sarebbe lo stesso, ma la realtà umana (la sola che esiste per noi) diventerebbe drasticamente differente.

Una volta acquisite mediante i sensi, le percezioni sono elaborate dalla mente sulla base della memoria, comprensione, affetti, sensibilità, inclinazioni, educazione, cultura, modi di sentire, ecc. Per es., uno scolaro non prova esattamente gli stessi sentimenti quando vede la mamma o il libro che deve studiare.

La realtà e la percezione
A questo punto sembra opportuno fare una breve diversione circa la mente ed il mondo fisico. Quello che affermo sulla realtà mentale non dovrebbe essere confuso con "Esse est percipi" ("Essere è essere percepito").

La realtà è mentale, ma esiste un mondo fisico con molecole che sono all'origine delle sensazioni e delle percezioni, e di cui la mente è cosciente sulla base di numerose prove (se un ferro da stiro cade su un piede, uno si rende subito conto che la materia esiste fisicamente e non solo in quanto pensata). Nel mondo fisico non esistono gli oggetti, che invece cominciano ad esistere quando sono sintetizzati dalla mente usando *in parte* le percezioni. Ma nel mondo fisico certamente esistono i complessi molecolari che portano alla formazione degli oggetti nella mente, dal momento che (come si è detto) se di fronte a noi c'è una rosa, non si può certo percepire un cocomero. Se lo si fa, ben presto ci si accorge di aver fatto uno sbaglio.

La mente struttura con certe caratteristiche l'oggetto sulla base delle percezioni e vi può *aggiungere* attributi (come la bellezza o un valore sentimentale) che non sono percepiti dai sensi. Pertanto, la realtà di un oggetto è mentale, ma tale realtà mentale da una parte non include unicamente le percezioni dei sensi e dall'altra la sua identità dipende obbligatoriamente dall'aggregato molecolare presente nel mondo fisico.

È vero che una stella non ancora scoperta non esiste (per noi), ma le molecole che la compongono possono esistere da miliardi di anni e devono precedere la scoperta della stella, altrimenti non c'è nulla da scoprire. Se si nega l'esistenza della materia e si afferma che l'essere consiste nella percezione, non è ben chiaro cosa ci sia da percepire.

Queste difficoltà sono illustrate dalle frasi seguenti citate dal saggio "La realtà, la mente e la poesia" pubblicato in *Non Sempre.*

"Se una rosa *come tale* (l'**oggetto** "rosa") esiste solo nella mente, non si dovrebbe fare l'errore di dimenticare che *se percepiamo qualcosa, ci deve essere qualcosa da percepire che fisicamente preesiste alla percezione*: se il percepire creasse quello che si percepisce, si percepirebbe quello che non esiste, dal momento che quel qualcosa comincerebbe ad esistere solo *dopo* essere percepito. Questo vorrebbe dire che "reale è quello che si percepisce di quello che non esiste".

Fermo restando il concetto che le molecole di quello che si percepisce devono precedere la percezione (come nel caso della stella che si scopre), tuttavia è anche vero che se le molecole esistono, ma non sono percepite da noi, la loro realtà non si forma nella nostra mente (come nel caso della stella non ancora scoperta). Questo indica che per quanto per un aggregato molecolare l'essere percepito è il presupposto indispensabile per diventare una realtà della mente, il percepire per se stesso implica che ci sia qualcosa da percepire che precede la percezione.

Senza un mondo fisico (ovverosia il mondo delle molecole), la realtà mentale degli oggetti non potrebbe esistere. Quello che non si percepisce non esiste (per noi), ma le sue molecole non sono create dalla percezione. Così, un *oggetto* non esiste non solo quando non lo si percepisce, ma neanche quando le sue molecole cessano di essere aggregate nella maniera peculiare a quel aggregato (per es., un pezzo di ghiaccio che si strugge).

Pertanto, la realtà mentale di un oggetto cambia se gli stimoli da quell'oggetto cambiano, anche se il processo di percezione è lo stesso. Il che è come dire che la realtà della mente è condizionata anche da quello che fisicamente è disponibile per la percezione. Se poi si percepisce quello che non c'è fisicamente, o si tratta di un'allucinazione o di un volo della fantasia o dell'immaginazione.

Queste considerazioni indicano anche che *non vi sono due realtà da confrontare* e cioè la realtà soggettiva (o della mente) e quella obiettiva (o del mondo esterno). La realtà umana è solo quella creata dalla mente umana e a cui contribuiscono in maniera essenziale anche le percezioni dal mondo fisico. Ma nel mondo fisico non vi sono gli oggetti e tanto meno i pensieri o i sentimenti. Nel mondo fisico vi sono solo fenomeni fisici (per es., fenomeni oscillatori di diversa frequenza), ma non gli oggetti così come li concepisce la mente. Per es., nel mondo fisico ci sono le lunghezze d'onda delle radiazioni solari e nella mente c'è la luce. Se la mente muore, la luce si spegne (per chi muore), anche se le radiazioni fisiche continuano.

Contribuzioni della mente alle sensazioni dal mondo fisico
Le componenti sensoriali portano alla mente informazioni specifiche ed obbligate attraverso percezioni originanti dagli

organi sensoriali. *La mente che percepisce aggiunge altri attributi a quelli che sono percepiti secondo le sue caratteristiche.* In questa categoria, rientrano attributi come la bellezza, delicatezza, utilità, valore, significati sentimentali, piacevolezza, repulsione, fragilità, odore, grandezza, sapore, durezza, peso, ecc. Un innamorato apprezza la delicata bellezza delle rose e magari spende i suoi ultimi soldi per farne omaggio alla ragazza che ama. Un avaro noterà che la rosa costa molto e appassisce presto, e comprarla sarebbe solo sprecare soldi. Una persona pratica, immersa nella sua ambizione, le rose non le vede neppure (o se le vede non gli dicono nulla).

Quello che la mente aggiunge alle sue percezioni dal mondo fisico non è arbitrario, perché riflette caratteristiche genetiche (per es., avarizia o ambizione) o situazioni condizionate dalla genetica (per es., l'essere innamorati). Naturalmente, queste diverse reazioni contribuiscono notevolmente alla Varietà.

Queste considerazioni dimostrano che il rapporto tra il mondo fisico e la mente si stabilisce attraverso i recettori sensoriali che ciascuno di noi ha (una rosa è una rosa per tutti), le cui percezioni vengono "integrate" tra loro e con gli attributi caratteristici della mente che percepisce. Questi attributi non esistono nel mondo fisico neanche come molecole (la stessa cosa può essere seducente o indifferente, pesante o leggera secondo chi la percepisce). Una conseguenza essenziale di queste relazioni è che se le funzioni dei recettori o lo stato della mente cambiano, la realtà della mente cambia (anche se il mondo fisico rimane lo stesso).

Così, senza l'olfatto spariscono gli odori, senza i recettori gustativi spariscono i sapori, senza l'udito spariscono i suoni, e senza la vista spariscono non solo le percezioni visive ed i colori, ma anche la luce. Il mondo fisico è lo stesso, ma la realtà della mente diviene sostanzialmente diversa da quella di quando uno era normale. Se tutti i sistemi sensoriali cessassero di funzionare, per la mente il mondo fisico sparirebbe completamente. Non solo la mente si ridurrebbe a ben poco, ma la sopravvivenza stessa non sarebbe possibile.

In condizioni normali, *la qualità dei recettori condiziona le percezioni*: così, chi ha un udito finissimo sente quello che non esiste per gli altri. Lo stesso accade con una vista acuta, recettori gustativi sensibili ("È un buongustaio") o una curiosità allerta ("Vede tutto"). Inoltre, *anche lo stato della mente (per es., attenzione) condiziona le percezioni* ("Ero distratto e non mi sono accorto di nulla"). Le percezioni poi non possono essere che distorte per una mente contorta o malata.

Il ruolo dei recettori dimostra anche che *il mondo fisico è buio* (basta sopprimere la funzione dei recettori visivi chiudendo gli occhi per verificarlo) e senza le altre caratteristiche (per es., suoni o profumi) che la mente gli attribuisce. Se tutti fossero ciechi, lo stesso concetto di luce diverrebbe incomprensibile.

Si potrebbe obiettare che il mondo fisico è buio di notte, ma non di giorno. Ma in realtà la differenza tra giorno e notte è solo nel fatto che di giorno ci sono gli stimoli (radiazioni elettromagnetiche solari di diverse lunghezze d'onda) che sono percepiti dall'occhio, mentre di notte questi stimoli non ci sono. Se si impedisce all'occhio di percepire le radiazioni luminose (per es., perché gli occhi sono stati bendati) non fa nessuna differenza se è mezzogiorno o mezzanotte: per la nostra mente, il mondo è ugualmente buio.

Se non c'è l'attivazione di un recettore (in questo caso, l'occhio), non fa differenza se lo stimolo ci sia o no, dal momento che lo stimolo eccita la percezione (per es., della luce) solo se attiva il recettore adatto. Il recettore trasmette impulsi nervosi al cervello: solo nella mente la luce comincia ad esistere come percezione (nel cervello non vi è luce). Se si dorme, il cervello c'è, ma la luce no, dal momento che nel sonno cessa la normale funzione di percezione. Per questo, se ci si addormenta, non fa nessuna differenza se la lampada nella camera è accesa o spenta (o se è giorno o notte), dal momento che il processo di percezione della luce non è operante.

Questo indica che stimoli, sensazioni e percezioni non servono a nulla se la mente non è cosciente, cioè, se non si rende conto che riceve messaggi, non li interpreta e non pensa. L'essere cosciente permette alla mente di percepire le sensazioni dai vari sensi, di integrarle e di metterle in relazione con quello che già sa. L'incorporare le percezioni immediate nella struttura mentale delle conoscenze, esperienze e ricordi è la base per lo sviluppo della realtà individuale. Tale realtà è indipendente dalle percezioni *del momento* (se la mente pensa, la realtà della mente non sparisce se si chiudono gli occhi), anche se da queste è condizionata e modificata. La realtà individuale (la sola realtà che esista per ciascuno di noi) sparisce reversibilmente se uno sviene e in maniera irreversibile se uno muore. Questo indica che *la realtà della mente è la base dell'Io*: se la mente cessa, l'Io cessa. Il nostro corpo esiste (per noi) in quanto e finché è percepito dalla mente. Se uno muore, il suo corpo esiste solo per le menti di quelli che lo percepiscono e il suo Io esiste ora solo in quello che ricordano di lui (come lo ricordano e finché lo ricordano). Ma è un Io che è stato e che non si sviluppa più (ciclo chiuso). Inoltre l'Io per gli altri è solo una piccola frazione di quell'Io che era per la persona scomparsa.

Nell'entità umana, il rapporto essenziale fra stimoli e recettori si vede dal fatto che l'infrarosso è una radiazione elettromagnetica simile a quella della luce visibile (l'infrarosso ha una lunghezza d'onda maggiore e una frequenza più bassa), ma stimola i recettori termici piuttosto che quelli visivi. L'ultravioletto è pure una radiazione elettromagnetica con una lunghezza d'onda più corta di quella della luce visibile. Tuttavia, i raggi ultravioletti (come i raggi infrarossi) non sono percepiti dall'occhio come luce. La pelle arrossata dall'esposizione al sole su una spiaggia ci fa coscienti della loro esistenza.

La capacità della mente di percepire le sensazioni, integrare e sintetizzare le percezioni, incorporarle nella struttura mentale e derivarne nuove conoscenze attraverso la riflessione varia da individuo ad individuo ancor più delle doti fisiche. Da questo deriva la diversità qualitativa e quantitativa degli intelletti. L'educazione insegna alla mente sia nozioni avanzate sia ad usare le sue qualità ad un livello più elevato. Un individuo che smette di studiare alla quinta elementare non può ragionare come se si fosse laureato in filosofia o in lettere.

Questo può non applicarsi alle *cose di tutti i giorni*. Per es., la scaltrezza non ha bisogno di cultura, ma d'istinti all'erta ed energia operativa (per es., nelle attività commerciali). Ma nella formulazione di concetti generali si richiede lo scalpello tagliente della logica per dissezionare gli elementi della comprensione. *Tali differenze tra intelletti è obbligatoria per un'ordinata organizzazione della Varietà.* Una società fatta solo di commercianti o di soli filosofi sarebbe assai più limitata nei suoi scopi e nelle sue realizzazioni (specialmente una società di filosofi, poiché le diatribe non si mangiano e in ogni caso possono essere indigeste).

Relazione della mente col mondo fisico
Se la realtà umana è mentale (com'è) nel senso che dipende da quello che si percepisce e come lo si percepisce, sembrerebbe conseguirne che quello che i nostri sensi non possono percepire ci rimarrà sempre sconosciuto. Il che è come dire che del mondo fisico non sapremmo mai nulla di quello che i nostri recettori non sono capaci di percepire.

Una tale affermazione ignora *l'ingegnosità della mente.* È vero che l'ignoranza della medicina attribuiva le epidemie alle cause più fantastiche (per es., l'influenza era attribuita a una *coeli influentia,* e cioè agli astri). Non percependone le cause reali, la paura reagiva con l'immaginazione o i timori. Ma creatività della mente umana porta all'invenzione di strumenti che rendono percepibile quello che normalmente non lo è.

Nel caso più semplice, *questi strumenti fanno percepire quello che è troppo piccolo* o a causa delle sue dimensioni o a causa della sua distanza dall'osservatore. Così, s'ingrandiscono e pertanto si rendono visibili e percepibili sia organismi di dimensioni minute (come i microrganismi) col microscopio sia stelle di dimensioni enormi, ma lontane milioni di anni luce con il telescopio. S'ingrandisce lo stimolo cosicché diviene percepibile.

Ma la comprensione della mente va ben oltre. Scoprendo le leggi fisiche mediante l'osservazione dei fenomeni e la sperimentazione, la mente sviluppa apparecchiature che permettono agli sperimentatori di investigare tutta una gamma di fenomeni fisici, dalla luce alla composizione degli atomi. Ne segue che (per es.) la cognizione di elettrone viene a far parte della realtà mentale, non perché è percepito direttamente dai sensi, ma perché i sensi percepiscono i risultati degli esperimenti che lo dimostrano (per es., tracce sullo schermo di un oscilloscopio). In questo caso, non la percezione, ma *l'interpretazione della percezione* è altamente specializzata nel senso che i risultati di un esperimento possono dimostrare l'esistenza di un elettrone, ma solo a chi ha la necessaria perizia e conoscenze per interpretare tali risultati. In altre parole, nelle varie categorie scientifiche (scienze biologiche, fisiche, matematiche, chimiche, ecc.), attraverso l'educazione e l'addestramento specializzato, la mente di taluni diviene specializzata e competente sia nell'analizzare fenomeni biologici e fisici sia nello sviluppare esperimenti per comprendere la struttura e funzione di quello che interessa, dalla funzione delle cellule staminali alla nascita o alla morte di una stella. Inoltre, la scienza scopre le leggi fisiche che regolano i corpi, dalle molecole agli astri.

Pertanto, *la scienza essenzialmente rende percepibile ai sensi e pertanto alla mente quello altrimenti che non lo sarebbe.* Nel farlo, allarga la realtà della mente e le sue capacità creative. Sulla base di quello che impara (i dati, le nozioni e le leggi della fisica), la scienza è in grado di costruire quello che non esisteva (per es., navicelle spaziali) e questo a sua volta permette un'ulteriore esplorazione del mondo fisico.

Ne segue che il mondo fisico è ben lontano dall'essere inconoscibile e la scienza è ben lontana dall'essere impossibile, anche se la realtà umana non può essere che mentale. Del mondo fisico si sa quello che si conosce, ma quello che si conosce ha una base fisica che riflette le molecole e le loro leggi. Per es., la conoscenza della legge di gravità permette di determinare l'energia necessaria per lanciare una navicella spaziale.

Naturalmente essendo mentale, la realtà umana è di gran lunga superiore a quella degli animali nella stessa misura in cui la mente umana è superiore a quella animale.

La consapevolezza di se stessi
Non solo si pensa, ma si è consapevoli che si pensa. In ciascuno, *questa consapevolezza implica la capacità della mente di percepire se stessa in quello che fa* (e non solo di organizzare gli stimoli

52

provenienti dal mondo fisico, incluso il proprio corpo). Si è cosciente delle caratteristiche del proprio corpo (ci si riconosce allo specchio) e della propria mente (si conoscono e riconoscono i nostri pensieri, affetti, carattere, interessi, esperienze, aspirazioni, età, lavoro, ecc.). *Queste caratteristiche fisiche e mentali fanno di ciascuno un'entità unica e questa realtà unica costituisce il nostro Io.*

Si è più o meno coscienti di se stessi in relazione a quanto e come ci si osserva, cioè a quanto e come si riflette su se stessi. È per questa ragione che la coscienza di sé non esiste in un neonato e aumenta progressivamente nell'infanzia per raggiungere la pienezza a cominciare dalla gioventù. Il non pensarsi potrebbe essere la ragione per cui non si ricorda da adulti come si pensava e sentiva da bambini.

Ma, se non fosse per questa consapevolezza, una volta adulti, le autobiografie sarebbero impossibili, dal momento che un'autobiografia dovrebbe descrivere non solo le vicende di una vita, ma anche dipingere un ritratto dell'Io. Tuttavia, le autobiografie sono spesso basate sia su quello che uno è sia su quello che uno vuol sembrare di essere (mediante un prudente uso di discrete esagerazioni e ancor più discrete reticenze).

Nel sonno si perde la coscienza di sé (per sempre, se uno muore nel sonno). Quando ci si sveglia, si rinnova la coscienza di sé perché ci si ricorda (e solo se ci si ricorda). Ci si può immaginare lo sgomento che si proverebbe se nel sonno avessimo perso completamente la memoria. Nello specchio si vedrebbe un estraneo, il cui presente non avrebbe né passato (non ricordando nulla) né futuro (perché non ci sarebbero più le basi per aspirazioni specifiche). Sia il passato che il futuro dovrebbero ricominciare da zero.

Con tutto questo, l'*Io è un'entità in continuo sviluppo* e che infine si riduce nell'involuzione. Poiché ogni giorno si hanno percezioni, pensieri ed emozioni differenti, l'Io di oggi è differente dall'Io di ieri. Ci si riconosce perché le differenze in genere sono graduali e relativamente piccole, e si inseriscono nella struttura intessuta dalla memoria.

Ma l'Io cambia ogni giorno anche in un'altra maniera, quanto mai obbligatoria. *L'Io usa i giorni che la genetica e il caso gli hanno assegnato* e passa attraverso i vari stadi della vita dall'infanzia alla vecchiaia. La realtà di ciascuno varia come funzione delle varie età, perché è condizionata dallo stadio di sviluppo, dalle esperienze, dall'educazione, da quello che si prova, dai successi e fallimenti, dai rapporti con altre realtà, dal modificarsi dell'ambiente, dall'evoluzione e involuzione del corpo, ecc.

La consapevolezza richiede le contribuzioni sia della mente sia del sistema sensoriale che raccoglie gli stimoli dal mondo fisico. A questo riguardo, la percezione di altre entità umane contribuisce a definire la nostra per le loro differenze e somiglianze. La differenza essenziale tra la mente umana e le *entità inanimate* (per es., un sasso) è che queste ultime non possono avere coscienza di sé, perché non hanno recettori che possano essere attivati dagli stimoli, nervi che possano trasmettere i messaggi che originano dai recettori e una struttura centrale (il cervello) che decifra e integra le percezioni, mettendole poi in relazione con quello che è già nella mente e derivandone deduzioni logiche (e rendersi conto di tutto questo).

Pertanto, le entità inanimate non possono rendersi conto che pensano, perché non pensano. Esistono fisicamente come molecole e per noi che le percepiamo attraverso i sensi, ma non per se stesse, dato che non hanno le strutture necessarie per le sensazioni, le percezioni e l'autopercezione.

Gli *animali* hanno recettori, trasmettitori e una mente che decifra i messaggi ricevuti. Ma la funzione della mente (per quanto già notevole) è primitiva al punto che si considera già speciale che una scimmia usi uno stecco per raccogliere le termiti da mangiare. La "semplicità" della mente degli animali è dovuta all'uso prevalente degli istinti e dei riflessi, e una molto limitata elaborazione mentale dei dati ricevuti. Si va dallo stimolo alla reazione senza passare attraverso il filtro di una mente che analizza se non in maniera limitata.

Poiché gli animali non ragionano, imparano in maniera limitata (in un circo insegnano agli animali servendosi dei riflessi: un pesce alla foca dopo che ha tenuto una palla sul naso). Un leone di oggigiorno si comporta ancora come un leone ai tempi dei Greci o dei Romani. In tanti secoli non ha imparato nulla, perché si comporta esattamente come la sua genetica lo condiziona. Pertanto, gli animali imparano ben poco dall'esperienza oltre a quello che la genetica insegna loro attraverso gli istinti. Inoltre, gli animali non insegnano alla loro progenie, cosicché ogni nuova generazione ricomincia da zero. Quello che manca loro è una mente che impara, come fa quella umana.

È dubbio che gli animali possano essere consapevoli di sé: per farlo, dovrebbero essere capaci di pensarsi. Una scimmia che si guarda allo specchio non si riconosce e guarda dietro allo specchio per vedere se c'è un'altra scimmia. Se anche in qualche animale ci fosse un barlume di coscienza di sé, sarebbe rudimentale.

Va aggiunto che l'imparare cambia il comportamento degli esseri umani. Un antico romano o greco che risuscitasse oggigiorno avrebbe notevoli difficoltà nel far funzionare le macchine odierne. All'improvviso, troppe sarebbero le cose che dovrebbero essere imparate. Ne seguirebbe confusione, non sviluppo.

Tuttavia (come per il leone), la natura umana non cambia ed è la stessa di 25 secoli fa, con le stesse virtù e difetti. *Non la natura umana, ma il comportamento umano cambia*, perché siamo capaci di imparare e siamo influenzati dagli eventi (anche quelli dovuti alla stessa attività umana). Ma "Se la natura umana cambiasse, la storia diventerebbe incomprensibile". E non solo la storia, ma anche la letteratura, la filosofia, l'arte, ecc.

Proiezione della realtà mentale nel mondo fisico
Perché la mente non si rende conto della differenza tra le molecole da cui si originano gli stimoli e la realtà della mente? Che un oggetto è l'immagine formata nella mente dagli stimoli provenienti da un insieme particolare di molecole del mondo fisico?

La risposta è che la mente non sa a quale livello si sia formata la sua realtà. La mente non sa se l'immagine che percepisce si forma negli aggregati di molecole, nei recettori, durante la trasmissione degli impulsi nervosi, con la percezione nelle varie aree del cervello o con l'integrazione e sintesi di percezioni simultanee. In realtà, la maggior parte delle menti ignora l'esistenza di questi passaggi. *Comunemente, la mente crede di percepire l'immagine di un "oggetto" che obiettivamente esiste nel mondo fisico.* Non sa che l'immagine si forma nella mente come risultato di un processo che include aggregati di molecole, stimoli, recettori, trasmissione d'impulsi nervosi, percezione e sintesi delle percezioni originanti da differenti recettori e cui ciascuna mente aggiunge caratteristiche che le sono tipiche.

Similmente, se si ascolta con gli auricolari una musica registrata, bisogna fare uno sforzo cosciente per credere che la musica provenga dagli auricolari e non dall'ambiente, e che gli altri non la debbano sentire. Specialmente se il volume della musica è alto, ci sembra che debba disturbare tutti. Solo levando gli auricolari dai nostri orecchi, si conferma a noi stessi che la musica veniva di lì e non dall'ambiente, che invece è muto di suoni. L'impressione che la musica venga dall'ambiente è dovuta al fatto che normalmente viene dall'ambiente.

Anche quando si guarda la televisione, si crede che le parole vengano direttamente dalle labbra di chi parla sullo schermo, piuttosto che da un separato dispositivo acustico. Ma se con la manopola si riduce il suono a zero, si dissocia lo stimolo visivo da quello acustico. Si vedono allora le labbra che si muovono come prima, ma ora sono mute (come in realtà erano anche prima, dal momento che il suono veniva trasmesso da un apparecchio separato). La correlazione tra stimoli visivi e acustici viene stabilita nella mente dello spettatore che percepisce allo stesso tempo sia gli uni che gli altri, perché gli stimoli sono simultanei. Infatti, stimoli visivi e acustici possono essere dissociati eliminando il recettore appropriato (chiudendo gli occhi o turandosi gli orecchi).

In altre parole, la mente attribuisce al mondo fisico le immagini che si sono formate solo nella mente a partire dalle percezioni iniziate da stimoli nei recettori sensoriali e modulate dalle caratteristiche e dallo stato dei recettori e delle menti individuali. Se i recettori funzionano regolarmente, tutte le persone si formano un'idea simile della realtà. Per es., le rose sono profumate e vellutate per tutti, sia pure con le variazioni imposte dalle diverse caratteristiche fisiche e mentali dei diversi individui (come la sensibilità).

Se invece la mente si altera per malattia o fisiologicamente con l'avanzare dell'età, la realtà mentale cambia. Questo è dovuto al fatto che si deteriorano i recettori sensoriali e quelli della mente (difetti della vista, dell'udito, della sensibilità e dell'affettività), per quanto le molecole del mondo fisico rimangano inalterate. Per es., l'insieme molecolare di una rosa rimane lo stesso, mentre il suo significato cambia secondo dello stato affettivo di chi la vede.

Questo spiega perché la realtà cambia col maturare della mente come funzione dell'età. In un bimbo, la realtà ha una sviluppata componente fantastica (la componente affettiva è assai più sviluppata che quella logica). In un giovane, la realtà è brillante, stimolante e avventurosa (l'euforia di un corpo ed una mente giovani). In un adulto, la realtà è vista "obiettivamente", vale a dire con meno immaginazione e fantasia e con più "realismo": le percezioni sono meno modificate da un'immaginazione meno effervescente. In una persona anziana, il diminuire del vigore del corpo e della mente può colorare la (sua) realtà di un certo pessimismo.

Il sistema di rapporti tra il mondo fisico e la mente può essere *consapevolmente* o *inconsapevolmente* attivo. Di giorno e di notte, il sistema funziona inconsapevolmente come un radar che saggia continuamente l'ambiente ed eccita immediatamente la consapevolezza quando riporta alla mente qualcosa che necessita un'immediata attenzione.

Per es., si guarda la folla per la strada automaticamente (se non altro per evitare di scontrarsi con qualcuno), ma se si riconosce qualcuno, "ci si sveglia" per salutare. O ci si scansa rapidamente, perché sta arrivando un'automobile. Anche durante il sonno, il sistema sensoriale saggia l'ambiente senza che ne abbiamo coscienza e interrompe il sonno se uno stimolo insolito è percepito (per es., un forte rumore, o fumo, o una temperatura troppo bassa o troppo alta). L'inconsapevole percezione di base degli stimoli è parte di un sistema di protezione individuale. Esempi d'altre componenti (consapevoli) di questo sistema sono la paura ed il coraggio, secondo le situazioni differenti.

Quindi, *i fenomeni del mondo fisico diventano stimoli quando atti-*

vano i recettori sensibili a questi particolari stimoli. I recettori iniziano messaggi che vengono trasmessi come segnali dai nervi a differenti aree del cervello. In queste aree si formano percezioni, che sono integrate nella mente creando immagini (quello che noi chiamiamo oggetti). Le immagini sono condizionate dalla qualità e quantità dei recettori attivati e dalle caratteristiche e stato funzionale di ciascuna mente. Infine, la mente scambia il prodotto finale con gli stimoli che l'hanno causato e attribuisce le immagini a percezioni "obiettive" dal mondo fisico.

Il fatto che la mente dia una "realtà obiettiva" alle sue immagini (proiezione della realtà mentale nel mondo fisico) è uno dei tanti straordinari miracoli che caratterizzano la realtà umana, i miracoli della creatività divina. Per es., si immagini quanto si perderebbe se invece di vedere la chiara luminosità dell'alba, si percepissero solo come tali le lunghezze d'onda delle radiazioni luminose che la causano.

Ricezione di nozioni e pensieri di altri
La realtà non è fatta solo d'immagini che originano dai recettori dei sensi. Per es., quando si conversa, gli stimoli (i suoni delle parole) possono anche suggerire delle immagini, ma sopratutto trasmettono nozioni, pensieri, emozioni o sentimenti che sono stati già elaborati da un'altra mente. Similmente per le parole scritte. Le parole non provvedono dati immediati (come la percezione di una poltrona), ma prodotti "finiti" che possono portare allo sviluppo di nuove nozioni, pensieri, emozioni e sentimenti da parte di chi li acquisisce.

Questa è la base dell'educazione. S'insegna quanto è già stato acquisito da precedenti generazioni in modo che ogni generazioni non debba trovare le soluzioni degli stessi problemi ripartendo ogni volta da zero. L'educazione riassume, analizza e insegna le precedenti conquiste dell'umanità, ed è per questo che deve essere continuamente aggiornata.

Insegnando quello che è già stato acquisito, l'educazione non solamente provvede nozioni, ma anche permette alle menti di operare ad un livello più avanzato. L'imparare le risposte già ottenute ci mette in condizioni di porre nuove domande e di creare qualcosa di nuovo. La cultura è una forma di auto-educazione nel campo che ci interessa specificatamente.

Con l'educazione e la cultura non solo s'imparano le nozioni, ma anche si apprezzano le creazioni del passato, come quelle dell'arte o della scienza. L'apprendere queste conoscenze contribuisce ad educare e raffinare la mente. La formazione d'immagini comporta non solo una ricezione necessaria (ma passiva) di stimoli (per es., se il semaforo è rosso o verde, o un nuovo concetto o nozione), ma anche una reazione complessa, che può portare a riflessi immediati, a riflessioni assorbenti, alle seduzioni della bellezza, o a decisioni pratiche di notevole significato. I dati ricevuti attraverso i sensi sono uno dei mezzi con cui la mente si sviluppa attraverso lo scambio d'informazioni, pensieri ed emozioni.

A questo proposito, si consideri la forte influenza del processo educativo sugli studenti o della cultura in generale (letteratura, poesia, musica, pittura, filosofia, ecc.) sul comportamento umano. Si acquisiscono nozioni o esperienze (conoscenza) e si analizzano (comprensione) per sviluppare nuove soluzioni (sviluppo). La mente crea al livello a cui la portano la sua conoscenza e competenza: non si costruisce un aeroplano senza la perizia dell'ingegneria aeronautica.

Le informazioni sensoriali ci orientano nello spazio e nel tempo relativi al nostro Io ("Devo rientrare dal giardino in casa, perché ormai fa buio"). Questo tipo d'informazione è essenziale, perché altrimenti non sapremmo dove siamo né quando: saremmo disorientati nel tempo e nello spazio. L'alba ci dice che un nuovo giorno è cominciato e il tramonto che quel giorno è finito. Le differenti immagini ci fanno coscienti che il tempo passa.

Altrettanto importante è lo scambio quotidiano tra diverse menti, anche perché ha risvolti pratici essenziali. Lo scambio è più proficuo quando si tiene la mente aperta, dal momento che le prevenzioni c'impediscono di imparare o, addirittura, ci fanno risentire di quello che non condividiamo. A questo proposito, aiuta molto considerare quale sia veramente il nostro interesse e non lasciare che il puntiglio della nostra vanità pretenda di prevalere a nostro danno. Negli scambi reciproci con menti differenti, si passa dall'interazione col mondo fisico a quella con le altre realtà umane.

La realtà dell'immaginazione
Esiste anche un'altra forma di realtà che può essere iniziata da stimoli interni o esterni, ma poi si sviluppa in maniera indipendente. È questa *la realtà dell'immaginazione e della fantasia* che ha un ruolo assai importante nella vita della mente.

L'immaginazione e la fantasia non sono obbligate a percepire *fisicamente* (cioè secondo i meccanismi biologici che regolano la percezione) il mondo fisico. Invece, creano una realtà indipendente da quello e che è modellata da recettori "interni" (per es., quelli della sensibilità, del buon gusto, dell'armonia musicale, della delicatezza, della raffinatezza, ecc.), cioè dalle nostre caratteristiche congenite. Per questo, l'immaginazione è sottoposta al dominio delle emozioni e non a quello della logica. La scienza è obbligata all'esattezza in quello che percepisce, mentre l'arte è obbligata dalla creatività dell'immaginazione a perseguire l'espressione della bellezza.

L'immaginazione è una delle basi fondamentali della creatività, dell'originalità e della differente personalità di ciascuno. Se si fa dipingere a dieci pittori la stessa persona, nessuno ne farà un identico ritratto. L'immaginazione non fotografa quello a cui è esposta mediante i ricettori sensoriali. Invece, l'immaginazione esprime l'interpretazione della creatività estetica e affettiva di ciascuno.

Persino un fotografo professionale seleziona e arrangia quello che percepisce in maniera unica e personale, che può risultare in una foto che rispecchia più fedelmente la sua sensibilità estetica che quello che rappresenta. Ma anche nella vita quotidiana di ciascuna persona, l'immaginazione è una piacevole oasi in quello che altrimenti sarebbe il deserto razionale della logica.

I recettori sono sensibili a stimoli che possono provenire dal mondo fisico esterno (un quadro o il mare in tempesta), dal mondo fisico interno (quello del corpo) e soprattutto dalla mente (emozioni come paure, speranze, ispirazione, seduzioni della bellezza, l'essere innamorati, ecc.). Se normalmente un tavolo è percepito da tutti come un tavolo, l'immaginazione si sviluppa interamente su basi personali. Anzi, il nostro modo di sentire può modificare la maniera in cui si percepisce uno stimolo che ci piace (persino un vecchio tavolo di quercia finemente e artisticamente intagliato diventa un prezioso pezzo d'antiquariato).

Ciascuno si forma una realtà diversa rispondendo a quello a cui è esposto (o a parti diverse di quello a cui è esposto) secondo le caratteristiche della propria immaginazione e fantasia. Per es., le vicende raccontate in un libro sono "viste" in maniera personale dall'immaginazione di ciascuno di noi. Se poi si vede un film tratto da quel libro, lo possiamo anche trovare deludente per essere differente da quello che la nostra immaginazione aveva creato. Infatti, il film è il prodotto specifico dell'immaginazione del regista (non si fa un film senza immaginazione). L'immaginazione del regista può essere stata sviluppata da stimoli differenti da quelli che hanno stimolato la nostra, ma soprattutto si sviluppa secondo le caratteristiche che le sono proprie.

La fantasia è una forma d'immaginazione che può avere scopi più modesti, come quelli delle mode. In genere, la fantasia non sviluppa temi, ma piuttosto sprazzi. Per es., l'immaginazione è necessaria per scrivere un romanzo e la fantasia per creare nuovi tipi d'abbigliamento. Se l'immaginazione può essere emotivamente potente, la fantasia tende ad essere effervescente.

La realtà della mente
Se, nel senso di cui sopra, la realtà è mentale, diventa obbligatorio capire come la mente funzioni e quali siano le caratteristiche che portano alle sue formulazioni.
L'essenza della mente è il passaggio dalla materia allo spirito. Questo passaggio è talmente straordinario da obbligare a considerarlo come uno dei più grandi miracoli divini. Usando le molecole del cervello, la mente permette di avere pensieri e sentimenti, e pertanto modifica radicalmente e caratterizza in maniera esclusiva gli organismi che ce l'hanno. *La mente è la caratteristica principale che rende la razza umana unica nel creato.* Basta pensare a quanto sarebbe straordinario fare un albero che pensasse, ragionasse, avesse sentimenti, ecc. Tale albero

esiste solo nell'immaginazione delle favole.

Gli stimoli del mondo esterno e interno non provocano semplicemente delle reazioni riflesse (per es., come in un coniglio), ma anche riflessioni e sentimenti. Si è coscienti di un certo stimolo e si ragiona sulla maniera di rispondervi. Cioè, si ha la capacità di mettere in relazione lo stimolo con quello che si sa e che si vuole. Per es., sotto l'influenza di certi stimoli, si considera sulla base della riflessione e dell'esperienza se una situazione sia pericolosa, favorevole, piacevole, dannosa, ecc. Il comportamento non dipende più meccanicamente dallo stimolo mediante un riflesso, ma dalle nostre conclusioni ragionate. Tra stimolo e risposta (tipici dei riflessi) s'interpone la riflessione. Inoltre, la risposta è condizionata da altri fattori come il coraggio, la paura, la prudenza, il calcolo, l'esperienza, l'interesse, ecc. Questo fa sì che ciascuno agisca in maniera personale e differente in risposta allo stesso stimolo.

I recettori sensoriali portano alla mente percezioni che, attraverso la memoria, sono inserite nella struttura funzionale della mente. Il ragionare o riflettere sui dati ricevuti consiste nel farci delle domande, anche se possono essere non esplicite (cioè, coscienti). Si cerca di capire, ovverosia di formulare risposte convincenti alle domande che la nostra analisi pone. Questa riflessione è essenziale per decidere il nostro modo di agire. Per es., ci si domanda le ragioni del comportamento di altri, perché sia cordiale, ostile, strano, generoso, erratico, cambiato, ecc.

La comprensione cerca di definire correttamente un fenomeno percepito, analizzando le varie componenti disponibili per decidere il nostro corso d'azione. Per es., un atteggiamento cordiale da parte di altri può essere causato da un affetto sincero, ma anche da un interesse simulato. Di qui la necessità di ragionare, analizzando i dati ricevuti alla luce di altri dati disponibili, come un improvviso cambiamento di atteggiamento, l'espressione del volto, una frase rivelatrice, una cordialità che suona artificiale, possibili discrepanze in quello che vogliono farci credere, conformità con un piano che si sospetta, ecc.

In genere, chi mente prima o poi si tradisce, perché usa una realtà falsa a cui deve dare l'apparenza di essere vera. Questo richiede correlazioni delicate e una memoria attenta. Non basta neanche essere artisti della menzogna, perché si sente l'artificiosità della rappresentazione: s'intuisce che una bugia forbita è pur sempre bugia. Sopratutto, nelle simulazioni della menzogna, le note false rivelano la mancanza di coerenza interna (c'è qualcosa che non torna), anche se qualcuno conta sulla propria furbizia e sulla mancanza di sagacia dell'interlocutore. Quello che uno può sottovalutare è l'altrui fisiologica diffidenza istintiva preposta a protezione dei propri interessi anche nelle persone ignoranti.

Riflettendo, la mente sottopone i dati ricevuti ad un'analisi critica per determinarne la loro natura e il loro significato. La filosofia va oltre questo stadio, perché analizza l'analisi. Cioè, riflette sui vari processi che si verificano nella mente. In un certo senso, "La filosofia è lo studio della mente da parte della mente". La filosofia cerca di capire i perché e i percome. Le domande della filosofia sono più generali, perché, anche se partono da dati di fatto, cercano le leggi generali che sono alla base dei dati particolari.

Per es., si può considerare una persona vanitosa, ma la filosofia si domanda cosa sia la vanità, la sua origine, la sua funzione, e il suo significato nell'ordine generale delle cose. Può concluderne che la vanità è un'esagerazione del proprio merito, ma anche un meccanismo di difesa del proprio Io e un atteggiamento che può aumentare la fiducia in se stessi, sia pure su basi non del tutto accurate. Inoltre, la vanità può avere vantaggi pratici non indifferenti, pretendendo dagli altri una considerazione superiore a quella che sarebbe concessa nella sua assenza.

Dal punto di vista pratico, l'importanza della mente nel determinare il comportamento si vede dal fatto che, per agire, è necessario conoscere, comprendere e decidere. La conoscenza ha bisogno di segnali che la mente riceve dagli organi sensoriali, e la loro elaborazione ed analisi. La memoria permette di mettere i dati che si ricevono in relazione con quelli che vi sono immagazzinati, utilizzando in tal modo l'esperienza acquisita (quello di cui abbiamo esperienza s'interpreta più prontamente, facilmente e correttamente). La comprensione sviluppa relazioni corrette tra i dati ricevuti e le percezioni, nozioni e pensieri che si hanno. E la nostra volontà esegue le decisioni delle conclusioni raggiunte. Pertanto, la mente interpone tra stimolo e risposta un'analisi critica che le permette di scegliere il modo di procedere. Negli organismi animali, la componente mentale è minima o assente nei riflessi (stimolo e risposta): i riflessi degli animali sono costanti perché manca la complessa interposizione della mente. Senza i segnali dal mondo fisico si sarebbe rudimentali. Senza la memoria non vi sarebbe prospettiva, esperienza e basi generali. Senza comprensione si farebbero solo errori. E senza volontà vi sarebbe solo l'inerzia.

A questo punto, non bisogna dimenticare che la mente opera in un corpo con caratteristiche ben definite che permettono l'esistenza all'Io. È il corpo che permette di fare quello che si vuol fare, come dipingere, passeggiare, leggere un libro o fare dei calcoli al computer. Anche se un sasso avesse la mente, non avrebbe gli strumenti per eseguirne gli ordini, per es., quello di spostarsi in un altro posto o di scrivere un biglietto d'auguri. Quando il corpo muore, cessa l'Io e la sua mente. Se qualcosa d'individuale rimane è solo l'anima (e le ossa per un po').

Gli strumenti della mente
Quali strumenti ha la mente per sviluppare la sua realtà? Una prima divisione consiste nel *pensiero* e nell'*affettività*. La mente è capace di ragionare e di sentire. *La ragione si basa sulla logica, mentre l'affettività si basa sulle emozioni.*
Pertanto, sulla base di quello che percepisce e di quello che pensa e sente, la mente crea una nuova realtà, quella delle percezioni, pensieri ed affetti. La maggior parte di questa realtà non esiste fuori della mente nel mondo fisico come entità molecolare indipendente (per es., i concetti generali, malinconia, speranza, fame, desideri, stanchezza, paura, amore, odio, illusioni, passioni, convinzioni, felicità, dolori, suoni, colori,

odori, pessimismo, sarcasmo, peccati, virtù, idealismo, fede, cinismo, carità, generosità, immaginazione, ecc.). Questi fenomeni hanno certo una base molecolare nel cervello, ma tale base è ancora largamente sconosciuta.

Inoltre, *la mente individuale non opera isolatamente.* Se è costretta a farlo, è oppressa dalla solitudine. Mancano nuovi stimoli che la nutrano e le impediscano di degenerare in un grigiore senza significato per mancanza di percezioni e pensieri freschi. Nella solitudine forzata, il tempo non passa mai, perché non c'è nulla di nuovo da percepire. Il presente diventa uguale al passato e al futuro, come (per es.) nella cella di una prigione.

È vero che, quando si pensa, ci si può rinchiudere nella propria mente, ma alla lunga ci sarebbe poco da pensare se non raccogliessimo percezioni nuove e non le immagazzinassimo nella nostra memoria. Il fatto è che le altre menti (e le loro creazioni) sono la sorgente della più grande varietà di pensieri ed affetti che ciascuna mente sviluppa.

Poiché la mente non è autosufficiente (non genera gli stimoli provenienti dal mondo fisico), ha bisogno non solo di stimoli, ma anche di nuovi stimoli. *Questa è una delle basi della necessità della Varietà.* Per variare le percezioni uguali (e pertanto monotone) della routine, la mente cerca nuove percezioni sia nell'ambiente (svaghi, viaggi, vacanze, televisione, film, libri, spettacoli, conferenze, ecc.) sia nelle quotidiane interazioni sociali (si consideri l'importanza della comune conversazione e ancor più dell'istruzione formale).

La tendenza naturale ad associarsi con altri individui (specialmente gli amici) porta ad una stimolante interazione delle menti proprio perché gli altri la pensano diversamente (e con gli amici si hanno interessi comuni, come lo sport o la partita a carte, ma non necessariamente le stesse opinioni). Non farebbe gran differenza se l'interazione sociale ci mettesse in contatto solo con menti identiche alla nostra.

In fondo, questa necessità di nuove percezioni provenienti sia dall'ambiente sia da altre menti spiega perché la gente si concentra nelle città, dal momento che le città offrono più stimoli ambientali e più interazioni sociali. La maggior attrazione delle grandi città si basa anche sulla migliore qualità, maggiore quantità e maggiore frequenza degli stimoli che offrono (per es., note personalità, manifestazioni culturali, musei, spettacoli, ecc.).

A chi vive in città piace anche la campagna, ma come sorgente occasionale di stimoli piacevolmente diversi (per es., picnic, vacanze). Un contadino che vive in un podere isolato si deve contentare del suo buonsenso, dell'amore della terra e delle conversazioni con gli altri contadini sul sagrato della chiesa la domenica.

Poiché la mente riceve sempre nuovi messaggi e li elabora secondo le sue caratteristiche, la mente è un'entità dinamica e pertanto in continuo sviluppo. È possibile che tale sviluppo della mente implichi modificazioni strutturali e funzionali dei neuroni e dei rapporti tra neuroni.

La memoria

La funzione della mente è condizionata in maniera determinante dalla memoria, che è una componente essenziale dell'Io. Senza la memoria, si perderebbe il nostro passato e il presente cambierebbe drasticamente per mancanza di prospettiva.

Definizione
La memoria è la capacità di *immagazzinare* nel cervello (volontariamente e involontariamente) quello a cui è esposta la consapevolezza della mente nel presente e di poterlo *rievocare* dopo. Questo si applica sia alle percezioni dal mondo fisico sia a quelle dalla stessa mente (pensieri ed emozioni). Permettendoci di ricordare quello a cui la nostra mente è stata esposta, la memoria è essenziale per *imparare*, dal momento che non s'impara se si dimentica quello che si apprende. La memoria è la base anche dell'*esperienza*, che si caratterizza per utilizzare nel presente quello che abbiamo imparato nel passato per esservi stati esposti ripetutamente.

Inoltre, la memoria è essenziale per la *logica*, perché quello che si ricorda è alla base delle nostre deduzioni e delle relazioni che la riflessione stabilisce tra quello che si ricorda e quello che si percepisce. La memoria è inoltre il fondamento del *tempo* e del *movimento*, dal momento che il tempo si basa anche sulla successione di quello che si ricorda e il movimento è creato dalla percezione d'immagini successive. È il confronto tra quello che si percepisce e quello che si ricorda che permette la percezione del movimento e del passare del tempo.

La memoria è essenziale anche per il *linguaggio*. Per es., si dimentica progressivamente una lingua straniera che non usiamo per anni o anche di certi vocaboli della lingua che si parla nel deterioramento della vecchiaia o del prolungato disuso. La memoria permette alla mente di costruire su quello che si ricorda. Se non fosse per la memoria, si ripartirebbe ogni volta da zero e pertanto non vi potrebbe essere graduale sviluppo. La memoria è essenziale anche agli *affetti*. Se, per es., si dimenticano i nostri morti più cari, quelli muoiono per sempre.

Come tale, *la memoria è la base del nostro passato: il nostro passato è quello che si ricorda nel presente di quello cui la mente è stata esposta.* Se si perde la memoria, si diventa estranei a quello che abbiamo vissuto, cioè a gran parte di noi stessi. Le dimensioni dell'Io sono proporzionali anche a quello che si ricorda. Un professionista che dimenticasse le sue nozioni professionali cesserebbe di essere un professionista.

Naturalmente, persone differenti (per es., insegnanti della stessa materia) possono avere memorie simili (per es., quella di una cultura equivalente), ma a livelli intellettuali differenti. Differenti persone fanno dei dati conservati nella memoria un uso e un'elaborazione differente. Questo perché la memoria per sé è un archivio, vale a dire un deposito di ricordi di cui la mente può fare un uso differente secondo le sue capacità intellettive. Negli animali può darsi che buona parte della loro più rudimentale memoria sia incorporata nei meccanismi riflessi.

Meccanismi della memoria
I meccanismi cellulari e molecolari responsabili della memoria sono al momento presente in gran parte sconosciuti. Ma il processo di immagazzinamento dei dati nella memoria è quanto mai straordinario considerando la quantità e qualità di quanto si ricorda. L'aver creato il processo responsabile della memoria è un'altra delle espressioni della creatività divina. L'attribuire questo processo a qualsiasi altra causa offende sia la logica sia le straordinarie dimostrazioni della scienza. Anzi, offende persino il buon senso.

Che il meccanismo della memoria sia straordinario lo suggerisce il fatto che ciascun ricordo dovrebbe essere associato ad una qualche modificazione funzionale o strutturale, che presumibilmente comporta una disposizione particolare di molecole (particolare per ciascun ricordo). Considerando il numero di ricordi che ciascuno ha, le modificazioni richieste sono presumibilmente un numero enorme. Inoltre, ciascun ricordo è immagazzinato con *caratteristiche emotive* differenti, che possibilmente coinvolgono strutture cerebrali particolari. Questo aggiunge altre variabili alla complessità di quello da ricordare.

Se, per es., siamo scivolati per venti metri in montagna, si forma un ricordo pauroso (piuttosto che un semplice ricordo della caduta), un ricordo che provoca un brivido di apprensione ogni volta che lo si rievoca. Quel ricordo è associato alla stessa reazione di paurosa tensione, indipendentemente dallo stato emotivo prevalente al momento in cui lo si ripensa. È vero che si può raccontare quell'episodio anche ridendo, ma il ricordo non cessa di essere pauroso. Semmai, l'allegria è dovuta al fatto che siamo usciti da quell'incidente senza gravi danni. Se i danni fossero stati gravi (per es., la paralisi delle gambe), ben pochi ne riderebbero raccontandolo.

Le presunte (*e ancora da dimostrare*) modificazioni funzionali o strutturali di speciali molecole devono essere dinamiche, nel senso che (una volta formate) possono essere smantellate, dal momento che molti ricordi svaniscono completamente col tempo. Tuttavia, se un particolare ricordo viene *pensato ripetutamente* (come per le cose che ci interessano), il processo di cancellazione viene ritardato o anche evitato del tutto. Si previene il deterioramento del meccanismo che ricorda rinnovando lo stimolo che lo crea. D'altra parte, sia la capacità di creare le *presunte* modificazioni delle molecole che sono alla base dei ricordi sia il loro livello di stabilità apparentemente variano in differenti menti, dal momento che chi ha una "buona" memoria ricorda più cose e più a lungo.

Inoltre, le modificazioni associate alla memoria devono essere in qualche maniera sensibili *all'intensità dello stimolo*. Se uno si trova in una situazione in cui la sua sopravvivenza è in grave pericolo (per es., aver rischiato di affogare), si ricorderà di quell'avvenimento per tutta la vita.

Il passato e la memoria
L'importanza essenziale di quello che si ricorda consiste nel fatto che la *memoria permette l'esistenza del nostro passato*, in quanto il passato è caratterizzato non da sensazioni e percezioni

immediate, ma dal ricordo di quelle che si sono avute. Si percepisce non quello che ha creato il ricordo, ma piuttosto il ricordo di quello che l'ha creato. La percezione originale e il ricordo creato possono non essere identici in molti rispetti e la discrepanza può aumentare ancora di più con passare del tempo. Tutto quello che si dimentica cessa di esistere per noi, anche se talvolta il ripetersi dello stimolo può permettere di riconoscere quello che avevamo dimenticato (per es., vedere una fotografia o ritornare nello stesso posto dopo anni). Si può riconoscere da certe caratteristiche quello che è rappresentato in una fotografia (per es., noi stessi a venticinque anni) e aver completante dimenticato come si era allora. Si riconosce se stessi fisicamente nella fotografia, ma la nostra memoria non avrebbe saputo descriverci prima di vedere la fotografia. Se dopo si ricorda qualcosa di come si era a quel tempo, si ricorda quello che abbiamo visto nella fotografia. Si ricorda il ricordo creato recentemente con la fotografia e non il ricordo diretto della nostra passata giovinezza.

Se non sono completamente dimenticati, *i ricordi possono essere rievocati*. Un esempio frequente è la risposta alla domanda "Qual è la sua data di nascita?" Questa "rievocazione" dei ricordi è essenziale per la normale funzione della memoria. Quello che s'immagazzina nella memoria servirebbe a ben poco se non fossimo capaci di rievocarlo. La stessa base dell'esperienza ne sarebbe distrutta, poiché in situazioni analoghe non si sarebbe capaci di rievocare quello che sappiamo succedere nelle stesse situazioni.

Per es., se piove e la strada è bagnata, si guida con più prudenza solo se si ricorda che è facile perdere il controllo dell'automobile su una superficie scivolosa. Un giovane tende ad essere più imprudente perché (oltre a riflettere di meno) può non essere stato esposto a situazioni analoghe. Se uno non ha ancora il ricordo di aver perso il controllo della macchina su una strada bagnata, non ha nulla da ricordare che lo ammonisca sul pericolo. Anche un vecchio può essere imprudente, ma solo se ha dimenticato le sue precedenti esperienze.

Meccanismi condizionanti

Vi sono *meccanismi che condizionano* quello che si ricorda o che *non* si ricorda. Un *primo meccanismo* è l'attenzione. Se si posano gli occhiali da qualche parte senza fare attenzione, dopo non si ricorda dove li abbiamo posati, semplicemente perché non c'è nulla da ricordare. Non facendo attenzione ad un atto, la percezione relativa non viene immessa nella memoria e pertanto non la si può ricordare dopo.

Un *secondo meccanismo* riguarda la capacità o l'incapacità di richiamare quello che è nella memoria a meno che non ce lo ricordino. Uno può non ricordarsi il nome di una persona, ma se glielo dicono (e solo allora) se ne sovviene ("È Enrico quello che ci viene incontro?". "No, no, è Paolo". "Ah, sì, è vero: ora mi ricordo che si chiama Paolo").

Un *terzo meccanismo* è la scomparsa definitiva di un ricordo dalla memoria ("Chi è quello che ci viene incontro? Mi sembra di conoscerlo, ma non mi ricordo il nome". "È Paolo". "Paolo? Questa mi è nuova. Sei sicuro che si chiami Paolo?").

Pertanto, si può non ricordare un evento perché non l'abbiamo percepito coscientemente, perché non siamo capaci di rievocarlo o perché sparisce del tutto dalla memoria. Per es., si può non ricordare per nulla un quadro che si vede per una seconda volta, se se n'è perduta la memoria. Altre volte invece, vedendo lo stesso quadro se ne rievoca il ricordo (ci si ricorda di averlo già visto). Quando la nuova percezione del quadro cerca di immagazzinarsi nella memoria, il nuovo stimolo vi trova già il ricordo dello stesso quadro. Per questo motivo, si riconosce il quadro che la nostra consapevolezza aveva dimenticato.

Se poi la memoria è distrutta dalla malattia, allora il nostro Io è mutilato del suo passato. In tal caso, nel considerare il proprio Io, si brancola nel buio delle dimenticanze.

Bisogna aggiungere che i meccanismi della memoria e quelli del richiamo dovrebbero essere assai differenti. Si può rievocare un ricordo che era nella memoria da quarant'anni senza mai essere stato pensato durante tale periodo. Prima di rievocarlo, il ricordo non era presente nella consapevolezza. Quando lo si ricorda, vi devono essere dei meccanismi che portano alla coscienza il ricordo dalla struttura dove è conservato (per es., strutture subcorticali) alla corteccia ("Ah, sì, sì, è vero: me lo ricordo anch'io. Eravamo a Pompei...").

La formazione dei ricordi

A differenza delle scelte dell'immaginazione, *la memoria deve registrare fedelmente quelle percezioni che raggiungono la consapevolezza.* La memoria partecipa alla creazione della realtà personale, ma lo fa *non selezionando quello che deve ricordare, ma ricordando quello che la mente ha selezionato.* Se non c'è la *consapevolezza* (per es., nel sonno o in uno svenimento), gli stimoli non creano percezioni consce e pertanto non possono diventare ricordi. Ma la consapevolezza ha bisogno dell'*attenzione* per percepire le sensazioni. Per es., se non si ascolta quello che non ci interessa, dopo non c'è nulla da ricordare, non perché lo abbiamo dimenticato, ma perché non lo abbiamo percepito. Pertanto, la percezione della consapevolezza entra come ricordo nel magazzino della memoria (diventa inconsapevole) e poi con il richiamo ritorna dal magazzino mnemonico alla consapevolezza (presumibilmente attraverso le connessioni tra diverse strutture cerebrali).

L'attenzione poi è legata ai nostri interessi intellettivi. Se uno studente non è interessato a quello che legge, non vi presta molta attenzione. Il che significa che impara ben poco, perché quello che entra nella sua memoria è solo una frazione di quello che legge. Questo diventa apparente quando lo studente deve sostenere un esame su quello che ha letto.

Reciprocamente, si può ricordare bene quello che interessa, perché vi si presta molta attenzione. Oppure lo stimolo è particolarmente intenso o il nostro stato emotivo è stimolato. Inoltre, si possono *raggruppare* inconsciamente i ricordi in differenti categorie, come quelli piacevoli, spiacevoli, tristi, frivoli, seri, ecc. Se, conversando, qualcuno racconta qualcosa di piacevole, si va a pescare nella nostra memoria un qualche ricordo piacevole per essere in tema con l'argomento della conversazione.

La memoria immagazzina quello che la mente percepisce, ma l'Io è fatto anche di quello che percepisce di se stesso. Pertanto, si ricordano sia le percezioni dall'esterno ("Stamani sono partito alle otto da casa") sia le percezioni dall'interno ("Sono partito anche se non ne avevo voglia"). Una situazione speciale è l'innamorarsi, dal momento che l'amore prevale sulle altre emozioni. Ne consegue che l'immagine della persona amata (essendo appassionatamente pensata molto spesso), si incide nella memoria. Infatti, il ricordo di chi si ama tende a persistere anche quando non si ama più. Dunque, entrano nella memoria non solo le percezioni dal mondo fisico, ma anche pensieri ed emozioni che sono percezioni originanti nella mente. Di qui, l'importanza della memoria per la nostra identità e individualità.

Naturalmente, per quanto essenziale, *il ricordare non è fine a se stesso.* Per es., quello che s'impara con l'educazione non è solo quello che si ricorda, ma sopratutto quello che plasma la mente servendosi della comprensione. Tuttavia, se si dimentica subito quello che s'impara, viene a mancare la base che porta ad interazioni complesse e progressive. La scala che porta allo sviluppo della mente ha bisogno dei gradini della memoria. Infatti, quello che si percepisce interagisce con quello che si è percepito (se lo si ricorda). È vero che l'interazione richiede la comprensione, ma non ci potrebbe essere interazione se i ricordi svanissero nel nulla.

Di qui, "l'alleanza" tra quello che si sa (e si ricorda) e la capacità di analizzarlo. Lo studente più bravo non è quello che ricorda di più, ma, a parità di livello intellettuale, chi si ricorda di più ne sa di più. Siccome una parte considerevole della mente è fatta di quello che si ricorda, la memoria è una componente essenziale del proprio Io.

Componenti diverse della memoria
In genere, un ricordo comporta la sintesi di percezioni provenienti da diversi sensi. Per es., se si ricorda la rosa che abbiamo visto ieri in giardino, se ne ricorda la forma, le dimensioni, il colore, il profumo, ecc. Si ricorda l'oggetto rosa come formulato nella nostra mente. Tuttavia, se si sente solo l'odore della rosa lo si riconosce. Questo sembrerebbe suggerire che

vi possano essere differenti tipi di memoria: uditiva ("Sentii un forte boato"), visiva ("La foto ne faceva vedere tutta la sua bellezza"), tattile ("Era soffice come il cotone"), termica ("La minestra era caldissima"), ecc.

Quindi viene da domandarsi se sensazioni diverse possano essere ricordate in sedi diverse del cervello, anche se generalmente si ricorda la loro integrazione. Alternativamente, dell'integrazione si potrebbero poter ricordare separatamente le componenti. Comunque, dagli esempi citati, sembrerebbe possibile ricordare non solo l'insieme, ma anche le diverse componenti di quello che si ricorda. È chiaro che moltissimo rimane da imparare sulla memoria.

Caratteristiche dei ricordi
La funzione d'archivio della memoria implica che si ricorda quello a cui siamo esposti *consciamente*. Se si cammina in un corridoio, si può non osservare il colore delle mattonelle che ricoprono le pareti, al punto che poi non siamo sicuri di quale colore siano, anche se per quel corridoio si passa tutti i giorni da anni. Invece, se si va ad una conferenza interessante, non si vuol perdere una parola di quello che viene detto. Questa selezione dell'*attenzione* su quello che immettiamo nella memoria evita di sovraccaricare la memoria con percezioni che sono inutili per noi e pertanto non c'interessano. Li consideriamo ricordi insignificanti e futili dal momento che non hanno nessuna applicazione per noi.

I ricordi poi sono sempre *meno precisi* delle percezioni vere e proprie. Questo perché non si ricorda quello che si vede con la stessa immediatezza dal momento che i recettori sono diversi. Per es., la percezione di un colore comporta l'intervento dell'occhio, nervo ottico e corteccia visiva. Poiché si percepisce quel colore, il colore è vivamente distinto. Invece, il ricordo di quel colore non comporta l'intervento dei recettori visivi, ma solo quello delle strutture devolute alla memoria.

In altre parole, nel ricordare, la mente cosciente riceve percezioni non direttamente dal mondo fisico, ma dai centri in cui la memoria li conserva. Pertanto, i ricordi non hanno la stessa immediatezza e vivacità delle percezioni. In genere, non hanno neanche la stessa intensità emotiva. Semmai, si può ricordare la nostra reazione quando si percepiva quello che ora si ricorda. Per es., si può ricordare il piacere provato nel rivedere qualcuno che si ama, ma non provare quel piacere di nuovo solo ricordando. Anzi, il ricordo del piacere provato allora può farci sentire ora una pena acuta per la sua mancanza.

Le caratteristiche dei ricordi tendono a *svanire progressivamente* come funzione del tempo. Per es., si ricordano solo vagamente i nostri amici d'infanzia che non vediamo da allora. E anche se li si ricorda, li si ricorda ad uno stadio che non esiste più. Questo significa che la memoria non evolve se non aggiornandosi attraverso nuove percezioni. Così, se si continua a frequentare un nostro amico, si aggiorna il nostro schedario mnemonico man mano che quello cambia, le nuove percezioni sostituendo quelle vecchie.

Questo è particolarmente evidente nei bambini: si ricorda quanto più piccoli i nostri figli o nipotini erano alcuni anni prima, ma sempre più vagamente dal momento che si dimentica. Si sostituisce nella memoria quello che si vede a quello vi era stato depositato antecedentemente ("Com'è cresciuto!"). La discrepanza è ancora più cospicua se si confronta quello che si vede con quello che ci mostrano fotografie prese anni prima.

Inoltre, vi è un altro fattore che modifica la fedeltà dei nostri ricordi. *Anche se i ricordi non cambiano, cambia la nostra mente*, per cui la stessa percezione mnemonica può assume una diversa prospettiva secondo l'età. Certo, il ricordo delle nostre esperienze giovanili può assumere diverso significato man mano che la nostra mente cambia con l'età. Quello che si ricorda di un nostro figlio quando era piccolo lo si confronta con quello che si percepisce dello stesso figlio a vent'anni di età. Ma dopo quest'intervallo di tempo, non solo il figlio è cambiato ma anche la nostra mente. Gli affetti rimangono, ma ci si rende conto della necessità che i figli diventino indipendenti dai genitori. Pertanto, il significato e la componente emotiva dei ricordi cambiano.

La funzione del dimenticare
Forse è necessario non ricordarci tutto quello a cui siamo esposti dal momento che alla fine troppi ricordi potrebbero saturare la nostra capacità di ricordare. Se ci si ricordasse tutto, si ricorderebbe anche quello che è del tutto inutile ricordare. L'unico "vantaggio" sarebbe che ad ogni evenienza si risponderebbe: "Ah sì, anch'io mi ricordo che...".

Un meccanismo per la selezione di ricordi che non devono sparire è la percezione ripetuta. Per es., non si dimentica certo un fratello o sorella con cui si cresce, anche se cambiano con il maturare dell'età, perché li vediamo tutti i giorni. Ma se vi è una separazione prolungata, persino un fratello od una sorella sono ricordati solo come gli abbiamo visti l'ultima volta e tale immagine diventa sempre più sfocata con il passare del tempo.

Pertanto, i ricordi occasionali che non hanno colpito la nostra attenzione o immaginazione e che non si ripensano possono essere dimenticati senza danno, e tendono a sparire. Si dimentica quello che non si usa. Inoltre, certo vogliamo ricordare quello che si deve fare, ma una volta fatto (per es., spedire un plico), non è più necessario ricordare quell'impegno, solo di averlo soddisfatto.

Lo svanire dei ricordi compromette progressivamente l'immagine che ricordiamo. Spariscono i dettagli e i colori, e le dimensioni diventano incerte. Quando questo processo di cancellazione è completo, se si vede l'oggetto o la persona in questione non si riconoscono.

Per quanto non i concetti, molte cose sono ricordate come *immagini.* Qui, sorge la domanda di *come si ricordi.* Per es., di un quadro come la cameretta di Van Gogh si può ricordare il letto, una sedia e la piacevole vivacità dei colori (specialmente del giallo). Cosa si ricorda? Una specie di fotografia visiva in cui il letto è disposto in una certa maniera e che è tanto più nitida e più completa quanto più spesso si vede tale quadro?

Certo, si ricorda il nostro salotto meglio di un quadro visto in un museo. Non abbiamo problemi a descrivere la mobilia del nostro salotto: vedendola tutti i giorni, se ne rinnova il ricordo che pertanto ci diventa "familiare". Se lo vedessimo tutti i giorni, diventerebbe familiare anche il quadro del museo. Ma anche quando si ricorda il nostro salotto, lo si rievoca come un'immagine di cui possiamo specificare i dettagli? Per esprimersi in gergo elettronico, si immette nella memoria una versione PDF di quello che si percepisce? Qui, bisognerà aspettare i progressi della scienza che dimostreranno quanto ingegnosi siano i meccanismi attraverso i quali si ricorda. La memoria è sminuita dal ricordare solo certe parti dei ricordi. Così, parlando con un amico di esperienze condivise, colpisce il fatto che dello stesso avvenimento l'uno ricorda certi dettagli e l'altro altri dettagli. Questo non dovrebbe sorprendere, poiché gli interessi di differenti menti essendo diversi, l'attenzione di queste si concentra su particolari differenti.

Elaborazione

I ricordi possono essere raggruppati in categorie secondo caratteristiche simili. Per es., si può ricordare il mare come blu, grigio, bianco di schiuma o tempestoso, ecc. Si ricorda allora non il mare come lo abbiamo percepito in un certo giorno o luogo, ma come il mare può essere in un dato momento o luogo. Per es., si ricorda un mare tropicale per le sue acque cristalline, sabbia bianca, aria luminosa, isole con palmizi, barriere coralline, nere rocce vulcaniche, ecc., anche se non ne ricordiamo uno in particolare. Ma vedendone uno in particolare, sulla base della categoria che si ricorda, lo si riconosce come mare tropicale.

Questo processo d'elaborazione e classificazione dei ricordi è presumibilmente il risultato dell'*analisi della mente* e non un processo che appartiene alla memoria. In altre parole, l'elaborazione può non risiedere nella memoria, ma piuttosto nella capacità della mente di analizzarne secondo caratteristiche condivise i dati ricordati. Si forma un concetto generale (per es., il mare) che si applica a ricordi della stessa categoria, ma ciascuno diverso. Ma se uno non ha mai visto o sentito parlare di un mare tropicale, questo non esiste nella memoria e pertanto nella categoria "mare". Tuttavia, anche i concetti vanno ricordati.

Selettività nella memoria
Di quello che possiamo ricordare, oltre ai limiti qualitativi, vi sono anche limiti quantitativi. Pertanto, consciamente o inconsciamente, selezioniamo quello che noi vogliamo, dobbiamo o possiamo ricordare. Una prima forma di selezione dei dati da ricordare è dovuta a differenti *interessi personali*. Per es., un professionista si tiene aggiornato nel suo campo. Il che significa che ciascun professionista cerca le informazioni che lo interessano e che gli sono utili per la professione. Anche nella stessa professione, queste informazioni non sono le stesse. Per es., ciascun medico si interessa al suo campo di specializzazione. Il risultato è che i contenuti della memoria variano enormemente in differenti persone, anche nella stessa categoria d'attività. Nella stessa persona, l'essere esposti allo stesso tipo d'informazioni rinforza la memoria, dal momento che anche quello che è nuovo contiene elementi già conosciuti da quella persona in quel campo.

Un altro tipo di selezione riguarda *l'ambiente* che si frequenta e in cui si opera. Tutti noi siamo esposti a percezioni che non abbiamo scelto, come quelle del posto di lavoro. Per es., si ricorda l'edificio in cui si lavora e non si sa nulla di altri edifici, anche vicini, in cui non siamo mai stati. Ma anche dove si lavora, se non vi si posa l'attenzione, sono molte le cose che non si osservano e pertanto non si ricordano.

Un'altra maniera essenziale con cui non si satura l'archivio della memoria è quella di *dimenticare*. A prima vista sembrerebbe che questo fosse una severa limitazione della memoria e spesso lo è. Ma, per svariate ragioni, in realtà non è utile per nulla ricordare tutto. Una ragione è che le cose che si ricordano *possono modificare la nostra maniera di pensare*. Una volta che abbiano fatto questo, non è necessario ricordarle singolarmente. Per es., se ci mentono abitualmente, ben presto ci si forma la nozione che chi ci mente è un bugiardo, anche se si dimenticano le singole bugie che ci ha detto.

Molto più importante, molte delle cose che s'imparano durante la nostra educazione si dimenticano, ma non prima che abbiamo modificato (cioè, educato) la nostra mente. *Si trasfe-*

risce quello che s'impara nella maniera di pensare. Questo è essenziale perché, per es., le nozioni cui uno studente di medicina è esposto sono sorpassate da nuove scoperte col passare del tempo. Quindi, non serve a nulla essere capaci di ricordare esattamente tutte le nozioni imparate da studente. Quello che serve è essere in grado di imparare nozioni nuove e questo è permesso dall'educazione ricevuta. La mente di uno studente è addestrata alla medicina dalle nozioni imparate. Una volta laureato, la sua mente è capace di acquisire e ricordare nozioni nuove (e finché lo sono).

Similmente per le notizie dei giornali o della televisione. *Senza le notizie quotidiane ci si dissocerebbe dall'ambiente* (come, per es., succederebbe ad un eremita) e questo comporterebbe pericoli ben definiti. Le notizie quotidiane ci permettono il monitoraggio dell'ambiente e la percezione di quello che può influenzare le nostre azioni. Il nostro interesse può essere stimolato, per es., dalla situazione economica o politica, eventi culturali, esplorazione dello spazio, terremoti, epidemie, andamento del mercato finanziario, scoperte nelle varie branche della scienza, ecc.

Si possono dimenticare i dettagli (per es., il comportamento quantitativo del mercato finanziario sei giorni fa), ma non come il mercato si stia comportando (per es., tendenza al ribasso). Molte di queste notizie sono poi rapidamente dimenticate, perché hanno perso la loro utilità con il cambiare della situazione. Ma non si dimenticano le esperienze relative (per es., l'influenza delle decisioni politiche sull'economia).

In tal maniera, ci possiamo permettere di dimenticare in pochi giorni la maggior parte delle notizie dei giornali o della televisione. Se si domandasse cosa era scritto nella prima pagina di un giornale una settimana fa, probabilmente ben pochi sarebbero in grado di rispondere a tale domanda. Ma a dimostrare che molte delle notizie passate non servono più, ben pochi vorrebbero leggere il giornale della settimana passata. Tuttavia, se non si fosse esposti quotidianamente alle notizie, la nostra ignoranza dell'ambiente sarebbe progressiva, sempre dannosa e qualche volta anche pericolosa, perché associata ad un progressivo distacco dal mondo in cui si deve vivere.

Il fatto è che, dopo aver aggiornata la mente, i dettagli non essenziali si dimenticano senza danno e, anzi, con profitto. Invece, quello che è necessario ricordare per poter agire con successo non si dimentica, anche perché si ripensa ripetutamente, rinforzandone la memoria. Se qualcosa è importante (per es., un appuntamento), non solo lo si richiama frequentemente dalla memoria, ma in genere lo scriviamo per essere sicuri di non dimenticarlo.

Un'altra maniera per non sovraccaricare la memoria è quella di *ricordare quello che è fondamentale*, scartando i dettagli non essenziali. Per es., non è necessario ricordarci se l'alba che abbiamo visto negli ultimi cinque giorni era di un rosa brillante, soffocata da un manto di nuvole grigie o resa triste da una fredda pioggia insistente. Se tre giorni fa l'alba risplendeva di luce o era solo una melanconica nebbia densa e grigia è importante per la varietà delle nostre percezioni, ma non per l'esattezza dei nostri ricordi.

Altre volte il sovraccarico mnemonico è evitato *dimenticando anche quello che ci piacerebbe ricordare*. Per es., non ci ricordiamo più quali fossero i pensieri o i sentimenti di quando avevamo cinque o quindici o venticinque o trentacinque anni. Forse questo succede perché l'immediatezza delle percezioni rende più vivido il periodo della nostra vita che si vive rispetto a quelli che abbiamo vissuto. D'altra parte, una memoria rigogliosa e dettagliata (per es., della nostra passata gioventù) potrebbe per contrasto sminuire l'attrazione dei periodi che si vivono dopo. Il fatto è che si deve vivere delle percezioni del presente e non dei ricordi del passato. I ricordi del nostro passato sono essenziali, ma solo in quanto partecipano emotivamente al nostro presente. Infatti, i ricordi svaniscono più facilmente quando non hanno un forte significato emotivo.

Funzioni della memoria

Il compito della memoria è di permettere al nostro presente di sopravvivere nel nostro passato in modo che il presente non scompaia completamente mentre ci si trasferisce nel futuro. Si potrebbe altrettanto correttamente anche dire che il compito della memoria è di permettere al nostro passato di sopravvivere nel nostro presente. In tutti e due i casi, si tratta di poter conservare nella memoria le percezioni passate e di percepirle come ricordi nel presente.

Se non si ricordasse nel presente nulla di quello che è stato percepito precedentemente, le conseguenze sarebbe disastrose. Per es., non si avrebbe nessuna idea di quello che siamo stati e si perderebbe addirittura la nostra identità. Inoltre, mancherebbe ogni senso di prospettiva (il passato non avrebbe profondità: un'ora, un giorno, un mese, un anno non farebbero differenza, dal momento che tutto scomparirebbe nel nulla).

Inoltre, *non sarebbe possibile mettere in relazione quello che si ricorda (incluso il patrimonio della nostra esperienza) con quello che si percepisce.* Ma la riflessione è basata proprio sulla nostra capacità di analizzare e mettere in relazione i ricordi delle percezioni passate e le percezioni presenti. Questo processo è alla base della nostra attività e comportamento. Esercitare una professione diventerebbe impossibile se si dimenticassero le basi della nostra educazione e addestramento.

La cultura sarebbe sostituita dalla superficialità di percezioni che svanirebbero rapidamente nell'oblio, invece di provvedere le nozioni e concetti necessari per una valutazione critica e per un ulteriore sviluppo. Le deduzioni della filosofia diventerebbero impossibili, perché si dimenticherebbero le premesse.

La memoria conserva i ricordi e li rende disponibili alla percezione da parte del presente ("richiamo"). Il suo compito è di registrare quello che la nostra mente percepisce di sé, degli altri e degli avvenimenti nella maniera più precisa e accurata possibile. La memoria è il registro in cui annotiamo lo svolgersi della nostra vita. Per questo, la memoria conserva quello che si fa che sia bello o brutto, morale o immorale, onesto o disonesto, generoso o egoista, ecc. Anzi, conserva anche quello che vorremmo dimenticare (per es., atti meschini). Solo in questa maniera, *possiamo sapere chi siamo.* Per es., il ricordo dei nostri atti può certificare la nostra ipocrisia, generosità, abiezione o dignità.

La memoria è anche la base dell'educazione in quanto permette alla mente di integrare i dati già acquisiti con quelli successivi, e pertanto di imparare sempre di più. Senza l'aritmetica non s'impara la matematica, senza la matematica non s'impara l'ingegneria, senza l'analisi logica non s'impara la filosofia, ecc. I ricordi delle cose imparate, integrati dalla riflessione, sono i gradini che la mente sale verso una sempre maggiore comprensione.

Quello che si fa è il risultato delle nostre inclinazioni naturali, della moralità, volontà, desideri, egoismo, ambizione, ideali, virtù, difetti, ecc., ma anche se si volesse dimenticare quello che non ci piace, la memoria non ce lo permette. Anzi, grazie alla memoria, le nostre colpe ci possono perseguitare. Pertanto, la memoria è anche *alla base della coscienza e della moralità.* La memoria non crea la moralità, ma ne permette la funzione. Senza la memoria, non ci potrebbe essere rimorso per le nostre colpe. Pertanto, la memoria regola in maniera essenziale la nostra condotta, perché quello che si ricorda può influenzare in maniera determinante quello che si fa.

La memoria condiziona anche l'esperienza. L'esperienza consiste nel ricordarsi quello a cui siamo stati esposti e impararne i significati. In questa maniera, l'esperienza tante volte ci guida nelle decisioni che si prendono. I ricordi sono usati per l'analisi da parte della mente, che li mette in relazione con altre nozioni secondo i dettami della logica. Senza tale analisi, le nozioni non potrebbero diventare comprensione. La sola memoria permette solo di ricordare, ma se si riflette su quello che si ricorda allora si può comprendere di più.

Dimensioni della memoria

Le dimensioni della memoria variano come funzione di diversi fattori. Uno di questi è la *durata del tempo vissuto* durante il quale le percezioni vengono immagazzinate nella memoria. La memoria di un bambino è più limitata di quella di un adulto per tre ragioni principali. La prima è che come neonato un bambino ha ben poca coscienza di sé e pertanto molte delle sue percezioni possono essere approssimative e non venire immagazzinate nella memoria. La seconda è quantitativa per il più breve periodo vissuto durante il quale i ricordi si accumulano. La terza è qualitativa nel senso che la percezione dei bambini è più limitata degli adulti anche quando vengono esposti agli stessi stimoli. Per es., dello stesso film, un bambino conserva una memoria più limitata, perché più limitate sono le sue percezioni, attenzione, maturità, esperienza e conoscenza. Inoltre, un bambino ricorda come obiettivi anche i dati fantastici della sua immaginazione.

La memoria probabilmente raggiunge il suo apice in un adulto perché le percezioni e l'abilità di ricordarle e utilizzarle sono ottimali. Nei vecchi, le percezioni si sono accumulate per un più lungo periodo di tempo, ma molti sono i ricordi persi, poiché gli eventi diventano sempre più remoti, la memoria deteriora come le altre funzioni fisiche e mentali, e le percezioni diminuiscono perché diminuisce l'attenzione e l'interesse di una vita meno attiva.

Il fatto che nel vecchio i nuovi ricordi diminuiscono può in realtà favorire la funzione d'analisi e sintesi della mente. L'esperienza raggiunge il suo apice e il distacco dalle attività quotidiane di lavoro e dallo stress delle tensioni e scadenze permette la riflessione (se uno riflette) sui dati disponibili nella memoria. Ma bisogna qui aggiungere che se uno riflette, non aspetta certo d'essere vecchio per farlo.

Ma anche a parità di capacità mnemoniche, la qualità della mente mette a frutto differentemente quello che ricorda. Così, se due studenti hanno una memoria equivalente, quello che capisce di più sarà certamente più bravo, perché utilizza molto meglio quello che ricorda e pertanto impara di più. Si utilizza meglio quello che si ricorda se si passa dalle nozioni ai significati, perché allora si passa dal ricordare al capire.

Strumenti che facilitano la memoria
È tipico della *memoria rinforzarsi mediante la ripetizione della stessa percezione.* Questo si vede chiaramente quando gli studenti devono imparare una poesia a memoria o gli attori la loro parte. In genere, lo si fa, leggendole ripetutamente ad alta voce. Questo suggerisce che la memoria visiva e quella uditiva si sommano (e forse si potenziano). Pertanto, possono esserci differenti tipi di memoria. Se si legge in silenzio, pre-

sumibilmente si creano ricordi solo visivi. Per es., si riconosce un quadro solo guardandolo, in assenza di qualsiasi suono. Se si ascolta ripetutamente della musica che ci piace, la si riconosce (perché la si ricorda) solo attraverso una memoria "acustica". Se si vede la stessa musica scritta e si è capaci di leggerla, la si riconosce dai suoni che la scrittura evoca nella mente. Come accennato, similmente si possono creare differenti memorie attraverso i diversi sensi e ricordarsi una cosa per le sue caratteristiche tattili (una seta liscia), odorifere (un profumo), termiche (il ghiaccio), ecc. Tuttavia, una delle caratteristiche che si ricordano può essere sufficiente per ricordare il tutto (come il profumo di una rosa).

Altre volte, sono i *sentimenti* che c'impongono ricordi con una ripetizione che è indipendente dalla nostra volontà. Se qualcosa ci preoccupa intensamente (per es., un esame o una paura), quel qualcosa viene ricordato alle nostre emozioni anche quando non vorremmo pensarci. Se poi una passione ci possiede, allora quella ci proibisce di dimenticarne l'oggetto. Anzi, il ricordo ci assalta con ondate tenaci in maniera ossessiva. La moralità si serve della memoria per ricordare i suoi precetti alle nostre tentazioni. In tal caso, è il desiderio della tentazione che spinge i precetti morali ad evocare l'inibizione, anche se qualche volta troviamo ufficialmente conveniente ignorarla.

A volte, ci si serve di oggetti o note per ricordare. Nella categoria degli oggetti vi sono i *souvenir* (come per es., la torre pendente di Pisa). Si comprano per ricordarsi dei posti in cui siamo stati. Vedendoli, si rievocano ricordi di quello che si è visto o che possono essere solo indirettamente connessi con l'oggetto in questione, come per es. l'aver studiato all'Università di Pisa.

Come dice la parola, i *promemoria* sono delle note che ci ricordano gli impegni che abbiamo, come un appuntamento alle cinque del pomeriggio. Naturalmente, bisogna ricordarsi di consultare il promemoria se vogliamo che ci aiuti a ricordare i nostri impegni, a meno che il computer ce lo ricordi con un messaggio che appare sullo schermo.

Insomma, la memoria è essenziale per il nostro comportamento, ma qualche volta si dimentica quello che dovremmo ricordare e si ricorda quello che vorremmo dimenticare.

Approssimazioni della memoria

La memoria può essere imprecisa per svariate ragioni. Quello che si percepisce è funzione della nostra accuratezza, immaginazione, desideri, paure, ecc. Se una percezione è distorta dalla nostra maniera di percepire, quello che si ricorda non può non essere distorto, anche se il ricordo è accurato. In tal caso, si ricorda bene quello che si è percepito male. Pertanto si ricorda non quello che è successo, ma quello che crediamo che sia successo.

Ma il ricordo può anche essere accurato e allo stesso tempo essere *"sorpassato"*: si ricorda quello che non esiste più. S'immagazzina nella memoria quello che si percepisce in un dato momento (per es., una persona all'età di ventiquattro anni). Trenta anni dopo, nella nostra mente si ricorda l'immagine che abbiamo percepito anni prima. Tale immagine certamente non si è aggiornata col passare del tempo nella nostra mente, anche se sappiamo che la persona che ricordiamo non può essere la stessa.

Anche se ci si rende conto che quella persona deve essere cambiata, non sappiamo come (potrebbe avere i cappelli ancora tutti neri o invece tutti bianchi). Se la si rivede, non si scarta quello che si ricordava, ma invece si aggiunge l'immagine che si percepisce, confrontandola con quella che si ricordava ("Com'è invecchiata: era tanto bella!"). In tal modo, si sa come quella persona sia cambiata in trenta anni, assumendo che il ricordo di tanti anni fa sia corretto.

Il ricordo può essere inesatto, perché *eroso e distorto dal passare del tempo e da interpretazioni emotive (o quanto meno soggettive).* Infatti, le percezioni possono essere distorte dall'incomprensione, desideri, interessi, l'immaginazione, emozioni, affetti, disonestà, fantasia, visione parziale, ecc. In tal caso, si ricorda qualcosa di differente da quello che si era stato offerto alla nostra percezione e consono a come l'abbiamo percepito.

Il passare del tempo altera la qualità e la quantità dei dettagli, anche perché non vi sono state ripetute percezioni a rinforzare quello che si ricorda. Se ogni tanto si guarda la fotografia di una persona, si rinforza la memoria della fotografia (che non cambia) e non della persona in questione (che cambia). Le modificazioni di quello che si ricorda possono anche essere dovute al fatto che il passare del tempo può modificare la mente di chi ricorda. Per es., nella tarda età, spesso si ripetono le stesse cose, in quanto non si ricorda se quello che si dice l'abbiamo già detto prima (anche ripetutamente). Comunque con l'età, la memoria deteriora in un altro rispetto. Si diventa *meno capaci di creare nuovi ricordi* (diminuzione della memoria recente). Questo ha conseguenze pratiche notevoli in quanto interferisce con l'apprendimento. Se, per es., c'insegnano una nuova procedura per il computer, si può anche capire ed eseguire, ma poi siamo incapaci di usarla, perché ben presto dimentichiamo i successivi passaggi.

La prospettiva cronologica
Come in ogni archivio, anche quello della memoria deve essere ordinato e non raccogliere ricordi alla rinfusa. Una biblioteca servirebbe a ben poco se non fosse possibile determinare in quale scaffale è posto il libro che si cerca. Così, se non si sapesse la successione cronologica dei ricordi, sarebbe impossibile localizzarli nel tempo.

Invece, la memoria non solo immagazzina i dati da ricordare, ma ne mantiene ordinatamente la sequenza temporale. Per es., ci si ricorda che abbiamo fatto la prima colazione prima del pranzo, ma anche che siamo andati alle scuole medie prima di andare all'università o che siamo andati a New York prima di andare a Chicago. Il che significa che non solo ci sono dei meccanismi (per ora sconosciuti) con cui si fissano i ricordi, ma anche altri meccanismi (per ora ugualmente sconosciuti) che ne assicurano una successione temporale corretta.

La capacità di localizzare nel tempo gli avvenimenti che si ricordano in maniera cronologica è indispensabile poter usare correttamente i dati della memoria. Senza una prospettiva temporale il passato diventerebbe caotico, dal momento che non si potrebbe comunicare coerentemente né con noi stessi né con gli altri.

Se si ricordasse che abbiamo preso un farmaco, ma non si ricordasse se alle otto ieri sera o alle otto stamani, sarebbe impossibile curarsi. Se non si ricordassero, per es., la successione delle civilizzazioni, ogni cultura sarebbe impossibile. Inoltre, ciascuno ricorderebbe alla sua maniera ed ogni comunicazione diventerebbe impossibile. Un passato confuso sarebbe inutilizzabile per le sue diverse funzioni. Invece, la cronologia ordina gli avvenimenti per ciascuno e li sincronizza per tutti in maniera uniforme. Ci si può occasionalmente sbagliare, ma questo può essere corretto da chi non si sbaglia. Senza una cronologia del passato sarebbe impossibile fare piani per il futuro, perché ne mancherebbero le basi ordinate per farlo.

Similmente, è necessario che vi sia una *prospettiva spaziale*. Non solo bisogna ricordare quando un avvenimento è successo, ma anche dove. S'immagini la confusione se non si ricordasse se un avvenimento successo tre mesi fa sia avvenuto a Lucca o Pisa o Firenze, o non si ricordasse se Parigi è in Francia o in Svizzera.

Nonostante che sia indispensabile per una normale funzione della mente, *la memoria per se stessa non arriva a conclusioni*. Pertanto, si può avere una memoria ottima senza per questo essere un pensatore. Più si ricorda e più si sa, ma non necessariamente si comprende di più. La memoria provvede le munizioni alla comprensione, ma è incapace di sostituirla. Ma è anche vero che se si perde la memoria, ci rimane ben poco da comprendere.

Conclusioni

La memoria è una componente senza la quale l'Io non può esistere, perché sarebbe un Io senza passato, e anche senza presente o futuro. Senza memoria, mancherebbero le basi per l'attività del presente (per es., educazione, analisi, moralità) ed anche per il futuro (aspirazioni specifiche a ciascuno e il crescere nelle nostre realizzazioni). Semplicemente, le percezioni dall'esterno e dall'interno svanirebbero dal presente nel nulla senza lasciare traccia. Si vivrebbe solo in un presente transitorio fatto di sensazioni e percezioni e di risposte riflesse. Questo presente non avrebbe passato o futuro, come nel caso di un verme.

La memoria è un archivio indispensabile, ma solo un archivio: una memoria eccezionale per sé non genera nuovi concetti. Tuttavia, la necessità e la funzione della memoria sono dimostrate dal fatto che nuovi concetti non sono creati quando la memoria è penosamente labile e pertanto vuota.

Il tempo

Ciascuna mente è localizzata ed opera nel tempo (ciascuno ha una data di nascita, consulta il calendario o l'orologio ed è cosciente di ieri, oggi e domani) e nello spazio ("Mi dai la penna che è sul tavolo, lì a sinistra del libro?"). Pertanto, bisognerà chiederci quale sia l'essenza del tempo (ieri, oggi, domani, ecc.) e dello spazio (vicino e lontano, destra o sinistra, ecc.) per la mente umana.

Natura del tempo
Il tempo si articola nel passato, presente e futuro. *Il passato, il presente e il futuro non sono assoluti, ma relativi alla mente che li considera.* Per uno che viveva nel 1990 (presente), l'anno 2000 era il futuro, ma quella stessa persona vivendo nel 2000 avrebbe considerato il 1990 il passato, il 2000 il presente e il 2010 il futuro. Nel 2010, il 2000 sarebbe il passato e così via. Pertanto, lo stesso tempo (per es., l'anno 2000) può essere il futuro (nel 1990), il presente (nel 2000) o il passato (nel 2010).

Che cosa è responsabile di queste differenze? *Unicamente la mente particolare che considera il tempo* e questo si applica a tutte le menti. La mente percepente è il punto di riferimento del tempo. Il passato è quello che una mente ricorda, il presente quello che percepisce e il futuro quello che anticipa. Il tempo passa perché le percezioni attuali (presente) diventano percezioni ricordate (passato) e le percezioni che si aspettano (futuro) diventano percezioni attuali. Le percezioni passate, presenti e future si susseguono ininterrottamente, ma quelle che si sono già avute appartengono al passato, quelle che si hanno al presente e quelle che si avranno al futuro.

Queste caratteristiche sono puramente mentali e non hanno corrispondenza nel mondo fisico. Nel mondo fisico, il tempo non esiste come passato, presente e futuro. Per es., un albero cresce, matura e muore non per il passare del tempo (che l'albero ignora completamente), ma per il ciclo vitale assegnato dalla genetica propria di quel albero (differente durata di differenti specie di alberi). Per un oggetto inanimato, ieri, oggi e domani non esistono.

Similmente, un meteorite può essere vecchio di un milione di anni, ma solo per la mente umana che ne misura l'età secondo le sue unità di misura convenute. Per il meteorite, il tempo non esiste. Per Dio, esiste l'infinito e per l'infinito il tempo non ha significato: come misurarlo in termini di tempo? Per un Essere infinito, tutto è presente, sempre e dovunque.

Per ciascuna mente, il passato dipende dalla sua memoria, il presente dalle sue percezioni ed il futuro dalle sue anticipazioni. Quello che si dimentica non esiste più e se si dimentica tutto (per es., stadi avanzati della malattia di Alzheimer) il passato cessa di essere. Il presente cessa se la mente smette di percepire, sia temporaneamente (sonno, svenimento) sia permanentemente (coma o morte). Se la disperazione della depressione ci toglie ogni anticipazione, il futuro non ha futuro.

Queste considerazioni dimostrano come passato, presente e futuro sono totalmente dipendenti dalla mente, anzi da ciascuna mente. *Quantitativamente* poi, il passato è funzione della qualità della memoria (il passato è più esteso e dettagliato per chi ha una buona memoria), il presente della finezza della percezione e il futuro dell'intensità delle aspirazioni.

Passato e futuro esistono solo nel presente, il primo con i ricordi e il secondo con le anticipazioni. Infatti, solo nel presente si può ricordare il passato, ma il passato non ricorda nulla, perché esiste solo in quanto il presente ricorda quello che è stato. Lo stesso vale per il futuro: le anticipazioni sono fenomeni mentali che si possono avere solo nel presente, in quanto (quando si stanno realizzando) diventano il presente e cessano di essere il futuro. Se il presente di qualcuno cessa (come nella morte), col suo presente, nello stesso istante, cessano anche il suo passato e il suo futuro.

Naturalmente, il ciclo vitale (il tempo assegnatoci dalla genetica umana) comporta che col progredire dell'età il passato (i ricordi) aumenti a spese del futuro (le anticipazioni). Si potrebbe anche dire che la genetica travasa il futuro nel passato servendosi dell'imbuto del presente.

La misura del tempo

Se il succedersi delle percezioni caratterizza qualitativamente il tempo come passato, presente e futuro, quantitativamente il tempo può variare secondo le percezioni o la loro mancanza. Per es., se il treno che si deve prendere è in ritardo, non lo si percepisce in funzione della durata del ritardo del treno e pertanto l'anticipazione del suo arrivo non si realizza quando dovrebbe. È naturale voler sapere l'entità del ritardo, cioè, quanto dobbiamo aspettare prima di percepire l'arrivo del treno.

Perché questo sia possibile, occorrono unità di misura. Pertanto, si cerca di *misurare obiettivamente il tempo* (il succedersi delle percezioni) adottando eventi che abbiano una durata fissa o convenuta, come la rotazione della terra intorno a se stessa e intorno al sole. Si adotta *un'unità di misura* usando il giorno (una rotazione della terra su se stessa) e un anno (una rotazione della terra intorno al sole). Per convenienza poi si dividono gli anni in mesi, in giorni, in ore e le ore in minuti e secondi e si affida al movimento costante dell'orologio la misura del tempo.

In tal modo, si può convenire su un tempo valido per tutti. Per es., si può determinare che il treno ha due ore di ritardo e tale misura è uguale per tutti. Questa uniformità è facilitata dal fatto che la misura del tempo (vale a dire quanto sono durate certe percezioni) non è un'esperienza individuale ricordata (con reazioni emotive personali: "Il tempo non passava mai"), ma un numero basato sul movimento uniforme dell'orologio. Nel caso del treno in ritardo, la percezione della stazione ma non del treno che non arrivava si è protratta per un periodo che l'orologio ha permesso di quantificare come due ore. L'anticipazione del treno si è protratta per due ore e in questo consiste il suo ritardo.

Inoltre, adottando un avvenimento specifico come il principio del conteggio degli anni, si possono ordinare gli eventi in maniera *cronologica* rispetto a quel punto di riferimento (per es., date di nascita o eventi storici). Per la cronologia degli eventi storici, ciascuno li impara dalla stessa fonte (in genere, la scuola) e le date pertinenti si affidano alla memoria. Tutte le vicende storiche che hanno preceduto la nostra nascita appartengono al nostro passato e non sono state percepite dai nostri sensi se non come nozioni che ci hanno insegnato a scuola.

La prospettiva temporale qui è affidata non al rapporto delle successive percezioni del nostro presente, ma alla cronologia delle date che si sono imparate come per es., la data della fondazione di Roma o di una grande battaglia. Non importa se si impara la data della battaglia prima della data di fondazione di Roma, perché le rispettive date ne determinano la cronologia.

Tutta la storia appartiene al passato (la storia è l'analisi di quello che si ricorda delle imprese delle passate generazioni). Gli eventi di tre secoli possono essere riportati in cinque capitoli che richiedono poche ore per essere letti. Di quegli eventi storici, quello che appartiene al *nostro* passato personale è il ricordo del fatto che abbiamo studiato quei cinque capitoli ad un certo stadio della nostra educazione.

Si crea una memoria della cultura, cioè quella di cose studiate, non di eventi di cui abbiamo avuto esperienza personale. Se (e quando) la sorgente d'informazione non è uniforme, la percezione del passato non è uguale e la storia non è la stessa per tutti. Invece, il nostro passato personale è direttamente acquisito attraverso le nostre varie esperienze e percezioni (per questo è nostro). Nell'esempio della storia, *si percepiscono non gli eventi della storia, ma la storia degli eventi.* Si capisce allora che la caduta di un impero disturba assai meno del trovare con una grossa ammaccatura la nostra automobile lasciata in un parcheggio.

LO SPAZIO

Natura dello spazio
Dal punto di vista mentale, lo spazio implica una relazione di posizione con il mondo fisico da parte di chi percepisce. Se nessuno percepisse nulla, lo spazio non esisterebbe. Quello che esisterebbe sarebbe un'estensione di molecole. Siccome fisicamente ogni molecola occupa un posto che non può essere occupato da un'altra, necessariamente le molecole si devono disporre nelle tre direzioni. Il vuoto si caratterizza per essere uno spazio senza molecole, che può avere dimensioni anche notevoli. Questo spazio fisico (con o senza molecole) deve essere percepito per poter essere definito.
Quale significato ha lo spazio su Marte? Per chi? Solo per chi lo esplora, cioè, per noi. Marte esiste (come Marte) solo per le menti umane che lo percepiscono anche attraverso i sensori delle sonde spaziali. Ma anche se Marte ha dimensioni definite (misurate da noi), che significato hanno su Marte "vicino e lontano, destra e sinistra, alto e basso, grande e piccolo", ecc., in assenza di una mente che percepisca? Lo stesso vale per qualsiasi cosa priva della mente.
Quando si dice che *una cosa è vicina, si sottintende che è vicina a chi la percepisce.* Allo stesso tempo, la stessa cosa può essere lontana da tutti gli altri. Questo è vero anche per la stessa persona in tempi diversi. Se si è a New York, Viareggio in Toscana è lontana, ma se si è a Viareggio è New York ad essere lontana. Tuttavia, New York e Viareggio sono esattamente dove erano e alla stessa distanza (una distanza però che non è creata dalla mente, ma dalla quantità di molecole interposte tra i due luoghi).
Se ci gira di 180 gradi, quello che era di fronte a noi ora è di dietro e quello che era a destra ora è a sinistra. Eppure, nulla si è spostato eccetto chi percepisce. Pertanto, *lo spazio varia secondo la posizione e l'orientamento di chi percepisce come funzione della sua percezione.* È anche vero che un oggetto che era dietro di

noi può spostarsi davanti a noi anche se la nostra posizione e orientamento non variano. Ma anche in questo caso, la variazione nello spazio richiede qualcuno che la percepisca. La lontananza poi è quantitativamente relativa alle nostre abitudini. Se si vive nello stesso posto senza mai fare viaggi, consideriamo lontano un posto distante 100 chilometri. Se se si è abituati a viaggiare in aereo in posti diversi in continenti diversi, un posto a 100 chilometri di distanza lo si considera vicino. Se poi non si ha nessuna nozione di geografia, non si sa neanche quello che è vicino o lontano da noi. Similmente, per le dimensioni dello spazio. Un grattacielo di New York è certo più alto per un abitante di un piccolo villaggio che per un abitante di New York. La ragione per tale differenza è che *soggettivamente* si prende come normale quello a cui siamo abituati, compresa l'altezza dei palazzi. Quindi, lo spazio per noi è funzione di quello che la mente percepisce dello spazio fisico e di come lo percepisce. Per es., gli enormi spazi dell'Universo sono percepiti differentemente secondo il livello di conoscenza.

La misura dello spazio
Per poter comunicare in maniera uniforme, invece degli aggettivi (per es., vicino o lontano), si usano unità di misura convenute (numeri) come il millimetro, il centimetro, il metro, il chilometro ecc. Se per unità di misura si usano gli aggettivi, lo spazio varia soggettivamente secondo le diverse menti. In contrasto, se si usano come unità di misura valori convenuti (per es., metro, chilometro, anni luce) lo spazio fisico è misurato oggettivamente, perché la misura riflette l'universalità dei numeri. Un numero non è un'opinione, ma un'entità specifica che è vera per tutti, perché è una convenzione accettata da tutti. Se l'unità di misura è differente in posti diversi (per es. pollici contro centimetri), le unità di misura possono essere convertite.

Quindi, *per la mente umana, il tempo è la relazione che hanno i nostri pensieri rispetto alle percezioni del presente e lo spazio è la relazione delle nostre percezioni rispetto alla posizione fisica dei nostri recettori.* È per questo che *ciascuno di noi è al centro del (suo) mondo.* Il presente è il nostro presente e pertanto il passato e il futuro possono essere tali solo per noi (il nostro presente era il futuro di chi ci ha preceduto e sarà il passato di chi ci seguirà). Similmente, lo spazio si dispone intorno al nostro epicentro.

Caratteristiche del tempo e spazio

Tempo e spazio sono funzione anche della qualità della mente. Quanto più ristretti sono i confini della mente che percepisce, tanto più piccoli sono il tempo e lo spazio, perché più piccolo è chi li percepisce, come nel caso di una profonda ignoranza della storia e della geografia.

Il tempo e lo spazio risultano da proprietà genetiche della mente che organizzano le percezioni interne ed esterne secondo come si presentano alla mente. Le successive percezioni della mente sono disposte in ordine cronologico (stratificazione nella memoria) e in riferimento alla posizione dei recettori che percepiscono (destra o sinistra, vicino e lontano, nord and sud, est e ovest, ecc.).

Se si dimenticano certe percezioni temporali o spaziali, il nostro passato ne è diminuito. Se non ricordiamo la loro successione cronologica o il loro rapporto di posizione rispetto alla mente percepente, il passato diventa confuso. Per es., se si dimenticano certi ricordi, non si sa quando siamo stati in un certo posto, dove è quel posto, o addirittura se ci siamo mai stati. Pertanto, il tempo e lo spazio necessitano della memoria. Se si perde la memoria, le percezioni continuano, ma non sono organizzate secondo il tempo e lo spazio *conosciuti fino allora*, perché non c'è più il substrato fornito dalla memoria con cui metterle in relazione.

D'altra parte, se non c'è nulla da percepire (perché intrappolati in un buio totale), non c'è nulla da organizzare nel tempo o nello spazio, eccetto la successione di pensieri angosciosi. Che *il tempo e lo spazio umani siano connessi alle percezioni della mente così come è strutturata dalla genetica lo dimostra il fatto che necessitano la consapevolezza.* Quando si dorme o si perde coscienza, il tempo e lo spazio cessano, perché cessano le percezioni coscienti, e pertanto la loro successione e "posizione" spaziale. Non si ricorda quello che non è stato percepito.

La consapevolezza che le percezioni passano dal presente al passato è rinforzata dal succedersi del giorno e della notte. Le percezioni di ieri sono separate da quelle d'oggi dell'intervallo di una notte durante la quale le percezioni sono sospese dal sonno. Pertanto, il sonno notturno contribuisce alla nostra percezione che il tempo passa. *Ieri* è quello che abbiamo percepito prima del sonno notturno, *oggi* quello che si percepisce dopo quello stesso sonno e *domani* quello che si percepirà dopo la successiva notte di sonno. Pertanto, i giorni sono "tasche" separate di consapevolezza temporale e spaziale, durante le quali la mente è attiva nelle sue interazioni con l'ambiente.

Inoltre, *la natura delle percezioni* contribuisce a caratterizzare lo spazio ed il tempo. Così, da quello che si percepisce ci si rende conto di essere (per es.) in un ospedale, museo, chiesa, teatro, mercato, stadio, a casa, in città, in campagna, all'estero, ecc. Inoltre, si è consapevoli del tempo in cui queste percezioni spaziali si verificano o si sono verificate (mattino, pomeriggio, martedì, in giugno, l'anno scorso, ecc.).

La terra gira intorno al sole nei sentieri dello spazio da milioni e milioni di anni, ma il tempo come lo intendiamo noi è cominciato ad esistere solo quando la razza umana ha cominciato a percepire e ad essere cosciente delle percezioni. È vero che la scienza dimostra che terra ha cominciato ad esistere circa 4.5 miliardi di anni fa quando non c'era ancora la razza umana, ma quel tempo lo si percepisce da reperti scientifici come numero di anni e non dalle percezioni dirette dei nostri sensi.

La mente umana fa la seguente differenza tra tempo e spazio da un lato e fenomeni fisici dall'altro. I periodi d'illuminazione ("giorni") e oscurità ("notti") si succedono anche sugli altri pianeti, grandi o piccoli che siano, ma non c'è nessuno su quei pianeti ad averne coscienza (eccetto Dio e la mente umana attraverso i suoi studi spaziali). Quale significato può avere il tempo o lo spazio per un sasso, che sia questo sulla terra o su Giove? In assenza della mente umana, chi stabilisce che la luna è più piccola di Saturno (differente spazio) o che la durata dei giorni varia in differenti pianeti (differente tempo)? Gli avvenimenti fisici, quali il moto delle stelle, la loro nascita e la loro morte, si succedono indipendentemente della mente umana. Ma se non sono percepiti da noi, per chi si svolgono nel tempo o nello spazio?

Tuttavia, bisogna evitare l'errore opposto, e cioè di attribuire la creazione del tempo e dello spazio alla mente umana indipendentemente dai fenomeni fisici. La mente umana non crea la quotidiana rotazione della terra su se stessa né determina l'orbita della terra intorno al sole. Eppure, la terra si sposta ad una velocità di 108000 Km l'ora lungo una traiettoria ben definita e noi con quella. Ma, muovendoci con la terra, la nostra mente non percepisce quello spazio (108000 Km) né quel tempo (1 ora). *La mente percepisce secondo le sue caratteristiche (in una maniera obbligata e non arbitraria) fenomeni fisici che non crea* (il giorno non può essere percepito che come giorno). Ma quello che non percepisce come tempo e spazio (per es., il movimento della terra intorno al sole) non cessa di essere fisicamente.

I concetti di tempo e di spazio sono sviluppati dalla mente per definire certi aspetti delle percezioni (il loro essere successive e provenire da punti diversi). Tuttavia, fisicamente il giorno e la notte riflettono fenomeni fisici successivi dovuti alla rotazione della terra su se stessa. Se si percepisce il giorno, è perché la luce del sole illumina la terra nel posto dove siamo. Se si percepisce la notte, è perché il sole non illumina la terra nel posto dove siamo. Se qualcuno è dall'altra parte della terra, il giorno e la notte (e la loro percezione) si alternano in maniera opposta. Ogni giorno, il corpo cambia secondo i meccanismi della genetica e ci si percepisce giovani o vecchi secondo lo stadio della nostra vita.

Se è vero che il giorno esiste per noi se lo percepiamo, è anche vero che se la luce del sole ci illumina è necessariamente giorno. Il non percepire il giorno (perché per es., si dorme) non lo fa diventare notte. Similmente, se la distanza tra due località è dieci chilometri, i dieci chilometri rimangono inalterati sia che si concepiscano come pochi o molti. Pertanto, certamente il tempo e spazio dipendono dalle caratteristiche delle nostre percezioni (senza la mente cessano di esistere). Tuttavia, quello che si percepisce riflette fenomeni fisici che non abbiamo creato noi e di cui non abbiamo controllo. Per es., ci si percepisce giovani se effettivamente siamo giovani (per quanto non manchino le eccezioni della vanità...).

Quindi, il tempo e lo spazio sono funzione anche dei fenomeni fisici. Se la rotazione della terra su se stessa rallentasse marcatamente, alcune percezioni (per es., alba e tramonto) sarebbero per noi più spaziate nel tempo. I giorni diventerebbero più lunghi, perché la percezione dei fenomeni fisici (per es., la luce) durerebbe di più. La differenza nelle percezioni sarebbe dovuta non a modificazione del processo con cui la mente crea tempo e spazio, ma dal fatto che i fenomeni fisici percepiti sarebbero differenti. Similmente, se l'orbita della terra intorno al sole cambiasse, la nostra percezione di quello spazio (e non la nostra maniera di percepirlo) cambierebbe. In altre parole, la mentre crea tempo e spazio mediante le percezioni, ma non determina i fenomeni fisici che sono responsabili per le percezioni.

Si verifica anche il contrario, vale a dire che tempo e spazio variano non perché variano i fenomeni fisici percepiti, ma perché *varia il processo di percezione della mente*. Se si dormisse per un mese, per noi il tempo e lo spazio di quel periodo non esisterebbero. Ma, consultando il calendario, si dedurrebbe quanto a lungo abbiamo dormito. Similmente, se ci si concentra in qualcosa che ci interessa (come succede ai filosofi), si perde la coscienza del tempo e dello spazio, perché si cessa di percepire e di percepirsi. Quando si "riemerge" dai nostri pensieri, ci si può sorprendere che sia già sera e che si sia ancora seduti nella veranda. I fenomeni fisici continuano come fenomeni fisici anche quando non sono percepiti, ma per la mente il tempo e lo spazio sono per così dire sospesi.

Poiché le menti sono diverse e funzionano diversamente, *il tempo e lo spazio non sono identici per tutti*, per quanto i fenomeni fisici lo siano. Per chi non ha nulla da fare ed è annoiato, il tempo non passa mai, perché le percezioni non variano e pertanto sono monotone. Per chi è molto occupato, il tempo passa troppo in fretta, perché non si riesce a fare (e quindi a percepire) tutte le cose che dovrebbe o vorrebbe fare. In entrambi i casi, i fenomeni fisici alla base della misura del tempo sono gli stessi: l'orologio segna il suo tempo, un giorno dura 24 ore e un anno 365 giorni sia per chi il tempo non passa mai sia per chi il tempo passa troppo in fretta. Inoltre, il *futuro non comporta percezioni dal mondo fisico*, ma solo di quello che la mente anticipa. *Fisicamente*, il passato consiste in reperti che sopravvivono (come un braccio amputato o reperti archeologici). *Fisicamente*, il futuro non esiste dal momento che non ve ne sono tracce da nessuna parte (al di fuori della mente). "Domani" è solo un'estrapolazione della mente, basata sull'esperienza della successione dei giorni. Ma il "domani" non ha nessun contenuto fisico, tanto è vero che per ciascuno di noi arriverà un "oggi" che non avrà un "domani". Quindi, il "nostro" tempo è una misura mentale di fenomeni fisici che si susseguono in maniera costante in uno spazio di cui si percepisce una frazione variabile e relativa alle nostre percezioni.

Per il movimento, si dirà qui solamente che il movimento risulta dal confronto di successive percezioni dello stesso oggetto (inteso qui nella sua accezione comune). Se le successive immagini di un oggetto si spostano, l'oggetto si muove. Se l'immagine dell'oggetto rimane delle stesse dimensioni, l'oggetto si sposta parallelamente ai nostri occhi. Se le immagini diventano più grandi, l'oggetto si avvicina a noi e il contrario se si allontana. Se le immagini successive sono sovrapponibili, l'oggetto in questione è stazionario. Il concetto di movimento è sviluppato nel saggio "Movimento" che, con i saggi sul Tempo e sullo Spazio, è incluso nel libro *La Realtà dell'Io*.

La mente è usata da tutti per i normali compiti quotidiani, per le normali relazioni umane e per le attività tipiche del lavoro di ciascuno di noi. Ma in quale maniera la mente lavora è influenzato potentemente da diversi fattori, alcuni dei quali sono considerati qui.

L'educazione

La mente può agire a differenti livelli secondo la sua qualità e secondo quanto le sue capacità siano state sviluppate. Infatti, la mente è un'entità dinamica. Cresce man mano che il cervello cresce fisicamente e continua ad imparare (e pertanto a svilupparsi) anche quando il cervello cessa di crescere quantitativamente. Addirittura la mente può ancora crescere quando il cervello comincia a mostrare i primi segni d'involuzione, come una diminuita memoria.

Questa caratteristica (genetica) di imparare è messa a frutto dall'educazione, un'attività regolata dalle capacità umane. Da sempre, si cerca di educare la mente fin dall'infanzia in modo che divenga uno strumento adeguato ai compiti di ciascuna epoca. Di qui l'insegnamento (per es., della fisica e della matematica o dell'uso dei computer) il cui scopo non è tanto la conoscenza di quello che è stato fatto prima di noi, quanto lo sviluppo della mente che la rende capace di affrontare con successo le sfide dell'epoca usando le nozioni, concetti e strumenti acquisiti da chi ci ha preceduti. Imparare consiste nell'acquisire nuove conoscenze e nel saperle applicare a quello che si fa e a quello che si crea.

L'enorme importanza dell'educazione nelle sue varie forme (scolastica, morale, religiosa, civica, ecc.) risiede nel fatto che contribuisce potentemente a strutturare la nuova generazione, cioè contribuisce a strutturare il futuro di una stirpe. Un futuro che dipende da quello che la nuova generazione sarà capace di creare a partire da quello che ha ricevuto. Quindi, ad ogni generazione è assegnata la responsabilità non solo di essere creativa, ma anche di preparare la successiva generazione in tal maniera che anche quella lo sia. Questo riflette la necessità di mantenere al minimo gli intervalli di mediocrità collettiva.

Questa necessità di educare i suoi nuovi membri da parte della società continua il compito essenziale iniziato dalla famiglia. La sua importanza è sottolineata dall'intensa soddisfazione dei genitori per i successi scolastici dei figli. Se è vero che una buona educazione non crea ingegni se non ci sono, è anche vero che una cattiva educazione può sperperare quelli che ci sono. Comunque, una buona educazione generale e comprensiva è indispensabile per creare l'humus di qualità che permette lo sviluppo ottimale di tutti. Cosa avrebbe potuto fare Michelangelo se fosse cresciuto in una tribù di selvaggi?

Quindi, la razza umana può crescere solo se una generazione progredisce rispetto alla precedente. La caratteristica d'ogni generazione è che quello che è stato conseguito prima di quella viene insegnato a cervelli *nuovi*. Questi si sviluppano a partire da quello che è stato conseguito dalle generazioni precedenti. I nuovi cervelli sono la premessa per nuove realizzazioni.

Il processo educativo è strutturato secondo le esigenze funzionali relative al graduale sviluppo della mente e alla necessità di impartire conoscenze generali e specializzate.

L'insegnamento prima è generale, in modo che ciascuno abbia una base comune e una visione equilibrata della vita. Dopo aver imparato a leggere e scrivere, s'insegnano le caratteristiche della realtà umana. S'istillano quelle conoscenze che sviluppano la nostra umanità e la sua comprensione, come arte, filosofia, storia, le realizzazioni delle grandi civiltà, ecc. Questo contribuisce a creare quelle basi che mitigano le limitazioni della successiva formazione tecnica che è competente nel suo campo ed incompetente in tutti gli altri. Allo stesso tempo, si stabiliscono *standard di qualità*, perché s'insegnano le opere di chi si è distinto nei vari campi. Questo è anche un modo per stimolare l'emulazione e l'ambizione di giovani menti nel perseguire obiettivi che vadano ben oltre le ristrette raccomandazioni del "buon senso". Il buon senso è indispensabile per le cose di tutti i giorni, ma è troppo ragionevole per suscitare un intenso desiderio di eccellere.

Più tardi, è necessario che l'educazione si *specializzi* in una branca particolare, come ingegneria e medicina, per soddisfare i bisogni specializzati di una società. Questa educazione superiore specializzata è riservata alle menti di coloro che vi sono interessati e sono capaci di perseguirla. Molte di queste menti saranno poi all'avanguardia dello sviluppo di una società e alcune contribuiranno al patrimonio delle conquiste del genere umano.

Finché le materie da imparare sono relativamente poco sviluppate, s'insegnano le varie branche del sapere (come nel caso dell'educazione elementare e delle scuole medie, o, ad un livello più alto e dotto, dell'insegnamento di Aristotele). Ma poi, lo sviluppo delle conoscenze diventa tale che si rende necessaria la specializzazione per l'incapacità delle singole menti di avere la padronanza di cognizioni che sono diventate troppo vaste e profonde, sia per impararle che per insegnarle.

Nelle varie specializzazioni, prima s'insegnano le basi generali di quella specializzazione. Per es., in medicina s'insegna prima la biologia, la fisiologia, l'anatomia, la biochimica, ecc. e poi la diagnosi e il trattamento delle malattie. Una volta laureati, i dottori si specializzano nelle varie branche (cardiologia, ortopedia, pediatria, chirurgia, ecc.) e la specializzazione può durare quanto il corso di medicina. Inoltre, possono esserci specializzazioni nelle specializzazioni (per es., le varie branche della chirurgia). Similmente per le altre professioni, come l'ingegneria, la matematica, le lettere o la fisica.

L'educazione non solo impartisce nozioni professionali, ma sviluppa la capacità di ragionare sulla base di quelle nozioni, cioè di utilizzarle e svilupparle. Per es., un medico analizza i sintomi e i segni della malattia del paziente, indaga la sua precedente storia, si forma un'idea di quello che possa essere la malattia e ordina esami di laboratorio appropriati. Ragionando su quanto raccolto, fa una diagnosi e procede alla terapia.

Si noterà *en passant* che il medico in particolare si trova più esposto alla conoscenza della natura umana, perché i pazienti si aprono con lui, che sanno essere una persona che vuole aiutarli a guarire. Pertanto, *l'educazione stabilisce il livello cui la mente funziona, come funziona e in quale campo funziona* (quello della sua specializzazione).

Una volta che alla mente sia stato insegnato a ragionare (un compito in cui la filosofia gioca un ruolo particolare servendosi della logica) non è detto che debba fermarsi a quello che riguarda solo il mestiere o la professione. Chiunque può andare a concerti e musei, leggere su svariati argomenti, conversare con persone diverse, ecc. Certamente, ciascuno ha interessi che vanno oltre quelli professionali o di mestiere. Pertanto, stimoli differenti devono essere interpretati, riflettendoci sopra. In particolare, ciascuna mente riflette sugli stimoli che più la interessano.

L'interesse personale
Come un'automobile non si muove senza un motore, così ciascun individuo ha bisogno di spinte interne che ne stimolino e ne dirigano l'attività. Tra queste, forse la più importante è l'interesse personale.

L'interesse personale comprende il perseguire quello che piace e quello che si considera utile. Pertanto, è un fattore indispensabile che influenza la condotta di ciascuno e di tutti, anche perché non dipende dall'educazione. Se uno non cura i propri interessi (materiali o spirituali), non saranno certo gli altri a farlo per lui. Inoltre, se altri lo facessero per lui, quella persona non ne avrebbe nessun merito. Senza l'impulso dei propri interessi, non ci potrebbe essere l'attuazione di se stessi: persino un santo vuol sviluppare e proteggere la sua santità.

Come elaborato più sotto, l'amore di sé (inteso qui come forza responsabile per lo sviluppo individuale) è un *obbligo e un dovere, non un difetto o una colpa.* Come tale, include anche l'altruismo. Certamente include gli affetti intimi, la dedizione, la moralità (non si prova piacere ad essere umiliati dalle nostre colpe), le aspirazioni e il rispetto di se stessi. Tra gli interessi personali (oltre il dovere di mettere a frutto i doni ricevuti dalla natura) ci sono certo l'amore verso i genitori, il coniuge e verso i figli, la compassione e la carità. Questo è vero per lo meno per le persone normali, anche se con notevoli differenze individuali.

Inoltre, bisogna considerare che lo sviluppo di tutte le forme di talento individuale è assolutamente nell'interesse di tutti, che il talento sia nel campo artistico, scientifico, militare, finanziario, religioso, commerciale, politico ecc. In realtà, lo spreco del talento individuale da parte di un individuo o di una società è un crimine che compromette il futuro dell'uno e dell'altra.

Purtroppo, l'amore di sé può divenire una colpa quando (per mancanza di comprensione) la sua funzione viene denaturata dalla propria convenienza esclusiva (egoismo), una convenienza che può essere contro il proprio interesse a lunga scadenza. Non si è egoisti quando si pensa per sé, ma quando si pensa solo per sé.

L'egoismo poi diventa criminale quando il proprio interesse viene perseguito soprattutto a danno degli altri. Il nemico dell'amore di sé (com'è definito qui: un dovere e un obbligo verso se stessi) non è la generosità, ma la stupidità, l'avidità, la meschinità, la disonestà, l'insensibilità, la mancanza di scrupoli o addirittura la crudeltà.

Non è trascurando i doveri verso se stessi che si diventa generosi o altruisti. Se si eliminasse l'amore di sé, ne risulterebbe solo una massa di ignavi. È per questo che il comunismo non funziona e non funzionerà se non temporaneamente come mezzo politico di ottenere certi risultati. Non elimina certo l'amore di sé in nessuno, in particolare nei capi. In realtà, se la determinazione e l'ambizione di una persona porta (per es.) alla scoperta della cura di una malattia seria, i benefici sono universali. Se tutti i membri di una società desiderassero eccellere, quella società fiorirebbe in una maniera straordinaria.

La curiosità
Tra le forze più potenti che stimolano la crescita della mente vi è una curiosità istintiva. Nella sua accezione più elevata, la

curiosità si identifica con un desiderio insaziabile di conoscere. Nell'accezione più comune, la curiosità persegue anche il pettegolezzo, che è una maniera di rendere (piacevolmente o spiacevolmente) piccanti le relazioni umane. La curiosità è funzione del livello mentale individuale. In persone diverse, la curiosità spinge la mente a considerare differenti temi, da quanto sia orribile il vestito viola di una signora ad un ricevimento alla legge di gravità.

Anche nel campo pratico, il desiderio di conoscere e comprendere è indispensabile, se non altro per sviluppare una strategia che porti al successo di quello cui si aspira, sia questo un successo commerciale, industriale, politico, sociale, militare, ecc. Quando poi la mente tende a farsi domande generali, si entra nel dominio filosofico.

Qui cominciano le difficoltà. La principale è che la mente umana è finita e pertanto non è ragionevole aspettarsi che possa capire tutto (a cominciare dall'infinito). L'importanza della filosofia è che cerca di capire quello che in genere ci si limita solo a vivere. Si può non capire anche quando si analizza, ma certamente non si capisce se non ci si prova nemmeno.

La difficoltà delle risposte non impedisce all'arditezza della mente di porsi ogni sorta di domande. Le più difficili sono quelle più generali a cominciare dal mistero della nostra esistenza. Ma non si può vivere una vita intera senza domandarsi (per es.) chi siamo o qual è il nostro significato individuale. Se spinto dall'interesse verso risposte soddisfacenti, ciascuno di noi si crea (se non un sistema di pensiero) per lo meno delle convinzioni personali.

Dunque, la mente si caratterizza per essere in continua evoluzione (come funzione dell'età, dell'educazione, dell'esperienza, degli affetti, ecc.) seguita alla fine dall'involuzione. La mente è il faro che illumina la nostra vita. Anzi, esplora il destino della razza umana nell'oscurità dell'ignoto. Senza la mente, si brancolerebbe nel buio più totale. Addirittura, non si esisterebbe per nulla.

Sommario dei meccanismi di apprendimento

Per riassumere, la normale funzione della mente si basa su diverse componenti:

(1) Ricezione di stimoli dal mondo fisico attraverso i recettori sensoriali: questo si verifica continuamente anche quando non ne siamo consapevoli (per es., durante il sonno).

(2) Capacità dei recettori sensoriali di convertire gli stimoli fisici (per es., fenomeni con differenti lunghezze d'onda nell'occhio o nell'orecchio) in segnali nervosi che sono trasmessi al cervello.

(3) Trasformazione nel cervello degli stimoli trasmessi in sensazioni, come colori, suoni, profumi, sapori e impressioni tattili.

(4) Decifrazione delle sensazioni ricevute in percezioni, decifrazione che è possibile per talune sensazioni (per es., le parole) solo se la mente ne possiede il codice (e cioè la lingua che si conosce o le necessarie conoscenze, per es., matematiche).

(5) Valutazione degli stimoli decifrati (si può fuggire di fronte alla percezione di pericolo immediato o riflettere su un concetto che ci colpisce).

(6) Immissione dei dati percepiti nell'archivio della memoria per essere richiamati quando è necessario.

(7) Instaurazione di rapporti tra quello che si percepisce e quello che è già presente nella mente usando l'esperienza ("Ha fatto la stessa cosa di tre giorni fa"; "Ah no, questa volta non m'imbrogli!").

(8) Riflessione sulle diverse percezioni che nasce dal confronto tra le percezioni fresche e quelle conservate nella memoria ("La tenda era rossa e la luce del sole l'ha fatta diventare di un rosa svanito").

(9) Riflessioni sui pensieri generati dalle osservazioni (per es. "Come per la tenda, il tempo non risparmia nulla e nessuno").

(10) Riflessioni della mente su se stessa ("Chi ha creato la mente?", "Perché così?", "Come passa la mente dalle molecole ai pensieri?").

In questo schema, l'educazione ha una grande influenza, perché modifica in maniera sistematica la componente della mente che è alla base della piramide, la percezione di quello che non si sapeva. In altre parole, l'educazione seleziona e sviluppa in maniera sistematica e progressiva nozioni e concetti per impartirli a chi deve imparare: questa è la maniera con cui si insegna (per es., lezioni di matematica o di greco o di medicina). La curiosità e l'interesse poi sono gli ingredienti con cui si impara.

Quindi, non una ricezione casuale di stimoli come spesso nella vita quotidiana, ma una ricezione di stimoli "strutturati", cioè organizzati da chi ne è esperto con lo scopo ben preciso di modificare progressivamente la mente di chi viene educato in un certo campo, facendola competente in quel campo. Questa è la base dell'insegnamento, addestramento e istruzione di tutti i mestieri e professioni, e a maggior ragione, è alla base della cultura. Una volta raggiunto un certo livello di istruzione, la mente poi continua ad imparare attraverso l'esperienza, lo studio e la riflessione. Naturalmente, più ci hanno insegnato (educazione superiore) più alto è il livello da cui si continua a svilupparci.

Queste considerazioni circa l'educazione illustrano la relazione tra stimoli dei meccanismi voluti dalla natura e le risposte dell'esecuzione umana. La natura istilla l'impulso ad educare la mente, sia la propria sia quella della nuova generazione. Ma come e a quale livello l'educazione viene impartita è affidata alla capacità e responsabilità umane.

Educare la mente si deve, anche se non sempre si fa. Se non s'insegna o s'insegna male ai propri figli o ai nostri studenti, siamo non solo incompetenti, ma anche colpevoli.

Sulla base di fattori genetici e acquisiti, ciascuno si forma una sua realtà personale che include le sue convinzioni e le sue "verità". Siccome le realtà individuali sono differenti, com'è possibile che le convinzioni e verità di ciascuno siano tutte "valide"? Questo propone altre domande. Possono esistere verità individuali o esistono solo opinioni? È possibile che convinzioni differenti e anche opposte siano tutte vere? Quale è la relazione tra verità individuali e verità universali? Queste domande richiedono che si considerino non solo le caratteristiche delle realtà personali, ma anche la validità delle loro caratteristiche e delle loro verità. Implicitamente, queste considerazioni pongono la domanda fondamentale: Che cos'è la Verità?

Origine delle realtà individuali
La realtà personale è parte integrante di una personalità. La realtà personale risulta dal fatto che ciascuna persona è strutturata mentalmente e fisicamente in maniera differente. Questa diversità riflette differenze congenite ed acquisite di ciascuno, come inclinazioni, comprensione, educazione, cultura, sensibilità, istinti, stato dei recettori e della mente, qualità delle strutture cerebrali, influenze ormonali, età, professione, ambiente, ecc. Pertanto, *quello che ciascuno percepisce e come lo percepisce, lo intende e l'analizza non è identico per tutti.* Siccome la realtà della mente di ciascuno è strutturata anche da quello che percepisce, la diversità delle percezioni individuali contribuisce alla diversità delle realtà delle menti.

Questa diversità è moltiplicata da molti fattori. Alcuni vedono *differenti* aspetti dello *stesso* fenomeno, come nell'esempio della rosa illustrato prima. Per es., della stessa cosa osservata da differenti persone, una persona può essere interessata all'aspetto estetico e un'altra all'utilità pratica. Inoltre, individui diversi possono percepire *differentemente* lo *stesso* aspetto dello stesso fenomeno. Per es., lo stesso suono può essere troppo alto per una persona con udito fine ("Abbassa la televisione, mi assordisce") e troppo basso per un sordo ("Ma così io non sento nulla"). Un'altra differenza è introdotta dalla tendenza a percepire fenomeni *differenti* (per es., quelli del proprio gusto, inclinazioni, attività professionale o ambiente), spesso con differente impegno, interesse e comprensione. Ora effettivamente una cosa può essere bella *e* utile, ma per qualcuno è bella e per altri è utile. La bellezza non esige né esclude che una cosa sia anche utile e pertanto non vi è incompatibilità tra le due percezioni. Semplicemente, uno può considerare una cosa bella (il che può essere vero) e un altro può considerare quella stessa cosa utile (il che può essere vero).

Similmente, lo *stesso* suono può essere troppo forte ("Non urlare!") o troppo debole ("Per favore, parla più forte") secondo l'udito di chi ascolta. Che un suono possa essere forte per alcuni e debole per altri è vero. Quindi, le percezioni sono diverse, ma possono essere corrette (e non erronee) per persone diverse.

Validità delle percezioni su cui si basa la realtà
Se le percezioni delle realtà individuali possono essere vere per ciascuno, il fatto rimane che *quello che è vero per ciascuno non è necessariamente vero per tutti.*

Anzi, vi sono percezioni che non sono vere per nessuno, come, per es., che il sole gira intorno alla terra. Le percezioni sono non valide quando si percepisce quello che non c'è o lo si percepisce erroneamente. Per es., una cosa brutta può essere percepita come bella o la falsità dell'ipocrisia può essere percepita come una manifestazione di sincero affetto. Le percezioni sono ancora individuali, ma non corrispondono agli stimoli ricevuti, in questi esempi rispettivamente per mancanza di gusto o per mancanza di percettività.

Pertanto, ci si forma una realtà sbagliata (non vera) perché basata su percezioni sbagliate. La percezione non corrisponde alla natura dello stimolo: non si percepisce lo stimolo che c'è e invece si percepisce uno stimolo che non c'è. Oppure lo stimolo è lo stesso per tutti, ma chi lo interpreta in maniera giusta e chi in maniera sbagliata. Non vi è verità perché manca la corrispondenza fra quello che la mente percepisce e quello che avrebbe dovuto percepire se la percezione fosse stata corretta. Il pericolo di percezioni sbagliate risiede nel fatto che se si agisce sulla base di quelle, si commettono errori, anche gravi, perché si deduce (anche correttamente) da premesse sbagliate.

D'altra parte, vi sono percezioni individuali che sono vere per tutti. Un suono può essere effettivamente troppo basso per tutti, perché la sua intensità è sotto la soglia per la percezione da parte di un udito normale. Per es., si bisbiglia nell'orecchio del nostro interlocutore per evitare per l'appunto che altri sentano quello che si dice. Nel caso di una persona sorda, la conclusione è differente nel senso che un suono normale è basso per il suo udito anormale.

Tuttavia, un suono non può essere allo stesso tempo normale e troppo basso dal momento che si tratta dello stesso suono. Quale effettivamente sia l'intensità del suono può essere verificato misurandone fisicamente l'intensità con apparecchiature adatte. Pertanto, è vero che il suono ha caratteristiche ben precise (verità delle misure, decibel) che hanno un valore universale per tutti, compreso i sordi, dal momento che anche loro possono leggere i dati della registrazione del suono.

Tuttavia, è anche vero che lo stesso suono può essere percepito come alto o basso da differenti persone secondo la capacità del loro udito (verità degli aggettivi). Se siamo sordi, il suono è basso, ma solo per noi, dato che lo stesso suono è percepito normalmente da chiunque ha un udito normale. In chi è sordo, il difetto non è nello stimolo sonoro (che è normale), ma nell'anormalità dei recettori acustici: è l'udito che è debole, non il segnale acustico. Su base statistica, un suono è normale (e non basso) quando è percepito normalmente da persone con udito normale.

Il valore del prodotto "udito x stimolo" è determinato sia dall'udito che dallo stimolo. Per illustrare (sia pure arbitrariamente) il punto, se in una persona normale il valore del prodotto "udito x stimolo" è 4 (2 x 2), con un valore dell'udito dimezzato, per mantenere il valore del prodotto e udire lo stimolo acustico l'intensità del suono secondo questo esempio dovrebbe raddoppiarsi (1 x 4).

Si può generalizzare quello che è vero per un sordo particolare dicendo che per i sordi in generale è necessario amplificare i suoni normali perché possano udirli. Semplicemente, si riconosce la verità che la percezione del suono dipende sia dall'intensità del suono che dalla qualità del recettore preposto alla sua percezione. Per es., è vero che un suono normale per tutti è basso per chi è sordo.

Fattori che influenzano la diversità delle percezioni

Oltre allo stato dei differenti recettori, altri fattori fanno sì che per diverse menti la realtà sia diversa, ma vera. Un fattore è che quello che si percepisce di una cosa non comprende tutte le caratteristiche di quella cosa, ma solo alcune. Come accennato, le percezioni di bellezza *o* utilità (per quanto parziali) sono corrette per persone diverse se quella cosa è effettivamente bella e utile. Naturalmente, se una terza persona percepisce la stessa cosa come bella *e* utile, la sua realtà è più completa e lo è ancora di più se vede numerosi altri aspetti (come la funzione pratica in un contesto generale, l'eleganza, il significato, il valore affettivo, ecc.).

Quindi, quelle percezioni sono tutte vere, ma una mente più percettiva comprende di più perché percepisce di più. Il che equivale a dire che la realtà percepita da ciascuno è anche funzione del numero e della qualità di *differenti* recettori (inclusi quelli mentali) impegnati nella percezione.

Inoltre, la qualità della mente che analizza le percezioni condiziona la realtà percepita. Attraverso la riflessione, quello che si vede assume una più profonda rilevanza, specialmente se rientra nella nostra sfera d'interessi. Si vede di più e si riflette di più. Se poi l'attenzione è reclutata (come in una mente allerta), si esplora attivamente la sorgente degli stimoli per non perdere dettagli che possono essere pertinenti. Senza l'attenzione, si può guardare e non vedere: gli stimoli possono generare sensazioni, ma queste non vengono percepite da una mente "assente".

La qualità della mente è condizionata dalla comprensione, ma non solo da quella. Le caratteristiche della mente portano ad apprezzare stimoli diversi. Il buon gusto di una mente influenza in maniera determinante la percezione della bellezza. Senza buon gusto, semplicemente la bellezza non è percepita e pertanto non esiste in quella realtà. La praticità percepisce l'utile, la spiritualità le cose dello spirito, la disonestà le occasioni per imbrogliare, la cattiveria le disgrazie altrui, la gelosia le miserie dell'invidia, la meschinità il pettegolezzo, la dirittura morale i suoi obblighi, l'elasticità quello che gli fa comodo, ecc.

Le caratteristiche della mente la rendono dunque un filtro che lascia passare le percezioni a cui è interessata e ignora le altre. Quindi, da una parte la mente individuale è interessata soprattutto a certe percezioni e dall'altra queste poi influenzano la mente che le riceve. Questa interazione reciproca è resa obbligatoria dalla necessità di vivere nell'ambiente in cui siamo immersi. Quest'ultimo influenza la nostra mente e la nostra mente agisce e vi reagisce, spesso introducendo modificazioni nell'ambiente.

Il ruolo della mente spiega perché le percezioni di un esperto abbiano ben più rilevanza rispetto a quelle di uno che non se ne intende. La specializzazione della mente (mestieri e professioni) seleziona gli stimoli che la interessano e le sue percezioni sono analizzate sulla base della sua competenza professionale. Quello che un medico percepisce visitando un malato non è lo stesso e non ha lo stesso significato di quello che percepisce un infermiere o un parente del malato. Anzi, sulla base di quello che percepisce, il medico può attivamente cercare altre percezioni, come quando, per es., provoca un riflesso, misura la pressione arteriosa, esplora il fondo dell'occhio o ordina esami di laboratorio. Così facendo, il medico cerca altre percezioni che confermino la diagnosi che sospetta.

D'altra parte, percezioni parziali (cioè, solo di una parte degli stimoli disponibili), per quanto in se stesse non sbagliate, possono portare a seri errori di valutazione. Una percezione parziale porta a conclusioni che sono limitate a quello che si percepisce (se si percepisce un diamante come un pezzo di vetro, lo si getta via). Le percezioni parziali possono riflettere una certa superficialità, addestramento inadeguato, mancanza d'acutezza o semplicemente mancanza d'interesse in parte delle cose che si percepiscono.

Anche le diversità fisiologiche individuali (e non solo patologiche) nei recettori addetti alla percezione portano a differenti percezioni. Il che significa che quello che si percepisce e come lo si percepisce dipende sia dallo stimolo sia dal ricettore che lo riceve. Per es., lo stesso oggetto di 20 chili (verità oggettiva, valida per tutti) può essere pesante per alcuni e leggero per altri, o anche per la stessa persona in epoche diverse, per es., a otto anni, a venti anni e a ottantacinque anni (verità soggettiva, valida per ognuno). A otto anni, i muscoli sono meno sviluppati che a venti anni e a ottantacinque anni sono atrofici.

Queste differenze sono dovute al fatto che in natura esistono cose di un certo peso (che riflette il numero e la specie delle molecole che le compongono) e in ciascuno individuo esistono recettori con caratteristiche differenti. La percezione da parte di una mente di una cosa come pesante o leggera riflette le caratteristiche di chi percepisce, come, ad es., la forza dei suoi muscoli. Quello che si solleva con fatica e con sforzo è percepito come pesante e il contrario quando si solleva qualcosa facilmente (vedi l'aforisma 1633 della *Realtà dell'Io*).

Pertanto, è vero che un peso di 20 Kg è 20 Kg per tutti (verità universale) e che lo stesso peso è differente secondo chi lo solleva (verità soggettiva).Tuttavia, è anche vero che *in generale* un oggetto di 20 Kg è più pesante per i bambini che per gli adulti. Questa constatazione fa di una verità soggettiva (oggetto pesante) una verità universale (oggetto pesante per un bambino, ma non per un adulto) valida per tutti, bambini e adulti, considerati come categorie.

Quindi, lo stesso peso varia per differenti persone non a caso, bensì in relazione alle differenti caratteristiche dei recettori in quella categoria di persone. Tali differenze possono essere fisiologiche, perché variano con l'età o anche con il mestiere. Venti chili possono essere più pesanti per un impiegato che per un facchino, o per un infingardo che per una persona energica.

Se le caratteristiche fisiche e mentali di chi percepisce possono valutare la stessa cosa come pesante o leggera, lo stesso si applica alle altre percezioni come quella del fragile o duro, bello o brutto, grande o piccolo, buono o cattivo, largo o stretto, freddo o caldo, pratico o inutile, caro o economico, ecc. La valutazione può essere quanto mai differente per differenti persone, perché la mente e il corpo di ciascuno è differente da quelli degli altri per quanto riguarda il buon gusto, la prestanza fisica, la tolleranza al freddo, la praticità, rettitudine, situazione economica, ecc. Tuttavia, la valutazione tende ad essere simile per chi appartiene alla stessa categoria (per es., per tutti quelli che hanno buon gusto una cosa bella è percepita come bella). Chi ha cattivo gusto percepisce la stessa cosa come brutta, sbagliando. Pertanto, è vero che chi ha cattivo gusto sbaglia nelle sue valutazioni estetiche.

Per questo motivo, la "verità delle misure" è sempre universale e pertanto valida per tutti, come, per es., la durata in minuti di un'ora o una distanza di 30 Km. Invece la "verità degli aggettivi" è individuale (valida per ciascuno). Per es., soggettivamente un'ora può essere lunga o corta a seconda dello stato emotivo della nostra mente ("Il tempo non passa mai" oppure "Ma come, sono già le tre!"). Tuttavia, *una verità individuale tende ad applicarsi a tutti quelli che percepiscono differenti stimoli nella stessa maniera* (individui che appartengono alla stessa categoria mentale e fisica o individui che sono esposti agli stessi stimoli in condizioni analoghe).

Relazione tra verità individuali e verità universali
Quello che si pensa può essere "oggettivamente vero" in certi casi e completamente sbagliato in altri casi. Questo'ultimo caso può essere dovuto al fatto che la mente non è sufficientemente critica, non capisce abbastanza, non sa abbastanza, si illude di capire, è troppo impulsiva, si avventura in territorio sconosciuto, farnetica, spera troppo, segue pedissequamente le tendenze correnti, non vede le trappole della

logica, ecc. Quando dico "oggettivamente vero" intendo dire che qualcosa è vero in senso assoluto (per es., le molecole dell'acqua sono fatte di H_2O) ed è indipendente dalla diversità della mente di ciascuno. Come tale, quello che è oggettivamente vero ha valore universale (è vero per tutti). In questo senso, "soggettivo" è quello che è (o può essere) vero solo per una mente individuale (ma anche per la mente di tutti quelli che appartengono alla stessa categoria o si trovano nelle stesse circostanze). Per es., è vero che per tutti i sordi i suoni normali sono bassi.

Tuttavia, il vero criterio per definire qualcosa "oggettivamente vero" è che vi sia corrispondenza tra quello che si dice o si pensa di una cosa e quello che la cosa effettivamente è (e non l'essere considerato vero da tutti). Per es., se si dice che la terra gira intorno al sole, questo è oggettivamente vero, perché si hanno prove irrefutabili che è effettivamente così. Se si dice che il sole gira intorno alla terra, questo è oggettivamente falso, anche se, per sbaglio, era per secoli considerato vero da tutti. Quindi, un qualcosa non diventa oggettivamente vero solo per l'essere ritenuto vero da tutti. Diventa solo uno sbaglio universale (condiviso da tutti).

La diversità individuale non esclude la verità, ma spesso implica una verità parziale che è tale per chi la pronuncia, ma che può non essere valida per tutti (verità individuale, ma non universale). Comunque, le due verità (individuale e universale) possono differire considerevolmente, ma senza che necessariamente una sia vera e l'altra falsa. Questo sottolinea l'importanza che hanno le differenze mentali e fisiche nella percezione. Per es., la bellezza di una sinfonia può avere una ben differente realtà per uno spettatore occasionale rispetto a quella di un critico altamente qualificato.

La verità individuale consiste nel fatto che quelli degli attributi percepiti sono percepiti correttamente da specifici ricettori individuali. Se poi i ricettori coinvolti sono gli stessi in una certa categoria di persone, allora la verità individuale diventa verità di categoria (per es., quella delle persone pratiche che delle cose vedono solo l'aspetto pratico). La verità universale non ammette variazioni individuali. Un chilo è mille grammi per tutti, perché contiene un numero fisso di molecole per ogni sostanza che si pesa. La bilancia è lo strumento con cui si verifica questa verità quando si compra o si vende una cosa. Certamente, il commercio non potrebbe basarsi sulle percezioni individuali di pesante o leggero.

In generale, una percezione più completa può includere una meno completa (per es., quella limitata al solo aspetto utilitario). La differenza tra le due realtà è prima di tutto quantitativa. Tuttavia, una più completa percezione può aggiungere differenze qualitative, cambiando la valutazione globale o il rapporto tra le varie componenti percepite (per es., la purezza delle pietre preziose).

La ragione per cui differenti percezioni individuali possono essere sbagliate (qualcuna o tutte) è che la percezione è difettosa o l'interpretazione è incorretta. L'interpretazione può essere incorretta perché si è superficiali (si raggiunge una conclusione sulla base di impressioni affrettate e distratte), si ha cattivo gusto, non si capisce, si è ignoranti, si è prevenuti, non si vuol riconoscere che abbiamo sbagliato, si segue la miopia del nostro interesse, si mentisce a noi stessi, si è presuntuosi, vogliamo avere sempre ragione, ecc.

In tal caso, le nostre percezioni risultano in opinioni erronee, ma non è sempre facile stabilire quale è l'opinione sbagliata. Per es., quando un quadro ci piace (verità soggettiva) non se ne può dedurre che è bello (verità universale). Nel campo dell'estetica (specialmente nell'arte contemporanea) è difficile provare quando la verità soggettiva e oggettiva coincidono (cioè, quando quello che piace è bello) perché prima bisognerebbe stabilire chi ha buon gusto. Ma il buon gusto non si può determinare (come per es., il colore degli occhi) o misurare (come la statura). Il buon gusto si rivela solo nella giustezza della scelta. Provare che la scelta sia giusta può richiedere anni e anni ed essere il risultato della sedimentazione di quelle mode che in un'epoca influenzano quello che piace ai più.

Bisogna aggiungere che possiamo sostenere non le nostre opinioni, ma quelle dei nostri interessi. Agli interessi importa poco se le loro opinioni siano giuste o sbagliate: si contentano che le loro opinioni prevalgano. Dopo tutto, gli interessi sono interessati non alle questioni filosofiche, ma ai loro vantaggi.

Percezioni e soggettività

La varietà delle realtà individuali le fa soggettive, ma non arbitrariamente soggettive. Per es., se di fronte a noi c'è una rosa, anche se le percezioni di persone diverse contengono elementi diversi, tutti percepiscono una rosa. Se qualcuno percepisce un garofano invece della rosa, naturalmente la sua percezione è sbagliata e pertanto non vera. Uno può non percepire l'odore della rosa (ha il raffreddore), ma, se lo percepisce, lo percepisce come il profumo di una rosa. In altre parole, le percezioni possono essere individuali, ma sono condizionate dall'entità fisica (le molecole) da cui provengono gli stimoli, anche se gli stimoli sono variamente percepiti.

Il fatto che ciascuno percepisca differenti aspetti di un fenomeno indica non solamente diversità nei recettori (per es., acuità visiva), ma anche le diversità congenite (per es., buon gusto) e acquisite (per es., educazione) delle menti. Questa diversità delle realtà individuali ha aspetti quantitativi (per es., la realtà individuale aumenta con l'educazione e la cultura) e qualitativi (per es., una comprensione mentale diversa).

Un cielo stellato ha significati diversi per un astronomo (che ne vede gli aspetti fisici) ed un poeta (che è sedotto dalla sua bellezza). Le caratteristiche mentali modificano gli attributi delle cose (come il valore o l'utilità), anche se queste cose sono fisicamente percepite nella stessa maniera. Se uno è avaro per natura, per lui quello che è sentimentale non ha valore e costa sempre troppo (come un mazzo di fiori).

Pertanto, anche se il prezzo di una cosa è unico, soggettivamente il valore di quella cosa varia per differenti individui secondo la loro mente: la stessa cosa per qualcuno è a buon mercato e per un altro ha un prezzo esorbitante (esorbitante in quanto il prezzo è assai più alto del valore percepito).

D'altra parte, (entro certi limiti) *un valore "obiettivo" non esiste*, dal momento che il prezzo degli oggetti non è fissato solo dal costo di produzione, ma anche da altri fattori, come la "fama" di chi li fa ("indumenti firmati"), la pubblicità, la qualità del prodotto (vedi ristoranti famosi), la speculazione, la concorrenza, avidità o il rapporto tra domanda ed offerta (vedi la vendita all'asta di preziosi oggetti d'arte).

Quindi, *attribuire un valore diverso alla stessa cosa da parte di individui differenti è un diritto che non contraddice nessuna verità.* Il differente valore riflette soprattutto il differente interesse. Se uno non mangia da una settimana, un pezzo di pane vale di più di un diamante. Una cosa che ci è completamente indifferente o addirittura non ci piace non ha molto valore per noi. In altri casi, succede il contrario. Questo non esclude che si possano fare sbagli anche sostanziali, come, per ignoranza, pagare uno specchietto con una pepita d'oro.

Le percezioni individuali e la normalità
Ciascuno trova la validità delle cose particolari nelle sue convinzioni e inclinazioni. Per es., sperperare il denaro è irresistibile per un prodigo ed è criminale per un avaro; e non spendere ed accumulare denaro è considerato "meschino" da un prodigo e "virtuoso" da un avaro.

Per poter caratterizzare le percezioni individuali, bisogna poterle confrontare con un *criterio di riferimento.* Infatti, se tutti fossero avari (o prodighi), nessuno lo sarebbe. Soggettivamente, si considera la nostra realtà la regola (la "normalità") e le realtà che sono diverse dalla nostra come variazioni in più o in meno della (nostra) norma. Ma *la nostra norma (per es., avarizia o prodigalità) può non essere universale* e non può essere presa come criterio di riferimento per tutti. Pertanto, occorre definire quello che è la normalità per tutti.

Entro certi limiti, le variazioni individuali della realtà non solo hanno il diritto di esistere, ma sono anche necessarie. Infatti, l'atteggiamento mentale di ciascuno filtra nella sua maniera particolare tutto quello che percepisce secondo le caratteristiche che gli sono peculiari. Questa varietà delle realtà individuali contribuisce alla differente personalità di ciascuno e ha enormi risvolti pratici. Basta pensare a quello che succederebbe se tutti avessero gli stessi interessi, gusti, convinzioni, preferenze, ecc, e percepissero tutto nella stessa maniera. Invece, per es., ogni artista percepisce differentemente quello che poi crea.

Ma la diversità delle realtà individuali pone la domanda di quale sia il rapporto tra verità individuali e verità universali. Per ciascuno, la verità è quello che gli si confà (non c'è più demerito nell'essere avaro che nell'essere prodigo). Ma il fatto che una diversa realtà si confà a ciascuno di noi *ipso facto* nega loro una validità generale, perché tale validità sarebbe una *contradictio in terminis*.

Come potrebbero le differenti realtà individuali (per es., avarizia e prodigalità) avere un valore universale se sono differenti o addirittura opposte? La diversità delle percezioni e delle conseguenti realtà individuali porterebbe al caos per mancanza di criteri per giudicarle. Anzi, la mancanza di un criterio generale renderebbe impossibile definire le variazioni in più o in meno (in più o in meno rispetto a che?).

Di qui, la necessità di stabilire *una regola obiettiva*, anche se si riconosce la validità delle eccezioni. Nel caso citato, la regola potrebbe essere che una persona normale spende il proprio denaro (al contrario dell'avaro), ma non lo sperpera (al contrario del prodigo), specialmente se lo deve guadagnare. Nel confrontare le varie realtà individuali, si promuove a "normalità" per tutti quello che fa la maggior parte delle persone. Il che fa sì che *la normalità sia un'entità statistica*, come le altre caratteristiche umane, quali la statura o il peso.

La normalità è una misura oggettiva, perché alla base di tutte le caratteristiche umane è la genetica, sia pur condizionata da fattori acquisiti. È la genetica che stabilisce la caratteristica più frequente e pertanto "normale". L'essere alto non è più "vero" dell'essere basso: è semplicemente una caratteristica individuale fisica, come l'essere avari o prodighi è una caratteristica individuale mentale. L'essere alto o basso e avaro o prodigo sono caratteristiche con cui la genetica pone differenti individui al di sopra o al di sotto della normalità che la stessa genetica ha stabilito nella maggior parte delle persone. Questa disposizione riflette una distribuzione delle varie caratteristiche secondo una curva a campana.

La necessità che la normalità abbia delle eccezioni (che poi sono gli estremi della curva di una determinata caratteristica) si basa sulle esigenze della Varietà. Se tutti avessero le stesse caratteristiche fisiche e mentali e le stesse percezioni, ne seguirebbero i notevoli squilibri associati ad un comportamento uniforme. Per es., senza avidità diminuirebbero i grandi ricchi e aumenterebbe la miseria, e, se tutti fossero avidi, aumenterebbe la meschinità e diminuirebbe la nostra umanità. Persino un'universale bontà porterebbe ad una diminuzione di qualità, diminuendo gli impulsi a realizzarsi e l'importanza dell'ambizione.

Pertanto, diventa necessario che vi siano "verità" individuali, cioè valide per ciascuno, ma assolutamente non per tutti. Tuttavia, *collettivamente, le verità individuali sono verità di categoria, anche se individualmente diverse e non valide per tutti.*

Nella loro diversità, le verità individuali contribuiscono a costruire un sistema di vita e al suo funzionamento, influenzando differentemente il comportamento di ciascuno. Come categoria, le verità individuali sono eterne come le verità universali per essere legate alle caratteristiche della natura umana e alle necessità funzionali della Varietà nel regolare la vita così come la conosciamo.

In ciascuno, queste verità (tali sono considerate dalle proprie inclinazioni e convinzioni) portano a condannare negli altri quelle che sono differenti e specialmente opposte. Quando una persona normale viene considerata prodiga da un avaro e avara da un prodigo, non ci si rende conto che la nostra "verità" è valida per noi quanto un'altra verità è valida per un altro. Questo atteggiamento lo si vede perfino nelle religioni, nelle quali convertire una persona a credere in Dio non è così importante come convertirla a credere nel *proprio* Dio. Ma questo è inevitabile, se il proselitismo considera vero quello in cui si crede.

La normalità può variare secondo i tempi e i luoghi. Per es., la normale statura per un popolo di giganti è assai diversa da quella per un popolo di pigmei. Per la normalità di tutti gli altri (che devono essere la stragrande maggioranza per stabilire la regola), i giganti sono alti e pigmei bassi. Similmente, per la normalità morale o intellettuale.

Dove non ci sono scuole o università, la normalità può essere determinata solo dall'ignoranza. Se in una società avanzata i costumi degenerano, la "normalità" nei vari campi non può che diventare anormale. La norma è stabilita dalla genetica nella maggior parte degli individui, ma cessa di essere la norma se la maggior parte degli individui viola le leggi della genetica. Quindi, non la maggioranza per sé stabilisce la normalità, ma solo la maggioranza che si conforma ai dettami della genetica e non ne viola i canoni.

Di qui, l'importanza di mantenere e promuovere standard di qualità in tutti i campi dell'attività umana per mantenere la normalità come è strutturata dalla genetica. Pertanto, *la "normalità" della maggioranza degli individui stabilita dalla genetica stabilisce la regola e permette di qualificare le eccezioni.* Se la normalità della maggioranza si diparte dal comportamento stabilito dalla genetica, la normalità cessa di essere in quanto il comportamento diviene anormale.

Il rapporto tra verità individuali e le opinioni

Le verità individuali spesso vengono chiamate "opinioni". Questo può ingenerare confusione, perché quello che uno afferma non è sempre un'opinione personale. Spesso è così, ma non necessariamente tutte le volte. Per es., quanto Galileo affermava circa il movimento della terra intorno al sole non era un'opinione personale, ma la verità. Anche se era il solo ad affermarla, lo faceva sulla base di prove sperimentali e una migliore comprensione. L'opinione personale (sbagliata) era quella allora corrente e accettata da tutti gli altri (universalmente sbagliata). Il che dimostra che *una nozione accettata da tutti non diventa solo per questo una verità universale* (può essere solo la somma di opinioni sbagliate).

Inoltre, qualche opinione personale è vera, ma le estrapolazioni non lo sono. Se uno dice "I fichi sono buoni", la sua affermazione può aver valore generale. Ma se uno dice "I fichi sono più buoni di ogni altra frutta" esprime solo un'opinione personale non dimostrata.

La differenza tra verità individuale e verità universale porta in genere a lunghe dispute, perché riflette maniere differenti di percepire, valutare e riflettere. La maniera di risolvere il disaccordo è quella di ricorrere alle prove, come fa il metodo scientifico. Di una verità universale si può dimostrare con i fatti la sua validità per tutti. Per es., se si lascia cadere una salamandra nel fuoco, quella brucia. Questo separa un'opinione falsa ("La salamandra non brucia nel fuoco") da una verità universale basata sull'esperimento ("La salamandra brucia nel fuoco").

Pertanto, le affermazioni individuali sono tutte formalmente "opinioni", ma non se ne deve concludere che sono tutte universalmente vere o universalmente false. Come nel caso degli aforismi, talune affermazioni possono essere riconosciute immediatamente come vere per tutti (per es., "Un'intuizione non si deduce consciamente"). In altri casi, un'opinione può essere individualmente vera, ma è necessario presentare delle prove valide per stabilire se un'affermazione è una verità universale. Questo avviene normalmente per le scoperte basate sull'esperimento.

Funzione delle realtà individuali

Se si capisce la natura e funzione delle verità individuali di ciascuno, si apprezza come contribuiscano enormemente alla varietà senza introdurvi il caos. Semplicemente, la realtà mentale di ciascuno può essere vera, anche se può non essere tutta la verità e nient'altro che la verità. La loro diversità arricchisce la scena umana e stimola l'interazione di menti diverse alla ricerca di una migliore comprensione. Se ne avvantaggia la verità che aumenta man mano che le percezioni sono più complete e le interpretazioni più profonde. La diversità stimola la dialettica e il dialogo delle menti.

Un filosofo contribuisce a qualificare e sviluppare le verità individuali analizzando i passaggi che portano allo sviluppo di un particolare pensiero. Ma persino nella scienza, esistono proposte fisiche o matematiche individuali che partendo da dati di fatto ipotizzano quello che non è stato ancora dimostrato (le "teorie"), le quali teorie possono essere vere o false. Ma la necessità delle prove stimola la sperimentazione e pertanto l'aumento della conoscenza.

Quindi, le diverse verità personali contribuiscono potentemente all'indispensabile Varietà e, allo stesso tempo, la loro diversità di *per sé* non le fa arbitrarie o invalide. Naturalmente, questo non garantisce che una realtà individuale non contenga errori, ma gli errori sono dovuti non alla diversità per sé, bensì ad altri fattori, come, per es., l'incomprensione.

In conclusione, la Verità può esistere solo nella mente ed è la coincidenza tra quello che si pensa di una cosa e quella cosa (per es., 2+2 = 4 è vero; 2+3 = 4 non lo è; la terra si muove intorno al sole è vero, il sole si muove intorno alla terra non lo è).

La mente si caratterizza per avere componenti razionali (la logica) e emotive (non razionali) come l'affettività, l'immaginazione, l'estetica, la moralità e la religione. Queste varie componenti hanno un'influenza determinante nelle realizzazioni e comportamento dei singoli individui e anche della società.

LA LOGICA

Ruolo

Un metodo essenziale di cui si serve la mente per funzionare è la logica. *L'essenza della logica è di stabilire mediante la riflessione relazioni corrette fra i diversi fenomeni percepiti e i concetti acquisiti.* Il sapere non consiste nel conoscere, ma nel comprendere quello che si conosce. La conoscenza ci fornisce i dati, ma la logica ne stabilisce le relazioni e il significato in un contesto generale. Senza la logica, i dati farebbero della mente solo un archivio di cognizioni separate, come lo sono nella memoria. *Logico è quello che necessariamente consegue da una premessa valida e illogico quello di cui o le premesse o le deduzioni non hanno validità o senso.* Per es., se uno dicesse che "Alle tre di notte, il sole brillava con una luce soffice e pura", naturalmente quest'affermazione sarebbe ritenuta illogica persino in un poeta, dal momento che alle tre di notte il sole non c'è. L'affermazione sarebbe ritenuta illogica, perché esprime una relazione non ammissibile (la luce del sole durante il buio della notte). Tutti sarebbero d'accordo nel dire che l'affermazione è assurda e pertanto non vera ("Si è sbagliato con la luna").

Ma a dimostrare la necessità di non essere arroganti, qualcuno potrebbe far notare che l'affermazione sarebbe vera là dove il giorno dura sei mesi. In altre parole, si può essere logici illogicamente (cioè, solo in apparenza) e illogici logicamente (cioè, solo in apparenza). Questo dipende dal fatto che, se le premesse sono differenti, anche le deduzioni lo sono.

Pertanto, quanto un'affermazione sia logica dipende anche

dalle premesse che si considerano. Di qui la necessità che la logica sia critica e non approssimativa, nel senso che da premesse diverse possono risultare deduzioni logiche differenti e opposte (e anche sbagliate). Le differenti premesse sono una delle basi delle differenze d'opinioni sullo stesso argomento. Per es., la nostra visione del mondo dipende da quello che le nostre convinzioni ritengono essere le sue caratteristiche più importanti. *Le nostre convinzioni* (politiche, intellettuali, sentimentali, religiose, morali, pratiche, egoistiche, ecc.) *scelgono le premesse da cui si fanno le deduzioni.* In tal caso (le premesse essendo differenti), le deduzioni sono differenti, ma non necessariamente sbagliate o in contraddizione. In tal caso, le convinzioni sono per così dire "parallele": non si incontrano né si scontrano (per quanto spesso lo facciano).

Quanto più grande è la *comprensione* di quello da cui si deduce, tanto più è probabile che la conclusione sia giusta. La selezione di premesse giuste non può essere basata sull'ignoranza, superficialità, interessi, prevenzioni, credenze, superstizioni, pregiudizi, antipatie, simpatie o perfino intuizioni anche brillanti (ma sbagliate). Le premesse giuste sono solo quelle valide e pertanto richiedono chiarezza di comprensione.

La scienza si difende dalle deduzioni sbagliate domandando dati sperimentali a prova della validità delle conclusioni. Questa è la sua forza, ma anche la sua limitazione, nel senso che esistono aree di enorme importanza (come le emozioni più diverse, gli affetti, l'arte o la spiritualità) in cui né la logica né le prove fanno alcuna differenza. Queste aree sono fuori della sfera della logica, appartengono all'affettività intesa nel senso più generale e sono regolate da altre leggi genetiche.

L'affettività non vuole "capire" o "imparare", vuole sentire. Per questo, è quasi sempre alogica e qualche volta persino illogica: che logica ci può essere nella scelta dell'amore verso una particolare persona tra milioni d'altre? Dopo tutto (o prima di tutto), si deve vivere (e non essere solo logici) e non si può né si deve essere degli eterni studenti delle premesse e delle deduzioni. Sarebbe un gran fallimento imparare sempre e non sentire mai (per es.) gli affetti di famiglia o le attrattive dell'arte. Si rischierebbe di diventare "cerebrali", cioè freddi e aridi per mancanza di emozioni, teorici di una realtà mutilata.

Il fatto rimane che *la logica è un metodo di conoscenza*. Anche nella scienza, la logica ha una funzione essenziale. Se non siamo capaci di trarre delle conclusioni logiche (e pertanto corrette) dai risultati di un esperimento, tanto varrebbe non averlo fatto. È vero che anche nella scienza si possono fare delle deduzioni sbagliate dalle prove raccolte, ma questo non invalida la logica (anzi ne conferma la necessità). Lo sbaglio dichiara solo la nostra limitatezza e mette in questione la nostra comprensione, senso critico e rigore deduttivo.

Il rapporto tra causa ed effetto
La logica pervade ogni nostra azione, perché è necessaria per porre correttamente in relazione i fenomeni della nostra realtà quotidiana in maniera che abbiano senso. Si deduce da quello che si sa per prevedere quello che non si sa ancora. La logica crea nuove nozioni e pertanto, usandola, s'impara. Dalle premesse si deducono le possibili conseguenze e si sceglie il nostro corso d'azione.

Quando uno dice: "Spicciati, perché altrimenti perdi il treno", uno mette in relazione il tempo attuale (per es., le sei del mattino) con l'orario del treno (partenza alle 6.28), la distanza dalla stazione e il tempo necessario per andarci a piedi. Non sarebbe logico pensare che uno possa fare un chilometro in tre minuti. Così, se lo zucchero e il pane sono finiti, la conclusione logica è di andarli a comprare. Se è l'ora di pranzo e uno ha fame e non mangia, non si comporta in maniera logica, a meno che non vi siano ragioni valide (come non esserci nulla da mangiare o voler smagrire) che spiegano perché uno ha fame e non mangia.

Quindi la logica stabilisce un rapporto di causa ed effetto tra le premesse e le deduzioni ("Piove e, se non prendo l'ombrello, mi bagno"). Similmente, se uno, andando in salotto, vede il vaso di Murano rotto per terra, la prima domanda (logica e arrabbiata) è: "Chi l'ha rotto?". La risposta potrebbe essere "Pierino con la palla, il gatto con un salto o la tenda mossa dal vento".

126

Ma rimane il fatto che la logica mette in relazione un evento (il vaso rotto) con una causa (seppure ignota). Una cosa è certa: nessuno metterebbe logicamente in questione che una causa ci sia stata e proporrebbe invece che il vaso si è "suicidato" (per quanto anche quella sarebbe una causa, ma da elencarsi tra quelle illogiche essendo il vaso un oggetto inanimato).

La mancanza di logica porta o a mancanza di conclusioni o a conclusioni irrazionali, bizzarre e fantastiche e pertanto non valide dal punto di vista logico. Se uno dice "Non ti parlo, ma tu ascoltami", l'affermazione non ha senso, perché è illogica. Se si è illogici, non si può comunicare con gli altri, perché quelli non comprendono quello che si dice.

Per quanto la logica sia usata in tutte le attività quotidiane, viene anche applicata a livelli sempre più complessi. Invece di mettere in relazione delle sensazioni ("Ho sonno e vado a dormire"), si possono mettere in relazione dei pensieri (per es., la relazione che c'è, o ci dovrebbe essere, tra generosità e gratitudine). Il che porta alla creazione di una serie di pensieri che individualmente riteniamo veri e che pertanto diventano le nostre convinzioni.

Si può anche essere illogici, ma non lo si può essere logicamente. Solo a quello che è alogico, come l'arte o i sentimenti, è permesso di ignorare la logica. Ma in genere lo si può fare fino ad un certo punto, oltre il quale non solo il buon gusto, ma anche la comprensione diventano incerti e confusi.

Il fatto che la logica non si applichi universalmente a tutte le attività della mente (per es., le emozioni possono esserne del tutto indipendenti) indica che *anche la logica ha i suoi limiti.* I confini della logica sono stabiliti dall'alogico, cioè, "Il ragionare diventa facoltativo quando il sentire diventa obbligatorio" (quello che si sente non si sceglie).

Ad un sentimento che è forte abbastanza (come, per es., l'innamorarsi) non importa nulla di essere illogico e qualche volta persino di perseguire l'illecito. Un ragionamento può convincere per essere logico, ma un forte sentimento seduce la mente secondo la sensibilità di quella. La seduzione rende desiderabili anche le "sconfitte" (quello che la logica o la volontà non vorrebbero fare). È questa la ragione per cui di certi intensi sentimenti non solo siamo schiavi, ma vogliamo anche esserlo. Se i sentimenti sono ostacolati, diventano più intensi. Non vogliamo esserne "liberati" e si rimpiangono quando non li proviamo più.

Se la logica ha il rigore di una profonda comprensione, si entra nel dominio della filosofia. Se ci si nutre di sottigliezze della cui disonestà uno è consapevole si entra nella sofistica. Se poi la mancanza di logica è totale, si entra nel dominio dell'irragionevolezza o della pazzia.

Un atteggiamento filosofico si caratterizza per vedere con la mente quello che gli altri vedono con gli occhi. Vale a dire, un atteggiamento filosofico riflette su quello che vede per comprenderne meccanismi e significati. Naturalmente, la logica non è sinonimo di comprensione, dal momento che si può sbagliare "logicamente" o deducendo da premesse sbagliate o deducendo conclusioni sbagliate da premesse giuste. Questo sottolinea che la logica è uno strumento essenziale per conoscere, ma solo uno strumento al servizio della comprensione.

Memoria e deduzione
Nella logica, per ragionare su certi dati, occorre avere a disposizione quei dati. Il che introduce la necessità di un afflusso continuo d'informazioni al cervello. Se l'acquisizione di nuovi dati cessa, lo sviluppo della mente si arresta a quello stadio. Alla raccolta di informazioni sono preposti i sensi. Ci sarebbe ben poco su cui ragionare se si perdesse la vista, il tatto, l'udito, l'olfatto e il gusto. Le relazioni tra mente e mondo fisico sarebbero distrutte. La mente sarebbe immersa in una notte perpetua, senza alcuna possibilità di sviluppo. Ma, l'analisi dei dati raccolti può essere sia corretta sia sbagliata. La comprensione della logica permette di sviluppare nuovi pensieri e nuove strategie, e la sua incomprensione nuovi sbagli.

Dai dati che raccoglie, la logica deduce che il nostro corpo è fornito di recettori che sono continuamente stimolati dall'ambiente e pertanto lo esplorano, fornendo nuove informazioni alla mente (come quando si guida un'automobile o si studia un libro di testo). Sono queste informazioni che poi la logica mette in relazione analizzandole.

Non si impara con la memoria, ma con l'analisi e la sintesi dei dati raccolti nella memoria. La sintesi ci fa imparare, perché educa la mente mettendo in relazione quello che si conosce e deducendone nuove cognizioni e concetti. Anzi, l'analisi e la sintesi permettono di sviluppare un sistema di pensiero: i dati raccolti vengono inquadrati in un sistema logico secondo le preferenze e le caratteristiche individuali. Le conclusioni raggiunte rappresentano uno stadio assai più avanzato di quello dei singoli dati e danno loro un significato che non avevano singolarmente. Per es., si va da "Oggi è caldo" (percezione particolare) a "D'estate fa caldo" (conclusione generale); o da "È vanitoso" a "Qual è la natura e la funzione della vanità?".

Il passaggio dalle singole percezioni (che spesso sono immagini) ad un'organizzazione sistematica di quello che si percepisce (pensieri) permette alla mente di inquadrare i singoli fenomeni nella struttura organica della maniera individuale di pensare. Dal momento che la maniera di pensare è influenzata da molti fattori (come comprensione, interessi intellettuali, tradizioni, curiosità, educazione, credenze, ambiente, pregiudizi, cultura, ecc.), si capisce che la stessa percezione può essere inquadrata in sistemi diversi.

Per questo, si può anche essere logici, ma avere opinioni differenti (per es., riguardo a quello che consideriamo giusto o ingiusto, importante o irrilevante, interessante o noioso, essenziale o secondario, bello o brutto, desiderabile o indesiderabile, ecc). In altre parole, la logica "si inquadra" in una particolare struttura mentale individuale di cui sono parte altre componenti della mente come il gusto, il senso morale, gli interessi materiali o spirituali, le preferenze, le inclinazioni, ecc. Per es., si considera interessante quello che ci interessa, ma quello che è interessante varia in menti differenti.

Quindi, la "materia prima" della mente sono le percezioni e i "prodotti finiti" sono i pensieri, i cui "fratelli e sorelle" sono gli affetti, i sogni, l'immaginazione, la fantasia, i sentimenti, le inclinazioni, le preferenze, gli interessi, ecc. Sono tutti figli della genetica umana e fanno parte della "famiglia" di cui ciascuna mente è fatta. Poiché fanno parte della stessa famiglia, interagiscono e l'interazione contribuisce a caratterizzare quella particolare struttura mentale. Facilita la caratterizzazione il fatto che i vari elementi variano qualitativamente e quantitativamente in differenti individui e (entro certi limiti) possono variare con il tempo nello stesso individuo.

La riflessione
Per vedere il significato di quello che si osserva o si sa, bisogna farne l'oggetto della nostra riflessione. La riflessione è figlia della curiosità dell'intelletto ed è caratterizzata dal *farsi delle domande* su quello che si sa (o non si sa) e sulla funzione e significato di quello che si osserva. Per es., si sa che esistono i sensi e la riflessione domanda "A che servono i sensi?" Si cerca la risposta ragionando su quello che succede quando se ne perde l'uso e sul danno che ne riceve la mente: il danno è essenzialmente la perdita d'informazioni acquisite attraverso quel senso.

Per es., la sordità impedisce la percezione dei suoni e nella conversazione non si capisce quello che ci dicono. Si perde un sensore che contribuiva dati nuovi alla mente attraverso segnali acustici. La realtà della mente ne risulta menomata in quel campo (si vedono le stesse cose di prima, ma ora sono mute). Si perdono non solo le informazioni che ci dicono, ma anche le conclusioni raggiunte da chi ci parla. Inoltre, si perdono altre componenti della realtà umana basate sulla trasmissione e ricezione sonore come la radio, la televisione, le conferenze, le prediche, i comizi, le varie forme di musica, le opere teatrali, ecc. Cioè, si perdono le informazioni, trasmesse attraverso il suono, sulle azioni, conclusioni e creazioni degli altri.

Con la riflessione sulle percezioni e sulla loro relazione con i dati osservati e immagazzinati nella memoria, si formano delle nuove idee. Le idee sono concetti generali che allargano i confini della nostra comprensione e che organizzano fenomeni simili chiarendone il significato (per es., il concetto che gli affetti di famiglia sono la base indispensabile di ogni società o che l'ambizione stimola le realizzazioni del talento).

Le idee non sono percepite dai sensi, ma risultano dall'analisi delle percezioni da parte della riflessione. In generale, un'idea sviluppata dalla riflessione definisce e chiarisce il significato comune che hanno singole evenienze di simile natura. Nel formulare un'idea, si introduce ordine nella rispettiva categoria di percezioni, perché queste sono raggruppate secondo quello che hanno in comune in un concetto che ne chiarisce il significato. Questo sembrerebbe spiegare perché lo sviluppo di *nuove* idee richieda un impegno dell'intelletto che necessita nozioni adeguate e il discernimento di una riflessione adeguata.

Man mano che nuove idee si sviluppano, sono messe in relazione reciproca secondo il loro significato e con questo procedimento si sviluppa un sistema di pensiero. Quest'ultimo si caratterizza per sviluppare un sistema organico di idee che include la considerazione di vari aspetti della realtà umana, la loro relazione e la loro funzione. Allora, le singole idee diventano come le tessere di un mosaico, che da una parte ne fanno intravedere il disegno e dall'altra il disegno ancora incompiuto suggerisce dove dovrebbero essere collocate le tessere che ancora uno sta sviluppando.

Come conseguenza della formazione di nuove idee e della loro organizzazione in un sistema, si chiariscono significati sempre più generali e pertanto aumenta la comprensione della mente. Si vede allora un quadro, invece dei singoli colpi di pennello. Le percezioni dall'ambiente esterno ed interno continuano come prima, ma ora sono viste in relazione ad una comprensione che ne definisce le caratteristiche, la natura e la funzione.

Dal punto di vista teorico, una comprensione generale aumenta la nostra realtà. Dal punto di vista pratico, per es., la percezione di una persona vanitosa viene analizzata secondo il concetto di vanità e in questa maniera si intravede tutta una serie di interessanti possibilità circa le caratteristiche di quella particola persona vanitosa. Per es., si potrebbe trattare solo di presunzione sempliciotta o di una vanità usata con scopi utilitari ben precisi, come l'esigere un rispetto non dovuto.

Le idee di cui siamo profondamente convinti appartengono alle nostre convinzioni. Le convinzioni (morali, religiose, politiche, umanitarie, scientifiche, ecc.) si distinguono per il fatto che si confanno alle nostre disposizioni naturali. Pertanto, sono idee non facilmente cambiabili, perché fanno parte della struttura del nostro Io. Una persona con un forte istinto religioso ha necessariamente convinzioni morali. Se quella persona non si comporta sempre moralmente, si presuppone che per lo meno senta un senso di colpa. Siccome le convinzioni sono ingranate nella struttura dell'Io (ne riflettono la componente genetica), tendono a non cambiare, anche rifiutando le obiezioni altrui e pregiando la propria coerenza. Le convinzioni cambiano così raramente che quando cambiano si parla di "conversioni", cioè, di un radicale cambiamento del modo di vedere. In tal caso, chi parla di "illuminazione" e chi di "tradimento".

L'esperienza
Il ripetersi delle sensazioni e percezioni a cui si è esposti genera l'esperienza. L'esperienza ci insegna che ad un determinato evento in genere ne segue un altro, cioè si stabiliscono relazioni di causa ed effetto tra certi eventi per una certa mente. Per es., s'impara che un'offesa può essere ricevuta con un accesso d'ira da taluni e con un sorriso ironico da altri, ma offesa rimane. La prima volta si può non capirlo, ma la ripetizione del fenomeno ci fa poi coscienti di quel particolare tratto di comportamento. Pertanto, l'esperienza implica l'esposizione ripetuta allo stesso fenomeno, la comprensione del suo significato e l'immagazzinamento nella memoria di quel fenomeno e del suo significato.

L'esperienza è fonte di duttilità nella comprensione aumentando le premesse da cui la logica può fare deduzioni corrette. Per es., s'impara che quando dicono "sì", talvolta vuol dire "forse" e quando dicono "forse" vuol dire "no" (e il contrario). L'esperienza allerta e guida la comprensione sulla base di quello che abbiamo imparato (qualche volta a nostre spese). Naturalmente, l'esperienza c'insegna tanto più quanto più s'impara dalle sue lezioni: bisogna essere degli studenti non solo diligenti, ma anche molto attenti, interessati e disciplinati. Pertanto, l'esperienza (se intesa correttamente) aiuta ad evitare gli sbagli della sprovvedutezza dell'inesperienza. Addirittura, l'esperienza può provvedere le prove per le conclusioni che si traggono da quello che si percepisce.

Se non s'impara, il ripetersi delle stesse percezioni (invece di diventare esperienza) può solo risultare nell'abitudine. Se poi la mente non ha interessi, si passa dell'abitudine alla noia. Se invece s'impara diligentemente, si ricorda e si applica correttamente quello di cui si acquista esperienza, allora l'esperienza ci aiuta a diventare esperti nel nostro campo. Per quanto l'esperienza non sia creativa (è solo una forma di conoscenza acquisita), può essere essenziale per provvedere le basi per sviluppare una necessaria perizia (anche i grandi artisti hanno imparato dall'esperienza dei loro maestri e ancor più dalla loro).

Pian piano, ciascuno si costruisce una certa maniera di intendere le cose che necessariamente si sviluppa col passare del tempo (ma solo se uno riflette: come si è detto, "L'esperienza insegna solo se noi si impara"). L'esperienza raccoglie i dati di eventi che si verificano ripetutamente nella realtà quotidiana e ne fa oggetto di riflessione. L'esperienza verifica, sulla base dei fatti percepiti e ricordati, quello che inizialmente poteva essere solo un'impressione corretta o sbagliata. Per es., si conclude che uno è bugiardo se la nostra esperienza ci insegna che quello mentisce spesso. In questa maniera, l'esperienza porta a una maggior conoscenza e comprensione. Inoltre, l'esperienza cresce col tempo, perché aumenta la sua conoscenza e comprensione delle cose e delle persone cui la mente continua ad essere esposta. Il suo maggior pregio è che l'esperienza si basa sui fatti a cui siamo esposti e non su teorie indimostrate.

L'esperienza tende ad essere limitata agli interessi di una persona, perché gli interessi determinano il campo in cui si acquisisce l'esperienza. La diversità genetica ed acquisita di ciascuna mente è esposta a stimoli che possono essere uguali o diversi, seleziona gli stimoli (per es., quelli della propria professione o delle proprie inclinazioni), analizza quelli a cui è interessata e può verificarne la validità con procedure diverse. Pertanto, ciascuna mente acquisisce dati differenti e necessariamente limitati a campi diversi.

Se le premesse sono differenti e limitate a quello che interessa la nostra mente, *logicamente* lo sono anche le deduzioni. Di qui proviene *la diversità non solo delle opinioni, ma anche delle realtà personali che ciascuno considera essere non la sua realtà, ma la realtà.* Infatti, quella è la sola realtà che uno conosce, in quanto le altrui realtà esistono nella sua mente solo in quanto da lui percepite e come da lui percepite.

Quindi, se il pensare è un processo simile (ma con contenuti e livelli differenti) in menti differenti, la maniera con cui si pensa dipende anche dalle differenze congenite e acquisite tra le menti. Anche se il livello intellettuale è simile, tutto il resto può essere differente, dall'educazione alla cultura, o semplicemente alle inclinazioni. Per es., se uno è pessimista non ragiona esattamente come uno che è ottimista, anche se quello a cui tutti e due sono esposti è assolutamente lo stesso.

Anche la logica ha le sue limitazioni. Tra le limitazioni della logica vi è la dimensione della conoscenza: non si deduce (o non si dovrebbe dedurre) da quello che non si sa. Inoltre, una deduzione formalmente corretta può essere sbagliata per mancanza di conoscenze più approfondite. Un esempio clamoroso è quello della conclusione "logica" che il sole ruotava intorno alla terra o che la terra era piatta (logica perché basata su quello che si vede e sbagliata perché ignorava quello che non si vede).

Un'altra limitazione è la dimensione della comprensione individuale. Se la comprensione non è sufficiente, non ci si rende conto che una deduzione anche formalmente corretta è sbagliata o perché la procedura deduttiva è difettosa o perché le premesse scelte non sono giuste. Per es., si può dedurre che "Non è andato a teatro, perché pioveva" quando invece non ci è andato perché era a letto con l'influenza. La mente fa qui deduzioni pseudo logiche da premesse che possono anche essere vere, ma non hanno nessuna relazione con quello che si deduce. Altre volte, le premesse possono essere giuste, ma solo parziali, perché di un dato argomento se ne ha una conoscenza solo approssimativa. Questa possibilità si verifica spesso nei commenti di un incompetente.

Per questo *nella logica esistono le obiezioni.* Una deduzione può non convincere (non vi è alcun rapporto necessario tra premesse e deduzioni). Allora, si fanno delle domande per determinare se e quanto la deduzione sia fondata. Nell'esempio citato, uno potrebbe domandare: "Come fai a sapere perché non è andato a teatro". Al che qualcuno potrebbe rispondere: "Lo so, perché in genere non esce quando piove". Il che naturalmente non significa nulla, perché la deduzione è basata su una possibilità e non su dati di fatto. E, infatti, la conclusione era sbagliata, perché la spiegazione era un'altra. Uno che non esce quando piove, può non uscire per altre ragioni, come l'aver l'influenza.

La logica e la diversità delle opinioni
Dal momento che la logica (come metodo per ragionare) non può essere personale (per es., 2 + 2 = 4 per tutti), come è possibile che la logica porti a conclusioni differenti per menti differenti? Una ragione non banale è che nessuno è sempre logico e qualcuno lo è solo occasionalmente.

Ma ci sono delle ragioni più importanti. *Siccome le menti sono differenti, ognuna parte da premesse diverse che portano a conclusioni diverse* (se uno sceglie come premessa 3 + 2, la risposta è 5 e non 4). Le premesse possono essere differenti, perché spesso si conformano ad interessi materiali o spirituali diversi. Questi interessi sono rappresentati dalle *convinzioni* e le convinzioni possono essere determinate dalle inclinazioni che abbiamo ereditato, imposte da condizioni locali, relative al nostro carattere, instillate dalla nostra educazione, influenzate da chi si conosce o da quello che si legge, ecc.

In generale, le premesse sono diverse, perché la mente ha attributi che non sono illogici, ma definitivamente *alogici* e importanti quanto la logica (talvolta di più). Questo comporta che l'importanza e persino la "verità" di quello di cui siamo convinti siano sostanzialmente differenti per ciascuno. Inoltre, ciascuno considera differenti temi o vede lo stesso tema da angoli diversi. Per es., per uno "Il lavoro stanca" e per un altro "Il lavoro permette di realizzarsi". Il lavoro stanca in ogni caso, ma stanca taluni perché è solo un peso anche quando lavorano poco e altri perché lavorano molto per dimostrare cosa siano capaci di realizzare.

Inoltre, la logica necessita livelli diversi di comprensione e di conoscenza a seconda di quello che considera. Se è difficile fare delle deduzioni logiche da quello che si sa (perché non si sa tutto sull'argomento), è impossibile farle da quello che non si sa per nulla o non si capisce abbastanza o ci si immagina nelle nostre fantasticherie (vedi gli oracoli dei tempi antichi).

Ma se fosse solo per la logica, saremmo condannati solo a pensare e i nostri pensieri sarebbero distaccati dai sentimenti come i prodotti di un calcolatore. Se esiste quello che è logico, per se stesso deve esistere anche quello che è illogico (per es., rispondere con risentimento e ostilità alla generosità). Qui si entra in un altro campo, quello morale. Si comincia a vedere le cose sotto un altro aspetto e cioè se siano giuste o ingiuste moralmente e non solo corrette o sbagliate logicamente. Per es., ottenere con la forza quello che non ci spetta, potrà non essere necessariamente contro la logica, ma certamente è contro la morale.

Questo lo applichiamo anche a noi stessi e pertanto si approva o disapprova quello che si fa. Ma se si fa qualcosa di ingiusto (per es., imbrogliare una persona che si fida di noi), ci si sente istintivamente colpevoli (ben pochi non nascondono qualcosa che è generalmente considerato ingiusto). A questo punto nasce il peccato e allo stesso tempo la virtù (che consiste nel fare quello che riteniamo giusto).

Quindi *la logica è di un'importanza fondamentale nello sviluppo della nostra mente, nell'estrarre da quello che si sa quello che è possibile dedurre e nel determinare tanti aspetti della nostra condotta.* L'infrazione della logica porta ad essere illogici e anche peggio, come, per es., rispondere alla generosità con l'ingratitudine o perfino approfittandone. Chi ne è l'oggetto può provare un senso di delusione (per l'ingratitudine) o anche di sdegno (per l'abuso).

Al contrario dell'illogico, *l'alogico non si serve della logica, ma non la contraddice necessariamente.* L'alogico ha un'importanza enorme perché è alla base di emozioni essenziali. Per es., non c'è nulla di logico nell'innamorarsi di una data persona, ma neanche c'è nulla di illogico. È un'emozione essenziale perché permette a due individui diversi di diventare unici l'uno per l'altra (in tutto il genere umano, non c'è sostituto accettabile per chi si ama). Questa è la base che porta alla fondazione della famiglia, che si fonda sull'amore reciproco e su quello verso i figli. Col matrimonio non si rinuncia alle nostre differenze, perché è impossibile cambiare la nostra natura. Ma, se si ama, si accettano le differenze del coniuge e (se uno ci riflette) si possono anche apprezzare. Infatti, chi vorrebbe che il suo coniuge fosse la sua immagine speculare? Similmente, non vi è nulla di logico (o di illogico) nel perdonare, nell'apprezzare la bellezza, nel provare emozioni, negli istinti, ecc.

Queste considerazioni introducono il ruolo dell'affettività nella maniera di operare della mente.

L'AFFETTIVITÀ

Le funzioni della mente vanno ben oltre il (necessario) uso della logica e delle conoscenze. Se si sapesse solo il latino (una lingua con cui si esprime una grande civiltà) o qualsiasi altra cosa (per es., solo le conoscenze del nostro mestiere o professione), la mente sarebbe assai più limitata per mancanza di varietà. Non lo è neanche in queste cose, se proviamo passione per le conoscenze che c'interessano. Ma questa passione introduce tutta un'altra caratteristica della mente e cioè l'affettività. Per affettività si intende la capacità di provare sentimenti ed emozioni *(la capacità di sentire).*

Ruolo

In genere, i sentimenti dividono quello che si percepisce dall'esterno o dall'interno in due categorie: quello che ci piace e quello che ci dispiace. I sentimenti sono differenti dalla logica e possono esserne indipendenti. Si possono avere gli stessi pensieri, ma ora possiamo essere tristi ed ora felici. E si possono avere pensieri che ci fanno tristi o felici. O la tristezza e felicità ci fanno avere pensieri che non avremmo avuto altrimenti.

I sentimenti possono variare anche in senso quantitativo. Nei casi estremi, in una persona che è assolutamente fredda (o se lo crede: non è facile essere *assolutamente* freddi), i calcoli sono dissociati da ogni calore emotivo. In una persona solo emotiva (o se lo crede: non è facile essere *solo* emotivi), si passa da una maniera di sentire ad un'altra senza nessuna apparente giustificazione logica. Poiché qualitativamente e quantitativamente varia in maniera considerevole nei differenti individui, l'emotività contribuisce in maniera fondamentale alla Varietà della scena umana.

Comunemente, si pensa secondo le caratteristiche del nostro intelletto e si hanno sentimenti secondo le caratteristiche della nostra emotività. I sentimenti dipendono prima di tutto dalla sensibilità. La sensibilità è la soglia individuale del proprio gusto per quello che piace o dispiace e che permette ad uno stimolo di evocare in noi una reazione emotiva di attrazione o repulsione. Se un qualcosa rimane sotto la soglia della sensibilità, lo guardiamo con indifferenza.

Poiché la sensibilità e il gusto variano, l'emotività varia considerevolmente nei diversi individui. Per es., l'artista è sensibile alla bellezza, l'avaro al denaro, il politico all'ambizione, il religioso alla moralità, l'innamorato a chi ama, l'avido agli interessi materiali, il matematico alle armonie dei numeri, ecc. Pertanto, differenti individui possono anche sentire lo stesso sentimento (per es., essere contenti), ma per ragioni del tutto differenti.

Oltre all'attività "logica", esiste dunque la ben più grande componente affettiva (i sentimenti). Paure, speranze, odio, amore, simpatie, antipatie, tristezza, aspirazioni, gioia, malinconia, serenità, coraggio, eroismo, depressione, ecc. appartengono all'affettività. Queste componenti emotive si cercherebbero invano nel mondo fisico al di fuori della mente (fuori della mente non esistono paure, speranze, amore, odio, simpatie, ecc.).

Nel cervello esistono fenomeni (presumibilmente biofisici e, al momento, in gran parte sconosciuti) che sono alla base delle diverse maniere di sentire della mente. Ma invano si cercherebbero le emozioni (*come emozioni*) nel cervello nella stessa maniera in cui si trova l'insulina nel pancreas o la bile nel fegato. Si possono trovare modificazioni biofisiche (per es., un aumento o diminuzione di differenti neuro mediatori), ma non i corrispondenti stati emotivi. Questo perché le emozioni per sé appartengono alla sfera dello spirito e pertanto sono parte del mistero della mente (cioè, del passaggio dalla materia allo spirito).

Le componenti emotive fanno parte della nostra vita mentale assai più della nostra conoscenza e certamente con una ben più grande rilevanza e vivacità. Per es., una grande conoscenza non impedisce ad uno di essere infelice per le più svariate ragioni. Il che dimostra che non è la logica a darci la felicità né la felicità a renderci logici (anzi). Tuttavia, l'affettività può influenzare la conoscenza (per es., ci piace imparare). E la conoscenza può influenzare l'affettività (si recita con piacere una poesia che ci piace tanto da averla imparata a memoria). Ma mentre la logica e la conoscenza sono funzione dell'educazione e del livello intellettuale, l'affettività è una caratteristica istintiva concessa a tutti e che talvolta è in proporzione inversa all'intelletto. L'affettività è universale e non ha bisogno di essere insegnata, proprio perché legata ad impulsi istintivi. Tuttavia non s'identifica con gli istinti, perché è modulata dalla mente. Per es., negli affetti la nostra condotta riflette (o dovrebbe riflettere) considerazione, comprensione, tolleranza, perdono, generosità, abnegazione, ecc. Queste conclusioni circa l'affettività si raggiungono con l'analisi della logica.

L'affettività si esprime in varie maniere, come i sentimenti, emozioni, immaginazione e fantasia.

I sentimenti

I sentimenti sono maniere di sentire che tendono ad essere parte stabile della componente affettiva. Possono essere positivi (come, per es., l'amore per i figli o per i genitori, generosità, bontà, carità, emulazione, eroismo, coraggio, ecc.) o negativi (come antipatie, invidia, gelosia, egoismo, insofferenza, odio, viltà, ecc.). Per es., non si può essere coraggiosi quando si hanno i sentimenti di un codardo (per quanto anche la codardia ha le sue eccezioni, come le ha il coraggio).

I sentimenti positivi e negativi tendono ad essere ugualmente profondi e persistenti e possono essere così forti da causare anche omicidi (come quelli per amore o per odio). Possono diventare patologici quando diventano abnormi sia quantitativamente (amore possessivo, odio implacabile) che qualitativamente (avventatezza, ossessioni, fanatismo), con conseguenze anche drammatiche.

I sentimenti giocano una parte importante nel comportamento individuale al punto di essere o divenire *tratti di carattere*. Se un sentimento prevale in maniera particolare, caratterizza un individuo ("È una persona buona e caritatevole" o "È duro e sconsiderato"). Naturalmente, anche a questo riguardo, ciascuno considera gli altri secondo le sue caratteristiche personali, come già notato. Così, per una persona buona una persona normale può sembrare dura, e per una persona dura una persona normale può sembrare debole. Questo rientra nella **legge della norma individuale:** *si considera la nostra realtà come la norma con cui si giudica la realtà degli altri.*

Che i sentimenti siano dissociati dalle capacità intellettive o logiche è dimostrato dal fatto che persone di simile livello intellettuale possono coltivare sentimenti opposti, come la generosità o l'egoismo. Reciprocamente, una persona buona può essere sia intellettualmente semplice sia colta, acuta e abile.

I sentimenti tipici di una persona sono modificati da numerose variabili, come la comprensione, interesse, idealismo, delusioni, ingratitudine, malevolenza, generosità, diffidenza, ecc. A questo riguardo, l'esperienza gioca un ruolo notevole. Comunque sia, i sentimenti contribuiscono potentemente a definire il nostro Io, come lo fa quello che si pensa, come si pensa e quello che si ricorda.

Le emozioni

Le emozioni sono modi di sentire che sono iniziati dalla sensibilità circa cose o eventi, e che hanno un significato speciale per ciascuno, ma non necessariamente per tutti. In un certo senso, le emozioni sono responsabili per la meteorologia dell'anima. Non si potrebbe essere sempre sereni (o, peggio ancora, sempre indifferenti) senza privarci di esperienze emotive essenziali. Calma e distacco sono necessari per ragionare con chiarezza, ma non per provare emozioni che abbiano significato (o semplicemente che siano emozioni).

Le emozioni sono condizionate dalla nostra maniera di sentire, nel senso che si reagisce agli avvenimenti della nostra vita secondo la nostra maniera predominante di sentire. Per es., le emozioni di una partita di calcio sono legate all'interesse che uno può avere per quello sport. Per la stessa ragione, una partita di un campionato internazionale causa emozioni in un largo numero di persone, perché tocca il sentimento della loro identità nazionale. *Le emozioni introducono calore e vitalità nella vita della mente*. Senza emozioni, la passione sarebbe inconcepibile: la passione è fatta di incessanti ondate di emozioni. Si considerano belli persino i pensieri che ci seducono, vale a dire, che hanno un'eco emotiva. Necessariamente, al calore delle emozioni "positive" (per es., allegria) corrisponde il freddo di quelle "negative" (per es., tristezza), perché per poter vivere la realtà questa deve essere "a rilievo" (alti e bassi) e non piatta.

Ma soprattutto, deve essere così per la **legge degli opposti**: non ci può essere luce senza ombre (e il contrario), e non ci potrebbe essere felicità senza l'infelicità (e il contrario). Essere felici implica l'alternativa di non poterlo essere. Infatti, non si è sempre felici, ma lo si diventa quando qualcosa ci dà un'intima gioia. Se ottenere quello che si desidera ci fa felici, il non ottenerlo ci fa infelici. Anche se ci sono le condizioni per essere sempre felici, dopo un po' si cessa di esserlo, perché subentra l'abitudine, nuovi desideri o il desiderio di nuove emozioni.

Un'emozione è l'immagine speculare del suo opposto (per es., felicità e infelicità). L'alternativa alle emozioni non è la freddezza. A suo modo, la freddezza può essere un'emozione, per es., quella della risposta sdegnata ma silenziosa ad un'insinuazione ingiusta. L'alternativa alle emozioni è l'*indifferenza*, cioè, il non provare né un'emozione né il suo opposto. Si prova indifferenza per le cose che non ci interessano.

Siccome le emozioni rivelano il nostro stato d'animo, in certe situazioni si possono voler nascondere (simulando l'indifferenza) o contraffare (simulando l'emozione opposta), o manifestare emozioni che non si provano. Altre volte, le emozioni sono a bella posta esagerate (per es., l'ira) per rinforzare la lezione che si vuole impartire a chi ha fatto qualcosa di sbagliato. Gli specialisti professionali nel campo della manipolazione delle emozioni sono gli ipocriti o gli attori. Nel simulare le emozioni, i primi sono spinti dal loro interesse e i secondi dall'amore dell'arte.

Le emozioni sono funzione della sensibilità individuale, sia dal punto qualitativo che quantitativo. Per questa ragione, quello che è emozionante varia considerevolmente a seconda dei differenti individui. La mancanza di sensibilità comporta l'indifferenza emotiva, per quanto l'insensibilità possa essere all'origine di emozioni "negative", come la crudeltà (infliggere la sofferenza senza esserne disturbati e anzi provandone piacere). Se poi la sensibilità è anormale, le emozioni non possono essere molto diverse.

Nello stesso individuo, la sensibilità ha i suoi alti e bassi in relazione allo stato della mente (per es., preoccupazioni o stanchezza), ma la sua qualità non varia. La diversa sensibilità ha un ruolo fondamentale nello strutturare la varietà delle emozioni individuali. Si prova piacere per quello che stimola piacevolmente la nostra sensibilità, come la musica, la pittura, la poesia o le bellezze della natura (per es., il cielo stellato in una serena e limpida notte di maggio). Allo stesso tempo, si evita quello che ci dispiace (per es., la bruttezza o la meschinità).

La sensibilità è un dono naturale considerevole, perché (per es.) permette l'apprezzamento della bellezza nelle sue varie forme e pertanto permette emozioni più numerose e più intense. La sensibilità naturale può essere sviluppata e affinata da una buona educazione. Per es., lo studio della storia dell'arte estende e migliora quello che la sensibilità apprezza.

Senza emozioni, non ci può essere una vita degna di essere vissuta. La capacità di provare sentimenti ed emozioni è solo uno dei tanti doni che l'amore di Dio ci ha dato. Senza le emozioni, le cose più delicate o importanti o allegre non sarebbero né delicate, né importanti, né allegre, perché l'indifferenza impedirebbe loro di diventarlo. Se poi l'indifferenza è il risultato di un'evenienza anormale (per es., depressione psichica) piuttosto che un tratto di carattere, allora le cose cessano di essere delicate, importanti o allegre finché tale evenienza dura.

All'altro estremo, le emozioni possono diventare così intense e persistenti (per es., quelle delle passioni) che se ne perde il controllo. Questa perdita di controllo può essere così seria da poter essere responsabile di omicidi e suicidi. In tal caso, l'intensità delle emozioni travolge perfino gli istinti più primordiali, come quello della sopravvivenza.

Le emozioni sono suscitate da una vasta categoria di sentimenti che ci sono propri, come l'ansietà o le speranze. Le emozioni nascono da stimoli che provengono dal mondo esterno e che provocano reazioni in quello interno. Inoltre, sono suscitate anche da eventi psichici (stimoli interni), come l'ansietà, entusiasmi, paura, gioia, ricordi, affetti, ecc. Agli stessi stimoli si risponde con emozioni dettate dai sentimenti che prevalgono in ciascuno. Lo stesso avvenimento può essere motivo di paura in un ansioso e di speranza in un ottimista.

L'*intensità* delle emozioni è in rapporto all'importanza degli stimoli che le causano e alla sensibilità di chi le prova. La sensibilità varia qualitativamente e quantitativamente in differenti individui e anche nello stesso individuo secondo l'età o lo stato della mente e del corpo. La sensibilità verso stimoli differenti (piacere, dolore, sconforto, bellezza, bontà, illusioni, delusioni, aspirazioni, sacrificio, generosità, amore nelle sue varie forme, malinconia, esaltazione, ecc.) varia in differenti persone così marcatamente che le può caratterizzare (pessimista, perfezionista, generoso, appassionato, esteta, ecc.).

La varia natura delle emozioni significa che debbano esserci tutta una serie di caratteristiche che ne permettono l'espressione. Dopo tutto, anche gli animali provano le emozioni, che naturalmente sono assai più limitate: quale elefante si soffermerà mai a contemplare un bel tramonto? Le emozioni si riflettono nel volto e particolarmente nello sguardo e nella maniera di parlare, ma anche nel piangere, ridere, alzare la voce, bisbigliare, cantare, tacere, ecc. Questo è vero per la tristezza, gioia, ansietà, ira, serenità, paura, determinazione, ecc. Così, chi è felice ride e può mettersi anche a cantare, chi è infelice piange o è malinconico e triste, chi è ansioso ha un atteggiamento sempre teso, chi è sereno ha un'espressione distesa, ecc.

Si possono voler nascondere le emozioni per le più svariate ragioni. La più frequente è la salvaguardia della propria *intimità*. Ci sono sentimenti intimi che non vogliamo condividere con nessuno. Se ne incarica il ritegno. Se poi ne vanno di mezzo i nostri interessi, si recluta l'impassibilità, si finge di non intendere quello che non ci piace e non si risponde a quello che non ci conviene.

Se le emozioni sono represse, diventano più intense. Se si mostra una calma freddezza o una pseudo indifferenza di fronte al pericolo (flemma), il volersi mostrare sprezzanti del pericolo moltiplica l'ansietà della paura repressa. Se si sfogano certe emozioni (per es., piangendo o urlando insulti) dopo ci si sente meglio. In un certo senso, piangendo si lava il nostro dolore e urlando si dà sfogo alla nostra rabbia.

D'altra parte, la *spontaneità* può spingere a mostrare le emozioni (per es., condividiamo volentieri le nostre emozioni in famiglia). Invece, la *convenienza* può spingere a mostrare perfino le emozioni che non sono sentite (per es., il dolore per le sventure di chi non ci piace). O si può voler simulare tra parenti lontani o conoscenti un affetto che non si prova, solo perché ci si aspetta che si debba avere. Sono queste le *emozioni formali* che non si provano e non sono credute. Ma, se non sono mostrate, se ne risente soprattutto chi non ci crede, dal momento che ritiene che gli siano dovute (lo vede come mancanza di considerazione: "Non avuto la decenza neanche di mentire").

In altre parole, non solo le emozioni sono parte dei nostri sentimenti, ma partecipano anche al *flusso di reciproche relazioni* tra persone diverse. Si condividono sinceramente gioie e dolori con chi si ama. Anche in altri tipi di relazioni per se stesse non emotive (come l'insegnamento), qualche insegnante prova interesse e simpatia per allievi bravi e studiosi che apprezzano e trovano piacere in quello che imparano. Si insegna assai più volentieri a chi impara con entusiasmo, dedizione e interesse. E un bravo allievo preferisce l'insegnante che più gli è psicologicamente vicino (per es., un insegnante competente che insegna la sua materia con entusiasmo, dedizione e interesse).

Le sorgenti delle emozioni possono essere della più svariata natura e di differente importanza. Dal punto di vista fisico, la luce del sole fa la più grande differenza. Come cambierebbe (anche emotivamente) una vita trascorsa nel buio totale, come succede ai ciechi? Che significato avrebbero i fiori o i quadri o i colori in generale? Si vivrebbe in una notte perpetua.

Invece, una bellissima giornata di sole già rallegra il nostro umore. Non solo abbiamo la luce, ma il suo alternarsi con l'oscurità della notte. Il che significa che quotidianamente sono offerti alla nostra sensibilità l'alba e il tramonto, un giorno luminoso o una notte stellata. Questi spettacoli non sono mai gli stessi, ma hanno spesso una delicata bellezza. Possiamo non vedere spesso lo spettacolo dell'alba perché a quell'ora si dorme il sonno del giusto (o dell'ingiusto), ma lo spettacolo è offerto comunque alla sensibilità di tutti quelli che lo vedono.

E se non si vede l'alba, possiamo sempre apprezzare la luce riflessa sulla lucida superficie del mare calmo nel primo mattino o quella che inonda una grande vallata fiorita nella purezza silenziosa dell'aria leggera dei monti. Inoltre, si può sempre godere il silenzioso spandersi della serica luce della luna nella volta blu del cielo tempestata di stelle. È uno spettacolo così bello che fa sognare anche quando non si è innamorati.

Siccome la "Varietà" è una caratteristica necessaria anche per mantenere la mente vivace, stimoli diversi suscitano emozioni diverse. Così, ci sono le giornate cupe di nuvole grevi, il lamento disperato del vento fra le fronde impazzite, la grigia e malinconica luce che filtra attraverso gli scrosci di pioggia di un temporale, i riflessi abbaglianti della purezza di una distesa di neve, l'aria leggera e luminosa di una giornata d'aprile, la malinconica delicatezza della nebbia che sfuma i contorni di tutte le cose, la seduzione di una nevicata silenziosa, la dolcezza di un crepuscolo di maggio, ecc. Questa varietà impedisce alla monotonia di ottundere la nostra maniera di sentire, provvedendo sempre stimoli diversi all'interesse della mente.

Dunque, *le emozioni sono stati d'animo (sorpresa, gioia, dolore, ira, compassione, ripugnanza, senso di colpa, esultanza, malinconia, seduzione, ecc.) che si provano in risposta a stimoli differenti.* Si risponde emotivamente a stimoli interni ed esterni a cui siamo esposti, cosicché questi assumono un significato personale. Le emozioni variano in maniera straordinaria sia qualitativamente che quantitativamente in persone differenti e anche nella stessa persona secondo numerosi fattori interni (modi si sentire) ed esterni (percezioni).

Lo stato emotivo può influenzare la logica più di quanto questa possa influenzare lo stato emotivo. Le emozioni danno un significato personale a quello che altrimenti potrebbe essere solo uno stimolo anonimo. Infatti, non emoziona quello a cui siamo indifferenti. Ma le emozioni alterano anche il rapporto tra premesse e deduzioni. Lo stesso avvenimento viene attribuito a cause diverse quando si vuol giustificare una persona che si ama o criticare qualcuno che non ci piace.

Le emozioni si distinguono dai sentimenti per essere in genere transitorie. Secondo le situazioni, la stessa emozione può essere sentita da persone con sentimenti diversi ed emozioni diverse possono essere sentite da persone con sentimenti simili. Per es., la tristezza o la malinconia può essere sentita da tutti, anche da quelli che per natura tendono ad essere allegri (o l'allegria da chi tende ad essere triste).

Emozioni e comportamento
I sentimenti e le emozioni determinano il comportamento di ciascuno in maniera preponderante. In molte situazioni, si persegue quello che piace al nostro gusto, non quello che è logico. Questo lo si vede nelle comuni decisioni giornaliere, come la scelta di una pietanza al ristorante, una cravatta, una camicia, il mangiare o il bere, un programma televisivo, una vacanza, ecc. Qui la logica non c'entra, anzi si può agire contro i suoi suggerimenti.

Tuttavia, le nostre scelte sono fatte non dal "libero arbitrio" (quello che vuole la nostra volontà), ma piuttosto da come siamo fatti (e questo non dipende da noi). Una persona forte e una persona debole scelgono la cravatta o una pietanza del menu nella stessa maniera. La differenza tra i due semmai consiste nel fatto che la loro volontà sa controllare più o meno quello che il loro gusto sceglie, (per es. il mangiare, il bere, le spese, ecc.).

Ci si "sente" liberi perché si sceglie quello che il nostro gusto (e non quello degli altri) ci fa scegliere. Ma talvolta non vogliamo fare quello che ci piace, e la libertà allora consiste nel negare quello che la nostra inclinazione naturale vorrebbe. Anche in questo caso, si fa quello che ci piace, perché ci piace più non fare (piuttosto che fare) qualcosa che si disapprova (per es., mangiare troppo). Ma anche il negare quello che vogliono le nostre preferenze istintive comporta fattori istintivi, come l'essere forte di carattere.

Il perseguire quello che ci piace si applica a maggior ragione alle decisioni più importanti della nostra vita. Che logica ci può essere nello scegliere di diventare medico piuttosto che ingegnere? O nello "scegliere" la persona che si vuole sposare? O il luogo o la casa dove si vuole vivere? Anche in questi casi, quello che più piace a noi non è una nostra libera scelta, nel senso che non noi, ma piuttosto la maniera in cui siamo fatti decide.

Come siamo fatti è il risultato di fenomeni genotipici (di cui non si ha controllo) e fenotipici (di cui si può non avere controllo o che spesso sono scelti dal caso e non da noi). È per questo che non è facile imporsi o abituarsi a trovar piacere in quello che istintivamente non ci piace. È per queste ragioni che quello che siamo comporta una buona dose di fortuna, a cominciare da quali cellule seminali si sono unite al momento della nostra concezione.

Un esempio drammatico della forza delle emozioni è quello di innamorarsi. Allora si vede una giovane timida, ubbidiente e rispettosa (per lo meno una volta esistevano) che si rivolta con forza contro i suoi genitori che non approvano il suo fidanzato (che considerano un buon a nulla) e non esita a lasciarli per seguire il suo amore. La sua maniera di "ragionare" è completamente soggiogata alla sua passione. Se vi è un disaccordo tra le considerazioni obiettive (e anche sensate) della ragione da una parte e l'amore dall'altra, non sarà certo la passione a cedere il campo.

È vero che una mente fredda, ambiziosa e calcolatrice può sottomettere le emozioni alla convenienza del calcolo, ma prima di tutto lo fa perché è così costituita. Inoltre, il prezzo da pagare non è indifferente. Per es., trascorrere una vita con una moglie ricca (o un marito ricco) che non si ama comporta numerose e profonde emozioni negative: è piuttosto improbabile che uno possa essere felice. Quindi, la soppressione di emozioni fisiologiche può portare ad essere puniti da emozioni "patologiche" (emozioni che in genere non sono associate con un dato comportamento). Non è piacevole per nulla dover trovare piacere in quello che non ci piace per nulla e che magari ci ripugna.

A causa della gran diversità degli "ingredienti" genetici ed acquisiti, ciascuna "ricetta" umana non solo è complessa, ma porta ad avere una vita assolutamente personale e differente da tutte le altre.

Il gusto e le sue inclinazioni
Fra i sentimenti si potrebbe annoverare *il gusto, cioè, un tratto di carattere che istintivamente sceglie quello che piace o non piace a ciascuno di noi,* indipendentemente dalle leggi della logica: non si deduce quello che ci piace e si apprezza. Poiché il gusto è differente in ciascuno di noi, ciascuno è interessato a cose diverse.

È facile vedere quali conseguenze disastrose avrebbe un gusto uniforme. A tutti piacerebbe la stessa cosa, e tutte le altre cadrebbero in completo disuso. L'uniformità del gusto comporterebbe un antagonismo senza freni: si immagini il risultato del fatto che a tutti piacesse la stessa professione o la stessa donna (o alle donne lo stesso uomo). Basterebbe l'uniformità della scelta professionale per privare la realtà umana delle grandi conquiste in campi differenti.

Inoltre, ciascuno ha un suo gusto che varia qualitativamente. Per es., il buon gusto di una persona nello scegliere un bel vestito può non essere capace di apprezzare la bellezza di un quadro. Inoltre, quantitativamente non tutti hanno la stessa misura di buon gusto e qualcuno ha cattivo gusto. Queste diversità quantitative e qualitative contribuiscono sostanzialmente non solo nel creare la Varietà, ma anche nel provvedere un piedistallo alla bellezza. Per es., in un ricevimento, un vestito elegante di una signora risalta di più se gli altri vestiti sono di un gusto mediocre. In un certo senso, si premia la sensibilità del buon gusto. Lo stesso avviene in un'esposizione di quadri.

Il buon gusto è necessario per scegliere e per giudicare, ma non basta per creare. Un artista con solo buon gusto (sensibilità artistica in questo caso) può tutt'al più diventare un artista di moda. Anzi, per diventarlo non occorre neanche il buon gusto, occorre solo soddisfare il gusto corrente (anche se questo gusto è cattivo). Per l'arte occorre di più, cioè le doti di una creatività che realizza non quello che generalmente piace in quel momento, ma quello che è bello sempre.

Questo spiega perché grandi artisti possano essere stati apprezzati solo dopo la loro morte. Quello che allora li fa apprezzare nel loro giusto valore non è la loro morte, ma la morte delle mode che prevalevano quando erano vivi. La bellezza si rivela quando il "gusto" delle mode sedimenta nell'oblio (come succede per tutte le mode). Questo *tempo di latenza del buon gusto* dipende dalla voga delle mode, dall'incertezza nel valutare nuove espressioni artistiche e dal gusto mediocre di chi dovrebbe farne la critica.

In genere, il nostro gusto è il risultato della nostra struttura genetica. Ma il gusto può essere educato se ve ne è la capacità, come nel caso di un critico letterario che matura con l'esperienza la finezza del suo giudizio, o di uno stilista di mode che acquista maggior perizia nel suo campo.

L'IMMAGINAZIONE

La mente percepisce gli stimoli provenienti dal mondo fisico e forma delle immagini, ma, se facesse solo quello, sarebbe una macchina ricevente. Invece, mediante l'immaginazione, la mente può *creare* parte della sua realtà, indipendentemente dal mondo fisico. In una persona normale, *l'immaginazione è una proprietà della mente che le permette di creare immagini non derivate direttamente da stimoli dell'ambiente esterno.* Inoltre, l'immaginazione può far vedere in una maniera personale quello che si guarda.

L'immaginazione è particolarmente sviluppata dal punto di vista estetico negli artisti (poeti, architetti, scultori, pittori, registi, ecc.) ed è una base della loro creatività individuale. Una volta che la *sensibilità* sia stimolata da qualcosa che la colpisce, genera *l'ispirazione*. L'ispirazione è uno stato emotivo di sensibilizzazione che eccita *l'immaginazione*. Quest'ultima crea immagini che esprimono la maniera peculiare di sentire dell'artista. La *creazione* consiste nella capacità di sviluppare ed esprimere i frutti dell'immaginazione servendosi di mezzi diversi (musica, poesia, architettura, pittura, opere teatrali, ecc.) e in maniera esteticamente attraente. La creazione diventa una realtà che può essere percepita anche da altri, perché diventa parte del mondo fisico (per es., un libro, una statua o una sinfonia).

Anche nella scienza e nella filosofia l'immaginazione gioca un ruolo, non nell'esame dei risultati (che deve essere rigorosamente obiettivo), ma nell'effervescenza della mente che porta ad iniziative originali (progettazione di nuovi esperimenti o nuove teorie). Sotto questo aspetto, anche uno scienziato e un filosofo devono essere creativi. Da quello che s'impara, l'immaginazione apre nuove vedute da dimostrare mediante l'esperimento. L'immaginazione è una caratteristica di una mente fertile.

Le facoltà dell'immaginazione e della fantasia sono concesse a tutti e si esprimono nei sogni, illusioni, speranze, aspirazioni, gelosia, abbandono, paure, ansie, ecc. Dal punto di vista quantitativo, l'immaginazione è particolarmente effervescente nei bambini, negli innamorati o nei sognatori. Per questi ultimi, la realtà immaginata è più reale di quella percepita. Naturalmente, se tutti hanno immaginazione, pochi hanno la capacità di tradurla in creazione e ancora di meno nella creazione di un capolavoro.

L'immaginazione è una forma di realtà affettiva, che può essere attiva o passiva. Nell'immaginazione attiva, si può immaginare quello che piace e quando lo vogliamo, con le variazioni che si desiderano e indipendentemente da quello che si percepisce del mondo fisico. Anzi, quando uno "si perde" nella sua immaginazione, in genere, evita gli stimoli esterni. Quello che si sogna è reale (come immaginazione) anche quando sappiamo che non lo è da un punto di vista fisico. Si sostituisce la realtà che desideriamo a quella che percepiamo o che (temporaneamente) vogliamo ignorare. L'immaginazione ignora la logica, perché il suo scopo è di sentire: non gli importa di ragionare, conoscere o imparare.

L'immaginazione passiva è iniziata da quello che si percepisce e che non si è scelto. In tal caso, l'immaginazione "dipinge" quello che si vede, e non si limita solamente a "fotografarlo". L'immaginazione passiva non è sempre libera, in quanto può essere il risultato di stimoli imposti dalle circostanze. Allora, (per es.) l'immaginazione può creare degli incubi, sviluppando quello che più ci preoccupa.

Quando lo stimolo per l'immaginazione è interno, può far soffrire sotto l'influenza di quello che si sente, come la paura, la gelosia, la diffidenza, l'incertezza, l'ansia, ecc. In altri casi, lo stimolo (interno o esterno) che inizia l'immaginazione è piacevole, se non affascinante, specialmente per un temperamento artistico. In un *artista*, quello che percepisce scioglie le vele dell'immaginazione sulla rotta che porta alla creazione.

All'altro estremo, vi può essere una *praticità* che ignora l'immaginazione, o la considera inutile, superflua ed inefficace. Infatti, di chi è pratico si dice spesso che non ha immaginazione. Questa è una limitazione non indifferente della praticità, perché ne limita gli orizzonti. Perseguendo quello che è immediatamente utile, si può non capire quello è essenziale per la vita dello spirito. Con tutto questo, la praticità ha una sua funzione indispensabile per la Varietà e contribuisce in maniera essenziale non solo all'efficienza di quello che si fa, ma anche al progresso materiale. Una società di soli poeti o pittori costruirebbe ben poche autostrade, ponti o acquedotti.

Pertanto, l'immaginazione attiva ha grandi vantaggi: 1) la sua realtà non è "obbligatoria" (cioè, non è limitata dalle percezioni dal mondo fisico); 2) permette di selezionare la realtà che piace; 3) non richiede conoscenze speciali ed è pertanto accessibile a tutti; e 4) è la premessa della creatività artistica dal momento che *la creatività per definizione è originale, e pertanto deve riflettere la realtà di un'immaginazione personale*. L'immaginazione passiva qualche volta dà vita ad ombre paurose e altre volte elabora con piacere quello che la seduce.

Necessariamente, *l'immaginazione è una caratteristica individuale, indipendente dalla logica e sviluppata a livelli diversi in differenti persone*. Una volta iniziata da stimoli esterni o interni, poi procede oltre gli stimoli per creare una sua realtà. Per es., la gelosia è resa sospettosa anche da cose innocenti e costruisce tutta una sua realtà fittizia, basata sulle illazioni più arbitrarie (s'immagina quello che non esiste).

Si dice che "Non ha immaginazione" chi si limita solo a reagire alle percezioni dal mondo fisico, anche se lo fa con buon senso. Se uno invece di immaginazione ne ha troppa, diviene dissociato dall'ambiente, perché ad un certo punto vaneggia. Chi vaneggia circa quello che immagina lo proietta all'esterno, dandogli una realtà "oggettiva" come se quello che immagina derivasse da stimoli provenienti dal mondo fisico e non piuttosto dalle sue fantasticherie. Lo stesso stimolo (per es., la delicatezza rosea di un'alba che emerge dalle nebbiose vallate della notte) può eccitare l'immaginazione in alcuni e lasciare indifferenti altri (differente sensibilità e immaginazione).

Il modo di sentire agisce da catalizzatore nella reazione emotiva: uno può provare un piacere così intenso nei giochi di una luce diafana e di ombre trasparenti sulla sabbia del fondo del mare da esserne spinto ad esprimerne in maniera unica in una poesia la bellezza che sente, usando le immagini suggerite dalla sua immaginazione. In un'altra occasione, la sua mente essendo stanca e preoccupata, rimane così insensibile agli stessi stimoli da domandarsi come abbia potuto commuoversi in altre occasioni.

Lo stato della mente influenza l'immaginazione non solo acuendo la sensibilità, ma anche cambiando la maniera di sentire gli stimoli. Per es., l'amore fa diventare bello anche quello che può non esserlo, a cominciare dalla persona amata. E quali genitori non trovano adorabile il loro bambino appena nato? Se non lo facessero, sarebbero dei genitori mediocri.

Sensibilità

Come menzionato, *la sensibilità è il dono che permette di apprezzare la bellezza.* Senza sensibilità, non c'è bellezza dal momento che la bellezza non esiste indipendentemente dalle percezioni della sensibilità della mente. Infatti, per mancanza di sensibilità, una persona rozza non apprezza quella bellezza che commuove altri.

La sensibilità è l'anello di congiunzione tra la bellezza che fa percepire e la creatività. Se c'è sensibilità, l'apprezzamento della bellezza ispira l'immaginazione (ciascuno cerca di esprimere con parole ispirate le emozioni che la bellezza suscita in lui). Se l'ispirazione dell'immaginazione trova la creatività, quello che si prova può essere espresso in maniera artistica.

L'importanza della sensibilità risiede nel fatto che l'apprezzamento della bellezza dà piacere estetico, che è uno dei piaceri più puri. La mancanza di sensibilità rende la nostra realtà più prosaica e pertanto meno attraente. Una persona rozza perde molte emozioni delicate, ma la natura pietosamente fa sì che non se ne renda conto.

Fantasia

Se l'immaginazione è la capacità della mente di creare una sua realtà anche in assenza di percezioni, la fantasia è la capacità di creare una realtà che può non avere alcuna relazione con quello che generalmente si percepisce. Ancora mi ricordo che, mentre si camminava nella pineta di Viareggio, mio fratello Massimo, quando era ancora bambino, era solito restare indietro di qualche metro. Se gli si domandava cosa facesse, rispondeva: "Mi racconto una novella".

E, infatti, prima di addormentarsi, spesso i bambini vogliono che si racconti loro una novella, vale a dire qualcosa di fantastico (draghi, streghe, castelli con fantasmi, ecc.) che spesso non esiste nella vita quotidiana. Desiderano addormentarsi in un'atmosfera di sogno, che è piacevole e rilassante, al punto che spesso si addormentano mentre ascoltano. Una novella non ha nulla a che fare con la logica, gli interessi o le tensioni della realtà quotidiana. Distrae la mente offrendo un mondo in cui persino la paura ("il lupo cattivo") si risolve in una conclusione felice.

La fantasia intrattiene piacevolmente la mente, dal momento che non richiede uno sforzo per capire o per creare. La fantasia non chiede nulla e solo dà. Semplicemente, permette alla mente di seguire i sentieri fioriti delle vallate dei sogni. È la mancanza di uno scopo utilitario e di stimoli obbligati che rende la fantasia libera e piacevole come il volo di una rondine nella trasparenza di un crepuscolo di giugno. Reciprocamente, per i voli della fantasia, la mente non deve essere sommersa da preoccupazioni, tensioni, interessi, ambizioni, frustrazioni, ecc. Forse, questo spiega perché la fantasia sia particolarmente sviluppata nell'infanzia. La fantasia protegge la mente immatura e fragile dell'infanzia dallo stress, a cui può opporre solo il pianto.

Nell'età adulta, la fantasia può assumere altre forme come, per es., le creazioni della moda. A questo riguardo, basta guardare la varietà dell'abbigliamento femminile. La forma, i colori, i ricami, le dimensioni, i lustrini, ecc. si spiegano solo come il frutto di un'estrosa fantasia. La piacevolezza della gran varietà rende i prodotti di tale fantasia attraenti. Offre infinite scelte al gusto individuale, scelte che riflettono le preferenze di differenti inclinazioni personali. Danno piacere a chi porta l'abbigliamento scelto e a chi lo vede.

Per comprendere la portata di tale fenomeno, s'immagini se tutti (uomini e donne) indossassero lo stesso abbigliamento (per es. una tuta blu). In un certo senso, la fantasia offre un'evasione piacevole dalle inevitabili tensioni quotidiane. Non le elimina, ma le contrasta occupando la mente con percezioni piacevoli che riducono il rilievo di quelle spiacevoli.

Poiché non ha basi "obiettive", la fantasia non ha obblighi se non quello di seguire il suo estro. Per es., la fantasia non ha bisogno di essere logica, coerente, ragionevole o sensata (e neanche il contrario). L'unico obbligo della fantasia è di essere fantastica, cioè, di offrire una piacevolezza che può avere sfumature estetiche e che soprattutto è differente dall'ordinaria routine.

La fantasia crea una diversità che intrattiene, come la moda e le sue innumerevoli variazioni. Se, per es., sono di moda le gonne lunghe, la fantasia ne crea di tutte le specie e di tutti i colori. Il non avere basi "obiettive" permette alla fantasia una gran libertà. Lo stesso si applica per es. alle canzoni: quelle che piacciono, offrono alla mente un ritmo e una piacevolezza che permette alle emozioni di sognare. Questo avviene soprattutto per l'emotività della gioventù. L'abbinamento tra canzoni e modo di sentire (per es., l'essere innamorati) fa sì che sentendo anche dopo anni quelle canzoni si rievoca la maniera di sentire che vi è associata. Se poi uno è insensibile alla fantasia, non è la fantasia a rimetterci.

Tuttavia, poiché la fantasia deve creare una piacevole diversità, le mode della fantasia non possono durare. È l'abitudine, non il passare del tempo, che fa invecchiare le mode. Le mode cessano di essere "stimolanti" quando continuano a ripetere lo stesso motivo (per mancanza di fantasia). Allora il tempo è maturo per la fine di una moda e l'inizio di un'altra. Anzi, qualche moda dura più a lungo solo perché nessuno è capace di iniziarne una nuova.

L'invecchiamento di una moda offre nuove occasioni per le espressioni della fantasia ed è uno stimolo potente che spinge la creatività della fantasia a nuove espressioni. Poiché le espressioni devono essere diverse, ma non necessariamente migliori, nella fantasia vi è diversità, ma non "progresso".

Quindi, le creazioni della fantasia non sono legate a percezioni dall'ambiente, ma alle effervescenze dell'estro e al gusto di chi le crea. Naturalmente, il buon gusto crea mode eleganti e un gusto mediocre solo mode diffuse. Anche se è ispirata dall'ambiente, la fantasia crea nuovi stimoli ambientali per chi vede le sue realizzazioni. Inoltre, la fantasia delle mode modifica l'ambiente in quanto favorisce ora una categoria di persone ora un'altra categoria. Per es., le minigonne favoriscono chi ha delle belle gambe, e le gonne lunghe favoriscono chi ha un bel viso.

Bisogna aggiungere che una differenza tra immaginazione e fantasia è che l'immaginazione può creare un intero mondo (per es., quello di un romanzo) mentre la fantasia tende a decorare le apparenze. La fantasia non sviluppa una realtà strutturata, ma solo vivaci variazioni. L'immaginazione ha una sua intrinseca coerenza e la fantasia le sue novità. L'immaginazione può creare un capolavoro immortale e la fantasia contribuire alla caratterizzazione di un'epoca.

Individualmente, la fantasia rallegra la mente introducendo una nota di piacevole meraviglia nell'obbligatorietà della ragionevolezza. Questo perché la fantasia non è soggetta alla forza di gravità (quella mentale). Inoltre la fantasia e le sue mode sono ben lontane dall'essere futili. Basta considerare quando un bel vestito aggiunga all'attrazione di una persona bella ("È bella e molto elegante") e anche brutta ("Non è bella, ma è molto distinta"). La fantasia sfuma la realtà umana con un alone di piacevolezza che è reale come tutto il resto.

Creatività

La creatività è un dono essenziale, perché permette alla razza umana di contribuire le sue opere a quelle straordinarie della Creazione di Dio. Per definizione, la creatività crea quello che non esisteva prima e pertanto richiede originalità. Mentre un ricercatore scopre quello che Dio ha fatto, la creatività aggiunge le contribuzioni umane all'opera di Dio. Questo rende l'artista superiore allo scienziato, per quanto tutti e due siano indispensabili all'economia umana.

Naturalmente, le creazioni umane sono ben modeste rispetto a quelle divine. Non solo non creeremo un nuovo astro, ma neanche un nuovo fiore o una nuova foglia. E se lo facciamo, si utilizzano le preesistenti strutture della genetica, come negli incroci. Ma, come per la natura, al genere umano è concesso di creare con l'arte varie forme di bellezza, che talvolta rasentano la perfezione.

Inoltre, siamo stati fatti in tal maniera che senza le contribuzioni umane la terra sarebbe assai differente. Come già ricordato, farebbe una grande differenza se tante splendide città sparissero nelle selve da cui sono emerse. E con loro sparissero i frutti delle grandi civilizzazioni. Cosa sono i palazzi, i giardini, le piazze, i monumenti, i musei, l'architettura, l'arte, la filosofia, la scienza, ecc. se non i depositari della creatività umana?

La creatività si manifesta in tutti i campi attraverso l'inventiva che dà soluzioni ai problemi più complessi, come, per es., lanciare una navicella spaziale, farla atterrare in un pianeta distante milioni di chilometri e poi farla ritornare alla terra. Ma la creatività si manifesta anche nelle cose quotidiane. Basta considerare come i progressi tecnologici abbiano trasformato le abitazioni rispetto a 100 anni fa (telefono, televisione, riscaldamento centrale, aria condizionata, computer, internet, lavapiatti, aspirapolvere, lavatrice, ecc.). Per rendersi conto di quanto siano straordinarie le capacità umane, basta ricordare che gli animali vivono in tane che sono le stesse da sempre.

Ma *dove la creatività umana eccelle è nella creazione della bellezza.* Una delle ragioni è che le cose pratiche (anche se ingegnose) divengono obsolete col progresso e con i nuovi bisogni dell'umanità (ora, invece che con transatlantici, si viaggia in aereo). Ma *la bellezza è eterna* perché il buon gusto non cambia. Inoltre, le cose utili (per es., telefono cellulare) fanno comodo, ma non danno emozioni. Invece, il buon gusto ci fa apprezzare la bellezza di una musica, di un libro, un quadro, una statua, un palazzo, uno spettacolo naturale, ecc. Sono questi i piaceri che non richiedono una speciale cultura, anche se talvolta il cattivo gusto ci fa apprezzare la bruttezza.

L'apprezzamento della bellezza ha un'influenza enorme sul comportamento umano. Basta considerare quanto siano importanti un bel vestito, una bella casa, una bella automobile, un bel luogo, ecc. e come questi siamo tra gli stimoli che spingono a cercare il successo finanziario per poterseli permettere. Non si parli poi di una bella donna, per cui qualcuno fa delle pazzie. Anche la bellezza di un uomo è apprezzata dalle donne, ma essendo mascolina comporta connotazioni assai diverse. Per es., un bell'uomo non può permettersi di essere corteggiato dalle donne se non diventando meno maschile. Quanto poi alle opere d'arte, quasi tutti ne sentono l'attrattiva, come dimostrano le lunghe code per entrare nei musei più famosi.

L'immaginazione e fantasia contribuiscono alla creatività e la creatività contribuisce all'immaginazione e alla fantasia. Ma l'immaginazione e la fantasia possono essere fini a stesse (per es., quelle di un bambino o dei nostri sogni), mentre la creatività realizza opere nuove (per es., opere d'arte) anche usando i suggerimenti della sensibilità, immaginazione e fantasia. La creatività va oltre quello che si prova noi per creare col necessario talento quello che muove e influenza anche agli altri, anche per secoli. La creatività può essere indipendente dalla logica (i grandi artisti lasciano grandi opere, ma più raramente grandi pensieri). Reciprocamente, i grandi filosofi lasciano profonde riflessioni e intuizioni, ma raramente le seduzioni dell'arte.

L'ESTETICA

L'estetica si occupa di quello che è bello e pertanto anche dell'arte. La bellezza è quello che la genetica ci fa apprezzare come tale attraverso il gusto. Il gusto è una caratteristica genetica della mente (come tanti altri attributi) che permette di sentire come belle certe cose, ma non altre. Per es., si possono apprezzare due occhi belli, ma non se quegli occhi (per malformazioni congenite) sono tre o uno solo.

Questo dà una base oggettiva alla bellezza, dal momento che la bellezza dipende dalle scelte della genetica (che sono universali) e non dalle nostre scelte (che sono individuali). Per es., un'orchidea è bella anche se a noi individualmente questo fiore non piace e lo stesso si applica in tutti i campi dell'arte (un bel quadro non diventa brutto solo perché non piace a noi, o il contrario). Quanto al gusto personale, non si può scegliere di avere buon gusto: tutt'al più, si può cercare di educare quello che ci è stato dato dalla natura.

La bellezza e il buon gusto

La base genetica della bellezza esclude che il bello possa identificarsi obbligatoriamente con quello che piace individualmente. Il bello e quello che piace possono, di fatto, coincidere, ma solo se uno ha buon gusto. Altrimenti, ci piace quello che è brutto. Quello che varia qui non è la bellezza in sé, ma il gusto personale dei diversi individui. In ciascuno di noi, il buon gusto varia qualitativamente e quantitativamente come ogni altra caratteristica della mente, sia questa la comprensione, sensibilità, volontà, generosità, impetuosità, energia, serenità, acutezza, ecc. Il cattivo gusto apprezza quello che gli piace e crede per questo che sia bello.

Tuttavia, *è essenziale che il gusto personale sia diverso* in modo che a ciascuno piacciano cose diverse, anche quelle che sono brutte. Questo non fa la bellezza arbitraria, perché la bellezza non è stabilita da quello che ci piace individualmente. Tuttavia, quello che piace dà piacere a ciascuno e il suo essere differente da quello che piace agli altri è essenziale per la varietà delle scelte. Quello che piace permea i desideri e l'attività di ciascuno, e spesso quello che piace è condiviso da persone che hanno simili inclinazioni e preferenze.

Le cose belle (le opere d'arte) sono assai meno comuni delle preferenze di ogni giorno e sono apprezzate dal buon gusto e dalla cultura. Molti non mai sono stati in un museo, ma questo non impedisce loro di avere le preferenze del loro gusto. Il cattivo gusto comincia quando apprezza la bruttezza come se fosse bellezza, ma ancora permette di apprezzare quello che piace come se fosse bello. Sembrerebbe quindi che l'apprezzamento della bellezza possa essere "soggettivo" ("È bello quello chi piace") e "oggettivo" (È bello quello che piace al buon gusto).

La funzione della bellezza (soggettiva o obiettiva) è di dare piacere estetico, un piacere puro e disinteressato nelle sue espressioni migliori (il piacere estetico). La sensibilità alla bellezza è uno dei tanti doni che ci sono stati dati per rallegrare la nostra vita. Se quello che piace è importante per ciascuno, quello che è bello è importante per tutti. Di qui la necessità di *stabilire quello che è oggettivamente bello e questo è il compito dell'estetica.*

Per poter apprezzare la bellezza ("oggettiva"), il buon gusto deve decidere correttamente quello che è bello e quello che è un fallimento dal punto di vista estetico. Se ci sono differenze di opinione circa quello che persone diverse considerano bello, il problema diventa chi tra loro ha buon gusto. Un generale apprezzamento di quello che è bello è reso difficile proprio dal fatto che i gusti individuali sono diversi, anche se ragioni insopprimibili e obbligatorie impongono che i gusti debbano essere diversi.

Anche nell'arte, questa diversità dei gusti è essenziale per l'originalità e creatività degli artisti e per un diverso apprezzamento delle varie forme di creazione da parte del pubblico. Se a tutti gli artisti piacesse lo stesso tipo bellezza (perseguendolo alla stessa maniera) e il pubblico apprezzasse solo quello, ne deriverebbe un'uniformità monotona che danneggerebbe il tessuto stesso dell'originalità. Pertanto, la diversità dei gusti si conforma alla necessità inderogabile della Varietà sia nella creazione sia nell'apprezzamento della bellezza (oltre che nell'apprezzamento di quello che piace a ciascuno).

D'altra parte, la differenza dei gusti circa quello che è oggettivamente bello nella natura o nell'arte solleva il problema essenziale della relazione tra quello che piace (individualmente) e quello che è bello (esteticamente). Secondo il gusto personale, la stessa opera (per es., un quadro) può piacere ad alcuni e non ad altri. Ma la stessa opera non può essere allo stesso tempo oggettivamente bella e brutta, perché questo sarebbe la negazione dell'estetica. Questa considerazione pone due problemi diversi.

Il *primo problema* è che individualmente si possono preferire forme differenti di bellezza che il buon gusto personale certifica essere tali. La differenza qui non è tra cattivo gusto e buon gusto, ma tra diverse preferenze del buon gusto. Pertanto, non vi è contraddizione, ma solo preferenze personali nell'apprezzamento di opere d'arte diverse da persone diverse. Per es., differenti persone sono attratte della bellezza della poesia, romanzi, musica, pittura, scultura o architettura, ecc. Questa scelta è determinata da diversi fattori, come le inclinazioni naturali, educazione, fattori ambientali, differente sensibilità o differente temperamento.

Anche se diversa, in ciascun caso la scelta in un particolare campo può essere determinata e condizionata dal buon gusto. Forme diverse di bellezza piacciono al differente buon gusto di persone differenti. Per cui nelle diverse scelte non vi è contraddizione, solo una diversa selezione dovuta ad un diverso interesse, spesso basato su differenti inclinazioni naturali.

Il *secondo problema* è che individualmente ci può piacere quello che può essere brutto anche nelle avventure dell'arte. La bellezza classica è in genere accettata da tutti e persino il cattivo gusto preferisce tacere piuttosto che negarla. La bellezza classica è generalmente apprezzata, perché è selezionata dal tempo, depurata dai capricci delle mode, separata dagli interessi e ambizioni, e decantata dallo svanire dei fallimenti delle epoche passate. Il consenso è basato solo su criteri estetici.

La possibilità che piaccia quello che è brutto in certe forme d'arte si verifica spesso con le creazioni che ci sono contemporanee, dal momento che per loro natura sono sperimentali. Per creare qualcosa di unico, bisogna necessariamente creare qualcosa di differente. Nell'arte moderna, i numerosi (e necessari) tentativi di esprimere la bellezza in maniera originale devono ancora passare l'esame critico della loro validità. In genere, i vari tentativi sono (e devono essere) differenti dalla tradizione e questo li fa nuovi, ma non stabilisce se i risultati sono belli o brutti.

La Varietà e l'originalità esigono che le nuove opere non ripetano (imitandole) forme di bellezza del passato. Di qui la necessità di esplorare nuove forme di espressione da parte delle nuove generazioni, forme che possono anche essere connesse con nuovi mezzi tecnici. Per es., il cemento armato permette soluzioni spaziali che non erano possibili all'architettura del passato. Ma nuovi mezzi tecnici di per sé non creano l'arte. Come sempre, la personalità dell'artista detta la sua espressione personale, anche se talvolta si tratta di scelte a freddo (cioè, ragionate e non suggerite dalla creatività di un temperamento artistico) e pertanto poco artistiche. Altre volte, l'aridità di un'epoca si riflette nell'aridità delle creazioni: sono differenti, ma lasciano indifferenti.

Il differente e il bello

In generale, l'artista si esprime in una maniera che gli dà piacere, soddisfacendo il suo senso estetico. Un vero artista non accetterà mai come sua creazione quello che lui stesso trova brutto: potrà anche avere dei dubbi, ma non tollererebbe la certezza di un fallimento. Sarebbe questo un suicidio artistico. Naturalmente, questo non vuol dire che tutto quello che viene creato sia bello, ma il desiderio di esprimere quello che si sente in maniera estetica è la base per creare qualcosa di originale, che sia poi bello o brutto. L'artista e il pubblico vivono lo spirito della loro epoca e ne sono influenzati, ma ogni epoca cambia per forza di cose. Così, anche se sono belli, i ritratti "regali" della nobiltà o le espressioni della religiosità sono sostituiti da una ricerca del nuovo. Si ammirano i capolavori dei maestri del passato, ma non si possono imitare, perché nessuna copia di un capolavoro diventa un'opera d'arte (neanche una copia da parte dell'autore).

Si capisce bene che se uno fosse capace di fare dei bei quadri imitando lo stile di Leonardo, non vi sarebbe merito. Ancora si costruiscono chiese, ma si può cercare nell'asimmetria la rivoluzione degli spazi. Ancora si dipingono ritratti, ma taluni possono compiacersi nell'essere deformi (per es., un occhio solo e tre buchi di naso). Tale scelta può essere esteticamente valida, ma deve essere dimostrato che è effettivamente così. Ancora si scrivono poesie, ma non con lo stile dei poeti precedenti, poesie alcune delle quali sono belle ed altre incomprensibili e non solo esteticamente.

Questa necessità di nuovi stili e nuove creazioni comporta il pericolo che, in mancanza di originalità, il desiderio di creare porti a stranezze che sono tutto meno che arte. Ma sarebbe già un fallimento se non si tentasse nulla di differente, perché questo comporterebbe il ristagno della non-creatività o dell'imitazione. Questo sarebbe l'equivalente di non combattere per paura di essere sconfitti, quando invece la vera sconfitta sarebbe il rifiuto di combattere.

Naturalmente, quando sperimenta, anche l'arte entra nel labirinto dell'ignoto. Come in tutte le avventure, tanti provano e pochi hanno successo. È necessario che *tutti quelli che hanno qualcosa da dire* provino, perché solo se si usano le occasioni disponibili, si può dimostrare se si vale e quanto si vale nel creare la bellezza (il proprio merito artistico).

Tra le molte opere, quelle che veramente valgono alla fine emergono e sono generalmente accettate come opere d'arte, talvolta solo dopo la morte dell'artista. Ma anche quelle che non valgono contribuiscono a caratterizzare le mode di

un'epoca, rispecchiando i fermenti che risultano dal mesco-
larsi di differenti fattori (per es., il predominio della scienza e
la sua indifferenza verso l'arte o le elucubrazioni dell'intelletto e non il talento della creatività).

Di quello che viene creato, quello che è bello (cioè quello
che soddisfa i criteri estetici stabiliti dalla genetica) rimane per
l'apprezzamento delle successive generazioni (proprio perché
la genetica non cambia). Invece, quello che non è bello (essendo basato solo sul gusto personale) gradualmente affonda
nel mare dell'oblio man mano che il gommone della moda
si sgonfia. Anche in questo campo, il presente permette la
percezione della varietà di quello che è disponibile (bello o
brutto) e il passato ci fa conoscere solo quello che valeva la
pena che sopravvivesse.

Le incertezze circa le nuove opere riguardano non solo chi
le crea (o ci prova), ma anche chi le deve giudicare. In questo caso, il gusto si avventura in un territorio inesplorato con
tutti i rischi connessi con quello di cui non si ha esperienza.
La bellezza non si misura in centimetri, in gradi Celsius o in
grammi. In mancanza di criteri "oggettivi" di misura, ci si affida al proprio gusto, che (a torto o a ragione) ciascuno assume essere il buon gusto. Dal momento che la stessa cosa piace
ad alcuni e dispiace ad altri, non si sa chi ha ragione e chi si
sbaglia, e gli opposti punti di vista devono attendere la decan-
tazione del tempo o l'acutezza di un critico eccezionale.

Pertanto, alla varietà delle "creazioni", corrisponde la varietà degli apprezzamenti anche da parte di critici professionali,
apprezzamenti che talvolta usano un linguaggio così astruso
come quello che analizzano. In qualche caso, si può cercare
la protezione nel "gregarismo". Associandosi alle vedute correnti, si è (o ci sembra di essere) "moderni" e all'avanguardia.
Dissociandosi da tali vedute, ci si espone all'accusa di essere
"sorpassati" se non addirittura "reazionari".

Inoltre, professionalmente si rischia di meno nel fallire con
tutti che nell'aver ragione da soli andando contro corrente. In
genere, si tratta non di calcolo, ma di una sincera incomprensione di quello che oggettivamente è difficile giudicare. Un
gusto insicuro non sa se applica le leggi dell'estetica o le sue

preferenze, essendo incerto se quello che gli piace sia anche bello.

Comunque, anche il cattivo gusto ha la sua funzione, giacché permette di sentire piacere estetico anche a quelli che apprezzano la bruttezza. Nel farlo, il cattivo gusto contribuisce a sostenere la varietà e a diffondere i benefici dell'estetica, anche se per difetto (sbagliando).

Ma giusto o sbagliato, il fermento di nuove idee, fantasticherie, tendenze, mode o perfino stranezze contribuisce in maniera essenziale alla caratterizzazione di un'epoca e allo sviluppo di nuove creazioni. In fondo, un'epoca mediocre è molto meglio di un'epoca che non ha assolutamente nulla da dire.

La funzione dell'estetica

L'estetica studia i criteri con cui si stabilisce la bellezza. Il senso estetico ci fa sentire il piacere che la bellezza dà solo quando si è esposti a qualcosa che è bello. Il senso estetico è differente dal gusto personale dal momento che quest'ultimo ci dà piacere quando siamo esposti a quello che ci piace (che sia bello o meno). Ma, come si è detto, *la diversità nel creare tra gli artisti e di apprezzare tra il pubblico rende difficile un giudizio uniforme, specialmente per le opere contemporanee.* Come le opere d'arte riflettono l'abilità e il gusto dell'artista, così il loro apprezzamento riflette la comprensione ed il gusto di chi le giudica.

Alle preferenze individuali contribuisce prima di tutto il nostro modo di sentire, che (come per l'artista) è legato alla nostra personalità, educazione, esperienze, sviluppo mentale, inclinazioni naturali, finezza e sensibilità. Un buon gusto istintivo poi fa sì che le preferenze individuali scelgano solo tra le cose belle, mentre un cattivo gusto è attratto da cose brutte, specialmente se quest'ultime sono di moda. In generale, una persona ordinata e "ragionevole" tende a considerare strane certe novità e una persona estrosa tende a considerare nuove (e attraenti) certe stranezze.

Queste diversità nelle preferenze individuali confermano che il senso estetico è determinato dalla genetica. Come comanda la genetica, ciascuno di noi ha *senso estetico ma non lo stesso senso estetico,* non meno che per le altre caratteristiche che ci definiscono (come, per es., l'energia, la comprensione o la volontà). Pertanto, *il gusto di ciascun individuo riflette variazioni genetiche individuali non scelte da lui e determinate da casuali mescolanze di geni differenti e da condizioni ambientali.* Quindi, non sorprende che il senso estetico (il gusto) vari non solo nella "quantità", ma anche nella "qualità" in individui diversi, siano questi artisti o il pubblico.

Per la "quantità", vi sono individui rozzi che sono completamente indifferenti alle cose belle ed altri che vivono solo per la bellezza ("esteti"). Per la "qualità", tra quelli che apprezzano la bellezza, di qualcuno noi diciamo che non ha gusto (trova bello quello che noi troviamo brutto) e di qualche altro si dice che ha un gusto raffinato ("arbitri elegantiae"). Nel mezzo, vi sono quelli che talvolta sono d'accordo con noi e altre volte si scandalizzano per quello che ci piace.

Pertanto, istintivamente ciascuno di noi preferisce quegli artisti che hanno il nostro stesso gusto, quelli nel creare e noi nell'apprezzare. *Se però uno ha una considerevole sensibilità estetica, allora è capace di apprezzare la bellezza nelle sue diverse forme.* Trova allora piacere nelle delicate sfumature di certe immagini poetiche (per es., il timido pudore dell'innocenza) come nelle ondate di passione di una musica eroica. Reciprocamente, se l'artista ha una straordinaria genialità viene apprezzato da un numero larghissimo di persone, perché convince il loro gusto, anche se diverso. Ci è permesso di dubitare della mediocrità, ma non della grandezza.

I nuovi "movimenti" nell'arte sono attribuibili ai continui cambiamenti delle condizioni di vita, allo svilupparsi di nuove generazioni, al desiderio individuale di esprimersi con un linguaggio personale e persino alle varie teorie sociali e filosofiche prevalenti al momento.

A questo proposito, viene da domandarsi se l'arte abbia bisogno di teorie. La risposta sembrerebbe essere che non l'arte, solo gli artisti ne possono avere bisogno. *Ciascun artista vive nel mondo della sua epoca ed è soggetto alle sue influenze.* Se l'artista è fortemente attratto da certe teorie sociali del momento, può darsi che trovi interessante solo il rappresentare in maniera artistica le miserie e sofferenze degli strati più poveri della società. Sono questi gli stimoli che eccitano le sue emozioni.

In altre epoche, se la moda riflette il predominio dei re, degli imperatori e della nobiltà, allora li si rappresenta nella "gloria" di fastosi abbigliamenti. Si cerca di rendere l'idea della loro importanza e suggerire la loro maestà. Un grande personaggio sorpreso (o dipinto) in mutande o persino in brachette da bagno farebbe ridere. In quelle epoche, la miseria dei più semplicemente non esisteva, per lo meno come soggetto di rappresentazione. Anche i dittatori vogliono essere rappresentati in tal maniera da suscitare ammirazione, rispetto, venerazione e l'impressione di essere eccezionali (come loro si ritengono).

Queste variazioni in quello che interessa l'arte riflettono le modificazioni della società come funzione degli eventi economici, sociali, tecnologici e storici. Questi eventi creano il presupposto per la successiva ondata di valori prevalenti sulla scena della realtà umana, i cui stimoli sostengono il desiderio di essere innovatori o perfino rivoluzionari in campo estetico.

Nascono allora nuove mode, movimenti e tendenze a cui molti aderiscono, per quanto non si sa con quanta convinzione. Ma in un certo senso si potrebbe dire che le tendenze predominanti caratterizzano un'epoca molto meglio di quanto farebbe una caotica confusione di tendenze strettamente individuali. Il conformarsi alla moda corrente da parte di molti contribuisce a provvedere una necessaria massa critica per tale tendenza.

Se la miseria o la ricchezza (o qualsiasi altra cosa) possono essere motivi di ispirazione per un dato artista, per sé non sono sufficienti a creare dell'arte. Se l'artista non è bravo non fa dell'arte, ma solo propaganda secondo le sue convinzioni. Se un artista è bravo, dal punto di vista dell'arte quello che rappresenta ha poca importanza. Per es., vi sono bellissimi romanzi che trattano dei più svariati temi (inclusa la povertà e la ricchezza).

Non a caso, quando si parla di una moda si parla di "ultima moda": *ultima* perché le precedenti sono passate di moda. L'importanza delle mode nasce dalla necessità di creare il nuovo con il sostegno dell'universale desiderio di novità. Ma soprattutto *tutte le mode nascono dal fatto che una società non rimane mai la stessa: più che un desiderio, lo sviluppo del nuovo è un impulso istintivo, necessario e insopprimibile, anche quando "il nuovo" poi risulta essere solo differente per mancanza di ingegni eccezionali.*

Siccome nascono individui sempre nuovi in un ambiente in continua evoluzione, l'espressione di se stessi non può essere che diversa e pertanto originale. Ma nell'esprimersi, si è potentemente influenzati da quello che ha influenzato lo sviluppo della nostra mente. *Si vive non tanto* **nella** *nostra epoca quanto* **della** *nostra epoca, che è sempre associata a cambiate condizioni di vita.* Si assorbe l'ambiente in cui si vive e, esprimendosi differentemente, si contribuisce a cambiarlo.

Di qui ne segue che il nuovo (o per lo meno il differente) è la necessaria conseguenza di nuovi individui con una differente formazione. Comunque, si potrebbe proporre che il differente (per es., quello che è di moda) è dovuto al fenotipo e il nuovo (quello che è artistico) al genotipo. Infatti, il fenotipo è condizionato dalle caratteristiche di un'epoca, mentre il genotipo riflette i successi della genetica. Ma il genotipo (un artista nato) ha il fenotipo della sua epoca.

Nella ricerca del differente, anche le creazioni brutte hanno una loro funzione. Stimolano a pensare e ci spingono a cercare le ragioni per le quali riteniamo che una creazione non sia bella. *Si cerca di giustificare il giudizio del nostro gusto, che è una maniera per voler dimostrare che abbiamo buon gusto.* Inoltre, la bellezza deve molto alla bruttezza: il confronto con la bruttezza la fa apprezzare molto di più. Anzi, *se non ci fosse la bruttezza, ipso facto non ci sarebbe la bellezza.* Nuove forme di bellezza possono essere trovate solo seguendo il sentiero affollato dai fallimenti della bruttezza.

[Il tema dell'estetica è perseguito ulteriormente in un saggio sull'arte pubblicato nel libro *La Realtà dell'Io*].

LA MORALITÀ

La moralità stabilisce quello che è bene o male secondo principi prescritti dalla genetica e insiti nella nostra coscienza.

Basi e funzione

L'istinto morale è istillato dalla genetica in ciascun individuo e non dal codice legale o da una religione. L'istinto morale viene poi sviluppato dalle prescrizioni di una particolare sistema morale insegnato dalla famiglia, dalla scuola e dalla religione. Ma senza l'istinto morale congenito, l'insegnamento delle prescrizioni di un sistema morale si rivolgerebbe ai sordi. Inoltre, chi insegna un particolare sistema morale deve farlo in conformità (e non contro) i precetti dell'istinto morale. Si può anche non farlo, ma in tal caso si è immorali (si pecca contro l'istinto morale).

La funzione della moralità è di essere uno strumento d'ordine che in ogni individuo guida e regola altri istinti che sono necessari per scopi specifici, ma che potenzialmente possono portare al disordine (come gli eccessi della vanità, ambizione, piacere, avidità, ecc.). Si possono nascondere agli altri le nostre colpe, ma le nostre convinzioni morali impediscono che si possano nascondere a noi stessi e che si eviti il senso di colpa e pertanto il pentimento. Il senso di colpa e il pentimento sono le premesse per non ripetere le nostre colpe.

Il senso di colpa non è stato inventato dalle religioni, e non è un "complesso" morboso di cui si servono gli scrupoli. Invece il senso di colpa è imposto geneticamente dal fatto che la mente umana è molto complessa rispetto a quella degli animali. Un coniglio o un pollo (gli animali in generale) rispondono ad uno stimolo con una risposta riflessa stabilita dalla genetica. Non c'è bisogno di moralità per regolare un comportamento obbligato.

Invece, nel genere umano, uno stimolo non provoca una risposta riflessa obbligata, perché tra stimolo e risposta s'interpone la riflessione della mente. Essendo la mente umana sottoposta a sollecitazioni quanto mai varie (come egoismo, interesse, ambizione, ricerca del piacere, desiderio di successo, ecc), esiste il pericolo di una condotta disordinata per il prevalere sfrenato di impulsi differenti nel determinare la risposta. Se ci è permesso di rispondere ad uno stimolo in maniera volta a volta diversa, la risposta può anche non essere accettabile dal punto di vista morale.

La diversità delle risposte presuppone un *equilibrio instabile* che è influenzato da svariati fattori di cui si può non avere completo controllo. In un equilibrio dinamico di opposti, vi sono spesso sbandamenti per il prevalere di uno dei due opposti sotto l'influenza di fattori di variabile intensità a seconda della situazione. Per es., uno che ha bevuto troppo può diventare disinibito e comportarsi immoralmente, perché la volontà diventa più debole e la spinta degli istinti più forte. Di qui la necessità di freni e di impulsi interni (come quelli della moralità) che si sforzano di mantenere l'equilibrio delle forze opposte nei limiti della fisiologia.

Questo rende ovvia l'importanza della moralità nel determinare un comportamento normale, regolando impulsi che pur sono indispensabili per un normale funzionamento dell'entità umana. Per es., l'amore di sé è indispensabile per il proprio sviluppo, ma ci deve essere un sistema di contrappesi e di controlli (tra cui la moralità, il rispetto del prossimo ed un interesse illuminato) che gli impedisce di diventare un egoismo incompatibile con un sistema sociale.

In realtà, la complessità delle azioni e interazioni dei vari fattori è necessaria per un comportamento fisiologico, dove fare il bene o il male è affidato alle nostre decisioni nei limiti delle nostre strutture genetiche. In questa maniera, la necessaria Varietà non diventa arbitraria e caotica, perché è soggetta a un complesso sistema di regolazione. In ciascuna situazione, si può seguire l'influenza di un fattore piuttosto che un altro (per es., imbrogliare anche quando sappiamo che non va bene), ma questa scelta è alla base della nostra libertà. È proprio per questa nostra libertà che le colpe sono punibili, moralmente e giuridicamente. Naturalmente, questo comporta conflitti interni, ma i conflitti sono essenziali alla vita delle emozioni e sono fattori potenti di sviluppo.

È facile vedere quali sarebbero le *conseguenze dell'abolizione della moralità*. Nei singoli individui, ne risulterebbe la prevalenza di tutto quello che dà piacere o vantaggi, che sia permissibile o meno. Le disinibizioni porterebbero non alla libertà, ma alla licenza. Ma la licenza è un fattore di disgregazione individuale e sociale, perché ignora che la realtà è regolata da leggi constanti che noi non abbiamo stabilito e che possiamo disubbidire o ignorare solo a nostro danno. Non si può cambiare l'Ordine, perché non ne siamo capaci. E se ci si prova, si dimostra che non sappiamo crearne uno migliore, come è successo a tante teorie e mode che volevano prescrivere una "migliore" realtà.

Per fare un paragone approssimativo sulle necessità delle inibizioni della moralità, sarebbe come se i freni di un'automobile che viaggia su una strada in discesa non funzionassero. Similmente, un degrado sfrenato della propria condotta può portare alla prigione o alla tomba (come per l'abuso delle droghe). Per una società, basterà dire che la decadenza è sempre associata a (e favorita dalla) decadenza dei costumi, anche se tale decadenza può essere causata da altri fattori, come l'eccessivo lusso e l'amore pressoché esclusivo dei piaceri materiali.

Quanto alle aspirazioni della moralità, sarebbe come se si volesse andare in una strada in salita con un'automobile senza benzina. A questo riguardo, non bisogna fare il torto alla moralità di diminuirla alla funzione di freno. Per quanto importante sia questa funzione di inibizione, la *moralità ha aspetti positivi* ancora più importanti. La virtù ha il rispetto di tutti in quanto è un'aspirazione dello spirito che spinge ad eccellere. Per es., la castità non è la negazione della lussuria, ma l'affermazione della purezza e, nel caso di religiosi, della dedizione totale a Dio (anche se vi sono inevitabili eccezioni delle distorsioni umane). Similmente l'eroismo non è la negazione della vigliaccheria, ma l'esaltazione di un coraggio straordinario (si diventa eroi non con il non essere vigliacchi, ma con l'essere straordinariamente coraggiosi).

La moralità propone le vette e non solo la negazione degli abissi. Se si limitasse a neutralizzare gli eccessi delle nostre colpe, la moralità condurrebbe solo alla mediocrità. A questo proposito, *non bisogna confondere il moralismo con la moralità*: si può essere anche sinceramente moralisti, ma questo non ci fa morali. Il moralismo è il desiderio di patrocinare la moralità, mentre la moralità è il desiderio di essere morali.

Necessità del bene e del male e delle nostre scelte

Si potrebbe osservare che se non ci fosse il male, la funzione della moralità non sarebbe necessaria (come non lo è negli animali). Ma, in realtà, senza l'esistenza del male non potrebbe esserci il bene e reciprocamente (come non c'è bene o male negli animali). Se non si potesse essere ingiusti, si sarebbe *obbligatoriamente* tutti giusti. Pertanto, non saremmo neanche giusti, ma solo fatti così, senza nessun merito da parte nostra. Ma se possiamo scegliere tra il bene o il male, prima di tutto vi devono essere criteri per separarli e questo è il compito della moralità. Inoltre, vi deve essere libertà di decisione, altrimenti non saremmo responsabili dei nostri atti.

La moralità si basa su una coscienza istintiva che ci fa discriminare tra bene e male ed è uno dei fattori genetici che potentemente regolano il comportamento umano agendo non sulla logica, ma sui sentimenti della mente. L'istinto morale è il fondamento su cui poggiano le prescrizioni della moralità. Quello che è morale non è una scelta personale: non noi, ma la natura sceglie quello che è morale, cioè stabilisce quello che è virtù e quello che è vizio. La scelta personale è invece nel perseguire la virtù o il vizio.

Le differenti religioni propongono differenti forme di moralità, ma tutte basate sul concetto di bene e male. La virtù è l'aspirazione al bene e il vizio è il fallimento di tale aspirazione. La moralità ha una sua funzione speciale come l'hanno le altre leggi dalla genetica nel creare quella realtà che ci caratterizza come esseri umani.

Le leggi della genetica sono tutte volte a strutturare una realtà specifica e ad assicurare lo sviluppo ordinato e la sopravvivenza di tale realtà umana. Queste leggi regolano, per es., l'appetito, il sonno, l'istinto sessuale, l'ambizione, l'amore di sé, l'amore nella famiglia, l'onestà o la vanità. Se una di queste leggi viene infranta, ne consegue un disordine che può anche minacciare la sopravvivenza dell'individuo e (se generalizzato) della società. La moralità è un settore indispensabile dell'orchestra responsabile per l'armonia necessaria ad una vita normale. Naturalmente, gli altri settori sono ugualmente indispensabili. Si può essere "malati" in tante maniere.

Il compito della moralità è di introdurre in ciascun individuo *regole istintive interne*. Anche le virtù sono soggette alle necessità dell'equilibrio. Questo riflette il concetto generale che *se una virtù sconfina oltre il suo compito diventa un difetto* (come la volontà nella durezza, la bontà nella dabbenaggine, il senso del dovere in rigidità, l'amore nella sensualità, l'istinto religioso nel bigottismo, il coraggio nell'avventatezza, ecc.).

Per es., il desiderio sessuale è necessario per la riproduzione e per l'intima espressione di reciproco affetto. La natura lo impiega come strumento per una riproduzione ordinata della specie mediante la sublimazione dell'amore e la creazione della famiglia. Ma il desiderio sessuale è una costante che non è sempre associata all'amore, e questo può portare al disordine della libidine, ad una seduzione ingannevole, all'adulterio o anche allo stupro di una vittima innocente. Pertanto, quello che si fa sotto la spinta di impulsi differenti viene approvato o disapprovato istintivamente dal nostro Io sulla base di convinzioni o obblighi instillati dalla genetica e sviluppati dall'educazione famigliare, scolastica e religiosa.

A sua volta, *l'educazione è condizionata da fattori genetici*. I genitori e gli insegnanti si sentono istintivamente obbligati ad insegnare quello che è il bene e il male alle nuove generazioni. Si può anche non farlo, ma solo a spese della qualità della nostra moralità, responsabilità, competenza, modo di operare e danno alle nuove generazioni. Chi vorrebbe che i propri figli diventassero ladri o assassini? O bugiardi inaffidabili? O che le nuove leve crescessero ignoranti, incompetenti, dissipate o egoiste? O che la scuola insegnasse che un comportamento colpevole o vizioso è ammissibile o è una libera "scelta"? Il "permissivismo" è una forma d'incomprensione colpevole e irresponsabile.

I fidanzati provano una gran felicità nello sposarsi con l'approvazione delle convinzioni morali instillate in tutti quanti. Ma l'inganno della seduzione (si finge l'amore per la gratificazione delle proprie voglie) o la violenza sessuale non possono essere commessi senza senso di colpa (a meno che uno non sia completamente bestiale). Tutti considerano immorali tali atti. Nel caso dello stupro, è un atto così colpevole da essere l'oggetto di una severa punizione legale, dal momento che si sono lesi con la forza non solo i diritti, ma la stessa intimità della persona altrui. Per non parlare dell'incesto, in cui si viola prima di tutto il rapporto di un affetto inviolabile tra familiari.

Si può fare qualcosa che si accorda con il nostro interesse e non con le nostre convinzioni morali, ma in tal caso ci si sente colpevoli. Se si fa qualcosa che è considerato immorale e non ce ne rendiamo conto, questo qualcosa è ancora immorale, ma si può non essere colpevoli. Se si è amorali, non ci si sente colpevoli per il male che si fa, ma allora la nostra colpa è quella di essere amorali. In tal caso, si ignora la moralità o intenzionalmente o perché affetti da un'anomalia genetica.

Per quanto riguarda il ruolo della genetica nel determinare le convinzioni che decidono quello che è morale e immorale, nessuno mette in dubbio che la genetica determini la struttura e la funzione dei vari organi del corpo come i polmoni, il cuore, l'apparato sessuale, i reni o l'intestino. Perché allora la genetica non dovrebbe determinare la struttura e la funzione della mente, sia pure permettendo una più grande varietà, soprattutto variando quantitativamente le varie caratteristiche della mente in persone differenti? In differenti individui di ogni razza, il fegato, il rene o il cervello sono simili e la mente non lo è. Tuttavia, questo non la fa arbitraria, solo più complessa per la varietà dei fattori che ne regolano la funzione.

Per es., individui diversi possono essere per natura buoni o cattivi, energici o infingardi, onesti o disonesti, tortuosi o diretti, bugiardi o veritieri, presuntuosi o modesti, ecc. Se la genetica si limitasse ad "installare" queste qualità nella mente, naturalmente non vi sarebbe merito per le virtù né demerito per i difetti. Questo è quanto succede negli animali: un cane affettuoso non ha più merito di quanto un cane aggressivo abbia colpa. Una pecora mansueta non è più meritevole di un leone feroce: è mansueta solo per natura, non perché vuole essere "buona".

Ma *la natura non solo "installa" in menti diverse qualità diverse, ma "instilla" anche criteri per giudicarle.* Si può essere bugiardi di natura, ma si è anche coscienti d'essere bugiardi e pertanto disonesti. Si pronuncia noi stessi un giudizio morale su quello che facciamo. Si sa bene che dire una bugia è colpevole: si vuole imbrogliare, facendo passare la bugia per verità. E se ci rimproverano una bugia, si risponde mentendo (negandola o cercando delle scuse e attenuanti fittizie).

Anche tra i selvaggi c'è la consapevolezza che ci sono cose giuste ed ingiuste: chi ruba, ruba di nascosto. Un codice istintivo di regole distingue quello che è morale (quello che è meritorio fare) da quello che è immorale (quello che è colpevole fare), indipendentemente dalla propria convenienza. Naturalmente, la moralità e la sua importanza crescono quanto più si progredisce rispetto allo stato animale, anche se in certi casi qualcuno è essenzialmente una bestia, insensibile e senza scrupoli. Bisogna notare qui che le bestie non sono insensibili e senza scrupoli, perché non sono responsabili per i loro atti, ma per un essere umano comportarsi come una bestia significa ignorare quello che lo rende un essere umano.

Se ci si fermasse qui, l'essere morali sarebbe ancora solo il risultato della genetica e pertanto chi è virtuoso lo sarebbe solo per caso e senza meriti speciali. Ma *la genetica ci dà non solo delle regole morali (istintive), ma anche la possibilità di scegliere se seguirle o no.* Che si possa scegliere quello che riteniamo morale o immorale è dimostrato dal fatto che in situazioni simili, una volta si può decidere in un modo e un'altra volta nel modo opposto.

È lì che comincia il merito ed il demerito, e la responsabilità per le nostre decisioni. Il fatto che una decisione possa essere influenzata da molti fattori (stanchezza, passioni, emozioni, frustrazioni, ubriachezza, euforia, depressione, paura, ira, ecc.) crea delle attenuanti, ma non delle scuse valide. Si è colpevoli anche se si è agito sotto l'impulso di un'intensa emozione (per es., odio o desiderio di vendetta) che ha avuto la meglio sul nostro giudizio e la nostra volontà.

Non infrequentemente, è proprio il timore di pericolose complicazioni, di conseguenze sfavorevoli, di uno scandalo o di una punizione che scoraggia un atto immorale. In questo caso, la condotta è determinata dal prevalere della paura delle conseguenze. Le punizioni delle leggi del codice rinforzano la paura delle conseguenze delle trasgressioni. Invece, le leggi morali si oppongono al peccato sulla base di convinzioni e anche dell'esperienza del pentimento, indipendentemente da altre considerazioni pratiche.

Per apprezzare il ruolo della moralità nel comportamento umano, basta considerare le conseguenze di un'immoralità generalizzata. La corruzione, il vizio, la disonestà, l'egoismo sfrenato, l'inganno, l'assassinio, il furto, la violenza, ecc. non avrebbero né ritegno né freni. Il disordine diventerebbe una maniera di vivere e una società organizzata non sarebbe possibile. Se la maggior parte della gente fosse immorale, non sarebbe possibile neanche dichiarare illegali i vizi generalizzati.

La moralità individuale

Nel caso della moralità individuale, il problema morale si suddivide nei doveri verso se stessi e verso gli altri.

Non tutte le nostre decisioni possono essere accettabili per noi o per gli altri. Se non tutto è ammissibile, ci devono essere dei criteri per giudicare le azioni nostre e quelle degli altri. Per es., non è ammissibile che si rubi quello che appartiene agli altri solo perché ci fa comodo farlo. Se si fa, si sa che siamo ladri, perché si prende quello che non è nostro. Se fosse lecito rubare, nulla sarebbe più sicuro. Bisognerebbe andare a giro sempre armati per proteggersi dalle prepotenze altrui. Sarebbe peggio di una giungla, perché la giungla ha delle leggi ben precise. Per es., in genere un animale uccide solo quando ha fame e non per godersi un bel pranzo: infatti, non ci sono animali obesi.

Di qui la necessità che vi siano delle regole morali. Le prime e fondamentali regole che stabiliscono quello che è o non è permissibile per ciascuno di noi sono le *regole istillate dalla genetica come istinto morale*, ricordando che la genetica è uno degli strumenti di bioingegneria con cui Dio plasma la realtà umana. Queste regole morali agiscono istintivamente in ogni individuo e prima di ogni imposizione legale. Se tutti fossero per natura disonesti, le conseguenze negative di tale aberrazione sarebbero universali.

L'importanza del codice morale risiede nel fatto che si provano (o, qualche volta, si dovrebbero provare) sentimenti d'approvazione o di colpa riguardo ai nostri atti, indipendentemente dalla nostra volontà, interessi, voglie, inclinazioni, ipocrisia, conseguenze legali, ecc. Se si fa qualcosa di disonesto, ci si sente colpevoli anche se vogliamo ignorarlo o se siamo sicuri che quello che si è fatto non sarà scoperto o non è punibile legalmente. Per es., uno può essere ossessionato per il resto della sua vita da una sua grave colpa di cui lui solo è a conoscenza.

Il fatto che le caratteristiche dell'istinto morale siano (per lo meno qualitativamente) comuni a tutti in ogni tempo e in ogni luogo rende il comportamento di tutti valutabile secondo criteri morali simili. Se non si sente il senso di colpa per le nostre cattive azioni, allora si ha la colpa di non sentirlo. In tal caso, si passa da un'azione immorale ad un individuo amorale. Ma persino un delinquente abituale può non approvarsi, anche se non cambia.

Ma, come si è detto, *non bisogna identificare la moralità con quello che ci proibisce e con il senso di colpa*. Se ci si sente colpevoli quando si fa il male, ci si sente meritevoli quando si fa il bene. Per es., ci si approva e si sente piacere quando siamo stati coraggiosi o onesti o generosi (e avremmo potuto non esserlo). Vi è poi chi considera un punto d'onore avere una condotta irreprensibile. Quindi, la moralità comporta sia la condanna dell'infrazione dei suoi precetti sia l'approvazione nel seguire le sue regole. In questa maniera, la moralità influenza potentemente la nostra condotta.

D'altra parte, non vorremo costringere tutti a comportarsi bene: ce lo proibisce la *necessità della libertà individuale*. Dopo tutto, che merito ci sarebbe se ci si comportasse bene solo perché vi siamo costretti (come succede tante volte)? Inoltre, certe virtù sarebbero ben poco se non fossero messe alla prova. Cosa sarebbero certi sport (per es., gare automobilistiche o motociclistiche, alpinismo, sci, pugilato, ecc.) se non vi fosse il rischio di morte? Non si premiano forse l'abilità e il coraggio? Non permettono queste sfide ad alcuni di eccellere come campioni? Ancor maggiori rischi vi sono nelle attività politiche o nei rapporti tra nazioni, o, più in generale, nel perseguire un necessario sviluppo a livello individuale o di comunità. La vittoria di uno non può non essere la sconfitta di un altro. Questo può portare ad una lotta che stimola lo sviluppo di ciascuno, mettendo alla prova le sue virtù.

Moralità e educazione

I criteri morali operano fin dall'infanzia Si insegna ai bambini che certe cose sono giuste e altre no, in modo che, anche se nessuno lo vede, un bambino certe cose non le fa, o (se le fa) le fa di nascosto con senso di colpa. Gli si insegna che rubare la marmellata, i biscotti o un giocattolo non va fatto. Gli si dice che non va bene (non è giusto) e non che è illegale.

In una società primitiva, la moralità può essere rudimentale. Ma anche tra i selvaggi chiunque ruba lo fa di nascosto, perché sa di fare una cosa non permessa. Non permessa da chi, se non dalla struttura ereditata dalla sua mente? Non certo dall'educazione formale o dalle leggi che in una società primitiva possono essere completamente assenti.

Ma l'insegnamento di famiglia è presente anche lì, sotto forma del rispetto delle tradizioni e dei suoi valori. Se uno è potente, può anche rubare senza nasconderlo, ma questo non fa il furto permissibile. Se la forza brutale è la base del "diritto" del più forte, questa autorizza vendette, rappresaglie e ribellioni da parte delle vittime (anche di quelle potenziali) se o quando ne hanno la forza.

Con l'educazione in famiglia e a scuola si ribadisce e si rinforza il concetto primordiale che vi sono cose permesse ed altre che non lo sono. L'educazione ha una grande importanza nella concezione di quello che è morale o immorale, dal momento che questi concetti vengono ribaditi quotidianamente durante il periodo della formazione mentale. Sin da quando siamo bambini, la famiglia sottopone le nostre azioni a giudizio morale ("No, questo non si fa") in quello che potrebbe essere definito un tirocinio morale. La qualità del tirocinio riflette necessariamente gli standard morali della propria famiglia (ci sono anche delle famiglie disoneste dove l'apprendistato morale è solo negativo).

I precetti che s'insegnano in famiglia o a scuola sono imparati perché vi è una predisposizione istintiva ad accettarne la validità. Se la predisposizione non c'è, si impara non ad obbedire, ma solo ad eludere i precetti insegnati. Se questo è un atteggiamento sistematico individuale, non presagisce nulla di buono per il futuro.

Questo significa che *non si ereditano i precetti della moralità, ma piuttosto l'istinto morale*. Questo istinto morale permette a ciascun individuo di accettare i precetti che gli vengono insegnati. Se i precetti insegnati non sono quelli della morale (per es., si insegna a rubare), chi l'impara ben presto si accorge di essere dal "lato sbagliato dello steccato". Per così dire, tra i suoi compiti, l'educazione prende cura anche del giardino della moralità. Che significato avrebbe istruire un giovane nella storia, l'arte, la chimica, ecc., se poi (trascurando lo sviluppo del suo carattere) ne venisse fuori una persona bugiarda, disonesta o ladra?

Naturalmente, non manca chi crede di essere (e in certe eccezioni o accezioni è) la vittima di convinzioni che gli sono state inculcate "arbitrariamente" quando era ancora immaturo. Questo può succedere quando o "l'insegnante" o "lo studente" non è bravo, o semplicemente uno tende ad essere "ribelle" di natura. Ci si può allora ribellare a *quelle* regole, ma non alle regole. Non basta ribellarsi ad un'educazione "sbagliata": occorre adottare le soluzioni di quella che secondo noi sarebbe stata un'educazione giusta. Bisognerà pure che uno educhi i propri figli anche se uno non approva l'educazione ricevuta dai suoi genitori.

Quello che s'insegna può anche essere sbagliato (per es., bigottismo, settarismo o dogmatismo politico), ma questo non rende facoltativa la necessità di insegnare quello che è morale. Questa necessità deriva dalle responsabilità che si hanno per l'istruzione dell'inesperienza della gioventù. Che poi qualcuno da adulto rigetti l'educazione ricevuta, rientra nei suoi diritti.

Ma *non è un diritto non voler essere educato su valori che influenzano potentemente il comportamento*, perché questo comporterebbe una colpa per gli educatori (li farebbe irresponsabili e incompetenti) e un grave danno per chi non viene educato (danneggerebbe il suo futuro per mancanza di una base di giudizio).

Inoltre, una mente immatura non ha le necessarie basi per decidere di non voler essere educata sui valori morali, perché non sa nulla di tali valori né delle conseguenze della loro ignoranza. Educare bisogna, perché solo una mente educata può poi accettare o respingere a ragion veduta gli insegnamenti dell'educazione ricevuta.

I diversi atteggiamenti verso l'educazione morale fanno parte della varietà delle verità e degli errori, che vi è nella tragicommedia che viene rappresentata quotidianamente sulla scena umana. Una varietà che è favorita da caratteristiche quali l'incomprensione, convinzioni, errori, stupidità, pregiudizi, teorie, interessi, voglie, aspirazioni, ideali, condizioni ambientali, contatti umani, ecc. Queste differenti variabili influenzano la risposta individuale all'educazione ricevuta e contribuiscono a dare interesse e pathos alla vita umana, influenzandola volta a volta.

Moralità e religione
La funzione della religione è quella di stabilire un rapporto con Dio e coltivare il bene nell'anima di ciascuno, derivandolo da leggi divine. Pur essendo influenzate e limitate da interpretazioni umane, tali leggi sono divine nel senso che si accordano con quella genetica (creata da Dio) che è alla base della realtà umana. *Quello che fa importanti i precetti delle religioni è l'istinto religioso di ciascuno.*

Tale istinto non solo attribuisce una base divina ai precetti morali, ma inoltre assicura un rapporto tra ciascuna creatura ed il Creatore. La forza di tale rapporto si vede dal ruolo che in tutte le società hanno sempre avuto le religioni. Quando certi regimi sopprimono la religione, quei regimi passano (sia la dea ragione sia il materialismo), e la religione continua. Anche chi non ha religione o è ateo ha regole morali, perché anche lui è una creatura della genetica umana (ha un istinto morale) ed è obbligato a rispettarsi dal punto di vista morale.

Le religioni variano nel tempo e nello spazio, ma nello stabilire regole morali (il bene ed il male) si conformano ai dettati della genetica, sia pure con variazioni che riflettono gli insegnamenti dei testi sacri, il grado di sviluppo, le tradizioni e gli standard di ciascuna società. L'assassinio è ed è stato una colpa in tutte le società, anche quelle più primitive. Una religione che predicasse i vizi e negasse le virtù non sarebbe una religione, ma un'aberrazione. Anzi, *la religione può voler andare oltre le prescrizioni della genetica.* Per es., dove è la vendetta può voler portare il perdono, e dove è l'odio vuol portare l'amore. Questo potrebbe essere visto come un tentativo di insegnare alla natura, se non fosse per il fatto che la religione stessa ha una base genetica (l'istinto religioso) e le sue formulazioni più generose trovano un eco nella parte più sviluppata e nobile della mente. Una mente religiosa perdona più facilmente.

La religione essenzialmente cerca di coltivare gli aspetti più spirituali della natura umana, stabilendovi un rapporto con Dio. Ha il compito non trascurabile di voler di esaltare la parte spirituale sulla parte materiale dell'uomo. Pertanto, proponendo scopi più elevati, la religione mira ad influenzare per il meglio il comportamento individuale e collettivo. Con le sue prediche, ricorda la necessità della virtù alla convenienza dei vizi. La religione non elimina quest'ultimi, ma introduce un potente fattore di equilibrio coltivando nell'anima il desiderio della virtù. In realtà, se non si coltiva la virtù, si diminuiscono le difese contro i nostri vizi. Ora, chi è in grado di affermare che non ha bisogno di difese contro le sue debolezze?

Moralità e le leggi
Sulla base delle convinzioni morali fondamentali, si costruisce poi un sistema giuridico. Per una società, *la giustizia è una forma di moralità legale sui generis.* Come la moralità, la legge proibisce, per es., il furto, l'assassinio, il danno fisico e morale agli altri, ecc. Naturalmente, la distinzione tra quello che è morale e quello che è legale persiste, perché un'azione immorale non è necessariamente illegale. Anzi, ci si può servire delle leggi a scopi immorali, per es., imponendo una scadenza impossibile in un contratto per poter esigere poi i danni per inadempienza contrattuale.

Inoltre, quello che è legale non è necessariamente morale, perché le leggi possono essere dettate da interessi e non dal senso di equità e giustizia che la morale imporrebbe. Ma anche in questo caso, si può parlare di leggi inique solo nel nome della morale. L'organizzazione della giustizia è un sistema per voler realizzare una misura di equità nei rapporti tra individui, e per questo scopo tiene (o dovrebbe tenere) conto di interessi diversi.

Fattori condizionanti la moralità

Fattori condizionanti danno caratteristiche differenti non tanto alla moralità quanto al suo contenuto sulla base di quello che siamo convinti essere giusto od ingiusto. Un atto viene valutato moralmente da tutti, ma, a seconda della *"qualità" e "quantità" della moralità individuale*, l'atto viene giudicato più o meno morale o anche immorale.

Per es., la vendetta può essere considerata una questione d'onore in una società (e pertanto non vendicarsi essere considerato da codardi) e il perdono essere considerato un atto generoso in un'altra società (ed pertanto degno di lode). Queste differenze spesso riflettono una mescolanza di moralità congenita ed acquisita che possono rivolgersi a differenti livelli di sviluppo o a diverse caratteristiche della mente. Per es., una mente generosa sarà più sensibile a precetti generosi.

Ci si può ribellare agli istinti naturali (e pertanto anche a quelli della moralità) per i più svariati *motivi*, incluso il prevalere di uno degli istinti sugli altri. Per es., uno può rinunciare ad avere una famiglia, perché così lo impone sia una vocazione religiosa sia un egoismo che non vuole assumersi responsabilità. Inoltre, la *sensibilità verso la moralità* varia in maniera considerevole da un individuo ad un altro. Pertanto, non sorprende che per alcuni la moralità sia un problema della maggiore importanza e per altri solo un ostacolo alla propria condotta o persino qualcosa che non è difficile ignorare del tutto. Si va da individui spirituali ad altri poco più che bestie, talvolta assetate di sangue.

Il bene ed il male indipendentemente dalla morale

Il bene ed il male possono esistere al di fuori del campo morale. Questo è il bene e il male che non si fa noi, ma quello che si subisce come individui e società. Per es., non noi, ma la morte sembra essere l'assassino che stronca con le malattie o incidenti molte vite anche giovani. Quando questo male non comporta colpa da parte di chi ne è la vittima (per es., essere investiti da un ubriaco), questo tipo di male è incomprensibile dal nostro punto di vista individuale. Ma, anche fuori del campo morale, bene e male sembrano contribuire al dramma della vita. Senza il male, lo spettacolo umano cesserebbe di essere un dramma e forse diventerebbe una commedia insipida.

La felicità cessa di essere tale quando è continua e di questo se ne occupa l'abitudine. Pertanto, non ci può essere il bene senza il male, altrimenti il bene cessa di avere un significato. Come già visto, un mondo in cui tutti fossero buoni, belli, generosi, altruisti, onesti, affidabili, volenterosi, virtuosi, affabili, fattivi, veritieri, caritatevoli, ecc. sarebbe ben triste. Sarebbe un mondo stucchevole e non sarebbe possibile tollerarci a vicenda per assoluta mancanza d'interesse. Forse, alla fine ci si irriterebbe addirittura che un altro fosse (o si ritenesse) più buono, bello, generoso, altruista, ecc. di noi. Si litigherebbe anche se solo il bene esistesse, pertanto reintroducendo il male. E se non si litigasse, saremmo solo più annoiati.

Ancora peggio sarebbe se solo il male esistesse e tutti fossero cattivi, brutti, meschini, egoisti, disonesti, inaffidabili, rudi, passivi, volgari, viziosi, infingardi, bugiardi, maligni, ecc.: una relazione normale con gli altri sarebbe impossibile e soprattutto intollerabile. Una realtà senza nessuna bellezza non sarebbe brutta, sarebbe orribile: ce ne sarebbe già abbastanza per essere cronicamente infelici (ci si può anche abituare alla bellezza, ma assai meno facilmente alla bruttezza).

La primavera è la stagione più bella, delicata e seducente dell'anno, eppure, se fosse sempre primavera, il suo fascino cesserebbe, perché sarebbe la sola maniera di essere delle stagioni. La si prenderebbe per scontata. Invece, la delicatezza della primavera emerge dal contrasto con i rigori dell'inverno. L'inverno è diverso dalla primavera sotto numerosi aspetti, dalla lunghezza delle giornate, la temperatura, i fiori, la leggerezza dell'aria, ecc.

D'altra parte, anche l'inverno ha le sue particolari attrazioni, come, per es., la purezza della neve o la sottile malinconia della pioggia che batte sui vetri in una giornata fredda e grigia. Inoltre, anche l'inverno ha funzioni specifiche. Per es., la neve si accumula sui monti e nei ghiacciai per sciogliersi d'estate quando può piovere di meno. E l'estate è la stagione adatta per il maturare delle messi. Anche in questo caso, emerge l'importanza strutturale e funzionale della Varietà.

La differenza tra gli opposti deve essere sostanziale perché possano adempire la loro funzione e far apprezzare (per contrasto) quello che offrono. Questo contrasto è in genere contenuto entro certi limiti, ma può diventare occasionalmente eccezionale, come il caldo o il freddo eccezionali, il vento violento degli uragani, le devastazioni dei cicloni, le nevicate che paralizzano il traffico, le valanghe, le inondazioni, la siccità, le tempeste selvagge del mare, i terremoti, i maremoti, ecc.

Quando sono di proporzioni eccezionali, questi eventi possono provocare tragedie che dovrebbero farci apprezzare i pregi della normalità. E invece identifichiamo quest'ultima con una routine indifferente: si deplorano i disastri, ma non siamo grati per la loro assenza. Per apprezzare come e quanto si stia bene, tante volte si aspetta di stare male.

Gli eventi straordinari impediscono che la normalità diventi una routine invariabile, prevedibile e indifferente. Di che scriverebbero i giornali se tutto fosse sempre normale? E chi li leggerebbe? Di che cosa sarebbero fatte le notizie della televisione? O i romanzi, le opere, tanti quadri? La monotonia diventerebbe un male cronico e insopportabile. Anche una bella giornata avrebbe ben poco significato se tutte le giornate fossero belle.

Assolutamente, non si vuole e non si auspica certo il male, anche perché in tal caso cesserebbe di esserlo. Ma il fatto rimane che il bene e il male sono le due facce dello stesso fenomeno. Se qualcosa non è indifferente (né bello né brutto), quello che non è bello non può essere che brutto. Se poi tutto fosse bello, cesserebbe di essere tale per diventare solo normale. La mancanza di una necessaria varietà priverebbe la realtà di significati ed di emozioni essenziali. Per avere una funzione, il male deve essere qualcosa che non ci piace, che ci danneggia, che ci fa soffrire e che vogliamo evitare assolutamente. Deve essere l'opposto del bene, se deve essere il male.

Tuttavia, *quello che è considerato il bene e il male è condizionato dalla varietà delle menti e dal loro rapporto con gli eventi* per cui quello che è bene per una persona è male per un'altra (per es., l'esito delle elezioni). Il che significa che, *per la stessa persona,* se avere o essere qualcosa è un bene (per es., ottenere quello che si desidera), il non avere o essere quella cosa è per forza male.

Essendo il bene l'altra faccia del male (e reciprocamente), per ciascuno di noi non esiste il bene se non esiste il male, anche se il bene e il male individuali sono differenti. Tuttavia, anche se il bene e male sono differenti per differenti persone, non è permesso al bene e al male di essere arbitrari dal momento che sono sottoposti alle ingiunzioni genetiche. Per es., è perfettamente legittimo acquisire il benessere col proprio lavoro (bene), ma non rubando agli altri (male).

Il problema fondamentale è che *per un individuo la propria sopravvivenza fisica e mentale è essenziale, ma la sopravvivenza dei singoli individui non è essenziale per una società,* tanto è vero che, in ogni caso, l'uno dopo l'altro tutti gli individui muoiono e la società continua. Per es., nelle guerre i soldati muoiono per permettere la sopravvivenza della loro nazione. Questa constatazione che la sopravvivenza individuale non è essenziale sembra (ed è) crudele per ciascun individuo. Ma se si garantisse a ciascuno una vita di cento anni, le conseguenze di tale garanzia cambierebbero la società per il peggio, perché introdurrebbero disordine nello schema della natura.

Si garantirebbe a ciascuno una "immortalità limitata" (cento anni) che modificherebbe il comportamento umano in maniera drastica, a cominciare dall'irresponsabilità. A causa di tale garanzia, non si rischierebbe la vita neanche se si perseguisse solo il male o quello che danneggia il corpo o lo spirito. In tanti campi, sarebbe impossibile eccellere per mancanza di rischi. Nelle guerre non servirebbe a nulla essere i più forti, dato che i nemici sarebbero immortali. Chiunque potrebbe partecipare con audacia sconsiderata a gare che comportano il rischio di morte (come le corse automobilistiche), ma senza alcun merito in vista della garanzia di sopravvivenza.

Con la garanzia della sopravvivenza, si diverrebbe tutti "eroi" come Achille, ma senza la vulnerabilità del suo tallone, o semplicemente si diverrebbe irresponsabili. Inoltre, si diminuirebbe la varietà con conseguenti squilibri e la perdita di una vasta gamma di emozioni. Si ridurrebbe la qualità della realtà. In realtà, più che essere tutti eroi, nessuno lo sarebbe.

Invece, alcuni dei drammi tragici che colpiscono periodicamente l'umanità richiedono i rimedi dell'ingegnosità o il soccorso della solidarietà umana. È vero che questi eventi provocano delle vittime innocenti (per questo sono dei drammi), ma da una parte impongono obblighi (per es., edifici che resistano al terremoto) e dall'altra la loro mancanza comporterebbe danni generalizzati. In questi drammi, si vedono le limitazioni fisiche della nostra umanità: ricordano alla nostra arroganza quanto siamo fragili e anche come ciascuno di noi sia dispensabile.

Ma sopratutto, *le salvaguardie individuali non possono essere tali da porre a rischio la sopravvivenza della società.* Per quanto questo sembri essere difficile a comprendere, le conseguenze negative di garanzie individuali non avrebbero conseguenze meno dure dei disastri naturali e colpirebbero non alcuni, ma tutti i membri della società.

Inoltre, sono assai più le vittime causate dal comportamento umano che dagli eventi naturali. Tanti muoiono inutilmente per la loro imprudenza e senza il vantaggio di nessuno, come per i conducenti ubriachi (e, peggio ancora, le loro vittime), le droghe, le infezioni contagiose, il fumo eccessivo, l'alcolismo, l'obesità, la criminalità, il suicidio, le avventure imprudenti, la mancanza di buon senso, i rischi inutili, le lotte fra sette ugualmente insipienti, il genocidio, le guerre degli ambiziosi o degli scriteriati, le rivoluzioni spietate, ecc.

Tuttavia, per avere la sua funzione il male deve essere male e proprio per questo è da evitare sotto ogni aspetto.

L'amoralità
Se per un errore genetico non si ha l'istinto morale, si è non immorali, ma amorali. Infatti, si può essere immorali solo se l'istinto ci fa

coscienti della necessità di essere morali. Potrebbe sembrare che essere amorali fosse meglio che essere immorali. Ma subito sorge il problema se essere amorali non sia per se stesso patologico.

È certamente normale essere amorali per gli animali, ma per giustificare la nostra amoralità non vorremo diventare bestie... Negli animali, le azioni sono dettate da istinti, riflessi e stimoli di cui gli animali non hanno controllo. Così, uccidere un animale di una specie diversa (per es., per non morire di fame) o anche della stessa specie (per es., protezione del territorio) non fa certo di un leone un assassino, passibile di punizione. Se il leone non facesse quello che fa, non potrebbe sopravvivere. Non che di questo il leone abbia coscienza, perché semplicemente uccide quando spinto dalla fame o se si sente minacciato.

Essendo amorale, il leone non può essere immorale (non può infrangere i precetti morali che non ha). Bisogna aggiungere che in genere gli animali uccidono per sopravvivere e non per crudeltà o per lo sport della caccia (per quanto succeda anche quello, vedi gatti e topi). Per un animale, è normale essere animale e pertanto un animale è amorale, perché tra i suoi istinti non c'è l'istinto morale.

In un certo senso, un animale non ha bisogno della moralità, perché non ha una mente che pensa e che deve decidere quello che è giusto o ingiusto. Soprattutto, non ha bisogno che la moralità tenga sotto controllo istinti che hanno funzioni diverse. Per es., non esistono animali libertini, dal momento che in genere lo stimolo sessuale risponde solo alle necessità della riproduzione.

Per una persona, l'essere amorale è un fenomeno patologico per difetto. Manca un istinto fisiologico (quello morale) che nella natura umana contribuisce a mantenere il comportamento nei limiti del normale mediante un senso individuale di responsabilità. L'amoralità è una specie di daltonismo morale. Se tale mancanza fosse generalizzata, ne risulterebbe il collasso della vita sociale perché verrebbe a mancare un fattore di regolazione di altri impulsi (per es., l'egoismo personale o una conveniente legittimazione dei vizi). Questo implica che si possa essere amorali non per scelta, ma solo per un errore genetico. Questi "errori" genetici possono verificarsi in altri campi. Per es., uno può essere ateo per mancanza di istinti religiosi, o materialista per mancanza di istinto spirituale.

La mente e la responsabilità individuale

Per quanto concerne la moralità, la differenza tra uomo e animali sembrerebbe essere dovuta alla complessità della *mente* nel genere umano. La funzione della mente va ben oltre gli istinti e i riflessi degli animali.

Negli animali, le loro azioni sono determinate dalla natura. I riflessi e gli istinti proteggono la loro sopravvivenza e la loro riproduzione. Nel genere umano, le sollecitazioni istintive non solo sono differenti da quelle animali (per es., il rapporto tra istinto sessuale e riproduzione), ma anche ben più complesse di quelle degli animali (per es., l'ambizione). Inoltre, un animale non ride o sorride, e solo questo dettaglio già indica l'estensione delle differenze mentali.

Sopratutto, la mente umana è capace di ragionare e di scegliere, e non solo di reagire con riflessi ad uno stimolo o ubbidire agli istinti. L'uomo può rispondere ad uno stesso stimolo in maniera differente, compreso il rifiuto di rispondervi. In altre parole, l'uomo ha la capacità (o per lo meno la possibilità) di analizzare gli stimoli e sollecitazioni (esterni ed interni) e la libertà di scegliere le risposte. Si rende conto che il fare una cosa o il suo opposto dipende da lui e che non tutte le alternative sono accettabili anche se ve ne è lo stimolo (come ubriacarsi tutti i giorni).

Una conseguenza ben precisa del privilegio di poter decidere le proprie azioni è il concetto di responsabilità. Se si può scegliere, nella nostra scelta vi può essere merito o demerito. E pertanto si è responsabili per la scelta, sia questa meritevole o meno. Non ci può essere merito o demerito se non c'è la libertà di scegliere. Non c'è merito o demerito nelle reazioni riflesse e obbligate degli animali: non avendo principi morali, non possono né ubbidirli né disubbidirli.

Dal punto di vista individuale, il merito aumenta la stima di se stessi e il demerito la diminuisce, purché si riconoscano come tali. Per es., si può non fare il nostro lavoro per indolenza o farlo male, ma non si può esserne compiaciuti. La stima di se stessi si basa sul rapporto tra quello che vorremmo (o dovremmo) essere e quello che riusciamo ad essere, e questo include anche il punto di vista morale. In questo senso, se si accetta il concetto del bene e del male, anche la moralità è il giudice del nostro comportamento. E in genere si accetta l'esistenza del bene e del male, perché certamente non si approva che ci rubino, ci offendano ingiustamente, ci facciano prepotenze, ci diffamino, ci mentiscano, ecc.

Naturalmente, *la libertà di scegliere non è immune da influenze riflesse*. Uno può non voler fumare o bere troppo e questo può essere difficile da farsi per alcuni anche in circostanze normali. Ma sotto la pressione di avversità, può essere difficile non fumare o bere troppo per chiunque. L'influenza di elementi irrazionali sulla capacità di scegliere è riconosciuta persino dalle leggi che prevedono attenuanti per i crimini di passione (incapacità di intendere e di volere) rispetto a quelli premeditati. Non siamo responsabili delle nostre passioni (non le scegliamo noi), ma siamo responsabili del nostro comportamento che si ceda ai nostri impulsi o vi si resista.

Le possibili conseguenze negative del cedere agli impulsi è uno dei fattori che influenza le nostre decisioni (come deterrente). Se la nostra volontà è incapace di opporsi ai nostri impulsi, la paura delle conseguenze (legali o meno) può essere in grado di farlo. Dal punto di vista morale, tale paura non ci rende migliori, ma dal punto di vista pratico ci impedisce di diventare peggiori.

Poter scegliere le proprie azioni permette di perseguire un corso d'azione che sia il più vantaggioso per noi. Ma questo non significa che si possa semplicemente perseguire il proprio vantaggio, indipendentemente da ogni altra considerazione (come un ingiusto danno agli altri). Basta considerare quello che si prova quando qualcuno lo fa nei nostri riguardi. Di qui il contributo della moralità ad un comportamento umano compatibile sia con il rispetto di sé sia con la funzione di una società (rispetto degli altrui diritti). Naturalmente, non sono i precetti che ci fanno morali, ma il nostro conformarsi a tali precetti. È per questo che è più facile essere ipocriti che morali, ma è impossibile essere morali se non si hanno per nulla tali precetti.

LA MORALITÀ E LA SOCIETÀ

La moralità individuale concerne prima di tutto se stessi, ma, siccome non si vive isolati, quello che si fa può aver conseguenze anche per gli altri. Se si è disonesti è nostro demerito, ma l'esserlo può danneggiare anche gli altri. Di qui il problema di come i rapporti tra i membri della stessa società siano regolati e in particolare il ruolo che vi gioca la moralità.

Se il proprio vantaggio si realizza causando l'altrui svantaggio, nasce il problema se sia lecito fare quello che si fa. Per meglio comprendere il problema basta considerare che l'altrui vantaggio potrebbe realizzarsi a nostro svantaggio. In quest'ultimo caso, difficilmente saremmo d'accordo.

Qui si danno due possibili risposte. Si può far valere il diritto del più forte. In tal caso, il perseguire il proprio vantaggio non ha remore. Ma in tal caso si accetta anche la possibilità che un altro, più forte di noi, ci danneggi nel perseguire il *suo* vantaggio. Inoltre, noi si può essere più forti in un campo, ma più deboli in un altro. In ogni caso, i rapporti sarebbero sempre quelli di diffidenza e ostilità reciproca.

Un'alternativa è che si accettino regole di condotta che si applicano a tutti (forti e deboli) e che stabiliscano quello che legittimamente si può fare e quello che non si può fare, anche se ne abbiamo il potere. In altre parole, si accetta o il diritto del più forte o le regole (leggi) che siano valide per tutti e che dovrebbero essere ispirate a criteri di equità. Queste leggi, essendo uguali per tutti, dovrebbero proteggere tutti (forti e deboli). In tal caso, il diritto del più forte diventa illegale.

In una società, il diritto del più forte comporta essenzialmente una mancanza di equità e di giustizia nel perseguire i propri interessi. Pertanto, in genere tale diritto ripugna a tutti (eccetto a chi è più forte) e non è accettabile del punto di vista etico. Tuttavia, dal punto di vista politico potrebbe essere imposto, se c'è la necessaria forza.

Il diritto del più forte rende possibile non solo l'uso, ma anche l'abuso della forza. In altre parole, non solo possiamo essere danneggiati dall'uso della forza altrui, ma si può anche perdere la propria libertà. Di qui si vede perché i più deboli (che sono assai più numerosi) tendono a coalizzarsi contro i più forti. Ne risulta una situazione instabile e conflittuale che alle lunghe può generare la rivolta.

Questo stato di cose può verificarsi nelle vicende storiche, come nel caso della prepotenza delle classi nobili o della dittatura del proletariato. In realtà, l'elemento dominante è sempre una classe ristretta che sia il re e i nobili o i membri del direttorio di una dittatura. In tutti i casi, il "proletariato" subisce la volontà di pochi e le sue rivolte (per es., quella dei contadini) possono essere sanguinosamente soppresse.

Anche la democrazia comporta il governo del più forte (quello che ha vinto le elezioni), ma l'opposizione è libera di proclamare i suoi interessi e condurre una vigorosa campagna contro ingiustizie reali o relative al suo interesse. Inoltre, la condotta della maggioranza è regolata da leggi costituzionali e c'è la possibilità per l'opposizione di vincere le elezioni successive. E tutti devono tener conto delle opinioni della maggioranza dei cittadini, pena la sconfitta.

Comunque, la distinzione fra forza e leggi non è così netta dal momento che chi ne ha la forza può emanare leggi che gli sono favorevoli. Inoltre, la moralità individuale non si identifica con le leggi del codice, nel senso che uno può essere moralmente, ma non legalmente colpevole (ed il contrario). Per es., un ipocrita o un bugiardo non sono automaticamente passibili di pene legali.

Rapporti tra classi di una società e la politica
Un popolo è unito rispetto ad altri, perché sa bene che nessun popolo straniero farà i suoi interessi in pace o in guerra. Ma, quando non è minacciato dall'esterno, le divisioni interne affiorano nei contrasti d'interessi differenti tra differenti strati della stessa comunità. Gli interessi sono relativi alle condizioni delle differenti classi e il loro contrasto è una necessità fisiologica che previene la stagnazione o gli abusi da parte di

una delle classi. La cosa importante è che nessuna delle parti prevalga assolutamente e rompa il necessario equilibrio a suo favore. Questo non è nell'interesse di nessuno e certamente non nell'interesse della società.

I contrasti concernono l'espansione dei propri vantaggi o della loro difesa da parte di classi diverse. Anzi, siccome l'espansione dei vantaggi di una classe spesso comporta la diminuzione dei vantaggi di un'altra, l'espansione di certi interessi è sempre contrastata dalla difesa degli interessi opposti. Dal momento che l'esito di questa lotta (come in tutti i casi) dipende dalla forza e abilità degli antagonisti, si formano partiti e organizzazioni che con metodi per lo più legali cercano di far prevalere le loro richieste.

A questo riguardo, raramente si parla d'interessi e piuttosto si parla di ideologie, perché questo è politicamente più proficuo. Si preferisce sviluppare teorie per giustificare la difesa dei propri interessi e spesso si invoca "la giustizia" in modo da introdurvi un senso di indignazione morale. *Quando si invoca la giustizia, in genere lo si fa per ottenere e non per dare (o per non dare).*

In ogni caso, nel suo stesso interesse, l'egoismo non si può permettere di essere stupido. È nell'interesse di tutti ridurre eccessivi squilibri fra le varie classi della popolazione. Se non lo si fa per un senso di equanimità, bisognerebbe farlo sulla base di un proprio interesse illuminato. Nei casi estremi, se una miseria degradante spinge alla disperazione, allora chi è disperato non teme più neanche la rivolta violenta.

Pertanto, sembrerebbe che si dovesse preferire l'evoluzione alla rivoluzione. Nell'evoluzione si può perdere ben poco e anzi vi può essere un guadagno dal momento che un più diffuso benessere aumenta il numero degli acquirenti. Nella rivoluzione, si può perdere tutto (compresa la vita), travolti da un'ondata di odio e di vendetta.

Ma anche in situazioni meno drammatiche ed estreme, non solo è giusto, ma anche vantaggioso per una società che tutti sentano di esserne parte, senza esclusione basate su differenti forme di discriminazione. Dopo tutto, se un individuo è stato favorito dalla natura per la sua energia, intraprendenza, abilità, capacità organizzative, ecc., ha certo diritto a raccogliere i frutti dei suoi meriti nella prosperità personale, ma anche il dovere di contribuire al benessere comune in maniera percentualmente più alta. Le tasse che paga non gli impediscono di avere una vita di agi e indirettamente sollevano chi può solo contare su uno stipendio basato su prestazioni manuali. *L'avidità non ha limiti, ma il proprio interesse sì.*

Queste considerazioni sottolineano il fatto che nella "vita pubblica" la moralità ha ancora un suo ruolo essenziale, ma già è modificata da considerazioni politiche e pratiche, al punto che quello che è giusto moralmente deve essere anche politicamente opportuno. Se non è politicamente opportuno, diventa non meno giusto, ma assai meno desiderabile. Non se ne deve dedurre che la politica è immorale, ma piuttosto che deve essere competente e fare quello che è possibile fare di quello che dovrebbe essere fatto nell'interesse di tutti.

La politica non deve predicare alle anime o filosofare sulla moralità. Al contrario della religione, la politica considera la moralità un mezzo e non un fine. I politici devono essere il cervello che guida con abilità la nazione verso la sicurezza e la prosperità di cui tutti si avvantaggiano. La politica è l'amministratrice essenziale delle risorse materiali e spirituali di una società, la guardiana della sua sicurezza e la responsabile del suo sviluppo materiale, della prosperità generale e del continuo sviluppo nei vari campi dell'attività umana (educazione, scienze, arti, ecc.). In termini più generali, una politica abile e illuminata favorisce lo sviluppo non solo di una nazione, ma anche di una civilizzazione.

Questo non vuol dire che i politici personalmente siano esenti da responsabilità morali. Un politico che ruba è un ladro come chiunque altro, anzi peggio perché può più facilmente rubare di più. Per un politico, l'essere personalmente onesto è una necessità inderogabile. Ma l'essere personalmente onesto non lo fa *ipso facto* un buon politico e ancora meno un uomo di stato. D'altro canto, l'essere disonesto ne fa un politico corrotto, dal momento che persegue i suoi interessi e non quelli della comunità che rappresenta. Di un politico corrotto non ci si fida, dal momento che lavora per se stesso e non per la comunità.

Ma forse (come in altre attività) *in politica il pericolo più grande è la discrepanza tra l'abilità e i compiti da affrontare.* In tal caso, la stupidità (non assoluta, ma relativa all'elevata posizione di responsabilità) diventa un pericolo per la nazione. Lo si vede dagli sbagli di proporzioni criminali che danneggiano una nazione. Se poi la stupidità di uno che è potente è associata ad ambizioni "storiche", allora quello diventa il pericolo (e persino il nemico) numero uno della società che lo ha eletto.

Legge e moralità pubblica

In una società, il comportamento pubblico viene regolato dalle leggi. Il concetto generale è che la legge è una prescrizione uguale per tutti, basata sulla giustizia o per lo meno sull'equità. Pertanto, in teoria, le leggi dovrebbero essere il fondamento della moralità pubblica per quanto riguarda i rapporti dei membri di una stessa società. Dovrebbe stabilire quello che in una società è permesso a tutti (ed è pertanto legale) e quello che è proibito a tutti (ed è pertanto illegale). Quello che è proibito dovrebbe essere ingiusto e dannoso verso la società e i suoi membri.

In pratica, le leggi possono essere giuste o ingiuste (o persino inique). Il fatto è che le leggi sono fatte dagli uomini e in particolare dai legislatori che prevalgono numericamente (e i legislatori possono non essere eletti, non tutti i cittadini possono avere il diritto di voto o ci può essere un partito unico). I legislatori che prevalgono sono determinati dagli interessi che rappresentano. Di qui un'alleanza tra potere ed interessi. Pertanto, l'affermazione che "la legge è uguale per tutti" può essere vera quanto l'affermazione che la legge (uguale per tutti) può non essere necessariamente giusta per tutti.

Anzi, le leggi possono essere offensivamente ingiuste (per es., proteggendo i profitti esosi del capitale, o la schiavitù imposta da una dittatura di destra o di sinistra). È vero che politicamente queste leggi possono produrre benefici anche per tutti, come per es. lo sviluppo industriale. Ma *allora sono strumenti politici e non della moralità,* dal momento che i benefici sono ottenuti attraverso gli svantaggi della maggioranza. Per es., i presupposti dello sviluppo industriale non sono la schiavitù, lo sfruttamento e la sofferenza, per quanto il maggior "merito" del terrore di Stalin sia stato proprio lo sviluppo industriale della Russia.

Ne segue che anche se è applicata in maniera imparziale, *la legge è uguale per tutti, ma la giustizia decretata dalla legge può non esserlo.* La legge può essere uno strumento di ingiustizia favorendo alcuni (per es., il padrone o il dittatore) e danneggiando altri (lo schiavo che è fuggito o il cittadino che si ribella ai soprusi della dittatura). In tal caso, la legge può essere uguale solo per chi ne è la vittima, favorendo gli interessi di altri a cui la legge non impone obblighi o restrizioni.

Per es., si può proibire ai contadini di eliminare gli animali che danneggiano il raccolto, perché gli animali sono riservati per la caccia dei nobili. Tale legge è uguale per tutti i contadini (non possono uccidere gli animali che danneggiano la loro sopravvivenza), ma non è uguale per i contadini e i nobili (quest'ultimi possono uccidere gli animali per divertirsi con la caccia). La legge diventa allora uno strumento al servizio di interessi di parte, diventando addirittura immorale.

Inoltre, *la stessa legge può non essere applicata ugualmente.* E qui si entra in un campo dove semplicemente possono non esserci alternative. Chiunque ha diritto ad un avvocato, ma chi è ricco si può permettere i migliori avvocati e più d'uno. Il che significa che l'applicazione della legge nei suoi riguardi è influenzata favorevolmente per lui dalle conoscenze legali degli avvocati di grido, la loro abilità dialettica, preparazione giuridica, astuzia, spregiudicatezza, sofismi, esperienza e teatralità. Naturalmente, i privilegi della ricchezza sono tra i motivi che fanno la ricchezza desiderabile e spingono la gente a lavorare di più e meglio, e a prendere rischi per arricchirsi.

Questo è accettato da tutti dal momento che in un processo vi è uno scontro tra il pubblico ministero che vuol dimostrare che l'imputato è colpevole e la difesa che vuol dimostrare il contrario. L'idea generale è che la verità dovrebbe venire fuori attraverso questo scontro frontale che per la sua drammaticità (vedi gli interrogatori incrociati di imputati e di testimoni) forza ammissioni di vario genere che possono provare la colpevolezza o l'innocenza dell'imputato. Necessariamente, l'esito dello scontro è influenzato dall'abilità delle parti opposte, le quali tendono a presentare e sottolineare quello che è favorevole o sfavorevole, rispettivamente, all'imputato (e a sminuire quello che non conviene loro).

Questa battaglia è vista dai legali come una battaglia personale, Ne va di mezzo non tanto la giustizia quanto la propria reputazione e carriera: un avvocato che fa prosciogliere numerosi imputati colpevoli avrà una numerosa clientela. Così diventa "un successo" per il pubblico ministero se l'imputato è condannato e per la difesa se l'imputato è prosciolto, indipendentemente dal fatto che l'imputato sia colpevole o meno.

Come può essere possibile che ogni volta il pubblico ministero sia fermamente convinto oltre ogni ragionevole dubbio che l'imputato sia colpevole e che l'avvocato difensore sia fermamente convinto oltre ogni ragionevole dubbio che l'imputato sia innocente? Naturalmente, l'avvocato difensore difende l'imputato, anche quando questo gli confessa di essere colpevole.

Il processo non è così arbitrario come sembrerebbe da queste considerazioni, perché è assai improbabile che un pubblico ministero voglia un innocente condannato ad anni di carcere, per quanto l'avvocato difensore sarebbe felicissimo di far assolvere un colpevole. Inoltre, si dà il caso che qualcuno venga prosciolto, perché il fatto non sussiste o per insufficienza di prove.

Il fatto che un processo sia visto come una battaglia personale serve a far sì che ciascuno sia ben preparato e si vada più a fondo possibile nel chiarire fatti e responsabilità, dal momento che ne va di mezzo la reputazione degli avvocati. Tuttavia, il fatto rimane che (per occasionali errori giudiziari o per il volere di regimi dittatoriali o corrotti) ci sono colpevoli che sono prosciolti e innocenti che sono condannati. Naturalmente la difesa può anche ammettere la colpa (se non ha scelta), ma solo per minimizzarla con lo scopo di ridurre la pena.

Ci sono altri elementi d'incertezza nell'amministrazione della giustizia, come la composizione della giuria, in cui il caso gioca la sua parte. Inoltre, il giudice può essere influenzato dalle sue convinzioni politiche, morali e religiose, o dal suo carattere rigido e vendicativo (e qualche volta da pressioni esterne: ci sono anche i giudici corrotti o determinati dalle loro ideologie).

Inoltre, vi sono questionabili influenze estranee al caso specifico come il desiderio di dare una condanna esemplare. Ora è vero che una condanna esemplare può avere un effetto preventivo, ma non è chiaro perché uno dovrebbe pagare per il suo reato due volte: una volta per il reato commesso e un'altra per prevenire i crimini futuri di altri.

La prevenzione è un problema che riguarda non un imputato specifico, ma molte variabili, come la polizia e la sua professionalità, l'efficienza nel far rispettare la legge, l'evitare il permissivismo nei costumi, il contrastare le tendenze deleterie, l'opporre il diffondersi di malcostume, ecc. Perché un imputato deve pagare lui solo per la prevenzione di future attività criminali di altri? Se si vuol stabilire un deterrente, si può aumentare la pena *prima* dei delitti di chiunque e non aumentare la pena di qualcuno che non è responsabile dei delitti che verranno.

La legge non stabilisce gli scopi dei singoli, ma regola i mezzi che ciascuno può usare per raggiungere i suoi scopi. Stabilisce quello che legalmente è lecito e punisce chi non obbedisce queste regole. La legge non regola la moralità dei singoli individui, ma la loro condotta nei riguardi degli altri basandosi sull'equità così com'è concepita dai legislatori.

Si creano dei limiti entro cui si può agire senza incorrere in infrazioni e sanzioni, e pertanto tali limiti modificano la condotta individuale e collettiva. Il risultato è che chi ruba contro la legge va in prigione, per quanto chi ruba dentro le prescrizioni della legge può diventare ricco. Ne deriva che uno può essere un ladro moralmente, ma non legalmente. Per es., gli speculatori possono arricchirsi e danneggiare il prossimo manipolando senza scrupoli il mercato finanziario esattamente con quello scopo (arricchirsi). Se i loro successi comportano la rovina di altri non li disturba, anche se qualche volta è qualcuno di loro a rovinarsi.

Ma l'avidità e la mancanza di scrupoli non sono punite per sé dalla legge e sono alla base di qualche grande fortuna. Non infrangendo (sempre nella forma e spesso nella sostanza) le regole della legge, la grande ricchezza esige non solo il rispetto, ma addirittura l'ossequio. La giustificazione dell'atteggiamento della legge nei riguardi dei "motivi" (per quanto non dei "mezzi") è che la creazione di grandi ricchezze in genere contribuisce alla prosperità generale (e di per sé è un'attività abile e non certo criminale). La sagacia, ambizione, energia, abilità, spregiudicatezza, scrupoli esangui, desiderio di potenza e di successo, ecc. risultano in opere che una rigorosa onestà di per sé non avrebbe mai creato.

Il desiderio di diventare ricchi (stimolato anche dall'avidità, ambizione, invidia ed emulazione) è un fenomeno assai diffuso. Questo desiderio contribuisce potentemente a far lievitare l'attività e l'energia dei più, portando alla creazione di una prosperità diffusa. La prosperità che deriva dalla ricchezza si travasa nelle grandi opere strutturali (autostrade, aeroporti, porti, ferrovie, ecc.) che aumentano e diffondono il benessere per tutti. Inoltre, la ricchezza permette la creazione della bellezza nelle sue varie forme.

La legge non proibisce di fare un contratto disonesto (purché legale), ma proibisce l'infrazione di ogni contratto (anche di quelli disonesti). Ma, anche con i difetti che le leggi umane possono avere, *una società senza leggi sarebbe sommersa dal caos*. A questo riguardo, una delle maggiori contribuzioni della civiltà di Roma è lo Jus Romanum. Pertanto, la legge è una necessità naturale che si articola in una contribuzione umana all'Ordine e riflette la saggezza di una società nel regolare le sue attività in maniera che il risultato finale sia il vantaggio di tutti.

Il contenuto delle leggi non può che essere umano, dato che le leggi devono indirizzarsi ai problemi di una società la cui situazione cambia continuamente. Di conseguenza, anche le leggi cambiano col tempo e in società diverse. La legge ha un'azione deterrente dal momento che aggiunge un fattore sostanziale ai criteri morali che determinano la condotta degli individui. Molti omicidi possono essere stati evitati dalla paura istintiva di passare la vita in carcere o essere giustiziati. Similmente, per le pene per altri reati.

La conclusione generale sembrerebbe essere che vi sono *differenze notevoli tra la "moralità privata" di ciascuno e la "moralità pubblica" della giustizia*. Per es., per la moralità di ciascuno, essere ipocriti, falsi o disonesti è una colpa, che però di per sé non è legalmente punibile. Invece, la giustizia umana considera colpe le infrazioni delle leggi, anche di quelle inique.

I canoni fondamentali della moralità individuale sono il risultato di prescrizioni genetiche che valgono in ogni tempo e luogo (sia pure influenzati dai fattori ricordati sopra). I canoni della moralità di una società riflettono prescrizioni umane acquisite sotto forma di leggi che cambiano col cambiare delle condizioni ambientali di tempo e di luogo. Quello che la moralità privata e pubblica hanno in comune è la reciproca influenza e il fatto che sia la moralità individuale sia la necessità di una legislazione sono esigenze dettate dalla genetica.

Non le leggi, ma il legislatore è condizionato geneticamente: le leggi riflettono le sue convinzioni, interessi e comprensione dei problemi da risolvere. Per questo, le leggi umane sono sottoposte a scrutinio morale, ma non sono direttamente dettate dalla genetica. Solo la necessità di legiferare (e di farlo in maniera equa) lo è. Le singole leggi umane possono non essere "istintive", universali o perenni, perché le condizioni della realtà umana cambiano continuamente nel tempo e nello spazio (i problemi sono diversi in società diverse in tempi diversi). Per questo, le leggi del codice riflettono la comprensione, la lungimiranza, la disciplina, il coraggio e la volontà con cui una società affronta collettivamente i problemi imposti dai suoi continui cambiamenti e da quelli dell'ambiente in cui vive.

Tale differenza tra le leggi del comportamento individuale e di quello collettivo riflette da una parte le prescrizioni della genetica per la condotta individuale e dall'altra le prescrizioni umane legate alle condizioni di una realtà quotidiana in continuo svolgimento. Se interessi potenti non la inquinano, la giustizia umana persegue l'equità come la intende il legislatore e la comanda la genetica. Si può permettere legalmente anche quello che è immorale, ma in tal caso le leggi sono inique.

Tuttavia, le leggi non scaturiscono solo da necessità morali, ma anche da considerazioni politiche e pratiche che possono essere amorali e qualche volta anche immorali. Le leggi possono perseguire fini differenti da quello che è giusto o ingiusto per la moralità, ma è necessario per la struttura sociale (come lo sviluppo di armi micidiali per la legittima difesa della nazione). Una nazione che rifiutasse di armarsi perché non è "giusto" sottrarre fondi a cause umanitarie non durerebbe molto. In realtà, efficienti meccanismi di difesa sono una risposta obbligatoria della legittima difesa di una nazione.

Il problema fondamentale è che i fini perseguiti dalle legislazioni possono essere obbligatori e di importanza vitale per una nazione sia in senso positivo che negativo. Per es., è possibile (ma non lo sapremo mai) che, senza il terrore imposto da Stalin con crudeltà disumana per forzare l'industrializzazione, una Russia agricola e non provata da tante sofferenze sarebbe crollata sotto l'assalto delle armate di Hitler.

Il che suggerisce che le leggi sono strumenti che dovrebbero essere usati nell'interesse non dei singoli cittadini o delle singole classi, ma di una nazione e del suo futuro. Gli interessi di una nazione e del suo futuro sono nell'interesse delle generazioni presenti e future (per es., aumento del benessere generale, fiorire delle scienze e delle arti, occasioni di sviluppo per le nuove leve, ecc.).

Questo in genere non richiede crudeltà e schiavitù, ma una politica accorta e tenace che favorisce il benessere materiale e spirituale di una società. L'immoralità delle leggi può consistere nel compromettere lo sviluppo di una nazione e il suo futuro obbedendo ad una politica ottusa, inefficiente, incompetente, confusa, corrotta o miope per quanto riguarda i grandi obiettivi di una comunità nazionale.

Limiti dei fattori che regolano il comportamento

Da un punto di vista analitico, i vari fattori che regolano la realtà umana e le diverse conseguenze che comportano non possono essere visti solo in termini morali. Intervengono invece molti altri fattori (in parte obiettivi e in parte soggettivi) in continuo conflitto dinamico, conflitto che porta all'alternarsi del prevalere di fattori diversi in epoche diverse.

La moralità è uno dei fattori in gioco, ma non è l'unico e (come gli altri fattori) è necessario, ma non può essere esclusivo. È un fattore indispensabile di Ordine: ad una società immorale è assicurata la decadenza. Ma, per quanto indispensabile, se la moralità fosse il *solo* fattore a regolare la vita di una comunità, probabilmente si avrebbe una società di ipocriti, cioè di persone solo apparentemente morali.

Sopratutto, si toglierebbe ogni valore a quello che non dipende direttamente dalla moralità. Per es., si preferirebbe quello che buono a quello che bello, come se tutti e due non dovessero o potessero essere coltivati. Anche l'arte dovrebbe essere solo sacra. La filosofia potrebbe essere vista come un'arrogante ingerenza umana nelle cose divine. Dovrebbe limitarsi all'apoteosi di Dio, quando invece l'apoteosi di Dio nasce non dalle lodi sperticate, ma dall'analisi (e pertanto il profondo apprezzamento) della sua straordinaria Creazione, compresa la creazione delle sue creature.

Semplicemente, un ruolo esclusivo o anche predominante della moralità minaccerebbe di rompere gli equilibri dell'Ordine. Si tenderebbe a sottomettere le cose terrene a quelle del cielo. Questo minaccerebbe la Varietà e pertanto introdurrebbe disordine. Ma in nome della Varietà, anche il disordine è permesso, purché rimanga volta a volta l'eccezione (una "moda" transitoria) e non diventi la regola. In epoche diverse, il prevalere dello spirito religioso, pratico, intellettuale, scientifico o dei sentimenti offre opportunità essenziali allo sviluppo di differenti aspetti della realtà umana. Si assicura la ribalta e lo sviluppo a chi eccelle in aspetti diversi dell'umanità, dai santi, agli scienziati, ai filosofi o ai teologi e ai poeti. Nei periodi di decadenza, si assicura la ribalta della scena umana anche a chi eccelle solo nei vizi e difetti.

Naturalmente, i limiti della moralità si applicano anche a tutti gli altri fattori che regolano la condotta umana, poiché il prevalere di un fattore particolare per se stesso comporta uno squilibrio. Per es., la supremazia della *filosofia* danneggerebbe le conquiste della scienza. Si discuterebbe all'infinito su cose che non si capiscono nell'impossibilità di verificare sperimentalmente quali siano quelle vere. Sulla base delle nostre convinzioni e credenze, si farebbero affermazioni che non possono essere provate. Si userebbe la fantasia per andare oltre i limiti cui la logica è costretta a fermarsi. La mente non può dedurre né dalla sua ignoranza né dalla sua immaginazione.

Il fiorire della *scienza* permette grandi realizzazioni sulla base di una migliore comprensione del mondo fisico e delle sue leggi. Questo porta a conquiste della più grande importanza che rivoluzionano la nostra maniera di vivere. Basta citare le conquiste dello spazio e lo sfruttamento dell'energia atomica, o anche "semplicemente" lo sviluppo dell'energia elettrica e le lampadine. La forza della scienza è il metodo sperimentale: nulla è vero (*neanche quello che è vero*) se non ve ne sono le prove. Ma quello che fa la forza della scienza allo stesso tempo le impone limitazioni. Della realtà, la scienza studia la fisica, ma non la metafisica. Anzi, si rifiuta di dedurre da quello che scopre le conseguenze logiche secondo un punto di vista teoretico.

La scienza usa la logica per programmare e interpretare i suoi esperimenti, ma considera i suoi risultati solo in quanto sperimentali. La scienza non si domanda se le sue straordinarie scoperte richiedano l'opera di un Creatore. Individualmente, uno scienziato può essere sedotto dalla bellezza del creato, ma *professionalmente* non gli è permesso (per es.) di essere sedotto dal cielo stellato in una notte di giugno, dal moto dei corpi celesti o dai meccanismi che fanno battere il cuore. Li studia, ma come dati di fatto in cui le emozioni non sono ammesse. Un prevalere assoluto, esclusivo e permanente del metodo scientifico renderebbe arida non solo l'arte, ma persino la spiritualità.

Similmente, le *emozioni* (per es., il romanticismo) perseguono la creazione della bellezza e la seduzione dei sentimenti. La poesia delle emozioni conforta il desiderio di bellezza dell'anima. Le emozioni danno una delicata realtà ai sogni, anzi fanno sognare. Anche nella vita quotidiana di ciascuno, le emozioni soddisfano il necessario bisogno di "sentire" e fanno comprendere che la comprensione da sola capirebbe poco.

Le emozioni ci danno il diritto alla felicità e infelicità, all'amore nelle sue svariate forme, alle seduzioni della bellezza, al fascino dell'arte, alle illusioni, speranze, aspirazioni, malinconia, tristezza, ecc. Senza le emozioni, la vita sarebbe intollerabilmente arida, l'arte muta, la filosofia noiosamente logica, la scienza freddamente "oggettiva", ecc. Ma *le emozioni non studiano* e se fosse per loro le invenzioni e scoperte sarebbero solo un'aspirazione. La mancanza delle analisi della filosofia lascerebbe le emozioni ignoranti di quanto queste analisi siano importanti.

Il prevalere di uno dai fattori che regolano la realtà umana è spesso l'inevitabile conseguenza delle condizioni di vita (per es., le invasioni barbariche e la chiesa, la forza bruta e la reazione dello spirito) e del progresso (per es., sviluppi tecnologici). La conseguenza di tale prevalere è lo sviluppo di quelle attività che quel fattore favorisce, perché stimola l'interesse e l'attività dei più. Il prevalere di un fattore crea una "moda" a cui molti vogliono appartenere. Questo reclutamento di interessi e di ingegni porta alla Varietà e alle realizzazioni della creatività. Le conquiste stimolate dal prevalere di un particolare fattore caratterizzano un'epoca.

Ma la prevalenza *permanente* di qualsiasi fattore alla fine porterebbe a conseguenze negative per diverse ragioni. L'abitudine diminuirebbe l'interesse e questo sarebbe reso più grave dall'imitazione pedissequa delle tendenze correnti e dal diminuire dell'originalità per il persistere degli stessi interessi. I lati negativi connessi con ogni forma di attività diventerebbero sempre più evidenti man mano che ci si abitua ai lati positivi. Le condizioni di vita continuano a cambiare sia per quello che si fa che per quello che si subisce. Ma soprattutto, nuove menti sono create che (essendo nuove) considerano quello che hanno trovato "vecchio" e desiderano creare il "nuovo".

È vero che qualche volta il nuovo è solo differente (e pertanto non necessariamente migliore), ma, se non è differente, certamente non è nuovo. Questo lascerebbe posto solo per l'imitazione e sarebbe un peccato mortale contro la Varietà basata sulla creatività. Inoltre, in ogni nuova tendenza vi sono notevoli potenzialità, perché molto può essere sviluppato in un campo ancora da esplorare.

La moralità nei rapporti tra società diverse

Oltre i rapporti sociali di ogni comunità nazionale, vi sono i rapporti tra nazioni diverse. *Tali rapporti sono governati da leggi naturali completamente diverse da quelle individuali e sociali di una stessa comunità.* Per es., i cittadini di due nazioni in guerra ancora sono obbligati dalla moralità individuale e dalle leggi nazionali a non uccidere nessuno, ma a quegli stessi cittadini che sul campo di battaglia uccidono più nemici si danno le medaglie al valore. Un generale cerca di indurre in errore il nemico circa le sue mosse e intenzioni, ma certamente non gli si rimprovera di essere disonesto, falso o imbroglione. Al contrario, si loda la sua abilità e bravura che fa la differenza tra il vincere e il perdere.

La moralità e i rapporti fra nazioni

Il cambiamento d'atteggiamento morale nei rapporti fra diverse nazioni riflette gli orizzonti della storia. In particolare, riflette *la legge essenziale che, se cessa la lotta per vincere, prima lo sviluppo si arresta e poi alle lunghe vi è declino.* Questo si applica agli individui, società e nazioni. La lotta stimola lo sviluppo reclutando le energie disponibili di fronte ad alternative di estrema importanza. Infatti, si tratta dei premi della vittoria o delle punizioni della sconfitta.

Per un individuo, le conseguenze della cessazione della lotta si vedono nel deterioramento del pensionamento, favorito dal deterioramento fisico e mentale dell'età. In una società, la cessazione della lotta fisiologica denuncia la stanchezza patologica delle nuove generazioni (soprattutto la mancanza di aspirazioni e di ambizioni). Per le nazioni, il peccato più grande è quello di non curare la propria forza vitale, dal momento che il perdere una guerra mette quella nazione alla mercé del vincitore (e qualche vincitore di mercé non ne ha).

I territori dei vinti venivano incorporati dalla nazione conquistatrice e capi nemici seguivano in catene il trionfo del vincitore. Ma anche oggigiorno, i tribunali militari esistono solo per i vinti anche se quest'ultimi hanno le stesse (o minori) colpe dei vincitori. La colpa reale dei vinti è di aver perso la guerra, anche quando l'hanno subita e ne sono le vittime. Anche quando hanno servito la loro nazione in una guerra aggressiva, se non avessero fatto il loro dovere di soldati sarebbero stati considerati traditori. In questi processi politici, ci si può domandare dove finisca il perseguire i propri vantaggi (si vuole instillare il senso di colpa nei vinti) e dove incominci la giustizia.

Colpe reali ve ne possono essere, ma certo sembra improbabile che tutte le colpe siano da un lato e se sia valido applicare la "giustizia" umana alle vicende storiche. Non è del tutto chiaro quando, invece che di giustizia, si tratta di convenienza politica, come quando si condanna chi ha fatto il suo dovere di soldato in maniera "troppo" brillante. Naturalmente, le colpe dei vincitori non vengono nemmeno indagate e qualche volta vengono coperte con medaglie. Per considerazioni di convenienza, ci si guarda bene dal criticare le malefatte dei propri alleati. Se poi avesse vinto chi ha perso, è possibile che si sarebbe comportato molto peggio.

Secondo le leggi della storia, sembrerebbe che non ha diritto alla propria indipendenza quella società in cui nessuno dei suoi membri vuol morire per farla sopravvivere. La sopravvivenza poi può significare la necessità di una guerra contro chi minaccia il futuro e lo sviluppo (e pertanto l'esistenza) di una nazione. Chi non ha un impero attacca e chi ce l'ha si difende, anche se nel passato ha attaccato altre nazioni per conquistare il suo impero (esattamente come quelli che l'attaccano ora).

Pertanto, la storia si basa non su quello che è giusto dal punto di vista morale, ma sulla potenza per assicurare una supremazia che diminuisce le minacce dell'altrui potenza e che assicura il benessere materiale, l'infiltrazione economica, le materie prime, i tributi in denaro e la "gloria" delle grandi conquiste.

Naturalmente, la supremazia e il benessere materiale comportano anche la possibilità di sviluppare le potenzialità creative dei membri di quella nazione e persino di sviluppare una civilizzazione. È possibile che *uno degli scopi della storia sia proprio quello di permettere la selezione e favorire lo sviluppo di quelli che se ne rivelano capaci.* I frutti di una civilizzazione poi alla lunga sono a vantaggio della razza umana tutta, come lo sono stati, per es., i frutti della civilizzazione greca e romana.

Questa sembra essere la giustificazione fondamentale della storia: la necessità dello sviluppo della razza umana mediante una selezione dura (e persino crudele) dei più capaci attraverso l'esame del sangue delle guerre. Questa concorrenza spietata (ne va di mezzo la sopravvivenza di una nazione come tale) impone tensioni considerevoli (per es., necessità di sviluppi tecnologici e preparazione militare) anche in tempo di pace in tutte le nazioni. Le necessità della sopravvivenza rendono la stagnazione un pericolo mortale. Pertanto, *non la moralità, ma la forza basata sulla supremazia delle realizzazioni diventa il parametro che regola il rapporto tra nazioni.*

La serietà della posta (la sopravvivenza come nazione indipendente, il conquistare un posto permanente nella storia delle nazioni, lo sviluppo culturale ed economico, la preminenza, le conquiste nei vari campi, la diffusione della propria lingua, ecc.) previene la stagnazione e obbliga allo sviluppo la razza umana. Se Roma non avesse creato il suo impero, sarebbe stata sopraffatta dai barbari. E, infatti, lo fu quando, alla fine, i suoi successi la indebolirono. Inoltre, Roma fu invasa dai Galli prima che invadesse la Gallia. Se Roma avesse rispettato i suoi vicini e li avesse trattati con "equanimità" e fair play, il genere umano avrebbe perso una grande civilizzazione e la barbarie sarebbe continuata per secoli. I barbari fanno la storia solo con le loro invasioni, ma loro stessi di storia non ne hanno.

L'impero ateniese facilitò lo splendore culturale di Atene, uno splendore che ancora influenza la razza umana. La grandezza della Grecia fu raggiunta durante continue guerre tra le sue varie città-stato. E il Rinascimento ha raggiunto la grandezza durante i conflitti non solo tra i vari stati italiani, ma addirittura delle fazioni nell'interno della stessa città (vedi Firenze). La stessa Europa ha fiorito in maniera unica nella storia dell'umanità durante le lotte per la supremazia degli stati europei.

Dal che si vede che *è la guerra a dare significato alla pace.* La pace perpetua non è compatibile con una vita normale: come minimo porterebbe alla corruzione dei costumi e alla decadenza. Questo non significa che la guerra vada prescritta perché una lunga pace è pericolosa (ed è pericolosa). Le radici della guerra non possono essere estirpate e pertanto le guerre si verificano comunque, anche se in genere non si vogliono (con l'eccezione dei capi che vogliono assicurarsi un posto nella storia). Pertanto, la guerra deve essere evitata con determinazione quando è possibile, perché non diventi uno strumento di devastazione inutile e crudele, fine a se stessa. Ma forze non controllabili (per es., la sopravvivenza di una nazione come tale) determinano quando non è evitabile.

Le caratteristiche della moralità nei rapporti fra nazioni
Nei rapporti tra i popoli, la potenza prevale e la moralità viene in genere usata come un mezzo. La moralità viene usata solo come strumento per facilitare il raggiungimento dei propri fini, anche se immorali. Per es., non c'è aggressore "civilizzato" che non cerchi valide scuse per giustificare la propria aggressione, scuse come il rispondere alle provocazioni, la correzione di torti ricevuti, la punizione per atti di violenza, le minacce vere o false (addirittura falsificate), la distruzione dei "terroristi" (spesso si identificano con i nemici dei nostri interessi), ecc.

Si vuol essere più forti col sembrare anche giusti. Inoltre, se conveniente e senza consultarlo, si proclama Dio come il difensore della nostra causa. Certamente, questo sarebbe immorale, se le prescrizioni della moralità individuale si estendessero anche alla storia.

Gli aggressori "barbari" sono più semplici e non si curano di giustificare le proprie aggressioni, perché non conoscono (essendo barbari) la necessità o l'utilità dell'ipocrisia di stato. Si vede allora applicato genuinamente il diritto del più forte senza preoccuparsi di camuffarlo con una causa giusta. La politica come arte per aiutare la forza è a loro sconosciuta. Ma si vede subito che questo non li fa moralmente superiori: sono solo più rozzi e spesso crudeli. Se non mentiscono è solo perché non ne comprendono l'utilità o non sanno mentire perché abituati a usare la violenza invece dell'ipocrisia.

Siccome *la potenza e non la moralità regola il rapporto tra nazioni*, il successo dell'aggressione non comporta per nulla un senso di colpa. Al contrario, la gente prova orgoglio per i "trionfi" del proprio esercito ("patriottismo"). La gente prova la soddisfazione dell'amor proprio come per le vittorie nelle gare sportive internazionali o per le scoperte scientifiche dei propri scienziati. Si trova soddisfazione nel fatto che some società si è più forti e più bravi di altre società e questo aumenta la percezione positiva di se stessi di chi a quella società appartiene.

I rapporti tra i popoli sono di concorrenza, se non di ostilità, perché sono basati su interessi nazionali. Se (invece di ostilità) vi sono "amicizie" o alleanze, vuol dire che gli interessi coincidono per quella particolare causa con vantaggi reciproci. Tuttavia, gli interessi di nazioni diverse non coincidono mai interamente neanche nelle alleanze, come lo dimostrano le numerose tensioni e frizioni. In genere, gli stranieri non piacciono, prima di tutto perché sono differenti e poi il loro parlare un'altra lingua contribuisce a renderli estranei. Se ritenuti inferiori, si disprezzano (e pertanto ci sono ostili). Se ritenuti superiori, si invidiano (e pertanto siamo loro ostili). E se si considerano uguali, si cerca di superarli.

Si vede nella nazione un'estensione del nostro Io: ci si rallegra dei "nostri" successi, ci si infuria per ogni "nostra" umiliazione, ci si esalta per ogni "nostra" scoperta. Per "nostro" si intende "della nostra nazione". I successi degli altri popoli (anche alleati) riempiono più frequentemente di invidia che di ammirazione. E quelli dei nostri che vi rispondono con energia e decisione divengono eroi, perché come popolo vogliamo essere i più bravi. Tutto questo è istillato dall'inderogabile necessità della competizione. Se come popolo non vogliamo sentirci più bravi, siamo già assai meno bravi, anzi non siamo bravi per nulla.

Non vi sarebbe assolutamente nulla di meritevole nel non voler essere più bravi o di accontentarsi facilmente di essere meno bravi. Né siamo liberi di farlo, perché i sentimenti di una comunità sono regolati da istinti genetici universali. Cioè, vi sono istinti individuali che universalmente (in ogni società) regolano il nostro atteggiamento verso la comunità cui si appartiene.

Ciascun popolo cerca di mantenere la propria identità e sopravvivenza sia resistendo l'aggressione sia praticando l'aggressione. Le colonie dell'antica Grecia venivano stabilite sconfiggendo quelli che già erano sul posto e impadronendosi delle loro terre, ma la storia non li accusa di essere ladri. Se i Greci non l'avessero fatto perché non era giusto, probabilmente *loro* ne sarebbero stati seriamente danneggiati, non meno di un leone cui dispiacesse di uccidere una zebra. D'altra parte, la Grecia stessa era sottoposta ad invasioni barbariche. Siamo al livello, piuttosto brutale, di "Mors tua, vita mea", perché motivazioni senza pietà sono inevitabili per una concorrenza che non può avere pietà. Se l'avesse, le conseguenze sarebbero altrettanto spietate, anche se non per le stesse comunità.

È assai improbabile che il comportamento storico sia il risultato di una programmazione mal riuscita. In realtà, in primo luogo il comportamento riflette la necessità di competizione in cui interessi fondamentali sono in gioco (per es., indipendenza e prosperità). Questi interessi sono così importanti da essere difesi con la vita dei soldati e dei cittadini. Le soluzioni diplomatiche hanno successo solo per interessi molto più limitati o spesso solo temporaneamente.

Inoltre, i terribili sacrifici di vite umane (milioni di persone possono essere uccise in una guerra mondiale) limitano la rottura dell'equilibrio biologico, frenando la crescita non controllata dell'umanità. Questo sembra crudele, perché lo è. Ma non è più crudele né meno necessario di quanto succede tra gli animali o delle conseguenze negative dell'abolizione di tali "salvaguardie". In fondo, le grandi epidemie del passato non erano molto più pietose.

D'altra parte, una crescita incontrollata ha le conseguenze quanto mai serie. Gli effetti dell'espansione della specie umana già si fanno sentire nella rottura degli equilibri biologici con conseguenze inquietanti, se non minacciose. Si rischia l'abitabilità del pianeta terra e la sopravvivenza della biologia. Già ora, molte specie animali corrono il rischio di estinzione. Questo problema è reso ancora più attuale dai progressi fatti nella cura delle malattie e in particolare delle epidemie. Inoltre, la soddisfazione delle nostre crescenti convenienze (industrializzazione, automobili, prodotti chimici, diffondersi dell'aumento dei consumi, ecc.) sta inquinando l'ambiente in maniera ogni giorno più evidente.

È vero che si pratica l'aborto molto più frequentemente dal momento che è legale (anche se non sembra essere molto morale). L'eliminazione di un nuovo essere non sembra molto più compassionevole delle uccisioni della guerra (e spesso è il frutto dell'egoismo). Tanto più che allo stesso tempo, si cerca di prevenire la morte causata dalle malattie con conseguente aumento dei vecchi. Può darsi che si arriverà al punto che l'invecchiamento della popolazione sovvertirà il necessario equilibrio biologico, sociale ed economico. Ma, per ora, le soluzioni umane disturbano l'equilibrio biologico diminuendo le vite nuove e aumentando quelle vecchie.

Questi concetti non vogliono assolutamente prescrivere le malattie e la guerra nel nome dell'equilibrio biologico. Questo ripugna alla moralità e all'interesse individuale. In ogni caso, tali prescrizioni sarebbero assolutamente inapplicabili: all'unanimità, tutti vogliamo essere curati dalle malattie e assolutamente nessuno sarebbe così mostruoso da cominciare una guerra solo per distruggere vite. Invece, forze più grandi di noi cominciano le guerre, nonostante la ripugnanza istintiva suscitata dalle sofferenze e dalla distruzione di tante vite.

Queste considerazioni sulla guerra e sulla pace vogliono solo richiamare l'attenzione sul fatto che vi sono meccanismi predisposti dalla natura per mantenere certi equilibri nelle grandi masse di individui, anche a spese dei singoli componenti di queste società. Le manipolazioni umane possono alterare questi meccanismi, ma non senza serie conseguenze d'altra natura.

Quello che ci sembra solo crudele è imposto dalla necessità di equilibri e selezioni che fanno parte di una strategia globale e non si possono ignorare anche se si volesse. Poiché né i meccanismi della natura possono essere alterati né i "progressi" dell'umanità possono essere arrestati o soppressi, sembrerebbe inevitabile che la razza umana andasse verso una (sia pur ancora lontana) estinzione. Questo non succederà perché ci sono vaste riserve nello spazio e l'ingegnosità umana già sta esplorando questa possibilità.

Per ritornare ai rapporti tra i popoli, *la diversità dei popoli è il presupposto di quella competizione senza la quale lo sviluppo del genere umano sarebbe meno dinamico e forse seriamente compromesso.* L'ostilità di interessi, il desiderio di benessere e di potenza, l'emulazione, il desiderio di gloria da parte dei grandi sono forze potenti di sviluppo, specialmente se associate al timore di essere sopraffatti spiritualmente o fisicamente, o di vedere sostanziali interessi nazionali compromessi. Di qui la necessità di un continuo sviluppo per diventare e mantenersi sufficientemente forti per scoraggiare l'aggressione. Di qui, il continuo formarsi di coalizioni e alleanze che generalmente sono dirette contro chi minaccia i propri interessi nazionali, dal momento che tali coalizioni si riorganizzano differentemente se gli interessi cambiano.

Non sorprende quindi che le nazioni cerchino l'alleanza di quelle che non le minacciano (o le minacciano di meno) e che hanno tutto l'interesse ad allearsi con loro contro un comune nemico (vedi le alleanze tra "capitalisti" e comunisti contro i nazisti e i fascisti). Per la stessa ragione, sembra conveniente che, se ci devono essere delle superpotenze, ve ne siamo più d'una in modo che si contrappongano nelle loro ambizioni e si neutralizzino, diminuendo la tendenza alla soppressione dei più deboli.

Anche in questo caso, i più deboli cercano l'alleanza con la potenza che minaccia di meno. Tuttavia, questo è un gioco assai pericoloso, perché si rischia si sostituire un potenziale padrone con un altro che (se vince) diventa padrone effettivo. Per es., dopo la vittoria, Stalin inglobò sia gli alleati di Hitler sia i suoi alleati nell'Europa orientale.

Ma è da considerare che anche nei rapporti storici c'è una moralità sui generis che per lo meno in parte è basata su interessi comuni delle parti opposte. Per es., si cerca il negoziato prima di dichiarare la guerra, si manda un ultimatum, si dichiara formalmente la guerra, si escludono certe armi (per es., gas tossici), si cerca la salvaguardia dei prigionieri, ecc. Siccome tutte le parti in causa hanno soldati che possono venir presi prigionieri, diventa importante che siano protetti perché, che si vinca o si perda, in genere i prigionieri tornano a casa. In tal maniera, la difesa dei propri interessi è fatta ad un costo più basso. È questa una "moralità convenuta" cioè sancita da trattati e accettata dalle parti firmatarie nel reciproco interesse.

Teoria e pratica della politica

Per maggior chiarezza e per evitare interpretazioni sbagliate, a questo punto sembra consigliabile considerare il problema della distinzione tra analisi e quello che viene analizzato. *In un'analisi, dire la verità è un obbligo*, perché altrimenti quello che si afferma può essere "diplomatico", ma è invalido. Ma la verità non è gradita all'ipocrisia, perché rende più difficile la sua maniera di operare. Pertanto, l'ipocrisia si ritiene obbligata a difendersi accusando. L'ipocrisia allora convenientemente chiama cinismo *la descrizione* di quello che l'ipocrisia *fa*. Nel fare questo l'ipocrisia è coerente (non si pretenderà che l'ipocrisia dica candidamente la verità: sarebbe un'ipocrisia incompetente). Pertanto, non è irragionevole che l'ipocrisia faccia accuse false, perché l'analisi della condotta delle relazioni internazionali imbarazza le manovre di quella che l'ipocrisia chiama abilità.

L'unica cosa che l'ipocrisia non tollera è di sentire le verità che vuole accuratamente nascondere. In questi casi, l'isterismo "morale" dell'ipocrisia s'ingegna ad attribuire la verità che non le piace al "cinismo" di chi la dice. Naturalmente, c'è chi trova quanto mai conveniente credere (o far finta di credere) all'ipocrisia: dopo tutto, in genere la convenienza ci fa tutti ipocriti, più o meno e in una maniera o nell'altra.

Ma, fondamentalmente, la partita della storia non può essere giocata a carte scoperte e si è obbligati a difendere in nome della moralità le regole di un gioco che è determinato dalla necessità della sopravvivenza e dello sviluppo del genere umano (e non dalla moralità). Per es., cosa potrebbe mai fare la diplomazia se le fosse negato di mentire o di equivocare (sia pure diplomaticamente)? Diventerebbe la vittima "innocente" di una poco pratica verità.

Ma nelle relazioni internazionali, gli interessi fondamentali della storia non posso permettersi il lusso di esporsi nella loro nudità. La comprensione di questa necessità obbliga tutti a porre sul gioco della storia una discreta foglia di fico. Infatti, cosa ci può essere di morale nel voler sopraffare chi non ci ha fatto nulla e volerlo sfruttare a nostro vantaggio? L'unica soluzione è di passarci sopra con un discreto silenzio o meglio ancora di esaltare il successo delle sopraffazioni (senza naturalmente chiamarle così).

Tuttavia, converrà notare che *l'analisi non prescrive condotte da seguire, solo analizza quelle seguite.* Se si ritiene di saperne più della natura, si descrive quello che non esiste (si predica e non si analizza). Nell'analisi, semplicemente si riconosce che l'ipocrisia non sarebbe sostituibile con l'onestà nei rapporti internazionali. Per es., nessuna nazione potrebbe proclamare: "Faccio la guerra perché ho bisogno di materie prime o nuovi mercati" o semplicemente "perché sono più forte e posso permettermi di ottenere vantaggi mediante l'aggressione". Di quella nazione si direbbe non che è onesta, ma che è offensivamente arrogante.

Tuttavia, se la "ipocrisia" è uno strumento insopprimibile della storia, non è la sua padrona. Essendo obbligatoria, l'ipocrisia non è neanche ipocrisia, ma uno strumento riconosciuto e praticato da tutti con grande disinvoltura. Non usa l'ipocrisia solo chi non ne capisce la funzione e si affida alla forza bruta. Ma questo sarebbe uno sbaglio politico, perché l'ipocrisia aumenta la forza della forza, specialmente se bruta. Le proposizioni dell'ipocrisia possono non essere individualmente credute, ma non sono pubblicamente smentite. Semmai, la parte opposta risponde con l'ipocrisia.

Il descrivere l'ipocrisia è parte dell'analisi del suo ruolo nei rapporti fra i popoli, non un consiglio personale (i consigli li potrebbero dare a noi, data la loro grande esperienza in queste faccende). Nel riconoscere l'inevitabilità dell'ipocrisia (certo non esiste solo per caso) bisogna stare attenti, perché allora (invece di un cinico) l'ipocrisia ti accusa di essere un ipocrita...

Con tutto questo, la moralità condanna nella storia quelle azioni che non sono giustificate dagli scopi che la storia deve perseguire e che invece riflettono solo deficienze e vizi individuali. Per es., si può essere spietatamente crudeli solo perché si è crudeli di natura e non perché lo esige la lotta. Si approfitta della spietatezza della lotta, per dar sfogo alla spietatezza individuale e aggiungerla alle umiliazioni della moralità.

CONCLUSIONI SULLA MORALITÀ NELLE SUE VARIE FORME

Nella moralità, prima di tutto vi sono i dettami istintivi individuali della genetica che ad uno stadio primitivo di una società hanno un ruolo predominante. Poi il rafforzamento e la formalizzazione della moralità da parte dell'educazione sotto guida della genetica di chi insegna (genitori e maestri istintivamente sentono la necessità morale di inculcare le virtù e scoraggiare i difetti in una nuova leva). Infine, l'articolazione e la predica della moralità da parte delle religioni in modo da ancorare i precetti non a quello che viene insegnato e imparato a livello umano, ma alla propria coscienza come comandamenti di Dio.

Pertanto, l'istinto morale (non la moralità) è una caratteristica che si eredita con variazioni qualitative e quantitative, come si ereditano tante altre caratteristiche della mente (per es., i vari livelli di comprensione, logica, carattere, generosità, forza, energia, bontà, ecc.) o del corpo (colore dei capelli, statura, colore della pelle, ecc.). L'istinto morale prescrive una serie di precetti istintivi basilari (come il non rubare od uccidere). Inoltre, l'istinto morale permette l'accettazione di una particolare moralità (spesso associata con la religione che si pratica), moralità che viene insegnata ad ogni generazione secondo i luoghi e le tradizioni. Le prescrizioni della moralità sono acquisite, ma senza l'istinto morale congenito gli insegnamenti della moralità sarebbero senza efficacia.

Senza il contributo dell'educazione, la moralità sarebbe più rozza o per lo meno più rudimentale. Inoltre, differenti tipi di educazione introducono differenze anche notevoli. Per es., la crudeltà può non essere considerata una colpa in certe società, specialmente quelle più primitive. Ma (come nelle società progredite) anche nelle società più primitive vi sarà chi è più crudele o più compassionevole secondo la *natura* (e l'istinto morale) dei vari individui.

Quindi, *l'istinto morale è una caratteristica genetica tipica della specie umana e che richiede la presenza della mente.* Anche senza insegnamenti (ma è impossibile che non ve ne siano, per es., dai genitori), l'istinto morale introduce il concetto di bene e male e il senso di soddisfazione o di colpa a seconda se si fa il bene o il male come lo intende la genetica. Questi sentimenti sono presenti anche in chi non sa né leggere né scrivere.

L'educazione formalizza la moralità e le dà valori precisi. Poiché nei suoi contenuti dipende dall'educazione, la moralità può attestarsi a livelli differenti, dall'essere superficiale all'essere quanto mai esigente. Individualmente, il livello morale dipende non solo dall'educazione impartita, ma anche dal livello intellettuale (e sopratutto spirituale) di chi la riceve. Per es., il concetto di vendetta può prevalere su quello di perdono in una persona rozza e violenta.

L'inevitabilità del male non deve far concludere che il male è un bene, perché questo distruggerebbe il bene e il male. Se ne deve concludere che il male e il bene sono entrambi indispensabili (non ci potrebbe essere il bene se il male non esistesse), per quanto la genetica proibisca di porli sullo stesso piano. Entrambi sono sorgenti di profonde motivazioni ed emozioni, che derivano da perseguire il bene e rifiutarsi al male. Ma anche quando il bene come lo concepiamo individualmente è approvato dalla morale, quello che consideriamo il bene varia nei differenti individui, perché è il risultato delle inclinazioni individuali di ciascuna mente (chi è interessato alla beneficenza e chi a far collezione di francobolli).

Soggettivamente, il bene e il male cesserebbero di essere se non si desiderasse e non si facesse più nulla, per quanto oggettivamente non desiderare e non fare più nulla sarebbe un male. Questo vuol dire che l'essenza del bene ha variazioni individuali relative alle inclinazioni naturali nei limiti stabiliti dagli istinti (si sceglie il tipo di bene che più ci interessa). Il male (essendo il contrario del bene) ha simili caratteristiche (si fa il male consono alle nostre inclinazioni). L'indifferenza al bene (e pertanto al male) non è fisiologica e rientra nell'amoralità.

In termini più generali, la moralità è uno degli strumenti con cui l'Ordine regola il comportamento umano, non più e non meno di altri strumenti come l'istinto della sopravvivenza, il desiderio di successo o l'amore nelle sue varie accezioni. *La legge suprema sembra essere che (non essendovi nulla a caso) la modificazione permanente e generalizzata dell'Ordine naturale introdurrebbe un disordine che minaccerebbe non il comportamento, ma la stessa sopravvivenza del genere umano.*

Le modificazioni temporanee e non generalizzate dei vari fattori sono rese necessarie dal fatto che nell'Ordine vi deve essere la Varietà attraverso il contrasto e l'alternarsi del prevalere di fattori differenti. Inoltre, la moralità impone le sue leggi, ma non può essere imposta a nessuno: nessuno è morale se vi è costretto non dalle sue convinzioni, ma da quelle degli altri. Per questo, le leggi del codice non possono prescrivere la moralità, ma solo quello che è legale.

Il comportamento umano varia in condizioni diverse e pertanto richiede fattori diversi che lo regolino.

La moralità individuale è basata su un istinto genetico che è sviluppato in maniera specifica dalla famiglia, dall'educazione e dalla religione in ciascun individuo, sia pure con caratteristiche qualitative e quantitative differenti in chi educa e in chi viene educato. Tale moralità ha un ruolo essenziale nel determinare o influenzare la condotta di ciascuno e anche della società. Esalta le virtù e condanna i vizi e si serve del senso di colpa come punizione intima e personale delle trasgressioni dei suoi precetti. La sua forza è che (essendo insita in ciascuno di noi), le trasgressioni possono essere nascoste agli altri, ma non ignorate da noi stessi, neanche con l'ipocrisia. Con il decadere generalizzato della moralità individuale, una società cessa di essere vitale, progressivamente degenerando nella decadenza. *La moralità privata (quella di ciascuno) non è negoziabile, anche se talvolta è negoziata.*

La moralità di una società è regolata dalla moralità individuale ("Non fare agli altri quello che non vorresti fosse fatto a te"), ma è anche regolata dalle leggi che stabiliscono quello che può essere fatto legalmente. L'infrazione delle leggi comporta punizioni, come per es. la prigione. La moralità pubblica in genere non è contraria a quella privata, ma le due moralità non si sovrappongono. Si possono fare cose immorali che non sono illegali, e cose legali che sono immorali. Queste differenze tra moralità individuale e pubblica derivano dal fatto che la prima riguarda essenzialmente il rapporto con noi stessi e la seconda essenzialmente il rapporto con gli altri. Inoltre, le leggi hanno obiettivi che vanno oltre la regolazione dei rapporti tra individui e regolano l'attività di una società come tale, in vista delle necessità del suo sviluppo (vedi le leggi sull'istruzione, sulla ricerca, sui trasporti, sulle forze armate, sulla fiscalità, ecc).

La moralità nei rapporti internazionali deve tener conto che nei rapporti tra le differenti nazioni prevalgono gli interessi (e solo gli interessi) di ciascuna nazione in modo che i rapporti sono di concorrenza, competizione o addirittura di ostilità. Questi rapporti sono imposti della necessità di favorire lo sviluppo di chi può contribuire di più allo sviluppo dell'umanità. Non che questo sia il movente che muove una grande potenza (che invece è mossa dai suoi interessi nazionali), ma è l'effetto obbligatorio della sua intraprendenza, energia, creatività, audacia, organizzazione, ingegnosità, determinazione, efficienza, ecc. Questo stimola la competizione di altre nazioni con un lievitarsi delle realizzazioni del genere umano.

Siccome la sopravvivenza e la prosperità sono i temi principali dei rapporti tra nazioni, ne consegue che essere potenti diventa essenziale. La moralità vi gioca un ruolo periferico e diventa uno strumento della diplomazia. Cioè, la moralità è costretta ad obbedire alla convenienza e agli interessi nazionali, interessi che sono amorali, ma non immorali. Questo indica che le caratteristiche dei rapporti tra nazioni sono stabilite dalle necessità di un Ordine, la cui strategia è strutturata secondo lo scopo a cui tali rapporti sono soggetti. Tali regole possono essere (temporaneamente) alterate solo da grossolani sbagli di comprensione. Pertanto, *negli equilibri della natura, i rapporti tra i vari fattori che determinano lo svolgersi dell'umanità sono regolati dalle esigenze delle particolari attività, siano queste le attività individuali, di una società o di nazioni.*

Le aspirazioni sono stimoli potenti allo sviluppo. A livello individuale, le aspirazioni sono regolate anche dalla moralità che impone il rispetto di sé e condiziona lo sviluppo dei doni che uno ha secondo regole accettabili. Le aspirazioni sociali sono regolate dalle leggi (per es., è permesso diventare ricchi, ma non illegalmente). Le aspirazioni delle nazioni si realizzano attraverso la potenza aiutata da un'abile diplomazia. Nei rapporti internazionali, la moralità decade ad essere uno strumento al servizio della politica, perché la salvaguardia del bene del genere umano è affidata alle prove della storia, e cioè ad un esame che si scrive col sangue.

Se è importante comunicare con gli altri esseri umani, sembrerebbe per lo meno altrettanto importante comunicare col Creatore. Come un bimbo in difficoltà istintivamente si volge ai genitori (in genere alla madre), così nelle prove della vita ci si volge per conforto ed aiuto a Dio. In tempo di guerra, la gente affolla le chiese. Ma vi è l'impulso e il bisogno di comunicare con Dio anche quando non abbiamo da chiedergli conforto od aiuto.

Di questo rapporto tra Dio e le sue creature si occupa la religione. Così, da una parte, la religione predica le leggi divine intese a regolare il comportamento umano e, dall'altra, permette ai credenti di comunicare con Dio mediante la preghiera. Pertanto, la religione intende essere lo strumento del colloquio tra Dio e le sue creature. In questo, la religione ha una funzione unica che non può essere sostituita da altre entità, come per es. la logica della filosofia o le cognizioni della scienza.

Rapporti tra Dio e le sue creature

Ogni tanto, ringraziamo Dio (o dovremmo ringraziarlo) per averci dato la vita e per tutti gli altri doni che la rendono degna di essere vissuta (compresa la felicità e l'infelicità). La generosità di Dio non chiede la gratitudine, ed è per questo che si prendono i suoi doni (come, per es., la bellezza della natura) per scontati (si nasce con quelli). Ma certo vorremo rispondere al suo amore col nostro amore, anche se il nostro è una pallida ombra del suo. Inoltre, il rapporto con Dio comporta il riconoscere una base divina agli istinti della moralità, una base che ne rafforza l'influenza sul comportamento umano.

Quando qui parlo di Dio, parlo del Creatore dell'Universo e, in particolare, del genere umano, del Dio che si rivela nelle sue opere straordinarie alla coscienza umana. Queste opere eccezionali (in realtà sono miracoli) sono la prova "scientifica" del suo essere. Per questo, "La fede propone l'esistenza di Dio e la scienza ne fornisce le prove". Questa coscienza della grandezza di Dio è la base obiettiva e obbligatoria della necessità dell'umiltà.

Per negare l'esistenza di Dio, bisognerebbe rinunciare non tanto alla fede quanto alla stessa logica. E se anche si rinunciasse alla logica, l'istinto religioso si rifiuterebbe di seguire l'arbitrarietà di una tale pretesa (per lo meno, nel nostro intimo). Il buon senso non la penserebbe altrimenti.

Gli attributi di Dio
Naturalmente, per comunicare con Dio, è necessario domandarsi cosa ne sappiamo. A questo proposito, *riassumo qui* un saggio intitolato "Dio" che è incluso nel libro intitolato *La Realtà dell'Io.*

(Inizio del riassunto)
Intelligenza e onnipotenza
La creazione delle meraviglie infinite dell'Universo testimonia un'intelligenza altrettanto infinita associata all'onnipotenza. Il dubitare dell'intelligenza di Dio dovrebbe solo farci dubitare della nostra. La creazione della mente umana è un altro straordinario miracolo. Si può ancora negare Dio, ma è chiaro che solamente uno che sia stato creato da Dio può avere la prerogativa di negare Dio: senza la mente, non si afferma né si nega niente. Il fatto che si possa negare Dio dimostra solo la libertà dataci da Dio.

Se poi la mente non fosse stata creata da Dio e si fosse sviluppata "da sé" sarebbe un miracolo ancora più grande. La spiegazione di questo miracolo necessiterebbe un autore, cioè Dio. Dunque, sarebbe difficile negare che Dio possiede un'intelligenza infinita e la capacità di tradurla in opere eccezionali (onnipotenza).

Se si negasse l'esistenza di Dio, si sarebbe forzati a divinizzare il caso. Il **caso** non può creare un Ordine straordinario: questo è difficilmente concepibile e intrinsecamente contraddittorio. Inoltre, se il caso avesse creato l'Universo, avrebbe fallito miseramente perché nell'Universo non vi è nulla a caso. Ma c'è un problema ancora più serio e cioè la creazione della materia dal nulla: dal nulla non si crea nulla, *neanche a caso*.

Senso estetico

Apprezziamo la bellezza della natura, una bellezza che è diretta solo a rallegrare l'ànima umana e che contribuisce così tanto a fare della terra il paradiso terrestre. Per es., cosa giustifica la bellezza e varietà dei fiori? O la loro "necessità"? La risposta non può essere che la creazione di bellezza in forme diverse per il godimento di coloro che possono apprezzarla, e cioè degli esseri umani. Qui va aggiunto che l'apprezzamento della bellezza è reso possibile dal dono della sensibilità estetica.

Se si toglie la bellezza e la sua varietà, che cosa rimane dei fiori? Quale altra funzione hanno i fiori, se non di essere belli? E perché tanti fiori diversi se non per creare forme diverse di bellezza? Quando i fiori sono appassiti e non sono più belli, forse che non vengono tirati via? Ora, chi può creare una cosa bella senza avere senso estetico? Se Dio ha creato tante cose meravigliose, com'è possibile che non abbia uno straordinario senso estetico e l'abilità di creare con grande varietà secondo tali criteri estetici?

Certamente non si vorrà sostenere che i fiori sono belli e vari "per caso" o come risultato dell'evoluzione. L'evoluzione non potrebbe esistere se non ci fosse qualcosa che già esiste, a meno che non si ammetta un'evoluzione dal nulla. Ma allora sarebbe qualcosa di più dell'evoluzione: sarebbe creazione. Ed inoltre, sulla base del caso, dovremmo assistere ad esempi d'evoluzione ed involuzione. Il risultato netto sarebbe una sequenza di variazioni senza un piano strategico né una direzione particolare. Cioè, non ci sarebbe evoluzione (netta).

La bellezza comincia ad esistere quando quello che si percepisce soddisfa i criteri estetici della mente o, più semplicemente, ci piace. E la bruttezza quando questi criteri sono "offesi" o, più semplicemente, qualcosa ci dispiace. Il percepire la bellezza ci dà piacere (per es., vedere un bel fiore) e la varietà aumenta questo piacere (per es., vedere campi di fiori diversi). La sensibilità alla bellezza è un dono riservato solo al genere umano.

Se poi si apprezzasse la bellezza solo perché siamo stati condizionati geneticamente a farlo, di questo "obbligo" dovremmo essere profondamente grati dal momento che la bellezza ci dà molti delicati piaceri. Se noi abbiamo un senso estetico, come negarlo a Chi ha dotato la nostra mente di senso estetico per cui certe cose ci colpiscono per la loro bellezza e non hanno altra funzione all'infuori di questa?

Etica

Tutti sappiamo che ci sono cose morali ed immorali, anche se nella nostra debolezza non facciamo sempre quello che dovrebbe essere fatto. Ma se noi abbiamo un'etica, lo dobbiamo alla nostra genetica. Com'è possibile che Chi ci ha dato l'etica, non ne abbia alcuna? L'etica di Dio può essere differente e superiore alla nostra, ma deve pur comprendere il concetto di bene e, automaticamente, quello di male.

Non si insegnerebbe ai nostri figli che cosa è il bene, se non ne avessimo noi stessi la minima idea di che cosa sia il bene. O se non si credesse al bene. Se Dio ci ha dato un'etica, evidentemente ha un'etica lui stesso ed ha ritenuto che fosse necessario che l'avessimo anche noi.

Amore

I doni ricevuti introducono un altro aspetto di Dio. Come è possibile che Dio abbia fatto le infinite meraviglie dell'universo e gli spettatori di queste meraviglie e li senta estranei a sé? Non è legge umana che si ama quello che si crea? A cominciare dai figli? E Dio dovrebbe essere meno di noi? Noi amiamo i nostri figli, eppure siamo solo gli strumenti della loro procreazione. Diamo loro i nostri cromosomi che noi stessi non abbiamo scelto. Quanto più sarebbero nostri se noi avessimo creato gli stessi cromosomi, invece di averli ereditati per un processo in cui il caso può fare tutta la differenza.

Ma se noi amiamo i nostri figli, come pensare che Dio abbia creato quello per cui non aveva il minimo interesse o verso cui provava la più completa indifferenza? Il fatto stesso che esistiamo è già una prova dell'interesse di Dio verso di noi. Una prova confermata dalle cose che sono state fatte per allietare la nostra breve esistenza, come per l'appunto la bellezza.

L'ambiente fisico è stato creato per la nostra sopravvivenza fisica (vedi il sole, l'atmosfera, le piante, ecc.) e un sistema di valori etici per la nostra sopravvivenza spirituale. La mente ci è stata data perché, imparando, fossimo in grado di capire, creare e svilupparci. Emozioni ci agitano che danno significato alla nostra vita. Una gran varietà di cose sono state create solo per abbellire il nostro ambiente.

Se questi non sono atti di un Padre verso i figli e se questo non implica amore verso le creature, che cosa significano? Come può essere possibile che Dio abbia creato l'uomo e la donna, suoi capolavori, con indifferenza? O per caso? Né l'una né l'altro si accordano col concetto di un Creatore. Perché creare una realtà tanto complessa, se non la si fosse considerata altrettanto importante? Che cosa può essere più importante di quello che si ama? E come si può non amare quello che noi stessi abbiamo voluto creare? La creazione è già un atto di amore.

Ma chi tra noi vorrebbe che i suoi figli non sapessero che lui è il padre? Chi procrea dei figli e poi li abbandona a se stessi o nasconde loro la sua identità? Chi non vuole rapporti di affetto tra lui e le sue creature? Chi non dice con orgoglio presentando i suoi figli: "Questo è mio figlio o mia figlia"? Se noi creature mortali, la cui traccia sulla terra è alla fine solo un pugno di polvere, abbiamo bisogno di affetti profondi tra noi e i nostri figli, come potremmo negare al nostro Creatore la necessità di un rapporto tra Lui e le sue creature? Non amiamo noi forse i nostri genitori?

La fede

Dal bisogno dell'amore reciproco col nostro Creatore nasce la fede, cioè la necessità di un rapporto intimo della nostra anima con Dio. La fede è basata su emozioni piuttosto che sulla logica, così come i rapporti tra genitori e figli sono basati sull'affetto e non sui ragionamenti.

La fede nasce dalla necessità di non lasciare l'uomo solo

con la sua solitudine. La fede nasce con ogni nuova creatura, perché lo spirito di ciascuno di noi ha il diritto di non essere orfano del suo Creatore. Chi dubiterebbe degli affetti tra genitori e figli solo perché sono basati su emozioni e non ragionamenti? E allora perché la fede dovrebbe essere meno reale perché basata su emozioni piuttosto che su ragionamenti?

Conclusioni

Da queste considerazioni si vede che Dio dimostra intelligenza, onnipotenza, sensibilità, senso di giustizia, amore e un legame affettivo verso le creature umane. Necessariamente, ha dato alle sue creature alcune delle sue caratteristiche: naturalmente, la differenza tra Dio e uomo è quantitativa e qualitativa. Differenza tanto grande da richiedere la protezione dell'umanità dalla grandezza della Divinità mediante il mistero. Eppure quanto sopra indica che Dio ci ha fatto a sua immagine e somiglianza.

Dopo tutto, se non fosse per Dio e le sue creature, l'immensità dell'Universo sarebbe più piccola della sua solitudine.

(Fine del riassunto)

Dio e le varie religioni

La domanda successiva è *quale sia il rapporto tra Dio creatore di tutto e di tutti e il Dio delle varie religioni.* Certamente si tratta dello stesso Dio, dal momento che sarebbe un grande enigma se ci fosse un Dio per i copti, uno per le varie sette protestanti, uno per i buddisti, uno per i cattolici, uno per i mussulmani, uno per gli ebrei, uno per gli indiani, ecc. Senza contare le antiche religioni, per es., quelle dei Romani, dei Greci o degli Egiziani.

Se vi fosse un Dio per ogni religione, un nuovo Dio nascerebbe con la nascita di una nuova religione e morirebbe quando quella muore (per es., gli dei delle religioni dei Romani, dei Greci e degli Egiziani). Ma sopratutto, *questi dei si sarebbero copiati,* dal momento che ogni essere umano ha caratteristiche simili, come il fegato, il rene, i polmoni, la mente con tutti i suoi attributi, ecc. Nelle varie razze, variano certi caratteri somatici (per es., il colore della pelle), ma non le caratteristiche della natura umana, anche se espresse diversamente.

Il fatto che tutti gli abitanti della terra partecipano della stessa natura umana dimostra che sono stati *creati dallo stesso Dio*. Questo pone la domanda perché Dio sia così differente per ciascuna religione. La ragione è che Dio non può essere conosciuto direttamente (lo è attraverso le sue opere) e pertanto il rapporto diretto tra Dio e uomo è impossibile. In verità, la fede è l'anello di congiunzione tra l'uomo (troppo piccolo per comprendere a fondo il mistero divino) con Dio (troppo grande per una relazione diretta). Non si può guardare il sole direttamente per 10 minuti senza esserne accecati e vorremo contemplare il suo Autore nella sua gloria?

Di qui le religioni rivelate. *La base delle religioni è l'istinto religioso che è un'esigenza genetica* che si ritrova sia nelle civilizzazioni più avanzate (per es. quella greca, romana o europea) sia nelle società più primitive (selvaggi su un'isola sperduta in un oceano). Pertanto, l'istinto religioso è stato incluso fra le caratteristiche della natura umana in modo che avessimo un rapporto col Creatore. *Si eredita l'istinto religioso e non una religione particolare*, ma è l'istinto religioso che spinge a seguire la religione a cui siamo esposti fino dall'infanzia.

L'istinto religioso cerca una concezione di Dio che è vicina al grado di sviluppo di una società. I fulmini di Giove erano adatti per l'effervescente immaginazione dei Greci, ma dopo le spiegazioni della fisica, nessuno attribuirebbe i fulmini di un temporale all'ira di Giove. Tuttavia, fisica o non fisica, anche in quei tempi si sentiva la necessità di un rapporto con Dio, gli si rendeva omaggio con i sacrifici e con le festività, con le statue e con i templi, si chiedeva l'aiuto di Dio nelle difficoltà della vita, si mostrava rispetto e si riconosceva il potere della Divinità e il suo interesse negli affari umani.

Anzi, si condannava per empietà quello che era ritenuto offensivo verso la divinità. Anche allora, vi erano uomini (sacerdoti) e donne (come le vestali dei Romani) che si dedicavano interamente a Dio. Nei popoli più primitivi, la religione era più primitiva, ma le caratteristiche non erano molto differenti nel senso che ancora era una maniera di corrispondere con Dio.

Per quali cause differenti religioni vengono accettate da differenti individui e società? Un fattore preponderante è l'insegnamento familiare, che instilla le tradizioni nella mente dell'infanzia. La maggior parte delle persone segue la fede della sua razza o meglio della sua famiglia, dato che la stessa razza può avere varie versioni della stessa fede (per es., le varie denominazioni protestanti, o gli sciiti e sanniti).

In genere, la religione professata dalla famiglia è quella che è più adatta per il livello di sviluppo della società a cui appartiene. Per es., nelle nazioni più civilizzate vi saranno ben pochi che includono il totem nelle loro pratiche religiose. La diversità delle religioni o delle diverse versioni della stessa religione riflette non un Dio differente, ma la diversità delle menti umane nel soddisfare l'istinto religioso e la forza della tradizione religiosa nella trasmissione della propria fede alla nuova generazione. Poiché le religioni che onorano Dio sono molte e con credenze quanto mai diverse, sembrerebbe che la maggior parte fossero discutibili anche perché non si può dimostrare che rappresentino Dio in maniera assolutamente corretta. In realtà, è possibile che le religioni debbano essere diverse per poter espletare la loro funzione, che è quella di essere un ponte di comunicazione tra le diverse menti umane e Dio. Quale sia la causa della diversità, pure anche quella delle religioni contribuisce alla Varietà che permea la natura umana.

La necessità della diversità deriva dal fatto che ciascuna società ha una certa struttura funzionale e tradizioni che investono non solo la religione, ma anche la maniera di pensare ed agire. L'istinto religioso viene appagato da una religione che è parte dei valori di una certa società. Per es., è possibile che la compassione, la carità e il perdono non avrebbero avuto molta attrazione né per i barbari né per Roma quando li combatteva. Similmente, la visione di un paradiso con caratteristiche terrene può non attrarre una società che apprezza le cose dello spirito (anche quando non le pratica tutte o sempre).

Queste differenze di valori spiegano perché gli sforzi missionari di una religione siano più remunerati presso certi popoli che presso altri, in quanto possono essere incomprensibili ad un certo modo tradizionale di pensare ed agire. Le conversioni individuali sono certo possibili quando un individuo trova una differente religione più vicina alle esigenze del suo spirito. Nel corso della storia, le conversioni di massa potevano essere dovute al fatto che il re o l'imperatore cambiasse fede per le più svariate ragioni. Questo poteva essere determinato da interessi politici ("Paris vaut bien une messe") o da interessi personali (come il divorzio) o dal fatto che la nuova religione offrisse una visione di Dio più consona al grado di sviluppo raggiunto della società.

Qualcuno dirà: "Se è obbligatorio credere in Dio, perché dovremmo farlo secondo i dettami di una religione?". La risposta è che non si può comunicare direttamente col mistero di Dio. Dopotutto, per la nostra mente "finita" è difficile perfino concepire l'infinito. Quanto più dunque sarebbe difficile comunicare con Dio che si manifesta a noi con le sue opere e non direttamente?

La religione offre una visione concreta e articolata di Dio con cui si può comunicare, per es. con le preghiere. *La religione offre una fede a misura d'uomo.* Da una parte, il Dio dei filosofi non ha altari né inginocchiatoi, e dall'altra, la mancanza di fede crea spesso un deserto di solitudine nell'intimità del cuore. Inoltre, chi può essere intimamente sicuro della validità di negare Dio? Ma anche chi non segue una religione rivelata può credere in Dio.

Ruoli della religione
Oltre a stabilire la necessità di una comunicazione con Dio, *le religioni predicano le virtù e condannano i vizi* in conformità con prescrizioni dell'istinto morale. Pertanto, difendono quotidianamente la moralità privata e pubblica dagli assalti di impulsi interessati o deteriori. *Tutti gli equilibri sono il risultato di forze opposte* e l'equilibrio tra moralità e immoralità non è un'eccezione.

Di qui, la necessità di difendere, diffondere e far prosperare le esigenze dello spirito contro gli esclusivi interessi materiali. Gli interessi materiali o i vizi non hanno bisogno di essere predicati (per questo basta la convenienza), ma l'argine all'egoismo e il perseguire la virtù devono essere ribaditi continuamente per coltivarli nell'anima. La necessità degli opposti appare evidente nei comportamenti sociali quando la spiritualità declina. E la spiritualità declina quando si persegue la convenienza e i piaceri materiali con successo.

Gli obblighi delle varie religioni mantengono vivo un rapporto che potrebbe essere gradualmente eroso dalle cure quotidiane e dagli interessi di un egoismo miope. La funzione delle religioni si fa apparente nei periodi di decadenza del sentimento religioso. Inevitabilmente, questo si associa ad un deterioramento di costumi, perché si rompe l'equilibrio dinamico degli opposti (l'equilibrio tra il bene ed il male, allontanando la gente dal rispetto e dall'amore verso Dio). Il fatto è che tutte le religioni penetrano tenacemente la fibra morale della società, come si vede dagli inutili tentativi di estirparvela da parte di chi se ne sente ostacolato politicamente.

Anche nelle religioni, si fa una distinzione tra i profeti che le proclamano e Dio. In altre parole, tutte le religioni si riferiscono a Dio come l'Essere Supremo, anche se ne proclamano una differente volontà. Le caratteristiche attribuite a Dio variano, ma in tutte le religioni si esaltano le virtù e si condannano i vizi, sia pure secondo le caratteristiche delle differenti società. Infatti, quello che è una virtù o un peccato in una religione (come il perdono o la vendetta, rispettivamente) può non esserlo in un'altra. Ma tutte le religioni predicano la necessità dell'amore di Dio, della giustizia, di una condotta morale, della condanna dei vizi, di aiutare i meno fortunati, ecc., così come ciascuna l'intende. In realtà, tutte le religioni eseguono il compito assegnato loro dall'istinto religioso, sia pure con variazioni umane.

Essendo le religioni predicate e praticate da esseri umani, le religioni non sono esenti dalle limitazioni di questi. Per es., qualcuno uccide in nome di quel Dio che condanna l'uccidere e che comanda l'amore. Si passa allora dalla fede in Dio al fanatismo degli uomini. Si presta alla fede quello che non ha e che non domanda o addirittura condanna. Se è così per i credenti, naturalmente questo può essere peggiore per i non credenti, nel senso che non hanno neanche regole da infrangere: solo inclinazioni personali da seguire. Un'altra limitazione è che ciascuno porta le sue inclinazioni naturali nella missione religiosa, modificandola.

Pertanto, non bisognerà attribuire ad una fede gli eccessi di zelo degli uomini, o, in generale, i loro fallimenti. Queste limitazioni si verificano *nonostante* la fede e rivelano le limitazioni che ciascuno porta dentro la sua fede, inquinandola. Una delle assurde conseguenze è che, invece di coltivare la virtù e combattere i difetti, si possono combattere altre religioni che pur onorano Dio e coltivano le virtù combattendo i difetti. O si può inquinare una fede con la propria iniquità.

Conclusioni

In conclusione, *è l'istinto religioso che porta alla religione e non è la religione che crea l'istinto religioso.* Il ruolo dell'istinto religioso è di fare ricettiva la realtà umana alla necessità della comunione con Dio, una comunione che diventa lo scopo della religione. Inoltre, la religione è un fattore di equilibrio indispensabile nel complesso gioco degli impulsi che regolano la vita. Nella religione, l'istinto religioso si articola nella fede e in questa cessa di essere puramente un istinto con lo sviluppare un contenuto specifico. La religione diventa una realtà giornaliera che guida, sorregge e consola gli esseri umani nel loro rapporto con Dio.

Inoltre, la religione ricorda all'uomo gli obblighi della sua spiritualità in modo che altri impulsi fisiologici necessari per la vita vengano usati per la loro funzione fisiologica. Per es., ricordando all'amore di sé (che è fisiologico) di non diventare egoismo (che è patologico) o non permettendo all'istinto della riproduzione di ignorare l'amore per diventare lussuria. La religione dice alla verità di non credersi superiore alla carità e all'intelletto di non credere d'aver diritto alla superbia o all'arroganza.

Quanto poi al rapporto tra la religione ed i singoli individui, non si deve dimenticare che la fede domanda la nostra umiltà. La nostra piccolezza si redime nella coscienza di essere figli di Dio: solo nell'amore verso Dio risplende la spiritualità umana e nell'amore di Dio verso di noi risiede la nostra redenzione.

Siamo piccoli, ma, come figli di Dio, non saremo mai insignificanti.

L'ORDINE

Se non vi fosse un sottofondo di forze con fini e mezzi ben definiti nel regolare l'universo (e pertanto anche la vita), il risultato sarebbe il caos. Di qui la necessità che esista un Ordine sia nei fenomeni naturali che in quelli concernenti la natura umana. Nel mondo fisico (quello delle molecole), lo strumento più importante dell'Ordine è la fisica e le sue leggi. Nel campo biologico, lo strumento più importante dell'Ordine è la genetica e le sue leggi. Senza la genetica, non vi potrebbe essere il mondo biologico come noi lo conosciamo né la sua continuazione nelle successive generazioni.

Se l'Ordine è necessario per stabilire la normalità ed evitare le deviazioni patologiche, per sé (cioè da solo) l'Ordine porterebbe all'uniformità di un'obbedienza meccanica e senza eccezioni (per es., azioni determinate solo da riflessi). Questo distruggerebbe libertà e creatività umane. Di qui, la necessità della Varietà, la quale permette non solo la creazione di individui con una personalità unica, ma anche risposte differenti agli stessi stimoli in quanto filtrati da menti diverse. Cosa ancora più importante, *la Varietà è una premessa indispensabile dell'originalità, della creatività e della libertà.* Tali caratteristiche richiedono la Varietà del corpo e della mente di ciascuno, e cioè differenti individualità.

Se la Varietà è indispensabile alla natura umana, non dovrebbe essere molto difficile vedere che per sé (cioè da sola) la Varietà potrebbe portare al disordine, introducendo un caos che distruggerebbe le leggi dell'Ordine. Questo stato di cose implica equilibri dinamici, vale a dire, equilibri di forze opposte, una delle quali può prevalere sia pure temporaneamente sotto l'influenza di diversi fattori. Queste constatazioni pongono domande circa l'entità dell'Ordine e della Varietà, la loro funzione e la loro relazione reciproca.

La struttura e funzione dell'Ordine

L'Ordine è uno strumento con cui si stabilisce un sistema realizzato secondo un piano strategico ben definito. Senza l'Ordine, il sistema non funzionerebbe e alle lunghe non potrebbe essere mantenuto. In questo senso, *l'Ordine si identifica con la Necessità.* Questo pone domande tanto sostanziali quanto difficili circa l'Ordine, come per es.: Chi l'ha stabilito? Come è stato stabilito? Quali sono i suoi fini e i suoi mezzi?

Per la prima domanda (Chi ha stabilito l'Ordine?), la risposta non può essere che *Dio.* Chi altro avrebbe potuto creare le meraviglie di cui siamo testimoni? Non certo il caso e neppure "l'evoluzione". Nell'Universo, non vi è nulla a caso, neanche il caso. Quanto all'evoluzione, nulla evolve dal nulla. Quello che si vede non può essere il risultato che di un'intelligenza insondabile e di una altrettanto straordinaria onnipotenza.

Per la seconda domanda (Com'è stato stabilito l'Ordine?), *l'Ordine comporta la necessità di leggi* ovverosia di norme obbligatorie. Solo le leggi dell'Ordine permettono al mondo fisico e a quello biologico di conformarsi al piano strategico che stabilisce la struttura e la funzione di questi mondi. Senza leggi fisse e immutabili, l'Ordine sarebbe sostituito dal caos. Le leggi si applicano a tutto, dalle strutture fisiche (per es., legge di gravità) alle strutture biologiche (per es., rinnovo della società attraverso la nascita e la morte dei suoi membri).

Per la terza domanda (Quali sono i fini e i mezzi dell'Ordine?), *un fine immediato è di rendere possibile il funzionamento e la continuazione della creazione così come è stata concepita e realizzata.* Se l'Ordine cessasse, la creazione collasserebbe. Per es., senza la luce del sole (sempre notte) la vita non sarebbe possibile. Senza le stagioni, la vita perderebbe non solo un ritmo pieno di significati, ma anche le condizioni ottimali per numerosi fenomeni, compresi quelli dell'agricoltura o il ciclo dell'acqua. Senza il genere umano, le infinite meraviglie della creazione sarebbero "sprecate" per mancanza di un "pubblico" che potesse apprezzarle e contribuirvi.

A sua volta, il genere umano è una delle più grandi meraviglie della creazione. Per il genere umano, altre straordinarie meraviglie sono state create, come la mente e la sua straordinaria capacità di apprezzare e creare la bellezza nella musica, poesia, pittura e arte in generale, di sentire affetti ed emozioni, di usare la logica, di sviluppare scienze e filosofia, ecc. Se si abolissero questi doni preziosi, la vita umana ne sarebbe devastata al punto di non essere più umana.

Per quanto riguarda i *mezzi di cui l'Ordine dispone per la sua funzione, le sue leggi stabiliscono il "comportamento"* delle cose inanimate (leggi fisiche, come le orbite degli astri o l'alternarsi del giorno e della notte) e delle cose animate (leggi biologiche, basate sulla genetica). Le leggi sono gli strumenti immutabili con cui si attua un piano prestabilito, un piano che si caratterizza per una tale incredibile complessità da imporre il rispetto dell'ammirazione. Nel campo biologico, la genetica assicura lo sviluppo e il comportamento del corpo e della mente secondo passaggi obbligati.

La genetica è lo strumento con cui l'Ordine stabilisce struttura e la funzione del corpo (per es., la pressione arteriosa) e del cervello (per es., la capacità di pensare). La genetica risponde alla necessità biologica della riproduzione mediante l'amore e l'istinto sessuale. Similmente, la genetica regola il comportamento umano attraverso una serie complessa di istinti e stimoli (come la fame, la sete, gli affetti, l'ambizione, le aspirazioni, ecc.). Inoltre, la genetica introduce meccanismi di controllo, come inibizioni o l'istinto morale. Questi meccanismi di controllo impediscono che impulsi istintivi diventino fini a se stessi, andando oltre i compiti loro assegnati nella strategia generale.

Per legge poi si deve intendere che le cose sono strutturate in maniera da regolarne la funzione. Per esempio, i muscoli sono strutturati per la contrazione e gli occhi per vedere. Se i muscoli potessero pensare o gli occhi udire, infrangerebbero la legge che li regola.

La necessità di leggi

Ritornando alle leggi dell'Ordine, nelle leggi biologiche e fisiche non vi nulla a caso, anche se il caso viene usato dall'Ordine per creare la Varietà. Senza la conoscenza e comprensione delle leggi fisiche dell'Ordine, tante realizzazioni umane non sarebbero possibili, come per es., gli aeroplani, le navette spaziali, le navi, i treni, le centrali nucleari, l'automobile, il computer, ecc. Infatti, nei posti dove tali leggi non sono conosciute, le realizzazioni umane sono quanto mai primitive. Se le leggi dell'Ordine collassassero, la biologia e la fisica diventerebbero impossibili. In realtà, l'universo e i suoi contenuti precipiterebbero in un caos di dimensioni inimmaginabili.

Per i fenomeni fisici, come esempio, si nota solamente che leggi ben definite regolano il moto degli astri, le loro relazioni (orbite), la gravità, il succedersi del giorno e della notte o delle stagioni, i rapporti tra le particelle degli atomi, le reazioni chimiche, ecc. Qui, l'Ordine è assoluto e non ammette eccezioni. Per es., se si abolisse la legge di gravità le conseguenze sarebbero immediate e disastrose.

Per i fenomeni biologici, l'Ordine richiede che vi debbano essere leggi naturali che regolano la creazione, lo sviluppo e il comportamento degli organismi. Con questi mezzi, esseri umani sono creati secondo schemi ben precisi. Le conseguenze di errori genetici sono sempre devastanti dal punto di vista del corpo e della mente. Ma anche negli esseri normali, la genetica fa sì che questi non procedano completamente a caso in una specie di moto browniano nell'incomprensione di quello che permette a loro di eccellere e che evita la loro autodistruzione.

L'Ordine non solo stabilisce i mezzi per la concezione di un nuovo essere, la creazione dell'embrione e il progressivo sviluppo fisico degli esseri umani, ma anche le grandi linee di condotta. In questo, si serve delle leggi genetiche (per es., istillando gli istinti che sono alla base dell'onestà, desiderio di distinguersi, rispetto del prossimo, aspirazioni, senso di colpa, i vari sentimenti, ecc.).

In questo modo, *l'incomprensione umana della strategia generale è inconsapevolmente guidata da forze essenziali* che la mente può non comprendere e addirittura neanche sospettare. Se il genere umano spesso non sospetta quello che lo regola, sarebbe ben difficile che fosse capace di sviluppare lui stesso un Ordine che ne assicuri la sopravvivenza e lo sviluppo. Il fatto poi di non capire quello che ci regola è uno dei presupposti per permetterci di scegliere quello che vogliamo fare e non seguire pedissequamente quello che siamo supposti di fare, anche quando sarebbe nel nostro interesse farlo. Questo affida un ruolo importante al discernimento.

Ordine e libertà

Si potrebbe concludere che l'essere regolati dalle leggi dell'Ordine (sia pure inconsapevolmente) precluda la nostra libertà. In realtà, *liberi siamo, ma nei limiti delle leggi di natura*, come liberi siamo in una democrazia nei limiti delle sue leggi. Per es., nella maggior parte della gente vi sono istinti profondi che portano alla creazione di una nuova generazione. Se, in una società, nessuno si riproducesse sarebbe la fine di tale società. Eppure, singolarmente uno può scegliere di non riprodursi. Quello che non può fare una società (sarebbe la sua fine), è permesso individualmente in nome della libertà di scelta (naturalmente con le individuali conseguenze delle proprie scelte).

Inoltre, vi sono numerosissime scelte (anche di sostanziale importanza) che sono lasciate alla discrezione individuale senza nessuna conseguenza negativa, come le preferenze della più svariata natura (per es., la scelta di un vestito, di un'automobile, di fiori, di viaggi, della professione, luogo di residenza, ecc.).

L'Ordine non nega la libertà personale, perché da una parte molte scelte sono ugualmente accettabili dal momento che non sono incluse nelle prescrizioni dell'Ordine e sono incoraggiate dalla necessaria Varietà. Inoltre, siamo noi che si decide se si ubbidiscono o si disobbediscono le leggi non facoltative dell'Ordine. L'Ordine nega il diritto di sovvertire il sistema che governa la società (nell'interesse della stessa società). Il disordine è permesso come eccezione individuale alle regole che dirigono il genere umano. Si possono infrangere le leggi dell'Ordine, ma anche individualmente non possiamo cambiarle a nostro piacimento. Di quello che si sceglie *liberamente* bisogna accettare le conseguenze *obbligatoriamente*. Ci è data la libertà, ma non la licenza.

È vero che anche una società può violare le leggi dell'Ordine, per es., diminuendo la sua riproduzione a livelli insufficienti per il suo rinnovo o trascurando per egoismo i suoi doveri verso la nuova generazione. Ma in tal caso una società firma il contratto per la sua involuzione. Come per le altre leggi, la trasgressione delle leggi naturali comporta penalità. Il comportamento è regolato sia dalla rimunerazione dell'ubbidienza sia dalla punizione per l'infrazione delle leggi naturali. Gli istinti e la moralità sono strumenti che ci guidano nel seguire le leggi di natura.

Le leggi naturali influenzano il comportamento di ciascuno singolarmente e di tutti come società, anche se non nella stessa maniera. Queste leggi sono spesso istillate e modulate da istinti fondamentali che sono condivisi da tutti (o quasi) e che sono articolati nel loro contenuto dall'educazione nella famiglia, scuola e religione.

Vi sono regole di sviluppo e di comportamento individuale e vi è un'interazione strutturata fra i diversi individui per rendere possibile una vita comunitaria. *L'interazione impone nuove regole* che stabiliscono quello che è legittimo o illegittimo nelle relazioni sociali. In altre parole, si definiscono diritti e doveri nei rapporti umani: quello che è mio diritto è tuo dòvere e reciprocamente. Tali regole permettono comportamenti compatibili con una vita comune che non si risolva nel frazionamento caotico di un fallimento collettivo, caratterizzato da una totale mancanza di comprensione. Non si permette all'incomprensione o alla parziale comprensione di portarci alla autodistruzione, individuale e collettiva.

L'interazione degli individui è resa necessaria dal fatto che una società può fare collettivamente di più di ciascun individuo e ciascun individuo può fare molto di più in una società che da solo, a cominciare dall'interazione obbligata per la riproduzione e per lo sviluppo di nuove generazioni. Pertanto, *l'Ordine implica un piano regolatore* che comprende sia i singoli individui sia la società.

Comunicazione e interazioni

Il presupposto di ogni vita sociale è la possibilità e la capacità di comunicare. La maggior parte delle cose che sappiamo le abbiamo imparate da altri e pertanto la mente si sviluppa per mezzo dell'interazione con altre menti. Inoltre, perché le mie convinzioni dovrebbero essere più valide delle tue? Se ciascuno riconoscesse solo la sua "verità", non vi potrebbe essere una società organizzata. Solo attraverso la comunicazione si può setacciare la verità dalla crusca delle opinioni o delle deviazioni individuali e persino collettive.

Ma soprattutto *la necessità di comunicare* deriva dal fatto che una mente pensante deve essere addestrata (a cominciare dalla famiglia e dalla scuola) ai compiti che l'aspettano nella vita. La complessità della mente umana richiede complesse interazioni che includono pensieri e sentimenti. La *capacità di comunicare* permette l'educazione e la cultura, lo sviluppo della mente, lo scambio di vedute, l'interazione dei sentimenti, l'identificazione delle regole ritenute necessarie, la diffusione della loro conoscenza perché possano essere rispettate, l'esame della validità delle nostre opinioni e convinzioni, ecc. La comunicazione permette di stabilire un livello assai più elevato di qualità nella funzione della mente. Se uno crescesse in un'isola deserta, la sua mente non potrebbe svilupparsi che in maniera pressoché primitiva.

Inoltre, dal punto di vista della società, l'interazione delle menti è un prerequisito necessario per stabilire una *relazione ordinata tra comportamento individuale e quello collettivo*. Ci si rende conto che non tutte le possibili alternative d'azione sono permissibili, anche se a noi singolarmente vanno bene. Anche se le restrizioni non ci piacciono, bisognerà tenerne conto lo stesso. Infatti, la funzionalità di una società è di vantaggio ai suoi singoli membri, anche se certe restrizioni non piacciono.

L'interazione fra individui implica non solo la mente, ma anche il corpo. A questo riguardo, l'interazione tra un uomo ed una donna ha un ruolo essenziale non solo nella riproduzione, ma anche degli affetti che sono alla base della famiglia e che sono necessari per allevare i figli in maniera fisiologica. Ma anche fuori della famiglia, la relazione tra uomo e donna porta ad una serie di eventi di primaria importanza (si consideri, per es., la letteratura, le opere, l'arte in generale, le relazioni sentimentali, il comportamento fuori del matrimonio, la cronaca e persino la storia).

Un mezzo essenziale per il dialogo tra le menti è l'emissione e la ricezione di segnali convenuti. Negli animali, la comunicazione è affidata a certi suoni tipici delle differenti specie, come ruggito, fischio, squittio, cinguettio, nitrito, miagolio, abbaiamento, ululato, barrito, muggito, stridio, ecc. Questi mezzi di comunicazione sono semplici, perché "semplici" sono le relative menti, e pertanto i loro bisogni e messaggi relativi. Un animale non declama poesie o esprime opinioni o ragiona sul significato dell'Ordine.

Linguaggio parlato e scritto

Nel genere umano, il mezzo più usato per la comunicazione è il *linguaggio*. Il linguaggio è articolato nelle parole, che sono combinazioni diverse di lettere con suoni differenti, ciascuna parola avendo un significato diverso e convenuto. Questo codice fatto di combinazione di lettere permette una grande flessibilità, finezza e complessità d'espressione ed è pertanto un mezzo adeguato per l'espressione delle complesse funzioni della complessa mente umana.

La combinazione delle parole in una frase può delineare un pensiero, un comando, un'idea, una domanda, una risposta, o esprimere sentimenti, emozioni, riflessioni, ecc. La combinazione delle frasi può sviluppare in maniera sistematica un tema, che talvolta può cambiare la maniera di pensare o d'agire di chi vi è esposto.

Il linguaggio può essere parlato e scritto. Queste due forme di comunicazione servono funzioni diverse, anche se complementari.

Il linguaggio parlato permette la comunicazione immediata tra persone su questioni specifiche d'interesse immediato ("Che ore sono?", "Mi dia un chilo di pane") e su questioni generali di interesse intellettuale come nelle conversazioni specializzate ("Perché dovremmo essere tutti uguali quando in realtà ciascuno è (e vuol essere) differente?"). Nessuno (eccetto un muto) chiederebbe un chilo di pane a gesti o con un biglietto scritto.

Quanto alle conversazioni, queste permettono un tratta-mento dinamico di un tema. Sono scambi in cui due o più menti formulano affermazioni e obiezioni, domande o rispo-ste. Ciascuno può avere idee ben precise (e anche fisse), ma l'interazione permette la loro verifica estemporanea attraver-so una disanima logica delle reciproche affermazioni (vedi il metodo Socratico del dialogo). Invece, altre volte un tema si sviluppa da zero attraverso le contribuzioni delle domande e risposte. Si pensa a quello che si ascolta e in risposta si espri-mono i pensieri stimolati in noi da quello che si è ascoltato.

Il linguaggio scritto riflette le espressioni formali della ri-flessione e non quello che la mente formula *in promptu* in ri-sposta a quello che ode. Anche se uno scrive una poesia o un romanzo di getto, poi vi ritorna ritoccandoli, finché lo scritto non soddisfi quello che lo scrittore voleva dire e come lo vole-va dire. Anche un filosofo ritorna su quello che ha scritto, fin-ché trova qualcosa da migliorare nell'esattezza, completezza o chiarezza dell'esposizione. Si tratta ancora di un dialogo, ma con se stessi per chiarirsi quello che si esprime. Un dialogo formale, che diventa "definitivo" quando uno ha detto tutto quello che aveva da dire sul tema.

Questo è diverso dalle conversazioni, che non sono mai identiche anche se si parla dello stesso argomento, perché quello che si dice varia con quello che si formula al momento in risposta a diverse domande di diversi interlocutori. Inoltre, il linguaggio scritto permette una *versione unica per tutti, indipen-dentemente dalla memoria individuale*. Invece di tentare di ricorda-re quello è stato detto, si rilegge quello che è stato scritto.

Nel linguaggio parlato necessariamente ci sono per lo meno due interlocutori e questo comporta uno scambio di afferma-zioni, domande e risposte tra menti diverse. Nel linguaggio scritto, la stessa mente formula una domanda su quello che la interessa e cerca le risposte (non è altrettanto produttivo scri-vere solo per formulare domande). Nel linguaggio parlato, sia le domande che le risposte sono estemporanee e talvolta la conversazione cessa di essere a fuoco, perché non si può pianificare quello che verrà detto da ciascuna delle parti: una risposta può spostare il tema delle domande successive. Nel linguaggio scritto, le domande e le risposte su di un dato tema sono meditate dalla stessa mente nel silenzio della riflessione e pertanto l'argomento viene (o dovrebbe venire) trattato in maniera più sistematica e strutturata.

Il linguaggio scritto ha il vantaggio inestimabile di permettere una documentazione permanente di quello che uno ha da dire ("Verba volant, scripta manent"). Tale documentazione può essere consultata da chiunque lo desideri, anche se scritto secoli prima (per es., l'Iliade di Omero o la Repubblica di Platone). Se l'interpretazione del messaggio scritto è differente da parte di persone differenti, questa può essere verificata sulla base dei dati che si conoscono sull'argomento.

Tuttavia, anche il linguaggio scritto permette una "conversazione delle menti" in quanto in quello che si scrive si interagisce anche con quello che si legge, soprattutto quando non siamo d'accordo. Ma il messaggio scritto può essere a senso unico, come quando s'impara da un libro di testo o si leggono poesie o romanzi. Nel caso del libro di testo abbiamo tutto da imparare e nel caso della letteratura si cerca il piacere che dà la bellezza (e non una conversazione di idee, per quanto i critici fanno un'analisi critica di quello che leggono).

Per renderci subito conto di quanto sia straordinario il linguaggio, è sufficiente considerare che se invece di parlare si abbaiasse, la differenza nel comunicare sarebbe devastante. Reciprocamente, s'immagini la nostra sorpresa se udissimo un leone conversare con una leonessa sull'allevamento dei leoncini o lo vedessimo scrivere un saggio sulla caccia alle zebre.

Per comunicare con segnali sonori o di segni scritti occorrono gli strumenti adatti. Per il *linguaggio parlato*, questi strumenti comprendono: l'origine degli stimoli sonori, la trasmissione attraverso l'ambiente, un recettore dei suoni, la trasmissione dei segnali relativi al cervello, la loro percezione e l'uso di un codice conosciuto a chi parla e chi ascolta. La laringe s'incarica di imprimere vibrazioni speciali all'aria che (modificate nella bocca, dalla lingua e dalle labbra) vengono trasmesse come onde sonore nell'aria e stimolano i recettori nell'orecchio. Da questo ultimo, i segnali sonori sono trasformati in messaggi nervosi che vengono decifrati dal cervello secondo un codice comune (la lingua che si parla) in messaggi comprensibili. La risposta comporta gli stessi successivi passaggi da parte di chi risponde.

Se la laringe non può imprimere vibrazioni (operazione chirurgica), si diventa muti. Se l'ambiente è molto rumoroso, il segnale ne viene ingarbugliato. Se il recettore acustico è danneggiato (sordità), si vedono le labbra di chi parla muoversi, ma non si ode nulla. Se il messaggio è in una lingua che non si conosce, il messaggio sonoro viene ricevuto, ma non è decifrato nel cervello perché non si conosce quel particolare codice.

Per il *linguaggio scritto*, la differenza è che nello scrivere si affida il pensiero a segni convenuti (la combinazione delle lettere dell'alfabeto nelle varie parole, ciascuna delle quali definisce qualcosa di preciso). Le parole scritte sono l'equivalente dei suoni, dal momento che le parole formate dalle lettere dell'alfabeto hanno suoni determinati e distinti. Infatti, la parola scritta può essere trasformata in parola parlata come quando si legge ad alta voce. Le singole parole possono definire un'entità specifica (per es., un tavolo) mentre la loro combinazione è usata per esprimere pensieri o definizioni (per es., un tavolo è un mobile fatto di una superficie orizzontale poggiata in genere su quattro gambi).

Il linguaggio scritto tende ad essere più formale di quello parlato, perché il primo è il prodotto finale della riflessione, mentre il secondo sviluppa le sue argomentazioni mentre si parla. In una conversazione o discussione, quello che si dice include anche le risposte a quello che ci dicono. Nel linguaggio scritto, si scrive quello su cui si riflette o si è riflettuto: lo scrivente formula sia le domande sia le risposte, per quanto talvolta formuli le risposte alle altrui domande o domande alle altrui risposte.

Per chi legge il linguaggio scritto, l'origine è una pagina scritta e il recettore è l'occhio (e non l'orecchio come per il linguaggio parlato). Pertanto, la trasmissione del messaggio dalla pagina all'occhio si serve delle frequenze d'onda della luce: si vede il nero delle parole sul bianco del foglio. Per il resto, valgono le stesse proprietà che per il linguaggio parlato. Cioè, è necessaria la pagina scritta (vedi la funzione delle biblioteche), la luce per la trasmissione dei segnali (non si legge al buio), un occhio che vede (o non abbia un difetto visivo pronunciato), la trasmissione dei segnali al cervello, la percezione dei messaggi visivi e la conoscenza del codice scritto (si può non saper leggere o il messaggio è scritto in una lingua straniera che non si conosce).

Non ha la minima importanza che uno sia sordo dal momento che il linguaggio scritto non usa suoni per trasmettere i suoi messaggi (vedi le didascalie scritte dei film per chi ha problemi d'udito). Anzi, mentre non esistono conversazioni mute, nelle sale di lettura di una biblioteca il silenzio è d'obbligo. Infatti, la mente si deve concentrare solo su quello che legge, senza essere distratta da stimoli sonori che non appartengono al messaggio scritto.

Il codice della lingua parlata s'impara in famiglia e poi si impara anche il codice della lingua scritta (si impara a leggere e a scrivere) alla scuola elementare. Una volta imparato il codice della lingua parlata e scritta, ci si serve di quello per educare ulteriormente la mente e farla cosciente di se stessa e delle conquiste dell'umanità. Allo stesso tempo, si affina l'uso della lingua aumentando la terminologia e la padronanza delle sfumature d'espressione. Si aumenta l'esperienza linguistica leggendo, per es., lavori letterari. Allo stesso tempo, si educa il gusto e si sviluppa la propria cultura (molti scrittori sono o sono stati voraci lettori).

Inoltre, l'educazione insegna codici specializzati (come le terminologie medica, matematica, filosofica o chimica) senza i quali le varie branche del sapere sono incomprensibili. Se s'impara una lingua straniera, allora ci si può servire di quel codice direttamente per comunicare con quella cultura senza dover ricorrere a traduzioni od interpreti. L'uso del linguaggio può essere considerevolmente migliorato mediante il tirocinio della retorica (come facevano i Romani quando andavano a studiare l'arte retorica in Grecia). La retorica viene impiegata dagli avvocati e oratori per comunicare in tal maniera da convincere chi ascolta.

I vari usi del linguaggio

L'uso del linguaggio si adatta alle varie forme di comunicazione. Pertanto, sia il linguaggio parlato sia quello scritto possono avere caratteristiche diverse, come per es. l'eloquenza, la chiarezza di esposizione, abilità dialettica, la trasmissione di messaggi formali, di conoscenze, di bellezza o di nozioni specializzate. Un buon avvocato e ancor di più un grande oratore si serviranno di un linguaggio scelto "ad effetto" per convincere chi ascolta, servendosi della loro conoscenza della psicologia umana.

Questo è essenziale nel senso che non basta avere una buona causa, bisogna convincere gli altri che sia buona. Anzi, qualche volta l'abilità e la spregiudicatezza riescono a far accettare come buona una causa che non lo è (si può parlare allora di un ottimo avvocato od oratore). Per es., tipica è la fremente "indignazione" dell'avvocato per le "insinuazioni" verso il suo cliente. Ma persino nel leggere delle poesie è necessaria una dizione che ne evidenzi la bellezza. Anche se si leggono senza un'enfasi speciale, è necessario che vi sia la sottigliezza della sensibilità per renderne le nuance estetiche: per così dire, per renderne la musica e il suo ritmo.

Ancora più importanti sono gli effetti speciali della dizione degli attori, una dizione volta a commuovere il pubblico e che riflette la differenza tra parlare e recitare. *Nel parlare si comunica, nel recitare s'intrattiene.* Si rappresenta una realtà fittizia che fa vivere nella mente del pubblico il dramma che gli viene offerto sulla scena. Allora, l'effetto desiderato richiede non solo la padronanza della voce (per es., la voce rotta dall'emozione, dall'indignazione o dall'ira), ma anche una mimica che completi quello che si vuole rappresentare con la coerenza dell'espressione artistica.

Si tratta non di trasmettere un messaggio, ma di creare un personaggio, ossia, una delle varie componenti di un'illusione artistica (il dramma) che intrattiene le emozioni del pubblico. Si parla non alla logica, ma all'immaginazione e fantasia dello spettatore. Si potrebbe dire che si assiste ad un romanzo vissuto sulla scena con componenti acustiche e visive, invece che leggerne le parole in un libro. La differenza (per es.) tra vedere un'opera di Shakespeare rappresentata a teatro o leggerla seduti in una poltrona in salotto alla luce di una lampada da tavolo.

Nel leggere, manca l'interpretazione fisica e professionale dei differenti personaggi. A teatro, il dramma riflette la ricchezza della recitazione dei differenti attori, e non semplicemente la risposta della nostra sensibilità alla bellezza di quello che si legge. A teatro, i personaggi hanno un volto e una voce (e non solo un'anima) e il dramma acquista un'immediatezza che non si può chiedere alla sola lettura da parte della stessa persona di quello che dicono i vari personaggi. L'importanza della recitazione si vede quando lo stesso spettacolo è dato da una differente troupe di attori.

Un trattamento linguistico speciale si riserva anche alle teorie che possono avere un'influenza d'importanza storica. Di talune, chi ne è convinto e entusiasmato non si limita ad affermarle, ma ne fa una propaganda aggressiva. Quindi, *si usa il linguaggio non solo per scambiare notizie, opinioni, istruzioni e sentimenti, ma anche per influenzare la mente e pertanto anche le azioni altrui*. Il linguaggio si mette al servizio delle convinzioni e degli interessi. In questo campo rientrano le ideologie dei partiti politici e le teorie filosofiche, ma anche la propaganda (per es., politica od elettorale), le réclami, la pubblicità, ecc. Il linguaggio serve anche ad esprimere sentimenti (per es., le parole di un innamorato o di un'ira furiosa).

Perfino nella vita comune, c'è chi si serve di un accento "distinto" per dire delle cose che possono non essere distinte per nulla. Anzi, spesso sono solo affermazioni fatue, perché siamo troppo intenti ad essere compiaciuti della "raffinatezza" del nostro accento per curarci della sostanza (o inconsistenza) di quello che si dice. Se avessimo qualcosa di importante da dire, non avremmo bisogno di dirlo con un accento "sofisticato".

Succede che talvolta ci si serve dell'accento come sostituto di una cultura che non abbiamo, suggerendo una superiore educazione che ci è utile pretendere di avere (si vuol far intendere che si appartiene ad una classe d'élite). L'accento "sofisticato" diventa allora la nostra maniera di recitare per impressionare gli altri. Il pericolo è quello di prenderci sul serio, attribuendo alla recita un'importanza che è solo simulata o immaginata. In realtà, si tratta solo di vacuità che cerca di ottenere immeritati vantaggi servendosi delle pretese di una simulata raffinatezza. Se poi c'è del merito, l'accento è controproducente, deviando l'attenzione di chi ascolta da quello che si dice a come lo si dice.

Poiché siamo liberi di dire quello che ci piace, naturalmente succede che *si parli senza dire nulla che valga la pena di dire o di ascoltare* (o addirittura che è sbagliato). Allora, le parole cessano di essere un mezzo per esprimere pensieri e invece riflettono la nostra futilità e mancanza di comprensione. Più spesso le parole sono usate per intratenerci piacevolmente a vicenda come nella comune conversazione o nel pettegolezzo.

Dopo tutto, anche la mente ha bisogno di pause, distrazioni e anche il gusto di intrattenersi con una maldicenza (o anche malignità) spicciola. Inoltre, nella conversazione, inconsapevolmente si vuol far vedere quello che si sa e quello che siamo capaci di pensare. Non per nulla, talvolta si interrompono gli altri per dire la nostra opinione che evidentemente consideriamo così importante da non voler (o poter) aspettare ad esprimerla.

I benefici della comunicazione

Per apprezzare gli indispensabili benefici della comunicazione mediante le parole parlate o scritte, s'immagini quanto si perderebbe se tutti fossimo sordi, muti e non si sapesse scrivere o leggere. Non sarebbe più possibile dare istruzioni, ordini, spiegazioni, dimostrazioni, o comunicare concetti, correzioni, espressioni d'affetto, obiezioni, ecc. L'educazione, la cultura, l'intrattenersi socialmente ne sarebbero distrutti e lo sviluppo della mente ne sarebbe gravemente compromesso dal momento che questa perderebbe un mezzo dei più efficaci per ricevere nuovi stimoli.

L'importanza della parola scritta è sottolineata dal fatto che l'eredità umana è trasmessa soprattutto attraverso la scrittura. Epoche intere si perderebbero nel mistero di un passato ignoto senza la trasmissione di informazioni scritte. La scoperta di manoscritti di classici crea una sensazione straordinaria e talvolta conseguenze anche storiche, come nel Rinascimento.

La trasmissione orale nel corso dei secoli comporterebbe un graduale inquinamento del testo originario, perché questo sarebbe soggetto a interpretazioni, interpolazioni, modifiche, difetti di memoria, "miglioramenti", malintesi, "correzioni", ecc. Dopo alcuni secoli, le poesie o i trattati filosofici sarebbero irriconoscibili. La trasmissione scritta offre un testo unico e originale a cui tutti si devono uniformemente riferire, anche se le interpretazioni possono variare. La perdita di tutti i libri affonderebbe il passato nell'oceano dell'oblio e il presente in quello dell'ignoranza. Le rovine di un tempio greco sarebbero una testimonianza della civiltà greca, ma non ci direbbero nulla dei suoi poeti, oratori, pittori, storici, filosofi ecc. Quella civiltà andrebbe in gran parte perduta.

Le modificazioni che subisce una notizia con la trasmissione orale si vedono quotidianamente col pettegolezzo: ognuno vi aggiunge una piccola variante finché la notizia diventa irriconoscibile. È per questo che le parole (e pertanto i pensieri) di Socrate sono state salvate dagli scritti di Platone. Il linguaggio è un mezzo essenziale per comunicare (per es., l'educazione) e la scrittura per la trasmissione alle nuove generazioni delle opere umane nei vari campi (se non vi fossero libri, la cultura si ridurrebbe a ben poco). Ma persino talune antiche opere scritte sono state inquinate dalle inesattezze di chi le copiava scrivendole a mano.

Una volta che si comunichi, si creano le condizioni per interagire. Un esempio significativo dell'essenzialità della comunicazione è l'educazione che si imparte alle nuove leve di giovani. Senza la capacità di comunicare, non esisterebbe progresso, perché non si saprebbe (e pertanto non si potrebbe applicare e sviluppare) quello che è stato fatto prima di noi. Inoltre, una vita sociale non sarebbe possibile se non al livello di quella degli animali che interagiscono solo minimamente in confronto all'entità umana.

Naturalmente, non basta comunicare. Occorre che *i rapporti reciproci siano regolati*, a cominciare dalle nostre convinzioni e interessi rispetto a quelli degli altri. Di qui, la necessità di convenzioni che si applichino a tutti (le leggi).

Le leggi
L'ordine è obbligatorio, perché l'alternativa è il caos. Questo si applica anche ai rapporti umani perché anche in questo campo il disordine porta a complicazioni distruttive del tessuto sociale. Per sapere quello che è lecito o illecito, vi devono essere delle norme valide per tutti che per l'appunto stabiliscono il lecito e l'illecito. Le leggi sono necessarie, perché prescrivono in maniera uniforme ("La legge è uguale per tutti") quello che è permesso o proibito a ciascuno singolarmente e a tutti come società. Queste leggi rientrano in due categorie principali: quelle congenite e quelle acquisite, di cui si è già trattato.

Per cause quanto mai complesse dovute al concorrere di molti fattori non sempre controllabili, la qualità sia della moralità individuale sia della saggezza delle istituzioni pubbliche varia anche considerevolmente in epoche differenti. Infatti, sia la moralità che la saggezza politica devono essere conquistate da ogni nuova generazione. Non come istinti, ma come realizzazioni della comprensione e della volontà. Per es., nella prosperità diventa difficile rinunciare ai piaceri che ci si può permettere e perfino a quelli che non ci si può permettere (vedi la voce "debiti").

In generale, si può dire che le leggi morali e quelle del codice indicano il comportamento da seguire, ma *la moralità dovrebbe regolare soprattutto la condotta individuale e le leggi del codice soprattutto quella di una società.* Quest'ultime dovrebbero non essere comunque contrarie alla moralità (per es., ingiuste).

La Varietà

L'Ordine ha una funzione assolutamente indispensabile, ma l'Ordine distruggerebbe la natura umana se si risolvesse solo in una dittatura di precetti da ubbidire meccanicamente e ciecamente: è quanto succede negli animali. Nessuna civilizzazione sarebbe possibile. *Solo creando la Varietà, l'Ordine assicura la possibilità di sviluppo.* Non si può creare il nuovo se non creando qualcosa di differente. Lo sviluppo poi è la negazione della ripetizione e dell'imitazione, ed è il risultato della creatività. La creatività è necessaria allo sviluppo, perché per definizione crea il nuovo (quello che è originale). Di qui la necessità inderogabile che l'Ordine crei la Varietà sia pure con meccanismi ordinati.

La Varietà è indispensabile per la creazione di realtà individuali. Senza la varietà, si diventerebbe uniformi come un esercito di formiche, anche se ad un livello diverso. Se la Varietà caratterizza le menti in maniera (più che importante) fondamentale, ci si domanda quale sia l'origine della Varietà nell'entità umana. Quali dunque sono i fattori responsabili per la Varietà?

I meccanismi con cui l'Ordine crea la Varietà

Un meccanismo indispensabile con cui l'Ordine crea un'indispensabile Varietà è il ciclo vitale che include la nascita e la morte. La nascita assicura l'immissione di essere nuovi e la morte l'eliminazione fisiologica di quelli vecchi.

La morte non piace a nessuno, ma le conseguenze della sua abolizione sarebbero fatali per la vita collettiva e anche per quella individuale. Perfino l'eternità dei grandi artisti, le cui opere noi apprezziamo per la loro bellezza, sarebbe insopportabile, perché quelli continuerebbero a creare secondo quello che le loro inclinazioni e doni naturali preferiscono.

Ma chi vorrebbe andare un concerto per ascoltare una nuova sinfonia di Beethoven dopo averne ascoltato seimila ottocento quarantacinque composte da lui con lo stesso stile? O leggere l'ennesimo sonetto del Petrarca su Laura dopo averne letti ottomila quattrocento novantadue? Per non parlare di dover ascoltare per novecento anni i pettegolezzi dei nostri vicini. E poi eterni a quale età? Sempre bambini sarebbe impossibile (cesserebbe la riproduzione), sempre vecchi sarebbe deprimente e sempre giovani sarebbe ossessionante (innamorarsi per secoli? Avere nuovi figli per secoli?).

Già il fatto che la vita media sia diventata più lunga crea dei problemi sociali seri, dal momento che introduce squilibri considerevoli nell'entità sociale. Per es., le nuove generazioni debbono mantenere attraverso il sistema pubblico di pensioni il crescente numero di pensionati che non sono più capaci di guadagnare e di sostenersi finanziariamente e, alla fine, neanche fisicamente.

Inoltre, i progressi della scienza prolungano l'agonia delle malattie (dalla demenza senile a stati di semi o completa incoscienza) talvolta per anni, prevenendo la morte per sostenere una lunga (talvolta umiliante) agonia in cui la vita ha perso ogni significato. Questo è inevitabile, perché la medicina deve sostenere la vita e nessuno può decidere quando un altro deve morire.

Un'altra conseguenza dell'abolizione della morte sarebbe che la crescita della popolazione diventerebbe rapidamente insostenibile date le disponibili risorse della terra.

Se la morte è necessaria per evitare un inaridirsi delle creazioni umane nella ripetizione e imitazione, ancor più necessaria è la nascita di nuove vite, che essendo nuove non solo rimpiazzano quelle vecchie, ma esprimono le loro potenzialità diversamente e permettono in maniera insostituibile la creatività. Una mente nuova non crea il nuovo perché vuole creare qualcosa di diverso. Una mente nuova crea il nuovo, perché semplicemente quella è la sua maniera di creare. Essendo diversa da quello che l'ha preceduta, crea alla sua maniera, che è diversa da quella che ha trovato.

Per questo, la diminuzione delle nascite è più pericolosa dell'aumento dei vecchi, dal momento che diminuiscono il fermento e le contribuzioni dei nuovi giovani. Allora, più che a vivere e crescere sotto lo stimolo delle nuove leve, una società pensa a sopravvivere (tipico dei vecchi). Le nascite e le morti impediscono l'arteriosclerosi della razza umana, immettendo chi si deve sviluppare e eliminando chi non ha più nulla da dire.

Il patrimonio genetico

La causa prima e più importante (ma non l'unica) della varietà degli esseri umani è *il meccanismo della riproduzione*. Ci si serve della mescolanza di due patrimoni genetici differenti (quelli dei genitori) e di un numero enorme di possibili combinazioni per concepire nuovi esseri che siano diversi. Basta considerare che in una folla ciascuno è differente da tutti gli altri dal punto di vista fisico e ancor più da quello psichico. Ci si meraviglierebbe (fino ad essere increduli) di incontrare uno che ci somiglia perfettamente. Ci si aspetta (e si trova naturale) che tutti siano differenti da ciascuno di noi e ciascuno di noi da tutti gli altri.

Pertanto, un elemento indispensabile di Varietà è il fatto che vi siano due portatori di patrimoni genetici (il padre e la madre). Questi patrimoni genetici dei genitori includono anche caratteristiche dei loro genitori (si possono vedere nei figli dei tratti fisici o mentali tipici dei nonni) e questo contribuisce alla Varietà. Inoltre, i genitori sono così strutturati che possono fondere le loro eredità nei propri figli. La trasmissione dell'eredità biologica a ciascun nuovo essere è uno dei tanti compiti dell'amore. L'amore di una coppia sposata include il naturale e intenso desiderio di avere figli (per quanto questo sia differente nella convivenza).

Il patrimonio genetico ereditato costituisce una componente essenziale che non cambia col tempo e con lo sviluppo individuale e pertanto contribuisce potentemente a determinare l'individualità di ciascuno provvedendone (per così dire) la spina dorsale. Pertanto, il patrimonio genetico ereditato influenza tutta una vita e protegge contro l'assimilazione psichica da parte di personalità più forti (si può essere dominati, ma non assimilati). Inoltre, il patrimonio genetico che uno ha ereditato dai propri genitori si fonderà con quello del coniuge nella procreazione della nuova generazione.

L'espressione degli attributi genetici

Ogni attributo genetico è espresso differentemente dal punto di vista qualitativo e quantitativo in individui differenti. Dal punto di vista qualitativo, questi attributi si dispongono lungo una curva a campana che va da un estremo all'altro. Per es., nei riguardi del sentimento religioso, alcuni individui sono atei e altri mistici: la maggioranza si dispone tra questi due estremi.

Dal punto di vista quantitativo, si può essere religiosi, ma chi lo è di più e chi di meno. Similmente, si può essere atei convinti o atei con dubbi tormentosi. Per un ateo che ragiona, è impossibile essere assolutamente sicuro che Dio non esiste: l'istinto ammonisce la sua logica a non volersi volutamente e arbitrariamente ignorare. Dopo tutto, la logica non può assolutamente permettersi di essere illogica.

Un altro fattore che contribuisce alla Varietà è che ogni caratteristica individuale non solo si dispone in punti differenti della curva di distribuzione, ma anche che *le curve delle varie caratteristiche sono fuori fase* (non si sovrappongono). Per es., uno può essere ateo e assolutamente onesto, e un altro può essere religioso e assolutamente ipocrita. In tal caso, le curve statistiche della religione e dell'onestà non sono sovrapposte in quei due individui.

Se si considera quanto numerose siano le possibili caratteristiche che uno può avere (per es., temperamento malinconico, impulsivo, allegro, emotivo, freddo, generoso, scrupoloso, egoista, avaro, disordinato, prodigo, indifferente, aggressivo, rude, sognatore, audace, comprensivo, calcolatore, timido, disciplinato, infantile, minuzioso, appassionato, riflessivo, incerto, pauroso, ambizioso, presuntuoso, modesto, indolente, ecc.) è apparente che le possibili combinazioni individuali sono numerosissime (come sono quelle del DNA). Così, un ateo può essere onesto, allegro, emotivo, generoso, prodigo, ecc., e un altro ateo può essere totalmente differente in uno o più attributi. Lo stesso si applica per una persona allegra, generosa, malinconica, ecc.

Le combinazioni casuali della genetica che determinano le caratteristiche di base della personalità di ciascuno, possono essere riconosciute fin dall'infanzia, sia pure in maniera ancora incompleta. Così, fin da ragazzi si può essere violenti, timidi, sensibili, rozzi, fini, riflessivi, disciplinati, indisciplinati, impulsivi, studiosi, irresponsabili, idealisti, bugiardi, quieti, diligenti, sognatori, pratici, ragionevoli, ecc. Le manifestazioni esterne possono cambiare col tempo, ma il nucleo interno non cambia. In altre parole, *possiamo modificare il nostro comportamento, ma non la nostra natura*. Per es., si può imparare a controllare la propria rozzezza o la propria meschinità anche in ogni evenienza, ma dentro si rimane sempre essenzialmente rozzi o meschini.

Il ruolo delle inclinazioni naturali

Sulla base delle caratteristiche di base, *le inclinazioni naturali ulteriormente differenziano un individuo condizionandone gli interessi.* Supponiamo che uno abbia molta sensibilità ed un altro molta insensibilità. O che i due siano attratti da cose diverse (per es., leggere libri o giocare al pallone). È chiaro che tali individui non possono perseguire le stesse cose e saranno interessati a ricevere*"stimoli" differenti.* Pertanto, perseguiranno una differente "realtà", quella che interessa loro, sia questa (per es.) la lettura o il gioco del calcio.

Il che significa che (essendo gli stimoli selezionati da differenti inclinazioni naturali) i "dati" presenti nelle loro menti saranno diversi (per es., i dati nella mente di uno storico non possono essere identici a quelli di un giocatore di calcio). Ne segue anche che la logica di ciascuno farà le sue deduzioni da premesse completamente differenti. Quello che è importante sarà del tutto diverso e uno sarà più disturbato di una sconfitta della Juventus (la squadra di calcio) di quanto uno storico possa essere toccato dalla sconfitta di Napoleone a Waterloo e dalle sue conseguenze storiche. Quello che ciascuno considera importante (perché lo interessa e gli piace) lo porta alla selezione degli stimoli cui vuol essere esposto.

Questa varietà genotipica e fenotipica si applica non solo agli interessi materiali e mentali, ma anche al *grado di sviluppo* della stessa caratteristica in individui diversi (per es., si può essere intensamente appassionati per qualcosa che solo piace ad altri). Inoltre, le inclinazioni naturali portano alla loro stessa *ipertrofia*. Per es., se uno ha una vivida immaginazione, la sua realtà tende ad essere fantastica. Uno può allora avere un temperamento artistico che lo porta ad apprezzare (e pertanto a cercare) particolarmente quello che lo fa sognare o che seduce la sua marcata sensibilità estetica. Sarà spinto a coltivare quello che è bello, al punto da farne una ragione di vita. Gli artisti, i sognatori, gli esteti, le persone particolarmente sensibili appartengono a questa categoria. Una bella sinfonia può dar loro emozioni intense.

Reciprocamente, una persona pratica e ambiziosa troverà le sue soddisfazioni nei successi materiali, per es., nell'accumulare una grande ricchezza producendo laminati d'acciaio da esportare in tutto il mondo. La sua praticità misura allora le sue realizzazioni al metro dell'invidia o del rispetto che la sua ricchezza impone agli altri. La sua importanza si nutrisce anche dell'ossequio altrui, che è reso vistoso dall'inchino indotto da mance generose, dal lusso e dallo sfarzo di tutto quello che gli appartiene, come ville, yacht, automobili di lusso, gioielli, vestiti, ecc.

Il perseguire le spinte di un'inclinazione naturale contribuisce quindi alla differenziazione degli individui. Ne risulta una grande complessità sia di chi agisce sia degli avvenimenti sulla scena umana, complessità che gli aforismi nella loro umiltà cercano di dipanare in punti particolari.

Il ruolo della creatività umana

Un altro fattore essenziale che contribuisce enormemente alla Varietà è *la creatività umana*.

Questa si manifesta non solo nelle grandi opere in tutti i campi, ma altrettanto vigorosamente nelle cose di tutti i giorni. A questo proposito, basta considerare i progressi tecnologici che, alla loro maniera, richiedono creatività e ingegnosità. Si creano soluzioni nuove (dalla radio all'energia atomica) per soddisfare i bisogni di sempre, con conseguenti contribuzioni sostanziali alla Varietà. Per es., le comunicazioni sono state drasticamente cambiate da internet. Invece di richiedere settimane (lettere e risposte per via mare), con internet lo scambio di messaggi prende pochi minuti.

Ma spesso, non è solo la creatività umana (che crea il nuovo), ma anche la fantasia (che crea il diverso) a contribuire alla Varietà. La fantasia è la forza principale responsabile per quelle mode che contribuiscono a dare un'identità ad un'epoca mediante le tendenze che impongono al comportamento di tanti. Per es., in un negozio di abbigliamento, non solo vi è una straordinaria varietà nei vari tipi di vestiario, ma tale varietà cambia con la stagione dell'anno e in successive stagioni secondo mode sempre nuove.

L'importanza delle mode si valuta dal piacere con cui si esibisce un vestito nuovo. Qualcuno spende più di quello che si può permettere per comprare l'abbigliamento che gli piace. La nostra vanità sarebbe umiliata dal dover portare indumenti che non sono più di moda (anche se sono più eleganti di quelli della moda corrente). Le mode non risolvono problemi specifici, ma piuttosto realizzano il desiderio di ciascuno di essere "moderno" e all'avanguardia.

Una maniera di essere notati è quella di seguire l'ultima moda, anche se nel seguire una moda si fa esattamente quello che fanno tanti altri. Se in una moda c'è dell'originalità, questa è in chi la crea e non in chi la segue. Ma chi la segue vuol essere partecipe della sua epoca e questo è vero soprattutto (ma non esclusivamente) nei giovani. Inoltre, anche nel seguire una moda si cerca di farlo in maniera personale scegliendo cose diverse tra quello che la moda offre.

La creatività umana crea non solo la bellezza (arte), ma anche i prodotti dell'ingegnosità (nuove tecnologie). Come già discusso, le mode creano quello che è diverso, anche se non è bello o utile, come, per es., negli uomini il portare i capelli lunghi (anche se ormai bianchi) o la testa rapata. Non si parli della diversità dell'abbigliamento, come i jeans irregolarmente svaniti con strappi e toppe, completati dalle scarpe di tela con suola di gomma o dai giacconi imbottiti e senza forma.

Qualche volta, sembra di assistere ad un'intenzionale apoteosi della bruttezza. Non tutti seguono le mode che offendono il loro gusto, ma sono considerati "estranei", retrivi e sorpassati da quelli che le seguono. La differenza tra creatività e fantasia è che la creatività è necessaria per l'arte (cerca l'olimpo della bellezza) e la fantasia è necessaria per il succedersi delle novità (vuole ingentilire la realtà quotidiana e stimolarne la varietà).

La creatività umana tende ad avere conseguenze sostanziali a lunga scadenza in campi diversi (opere d'arte, sviluppi tecnologici, teorie filosofiche, ecc.). Invece, una moda ha una larga diffusione a breve scadenza e vuole intrattenere con le sue "novità" (non con il nuovo, ma col diverso). Necessariamente, una moda passa di moda, ma la necessità del susseguirsi delle mode persiste nel tempo e in tutti i tempi.

Questo è un mezzo potente per evitare la stagnazione, per offrire al talento occasioni per emergere e per contribuire nuove espressioni della Varietà. Le mode contribuiscono ad evitare che le tradizioni (anch'esse indispensabili) diventino arteriosclerotiche per essere l'oggetto di un'imitazione passiva. In tutti i campi, le mode introducono nuovi stimoli, che, anche se sono effimeri, possono provocare reazioni più interessanti degli stessi stimoli. Anche una moda brutta è meglio di una monotona mancanza di varietà dovuta al persistere di una moda ormai stantia e stanca. I nuovi stimoli creati dalle mode possono stimolare il fermento di menti creative: per questo, persino l'arte e la filosofia hanno le loro mode (qualcuno le inizia e tanti le seguono).

La moda combatte a suo modo il pericolo dell'inerzia e del grigiore dell'abitudine. Se una moda è straordinariamente bella comporta anche una certa creatività. Le novità delle mode possono risultare non tanto dalla creatività quanto dal *desiderio di creatività*. In genere, le mode portano più piacevolezza ai sensi che all'intelletto, ma questo non diminuisce la loro importanza dal momento che anche i sensi contribuiscono alla piacevolezza della realtà della mente. Inoltre anche l'intelletto di molti non è immune all'influenza delle mode (per es., vedi la varietà nelle "poesie").

Naturalmente, vi sono pericoli anche nelle mode, perché, per mancanza di un'adeguata comprensione, si possono proporre modelli di comportamento che danneggiano i singoli individui e il tessuto della società umana. Dopo tutto, ci sono anche le mode che favoriscono la decadenza fisica (per es., droghe) o la decadenza morale (per es., degrado dell'amore al piacere esclusivamente sessuale o alla convivenza che nega la famiglia). Questi rischi rientrano nella necessità di essere allo stesso tempo liberi (si possono proporre le nostre idee e i nostri atti come modelli) e responsabili (si gode dei successi e si deve pagare per i nostri sbagli come individui e come società).

Tuttavia, la Varietà non ha nulla a che fare col caos. Al contrario, ha una sua funzione precisa ed ordinata, che contribuisce a rendere dinamica la realtà umana, anche se poi è punita per le infrazioni dell'arbitrarietà, l'indisciplina, gli abusi dell'incomprensione, la mancanza di qualità e l'arroganza della superficialità.

Il ruolo dell'ambiente e del caso

La varietà delle menti è moltiplicata dall'*ambiente*, intendendo con questo l'ambiente fisico in cui si vive, il tipo di famiglia a cui si appartiene, educazione, esperienze, tradizioni, contatti umani, affetti, preferenze, vicissitudini della vita, ecc. Alcuni di questi fattori sono passivi nel senso che non si sceglie dove siamo nati, la nostra famiglia o la scuola alla quale ci mandano. Ma le nostre inclinazioni selezionano quello che si vuol percepire dall'ambiente. Per es., se ci piace la musica, si va ai concerti dove si suona il tipo di musica che ci piace.

Pertanto vi è un'interazione reciproca tra l'ambiente e le preferenze individuali, interazione stimolata dalle mode. Le nuove tendenze introdotte dalla moda subiscono le infinite variazioni introdotte dal gusto individuale per quanto riguarda l'abbigliamento o l'acconciatura personale. Per es., non solo i capelli possono essere differenti (naturalmente o artificialmente castani, biondi, neri, bianchi, rossi, grigi, lisci, riccioluti, ondulati, ecc.), ma possono essere corti, lunghi o rasati a zero. Anche una cosa semplice come i peli della faccia di un uomo si prestano alle più svariate manipolazioni (barba rasata, lunga, pizzetto, a punta, a due punte, un filino lungo le guance, basette, baffi, baffetti, baffettini, baffoni, baffi a punta, ecc.). Nelle donne, la fantasia dell'acconciatura dei capelli non conosce limiti.

Per quanto riguarda il ruolo del caso nel creare la Varietà, la procreazione di nuovi esseri illustra una relazione fondamentale tra l'Ordine e la Varietà: "L'Ordine si serve del caso per creare Varietà" (e non il disordine). Questa relazione implica che il caso non è la mancanza di ordine, quanto uno strumento dell'Ordine. Il caso diventa uno strumento ben preciso con una funzione ben precisa: crea una Varietà basata sulla statistica e distribuita secondo una curva standard e pertanto ordinata. Se non fosse uno strumento dell'Ordine, il caso (in mancanza dell'Ordine) porterebbe al caos, perché il caso non ha una sua strategia. È facile vedere (per es.) che il caso non potrebbe sostituire le leggi fisiche che regolano l'Universo.

Il caso non ha teorie, preconcetti, convinzioni, fini o metodi, ma quello che dipende dal caso dovrà pur distribuirsi in una certa maniera. Infatti, la regola del caso è che lo stesso fenomeno (comunque causato) si distribuisca secondo valori medi (più frequenti) compresi tra due estremi (più rari). Questa distribuzione dei fenomeni secondo una curva a campana (per es., la statura delle persone di una popolazione) avviene come risultato di eventi casuali, come, per es., la statura dei genitori. Ma il caso è una componente di un piano prestabilito che persegue una necessaria Varietà dal momento che (per es.) le varie combinazioni matrimoniali portano a tutta una gamma di stature.

In questo esempio, la maggior parte della gente avrà una statura media (la norma stabilita dalla genetica, anche se influenzata da altri fattori come l'alimentazione) con gli estremi rappresentati da individui più bassi e più alti della norma. Se la statura alta diventasse più frequente, semplicemente la statura media si sposterebbe verso quell'estremo.

Questo si applica anche alle variazioni della statura secondo le razze (per es., persone molto alte e pigmei). Anche in questo caso, si ha una media diversa con estremi in più o meno. Similmente, per la durata media della vita in una società. La funzionalità del caso (la sua "saggezza") è che non crea squilibri sistematici: per es., nelle nascite il numero dei maschi è simile a quello delle femmine, evitando così problemi al momento della riproduzione.

La Varietà che risulta dal caso è enormemente più grande di quella creata dalla fantasia e immaginazione umane, tanto è vero che un romanziere per creare la sua realtà artistica attinge largamente a quella realtà che vede dentro e fuori di sé e che lui non ha creato. Non si può essere romanzieri senza essere osservatori acuti e perspicaci delle propria e delle altrui realtà.

Come tutto, *la Varietà ha le sue leggi e pertanto comporta infrazioni.* Ogni epoca si caratterizza per la varietà che le è tipica, ma questo non fa le epoche uguali. Se ci può essere un Rinascimento in un'epoca, ci può essere l'agonia dell'insignificanza in un'altra. Nulla è garantito a nessuno ed il successo non è mai il risultato esclusivo del caso o della presenza di aspirazioni. Di qui, i meriti e i demeriti della varietà che una società crea.

Le cause della differente Varietà tipica d'epoche diverse sono complesse ed includono fattori che non sono sotto il controllo della volontà umana. Tra questi fattori c'è anche la fortuna di situazioni favorevoli (per es., la scoperta di un nuovo continente) e la sfortuna di quelle sfavorevoli. Ma non si deve immaginare che le grandi epoche siano il risultato esclusivo della fortuna. La "fortuna" il più delle volte è il risultato dell'uso appropriato delle qualità che attivamente si cerca di sviluppare negli individui e nella società. È vero che il talento non lo si può creare a volontà, ma lo si può dissipare per la mediocrità delle aspirazioni che si coltivano nel contesto sociale in una certa epoca.

L'alternarsi di differenti tendenze

Un altro meccanismo con cui l'Ordine crea la Varietà è l'alternarsi di differenti tendenze sulla scena umana. Anche se le caratteristiche della natura umana non cambiano, in ogni epoca prevalgono caratteristiche differenti. Questo contribuisce in maniera indispensabile alla Varietà. Se (come può succedere) ogni generazione vivesse nel rispetto rigido di tradizioni tramandate, nessuno sviluppo sarebbe possibile.

Alla base dei cambiamenti sono sia le cambiate condizioni di vita sia le attività umane. Tre le prime può essere la scoperta di nuove terre e nuove risorse e tra le seconde le modificazioni introdotte dal progresso umano (invenzioni e scoperte). Inoltre, si reagisce alle condizioni che si trovano. Di ogni situazione si vedono spesso soprattutto i lati negativi e pertanto si propongono cambiamenti che inevitabilmente hanno i loro lati negativi. Per es., la miseria è orribile, ma una generale agiatezza può portare ad altri problemi, come, per es., il diffondersi dell'egoismo e la ricerca esclusiva dei beni materiali.

Nel reagire ad una certa condizione (per es., la miseria), spesso si sbanda all'estremo opposto. Siccome nell'affluenza i piaceri materiali possono essere facilmente soddisfatti (a cominciare dalla soddisfazione non della fame, ma del piacere di mangiare), si possono perseguire solo quelli (i piaceri materiali). Certamente il benessere materiale per sé è desiderabile, ma spesso incoraggia l'egoismo dei sensi (il consumismo e la ricerca del piacere) e trova noiose le esigenze non solo della spiritualità, ma anche quelle della responsabilità. Il che porta a risultati negativi, come per es. l'instabilità del matrimonio o la convivenza (che strutturalmente è un "matrimonio" instabile e sterile di figli).

In realtà, l'equilibrio dei vari fattori che regolano la realtà umana è continuamente sfidato e contestato dal cambiare delle condizioni di vita. Il differente comportamento non è una scelta cosciente, ma la conseguenza della cambiata natura degli stimoli e delle reazioni che provocano. Si trova conveniente conformarsi alle tendenze del momento, perché "giustificano" il nostro comportamento e non si vuole "restare indietro" o "essere differenti". Si vuol vivere *nella* nostra epoca e *con* la nostra epoca.

Quindi, le varie caratteristiche della realtà stabilite dalla genetica possono prevalere, ma non permanentemente. Ma *il prevalere di una caratteristica permette lo sviluppo di quelli sono dotati di quella caratteristica*. Va da sé che questo alternarsi di tendenze contribuisce a quella Varietà che l'Ordine impone.

Conseguenza della varietà

La varietà delle menti è alla base delle conseguenti specializzazioni, dai mestieri alle professioni. Le specializzazioni poi permettono lo sviluppo di una perizia che non sarebbe possibile senza la selezione di un campo ben preciso d'interesse.

Ognuno nella sua categoria ha una funzione necessaria per l'economia generale della società, intendendo per economia la funzione globale dei beni materiali e spirituali. Basta considerare il danno che seguirebbe all'eliminazione totale (per es.) sia dell'arte sia delle attività commerciali e industriali. Anche un sognatore deve mangiare e un imprenditore deve poter andare all'opera (se non altro perché la moglie possa mostrare i suoi gioielli e i suoi vestiti).

Una conseguenza delle attività commerciali e industriali è la prosperità individuale e collettiva. Le grandi opere possono essere create (per es., grandi palazzi, musei, teatri) solo quando la ricchezza e la potenza se lo possono permettere. Senza ricchezza, tutt'al più ci sono i prodotti di un buon artigianato. Anzi, si potrebbe dire che una delle funzioni più importanti della ricchezza (individuale o di una nazione) è la promozione della bellezza. Non sarà certo quella di fare un ideale dei ricevimenti sontuosi, del lusso smodato, dell'uso delle droghe, del bere eccessivo, ecc.

La ricchezza permette di perseguire non solo le arti, ma anche le scienze, e in generale le attività senza le quali non vi può essere progresso umano. Si va ben oltre l'assicurare le necessità della sopravvivenza fisica: si offrono le occasioni alle realizzazioni del talento. Le opere del talento creano forme straordinarie di varietà che appartengono al patrimonio creativo del genere umano trasmesso da generazione a generazione.

Le necessità dello sviluppo rendono inevitabile il cambiamento e pertanto l'infrazione di equilibri (o di squilibri) che, più che stabili, diventerebbero stagnanti. Ora se il cambiamento è indispensabile, prima o poi, si cambia anche in peggio. Lo si vede, per es., nei modelli automobilistici. Alcuni sono così indovinati che durano a lungo, ma inevitabilmente sono sostituiti da altri modelli che non sono così belli. Ma non può essere differentemente, perché (se non fosse per i cambiamenti) i modelli anche riusciti diventerebbero ripetitivi e l'abitudine li farebbe stantii.

Ritornando ora alla diversità delle menti, sorge il problema dei loro rapporti nel quadro dell'Ordine. Se è vero che ciascuno di noi è l'epicentro della (sua) realtà, ciascuno si rende conto che vi sono anche le realtà degli altri, *così come sono percepite da ciascuno di noi.* Siccome ci si percepisce vicendevolmente attraverso i nostri organi di senso, necessariamente s'interagisce. Questo comporta domande circa la diversità e similarità che ci caratterizzano, per es., come i rapporti fra diversi individui si stabiliscano e come influenzino il comportamento di ciascuno.

Man mano che nascono, i singoli individui vengono gradualmente immessi nella società, ma non per perdervisi come le gocce di pioggia nell'acqua del mare. Se da una parte la diversità fisica e mentale è alla base dell'individualità di ciascuno (non vi sono due individui identici, neanche tra i gemelli omozigoti dal momento che la madre li distingue facilmente), dall'altra nessun individuo è autosufficiente dal punto mentale o fisico.

Dal punto di vista mentale, la diversità è quantitativa e qualitativa, nel senso che attributi mentali variamente sviluppati si mescolano in maniera differente in differenti individui. I processi di base sono simili (per es., tutti devono mangiare, dormire, ragionare, avere sentimenti, ecc.), perché tali processi riflettono le necessità della genetica nel definire la natura umana. Pertanto, è comprensibile a tutti che uno possa essere triste, affamato, felice, esilarato, pessimista, pieno di speranza, invidioso, generoso, ecc., così come richiedono occasioni ed individui diversi. Se la nostra diversità ci assicura la nostra individualità, le nostre somiglianze come esseri umani ci permettono di comprenderci, comunicare e interagire.

L'interazione con gli altri contribuisce alla *coscienza di essere differenti* e pertanto contribuisce a definire il nostro Io. Ma l'interazione con gli altri comporta un continuo scambio di stimoli che nutriscono la mente. Per es., senza l'interazione tra chi sa e chi non sa l'educazione sarebbe impossibile. Ma persino l'interazione riguardo alle cose di tutti i giorni è essenziale per una normale maniera di essere e di vivere. A questo riguardo, basta ricordare qui che l'isolamento inasprisce la punizione di un prigioniero, perché manca l'interazione con altre menti. Manca il substrato per la funzione della mente, l'input che nutrisce il pensiero e le emozioni.

Tanti si sentono soli anche senza essere in prigione quando manca l'interazione con i pensieri e ancor più con gli affetti d'altre menti. Questo spiega l'importanza della famiglia e la sete di novità da parte di tutti. Per questa ragione, si parla con chi si conosce, si legge il giornale, si guarda la televisione, si va ad una partita, ecc. Anche se uno non fosse in prigione, farebbe una grande differenza se non vi fossero le notizie, libri, film, teatro, musica, musei o addirittura le varie forme di affetti (da quello tra genitori e figli a quello tra gli innamorati). O, semplicemente, se fossimo privati costantemente della conversazione quotidiana.

Dal punto di vista fisico, l'interazione comprende quei servizi della società, da cui tutti dipendono, come l'assistenza medica, la scuola, l'architetto, il salumiere, i mezzi di comunicazione, l'elettricista o il falegname. Questa dipendenza si manifesta chiaramente quando un servizio non è disponibile, per es., durante uno sciopero. Inoltre, le specializzazioni delle attività sociali permettono che tali attività siano espletate ad un livello di qualità assai più alto. Un artigiano già coltiva il giardino dell'arte.

L'immissione di un individuo nella società è graduale. Il primo rapporto, il più importante e il più duraturo (da prima della nascita fino alla morte) è quello affettivo con la madre. La madre dà la vita, il nutrimento, le cure, l'affetto, i baci, gli abbracci, la supervisione continua e i primi insegnamenti al nuovo essere nell'ambito della famiglia. Una mamma non solo perdona, ma persino scusa i difetti e gli errori dei propri figli (per lo meno con gli estranei). Naturalmente, c'è anche papà, ma non è la stessa cosa.

Pertanto, la famiglia è la prima "società" a cui un nuovo

essere è esposto. Questa società immediata è caratterizzata prima di tutto dall'intimità dei rapporti, un'intimità basata su legami genetici ("il sangue non è acqua"), sugli affetti istintivi e su una convivenza giornaliera che dura anni e durante la quale vengono istillati valori essenziali allo sviluppo del carattere e alla condotta dei figli.

Questa "società" si allarga man mano quando la scuola si aggiunge alle attività di un bambino. La scuola non solo provvede alla prima istruzione elementare, ma stabilisce nuovi rapporti tra un individuo e i coetanei, cioè i componenti della nuova generazione. Questo rapporto è "acquisito", cioè è meno intensamente istintivo. Non si sceglie la madre, il padre o i fratelli, ma si scelgono gli amici sulla base dell'affinità di carattere e di gusti.

Si stabiliscono dei rapporti sociali basati sul fatto che si condividono diverse attività come lo studio, i giochi e gli interessi (per es., per sport differenti), ecc. Nell'adolescenza, i cambiamenti ormonali della fisiologia portano ad interessi nuovi come l'attrazione per il sesso opposto, che porta a motivazioni differenti da quelle che fino all'allora legavano l'adolescente solo alla famiglia. Cominciano i turbamenti dell'amore di cui gli adolescenti sono soprattutto le vittime innocenti, ma che rappresentano stimoli graduali ed essenziali per il successivo necessario distacco dalla famiglia. Sono il preludio e la premessa per la creazione di una nuova famiglia ad un'età successiva. E, con le nuove famiglie, si assicura la creazione di una nuova generazione.

A questo punto, la "società" continua ad allargarsi oltre la famiglia e oltre la scuola per includere il posto dove uno è nato, la regione e la nazione. Questo allargamento progressivo del *senso d'appartenenza* dalla propria famiglia alla propria stirpe è condizionato dalla scuola, dalla comune lingua, religione, tradizioni, educazione, storia nazionale, ecc. Ciascuno si sente membro della propria nazione e delle sue tradizioni.

Questo senso d'appartenenza alla propria nazione è essenziale per il mantenimento di una stirpe: crea una coesione istintiva e indispensabile per una società, l'ambizione di aver successo come popolo (lo si vede anche nelle competizioni sportive internazionali), e il desiderio di mantenere la propria identità nazionale. Il nazionalismo è l'espressione istintiva ed emotiva della comune appartenenza alla propria razza (a meno che non diventi fanatismo). Si provano emozioni collettive anche per le realizzazioni del proprio popolo (per es., le grandi conquiste nell'esplorazione dell'Universo).

Le caratteristiche tipiche di ogni popolo sono essenziali per mantenere la varietà a livello delle nazioni, una varietà che stimola l'emulazione e pertanto il progresso (le guerre non sono il risultato dell'emulazione, ma di forze che vanno oltre quello che si crede di volere iniziando una guerra). Man mano, poi si arriva a rendersi conto che le varie comunità nazionali hanno una comune appartenenza al genere umano. Questo si esprime, per es., nell'aiuto alle vittime di un disastro naturale in una nazione che si conosce appena e i cui cittadini sono così differenti da considerarli del tutto estranei.

Come la società si allarga dalla famiglia alla nazione, il rapporto affettivo tra individui diviene meno intenso (anche se il rapporto collettivo nazionale è forte) ed include sia l'attrazione che la repulsione di quelli che si conoscono. Si ama la propria nazione, ma non tutti i suoi cittadini, dal momento che vi possono essere interessi e simpatie divergenti, o semplicemente la maggior parte di quelli ci sono sconosciuti e pertanto estranei. Anche nella famiglia ci possono essere simpatie e antipatie, ma i legami affettivi rendono più tolleranti: l'affetto perdona anche i torti ricevuti, mentre verso un estraneo si può non sentire gratitudine per i benefici ricevuti.

Come un'ottima educazione è molto importante per un individuo, un ottimo individuo è molto importante per una società. Come per gli aforismi, si potrebbe dire che la società non è la somma, ma la sintesi dei singoli individui. C'è una reciproca influenza tra individui e società. Per es., le teorie o le invenzioni possono modificare il comportamento di tanti. Reciprocamente, le esigenze e i bisogni di tanti modificano le teorie e il tipo di scoperte.

Come esempio dell'importanza della relazione tra individui e società, si vede che un uomo di stato porta benefici enormi alla nazione, mentre un mediocre politico infligge danni (anche enormi) ai suoi stessi cittadini (che possono ringraziare se stessi per averlo eletto, anche se talvolta non vi era scelta).

Anche se membro di una stessa società, un individuo si distingue da tutti gli altri per il fatto che i suoi bisogni ed interessi personali sono in parte dissociati e in parte dipendenti da quelli della società. Gli individui, essendo ciascun differente da tutti gli altri, hanno pensieri e sentimenti unici, a tal punto che ne sono definiti. Pertanto, ogni società è fatta d'individui diversi che in generale si comportano secondo i valori sociali che la società a cui appartengono ha creato e istillato.

Tuttavia, l'appartenenza a diversi strati sociali comporta interessi diversi e pertanto la formazione di classi. Gli interessi di un operaio sono assai più vicini a quelli di altri operai che a quelli del datore di lavoro. I sindacati e le confederazioni sono il risultato della similarità d'interessi nelle varie categorie di attività. Comunque, una cosa è certa: l'appartenenza ad una società permette ad un individuo di compiere opere che vanno ben oltre quello che quell'individuo potrebbe compiere se agisse da solo. A questo riguardo basta solo considerare quanto uno sarebbe danneggiato se l'isolamento ne impedisse l'educazione.

Nella normale attività quotidiana i contatti con gli altri sono la regola. Appena ci si sveglia, magari si osserva la delicatezza dell'alba, si fa colazione e si legge il giornale, si beve il caffè parlando degli avvenimenti politici di ieri o ascoltando le notizie alla televisione. Mentre si va al lavoro, si salutano gli amici che si incontrano, si comunica riguardo a quello che si deve fare, ci si lamenta con qualcuno, si congratula un altro, si risponde ad un messaggio, si va a fare due chiacchiere con un amico, ci si arrabbia per un ritardo, si legge un documento interessante, si scrive una relazione, si è nervosi per una scadenza prossima, ecc.

Quando ci si rilassa, si legge un libro, si guarda un film, si beve un aperitivo con gli amici, si fa una passeggiata con qualcuno, si scherza, si fanno dei complimenti ad una bella signora, si va ad un museo, si ascolta della musica, si guarda una partita alla televisione, si scrive un diario della nostra peregrinazione terrestre, s'incontrano amici e conoscenze ad un ricevimento, ecc.

In altre parole, si vive nel contesto della vita quotidiana, dove *vi è uno scambio continuo di messaggi tra la nostra mente e l'ambiente esterno* (che include gli altri). È uno scambio che intrattiene ed istruisce la mente, il più importante essendo quello delle interazioni con menti diverse. A questo proposito, il pettegolezzo spicciolo, i rapporti quotidiani nella famiglia, le ultime notizie, la conversazione informale, le conferenze, le letture e lo scambio di opinioni su vari argomenti sono tutti importanti. L'interazione con altre menti fornisce nuovi necessari stimoli per evitare la stagnazione e per sviluppare nuovi pensieri e sentimenti.

Semplicemente, non si può rimanere gli stessi quando si aggiungono nuove percezioni alla nostra mente. Allo stesso tempo, il succedersi di nuove percezioni dà un contenuto al passare del nostro tempo. Ma soprattutto l'interazione modifica la nostra mente attraverso le nuove prospettive che derivano dagli scambi con altri degli affetti, conoscenze, diversità e creatività. Non solo si percepisce continuamente qualcosa di differente, ma si reagisce alle percezioni ricevute e anche questo cambia la nostra mente.

In un certo senso, come il corpo ha bisogno di alimenti per una funzione normale, così la mente ha bisogno di un continuo fluire di percezioni diverse che sostengano la sua attività. Gli stimoli non solo si rivolgono alla parte logica e conoscitiva della mente (per es., nozioni o concetti nuovi), ma anche alle sue emozioni (per es., musica o poesia o semplicemente le vicende di quelli che ci sono vicini). Interagendo, la mente a sua volta genera stimoli per le altre menti. In questo senso, ciascuno di noi è volta a volta attore e pubblico.

Di questo scambio la mente vive e in questo scambio, modificandosi, cresce. Di cosa è fatta l'esperienza se non dell'inclusione nel nostro Io di quello a cui siamo esposti? L'esperienza rende il nostro Io più completo, dal momento che percezioni ripetute aumentando la comprensione del loro significato. Ogni giorno, si diventa più esperti delle umane cose. Per questo, si cerca quello che è nuovo o anche solo differente. Per questo, anche le nuove mode nei vari campi sono importanti, tante volte non per sé, ma per quello che individualmente vi s'impara. Nei rapporti con altre menti, lo scambio dei pensieri è importante, ma ancora più importante e universale è lo scambio degli affetti, vale a dire, di quello che si sente, come nel caso dell'amore nelle sue diverse forme.

A causa della necessità d'interazioni, ci si associa in comunità. Qui le cose si complicano nel senso che *quello che è valido per un individuo può non essere adatto per la vita in una comunità.* Il diritto (e l'obbligo) di ciascun individuo di svilupparsi e realizzarsi è anche nell'interesse della comunità, dal momento che se ciascuno desse il suo meglio in quello che fa, vi sarebbe un generale e straordinario fiorire della società. Ma il problema della vita sociale è che il vantaggio di un individuo (per es., la creazione di monopoli) può essere lo svantaggio di tutti gli altri. Di qui la necessità di regolare mediante leggi il comportamento sociale di ciascuno.

Le buone leggi sono nell'interesse di tutti, ma non necessariamente nell'interesse immediato di ciascuno. Di qui, inevitabili tensioni. Qualcuno sembra pensare che quello che è suo è suo (per es., il suo giardino) e quello che è di tutti (per es., un parco pubblico) non è di nessuno.

Ma le regole di una vita sociale non sono facoltative, se ci deve essere una vita sociale. In generale, quanto più i cittadini sono "individualisti" tanto più la vita sociale è "effervescente". Un lato positivo di questa situazione è che *entro certi limiti* l'irrequietezza individuale impedisce l'opacità di un conformismo generale o addirittura la ragnatela insidiosa dell'ipocrisia. *Oltre certi limiti,* si va nella confusione dell'indisciplina.

Ma qui bisogna distinguere tra una società e una folla. Il comportamento individuale e quello di una folla non si sovrappongono, nel senso che l'associarsi ad una folla altera il comportamento individuale. Basta considerare gli eccessi dei tifosi negli stadi o il comportamento degli uomini politici in un comizio: quest'ultimi non parlano alla ragionevolezza, ma invece urlano alle emozioni.

Alle emozioni e ai loro interessi bisogna urlare, perché in quello che si dice a voce alta ci si deve sentire la passione (che in genere c'è) che eccita le passioni della folla. Si possono eccitare passioni anche sussurrando (vedi gli innamorati), ma non quando ci si rivolge ad una folla. Nessuno va ad un comizio per ascoltare pacate considerazioni sui problemi da risolvere: quello è un compito da filosofi.

Agli interessi e alle convinzioni non importano le considerazioni logiche, specialmente se sono sensate o, peggio ancora, obiettive. Importa invece che quello che è detto (o urlato) ecciti gli entusiasmi di quella passione che l'oratore deve avere per l'attuazione del programma proposto contro ostacoli considerevoli. Di questo si incarica l'eloquenza dell'oratore. Dopo tutto, non vi è lotta senza passioni.

Le *stesse* cose dette con voce pacata potrebbero essere solo deludenti e non eccitare l'applauso. Anzi, quando si vuole l'applauso, il segnale quasi obbligatorio è alzare la voce. E con l'applauso si manifesta l'approvazione di chi ascolta. Che una folla abbia comportamenti speciali può essere una necessità storica. Per es., la rivoluzione francese deve molto alla rabbiosa esasperazione delle folle.

Il fatto è che una *folla non è la somma dei singoli individui*, ma un'entità potenzialmente distruttiva con cui non si può ragionare, come si vede, per es., nella violenza delle sommosse. Si saccheggia, si incendia, si distrugge o si uccidono degli innocenti come se (invece di una furiosa esplosione di brutalità) fosse un diritto incontestabile.

Ma una folla non è del tutto sorda, perché intende la voce dei cannoni, come quelli di Napoleone contro i monarchici. Quando quelli che ci sono vicini cominciano ad essere uccisi, s'intende subito la ragione, perché l'istinto della sopravvivenza ci ricorda di salvaguardare il nostro Io. Se si muore noi, muore tutto. Allora non c'è folla che tenga e ne segue un fuggifuggi molto individuale.

L'ORGANIZZAZIONE SOCIALE

L'organizzazione sociale implica una serie di strutture gerarchiche, la cui classe dirigente costituisce il cervello di una società. In cima a questa gerarchia politico-amministrativa, c'è lo stato. Lo stato provvede una struttura organizzativa preposta alla conservazione e sviluppo di una società mediante la regolamentazione delle sue varie attività (per es., elezioni, educazione, legislazione, forze armate, trasporti, diplomazia, ecc.). I vari ministeri del governo riflettono queste necessità nei vari campi. La stessa parola (governo) implica non solo l'organizzazione del potere, ma anche una funzione direttiva delle varie attività di una società, funzione intesa a ordinare e sviluppare queste stesse attività.

Lo stato

Lo stato esiste perché rappresenta *il cervello* (ma non la mente) della comunità in ogni nazione. Come cervello, regola la funzione del corpo sociale. Riceve gli stimoli (le necessità di una società) e vi risponde con le varie funzioni, come la burocrazia, la polizia, l'esercito, la rete stradale, l'educazione, la ricerca, la tassazione, la regolamentazione finanziaria, l'ordinamento giuridico, l'assistenza medica, la preservazione delle opere del passato, ecc.

Queste funzioni richiedono una struttura a carattere nazionale unitario. Se ne aumenta l'efficienza affidando alle organizzazioni locali (province e comuni) i problemi locali. Inoltre, leggi vengono promulgate per risolvere i problemi che man mano sorgono in relazione ai cambiamenti di una società e per favorire la direzione di uno sviluppo desiderabile. Quello che si fa necessariamente modifica sia quello che si è fatto sia quello che si farà.

Se lo stato è il cervello del corpo sociale, le contribuzioni al progresso umano nei vari campi (per es., la scienza, l'arte, la tecnologia, ecc.) sono il frutto della mente della società, cioè, degli ingegni e talenti che quella esprime. Questo solo spiega l'importanza vitale per ogni società di coltivare il talento dei suoi membri mediante un'educazione di qualità e offrendo opportunità per lo sviluppo del talento. Il non farlo porta alla mediocrità di una società che degrada allo stesso livello di una società che non ha talenti.

A questo riguardo (per quanto indispensabile) non basta un'élite di ingegni eccezionali dal momento che è indispensabile che vi sia un humus culturale in cui questi possano prosperare. Di qui la necessità di curare l'educazione, lo sviluppo e l'addestramento di **tutte** le menti di una società in modo che se ne renda ottimale l'attività a tutti i livelli.

La forma di governo che uno stato adotta varia considerevolmente e riflette la qualità del materiale umano disponibile e delle condizioni prevalenti, in particolare il grado di sviluppo delle diverse classi. Se il potere ed il privilegio sono accentrati nelle mani di un re o un imperatore o un dittatore tutte le decisioni di rilievo vengono dall'alto e alla maggioranza non rimane che ubbidire anche quando gli ordini sono oppressivi. Si può vedere allora un gran lusso di pochi pagato con la miseria dei più.

Questo non esclude che re, imperatori e dittatori non abbiano funzioni storiche come, per es., la realizzazione dell'unificazione di una nazione o lo stabilire un impero. Inoltre, un popolo ad una certa epoca può non essere idoneo ad avere un governo democratico. Perché una democrazia sia funzionante, ve ne devono essere le condizioni adatte, a cominciare dalla maturità e dall'autodisciplina dei più.

Nella democrazia, la maggioranza dei cittadini determina chi governa, ma l'opposizione ha una funzione di controllo e di stimolo, e difende gli interessi della minoranza che l'ha eletta. Inoltre, vi sono le condizioni per un alternarsi di chi è al potere e pertanto per evitare il perpetuarsi dei privilegi di classe.

Vi può essere instabilità di governo, specialmente se la maggioranza è piccola. L'instabilità di un'esigua maggioranza è dovuta al fatto che gli interessi della maggioranza non sono mai compatti e pertanto si possono registrare defezioni su punti ritenuti essenziali da alcuni dei suoi sostenitori. Inoltre, bisogna fare i conti con le ambizioni irrequiete che vogliono emergere anche quando non c'è merito. Le stesse considerazioni si applicano all'opposizione.

Una forma di governo assai interessante era quella degli antichi Romani che si articolava nel senato, i consoli e la plebe e i suoi tribuni. Era interessante perché gli elementi in gioco erano complementari. Nel senato prevalevano i patrizi con più ampie prospettive, esperienza e ambizioni, consci di essere i curatori della gloria di Roma. Due consoli erano eletti e per un anno (un esempio di equilibrio tra poteri). A loro erano affidati compiti esecutivi, come comandare l'esercito. La plebe aveva una voce nel proteggere i suoi interessi con i tribuni e pertanto si sentiva parte del sistema di governo (SPQR: Senatus Populusque Romanus).

Questa organizzazione durò finché i nemici di Roma non erano più quelli esterni, ma quelli interni (guerre civili di supremazia). Ma fu soprattutto l'opulenza che minò le virtù di Roma e contribuì al prevalere del disordine della decadenza che risultò nel potere assoluto di imperatori talvolta corrotti o incapaci. Inevitabilmente al desiderio di gloria si sostituì quello dei piaceri sempre più raffinati. Il problema è che la forza di carattere, l'eroismo, le virtù civili e militari non sono compatibili con le raffinatezze. I valori che si perseguono cambiano fino a cessare di essere virtù per essere sostituite dalla sfacciataggine dei vizi.

In ogni caso, è un compito impossibile far sì che tutte le nuove generazioni continuino a coltivare i valori (anche se superiori) degli antenati, specialmente in vista del fatto che le nuove generazioni nascevano e crescevano in un diffuso benessere e con i vantaggi connessi con il successo già ottenuto. Inoltre, l'influenza della civiltà greca introduceva altri valori meritevoli di essere perseguiti (per es., la letteratura e la filosofia). Ma né la letteratura né la filosofia fanno un impero: semmai lo seguono.

Dal punto di vista della storia, cioè degli avvenimenti umani di maggior rilievo, la forma di governo ha un'importanza relativa: la storia non condanna a priori nessuna forma di governo. Il potere assoluto di re, imperatori e dittatori fa sì che essi vogliano assicurarsi un posto nella storia mediante conquiste e imperi. Ne deriva che i sacrifici di una nazione oppressa dal potere assoluto alla fine possano risultare in benefici per le generazioni successive.

La democrazia favorisce le generazioni che ne godono dal momento che il dissenso della varietà può farsi sentire a piena voce e le ambizioni assolutistiche di pochi non hanno facilmente via libera. Nonostante i conflitti interni, la democrazia non impedì a Roma di conquistare il mondo allora conosciuto, perché la maggioranza condivideva le stesse grandi ambizioni.

In generale, si può affermare che, *qualsiasi sia la forma di governo, gli interessi nazionali prevalgono,* a meno che il governo non sia corrotto. Per es., Stalin non lavorava certo per il proletariato, ma per la Russia. Lo slogan "Proletari di tutto il mondo unitevi" in realtà era incompleto dal momento che non specificava: "nell'interesse della Russia". L'interesse della Russia era reso ben chiaro dai rapporti di Stalin con gli alleati.

Il comunismo era usato come mezzo per indebolire i nemici interni e esterni, assicurarsi il potere e industrializzare la Russia. La Russia di Stalin perseguiva i suoi interessi non meno che la Russia degli Zar. Li perseguiva ugualmente nei riguardi di nemici e amici (vedi il dominio sull'Europa orientale), come del resto avrebbero fatto nemici e amici se ne avessero avuto il potere.

Le guerre dei Re e Imperatori erano guerre di conquista. Persino Napoleone Buonaparte [sic] che da bambino parlava solo l'italiano, faceva gli interessi della Francia di cui divenne l'imperatore. Li faceva al punto che (per es.) non esitava a rubare (diciamo requisire...) opere d'arte italiane per mandarle in Francia.

Il Vietnam comunista combatteva la Francia e gli Stati Uniti per la sua indipendenza come stato. L'ideologia comunista era solo un mezzo, tanto è vero che vi furono scontri anche tra il Vietnam comunista e la Cina comunista. E il credere nello stesso Dio non impedisce a nazioni con la stessa religione di combattersi per i loro divergenti interessi.

Solo l'anarchia non è una forma di governo, ma una forma di ribellione contro ogni governo (o più in generale contro la disciplina). Vuol distruggere per protesta, senza un programma alternativo.

La libertà

Gli strumenti per mantenere l'Ordine non sarebbero necessari, se il disordine non fosse possibile. Qui entra di scena la libertà. Per non esserci mai disordine, dovremmo essere fisicamente obbligati ad ubbidire l'Ordine (cioè ad essere schiavi obbedienti di regole innate). Ma una regola perde significato se non permette infrazioni: cessa di essere una regola per diventare un'imposizione a cui si deve obbedire automaticamente. Se la regola dell'Ordine è necessaria, così è l'eccezione del disordine. In realtà, non si tratta di regole ed eccezioni, ma piuttosto della necessità degli opposti.

Questo rientra nel concetto che *non ci potrebbe essere il bene se non ci fosse il male,* ovverosia, in questo caso, non ci potrebbe essere l'Ordine se il disordine non fosse possibile. Se l'Ordine non ammettesse il disordine, il suo significato cambierebbe drasticamente. Invece, di essere il custode della realtà come l'intende la genetica, diventerebbe un evento fisico fisso come i movimenti degli astri. Così, se tutti fossimo sempre onesti, l'onestà cesserebbe di essere una virtù per diventare un comune attributo, come l'avere due occhi o il naso o respirare un certo numero di volte al minuto.

Cesserebbero la libertà, il merito e il demerito, la lotta tra bene e male, lo sviluppo che deriva dal superamento degli ostacoli, le vittorie e le sconfitte, le illusioni e le delusioni, la responsabilità individuale, le nostre emozioni, ecc. La totale mancanza di virtù e la sola presenza dei vizi sarebbe ancora più devastante. La mancanza di virtù e di vizi ci farebbe retrocedere al livello degli animali, che non hanno né virtù né vizi.

Nella realtà umana (dal momento che non è imposto come agli astri), l'Ordine non è garantito e invece richiede il continuo superamento del disordine. L'Ordine stabilisce quello che è necessario per la sopravvivenza della realtà umana attraverso i necessari impulsi (ma non attraverso ordini inderogabili). Il disordine consiste nel rispondere a questi impulsi in se stessi e non alla loro funzione fisiologica. Per es., si mangia in risposta alla fame per mantenere un peso costante (ordine). Ma se si mangia non per soddisfare la fame, ma il piacere di mangiare, si diventa obesi (disordine).

Se dunque ci deve essere sia l'Ordine che il disordine e pertanto anche il bene ed il male, vi deve anche essere la *possibilità di scegliere*. Per scegliere, vi deve essere la libertà di farlo. Ma che cosa è la libertà? A prima vista, *sembrerebbe che la nostra libertà dovesse consistere nel poter fare quello che noi desideriamo*. Ma l'esperienza ci insegna che tante volte non si può fare quello che vorremmo (come il mangiare troppo). Quindi, bisognerà domandarci cosa sia la libertà e i suoi limiti, che naturalmente contribuiscono a definire la libertà. Inoltre, esiste una libertà personale e una sociale. Tutte e due le forme di libertà sono caratterizzate di restrizioni sostanziali.

La libertà personale

La libertà di ciascuno è una necessità imprescindibile per poter essere responsabili delle nostre azioni. La libertà individuale è sottoposta alle nostre considerazioni e convinzioni, incluse quelle morali. Per es., non è lecito essere ingordi, crudeli, irresponsabili, infidi, alcolizzati, disonesti, bugiardi, oziosi, imbroglioni, ladri, corrotti, assassini, ecc., come si vede dalle conseguenze. Si può anche esserlo, ma in tal caso una persona normale sente che è disordinata e ne prova un senso di colpa. La libertà pertanto in questo caso consiste nella possibilità di scegliere fra fare il bene o il male (o tra l'ordine e il disordine). Quello che si sceglie comporta l'approvazione o la condanna da parte di noi stessi (e degli altri).

Se si fa quello che allo stesso tempo si disapprova, vuol dire che allo stesso tempo si voleva fare una cosa (l'abbiamo fatta seguendo un impulso) e non la si voleva fare (si sente un senso di colpa per aver fatto qualcosa che si ritiene disordinato e non si approva). Altre volte, invece si fa una cosa che volevamo fare, e pertanto ci si approva. Se è così, *quando si decide, chi è che decide?* La risposta sembrerebbe ovvia: *il nostro Io.*

Ma, in realtà, questa risposta pone un'altra domanda: *Che cosa è il nostro Io?* Il problema è che il nostro Io è fatto di diverse componenti, tra cui due sono particolarmente importanti quando si tratta di decidere: *i nostri impulsi istintivi* e *la nostra volontà*. Se gli impulsi e la volontà coincidono, le nostre decisioni sono relativamente facili (per es., mangiare quando si ha fame).

Ma spesso impulsi e volontà vorrebbero fare cose diverse e anche opposte (per es., mangiare troppo perché piace al nostro impulso, anche se la volontà vorrebbe farci smettere). Se si cede al nostro impulso e si mangia troppo, è il nostro impulso che decide e non la nostra volontà (anzi l'impulso decide contro la nostra volontà). Soddisfacendo un impulso, si indebolisce il suo desiderio e allo stesso tempo la volontà si rinforza per l'irritazione di essere stata disubbidita e per l'indebolirsi dell'impulso, per cui ad un certo punto si può dire "Ora basta!".

Se le nostre decisioni sono influenzate dai nostri impulsi e dalla nostra volontà, questo implica che in una situazione simile, la decisione di persone diverse sarà differente se i loro impulsi e la loro volontà sono differenti. Per es., non ci si aspetterà che un carattere forte e uno debole prendano la stessa decisione in situazioni simili. Si vede allora la differenza tra un "volitivo" e un "debole", per quanto anche una forte volontà non è esente da eccezioni: basta che lo stimolo sia sufficientemente forte.

Ne segue che anche persone con la stessa *volontà*, prenderanno decisioni diverse se gli impulsi sono di differente entità. Per qualcuno, gli impulsi istintivi sono caratterizzati da una forte passionalità a cui non si può (o non si vuole) resistere (per es., un temperamento artistico). Per altri, le decisioni sono prese da una freddezza guidata dal calcolo senza consultare i sentimenti. In questo caso, la volontà non è contrastata da impulsi istintivi forti e persegue il proprio utile quale lo detta un calcolo privo di emotività (per es., un affarista). Ma si potrebbe anche dire che la freddezza è una forma di inclinazione istintiva che asseconda i calcoli della volontà.

Per la maggior parte delle persone, *molte sono le cose lasciate alla discrezione delle nostre libere preferenze* (coincidenza dell'inclinazione e della volontà), come per es. la scelta della nostra professione. Se uno ha una disposizione naturale per la matematica, sceglierà quella o l'ingegneria, mentre una persona che ama la fantasia, immaginazione e creatività sarà attratta dall'arte o dalle lettere. Se poi uno fosse ugualmente attratto dalla matematica e dall'immaginazione, magari "sceglie" architettura.

In questi casi, la volontà vuole quello che le inclinazioni istintive preferiscono. Lo stesso si verifica per la persona che si ama: sposarla ci rende felici. *Si vuole quello che ci piace.* Questa regola si applica a tante cose, come la casa che si vuole comprare, o il vestito, o l'automobile, ecc. *La coincidenza tra la nostra inclinazione e volontà ci fare sentire liberi nella nostra decisione.* Infatti, se uno si sente attratto dall'ingegneria ed il padre avvocato vuole che il figlio prenda giurisprudenza, quest'ultimo sente che la sua libertà viene soppressa (gli si proibisce di seguire un'inclinazione naturale che ha il consenso della sua volontà). Lo stesso avviene se, per es., i genitori vogliono che i figli sposino una persona differente da quella che loro amano.

Ma *la discrepanza tra volontà e inclinazioni può essere interna.* Allora, la nostra volontà ("il libero arbitrio") si scontra con le nostre inclinazioni istintive. Possiamo fare quello cui differenti variabili istintive ci spingono contro quello cui ci spinge la volontà in sintonia con la ragione. In questo caso, la libertà non può consistere semplicemente nel fare quello che si vuole, dato che si vuole una cosa ed il suo opposto, sia pure secondo componenti diverse della mente. In tal caso, succede che una volta si faccia una cosa e un'altra volta si faccia l'opposto.

Chi è che prende una decisione in un caso e chi prende la decisione opposta in un altro caso? Apparentemente, si tratta di un conflitto di desideri sotto l'impulso di forze che si trovano in opposizione. È plausibile che *l'equilibrio fra forze contrapposte penda una volta da una parte e l'altra volta dall'altra parte.*

Per es., allo stesso tempo uno può aver voglia di fumare una sigaretta e può non volerla fumare perché il fumo fa male. Dopo un buon pranzo, un buon vino e un buon caffè, la voglia di fumare è più acuta (fa parte di un piacevole rilassamento) e la voglia di resistervi più debole (stimolo più forte e volontà di resistervi più debole). In un'altra occasione, si può dire: "È la quarta sigaretta che fumo in un'ora. Ora basta" (stimolo più debole e volontà più decisa). Decidiamo noi in tutti e due i casi, ma non è la stessa struttura cerebrale che (prevalendo) decide. O se è la stessa struttura, questa è influenzata dalla diversità delle situazioni in cui ci ritrova.

Però, una scelta delle nostre voglie contro la nostra volontà non la chiameremo una scelta del libero arbitrio. In quel caso, si fa quello che la nostra volontà non vuole. Si attribuisce la decisione alla debolezza (della nostra volontà), intendendo dire che il desiderio istintivo ha avuto la meglio su quello che razionalmente volevamo. Si chiama debole la nostra volontà, ma in realtà anche una forte volontà può essere piegata dalla più grande forza delle inclinazioni istintive. Nell'esempio del fumo, l'abbassarsi del tasso di nicotina eccita il desiderio di fumare e questo ci può far accendere una sigaretta anche se la nostra volontà non vuole. Altre volte si fuma troppo solo perché non si riesce a privarsi del piacere di soddisfarne il desiderio.

Pertanto lo stesso dilemma in situazioni differenti può portare a risultati opposti, perché *le due forze che portano alla decisione (volontà e inclinazione) possono essere (o essere rese) più o meno forti.* Per es., la volontà può essere indebolita da una lunga lotta o dalla stanchezza fisica e mentale. Allo stesso tempo, l'inclinazione può divenire assai più forte, perché diventa l'oggetto di un'irresistibile seduzione o perché la repressione ne aumenta l'intensità. L'inclinazione ci può spingere a cercare quello che l'attrae e, quando si trova, si diventa incapaci di resistervi.

Questo significa che *i due fattori in gioco non sono entità costanti e invariabili*, e pertanto il risultato dei loro contrasti non può essere sempre lo stesso. Ma si considera uno forte quando in genere la sua volontà prevale (un "volitivo") e si considera uno senza volontà quando in genere le sue inclinazioni istintive prevalgono (un "debole"), qualche volta in maniera patetica. Siccome si tratta di un *rapporto* di forze, occasionalmente una persona volitiva è vinta da un'inclinazione istintiva che ha una grande forza. È quello che succede, per es., ad una persona volitiva quando si innamora (anche quando non vorrebbe).

La volontà e i desideri istintivi sono l'espressione funzionale di attributi genetici delle strutture corporee e tutti e due gli attributi fanno parte del nostro Io. La volontà è in gran parte determinata dalla nostra genetica e si basa in genere su decisioni razionali e ragionate, facendoci fare quello che si deve fare ("Sono le tre e ora mi metto a studiare"). Ci si rende conto che nel fare quello che dobbiamo fare (che piaccia o no) si ottengono alla lunga delle soddisfazioni che sono assai più importanti del fare in maniera irresponsabile quello che ci piacerebbe fare in un dato momento. Ma si dà anche il caso che la volontà (più che coincidere con l'inclinazione) ne diventi lo strumento. Per es., una grande ambizione mette la volontà ai suoi ordini, come uno degli strumenti per raggiungere i suoi fini.

Gli impulsi istintivi appartengono all'affettività e pertanto sono alogici e ci spingono a fare quello che ci attrae ("Sono le tre e dovrei studiare, ma invece vado a giocare al pallone" oppure "Questo vestito è caro, ma mi piace e me lo compro lo stesso"). Gli impulsi istintivi cercano il piacere immediato, mentre la volontà cerca di soddisfare le esigenze di una strategia generale e cerca successi a lunga scadenza. *Gli impulsi istintivi possono essere basati su riflessi e la volontà su riflessioni.*

La volontà si coltiva con la *disciplina* (ci si abitua a volere) mentre le inclinazioni istintive sono coltivate dal *piacere* che ci danno (si ripete quello che ci piace). La volontà non respinge le inclinazioni naturali e spesso è d'accordo con quelle (si beve volentieri un buon vino ad un pranzo), ma la volontà deve saper respingere gli impulsi che considera contro l'interesse generale del nostro Io (come bere eccessivamente diventando ubriachi o persino alcolizzati).

Volontà e inclinazioni sono tutte e due indispensabili. Non si vorrà essere delle macchine guidate esclusivamente dalla volontà o essere delle fronde agitate esclusivamente dal mutevole vento di quello che ci piace. Il contrasto tra inclinazioni e volontà in certi casi è sorgente di intense emozioni. Inoltre, vi può essere anche completo accordo come nel caso dell'ambizione (la volontà vuole quello che si desidera).

Ma fare quello che ci piace anche se la nostra volontà disapprova succede più frequentemente di quello che si pensi, dal momento che possiamo trovare irresistibile quello che non dovremmo fare. Che si tratti di gioco d'azzardo, di un cappotto di pelliccia troppo costoso o di un'infatuazione temporanea non fa differenza: si cede quando il desiderio (istintivo) è più forte dell'inibizione (della volontà). Pertanto, *la base della nostra libertà è il poter fare quello che si vuole, ma quello che si vuole ci può essere imposto dall'impulso che prevale in quel momento (desiderio) e non dalla nostra volontà (anzi contro l'ingiunzione da parte di quella).* La proibizione di quello che si fa può venire anche dall'esterno. Se ci vogliono impedire di fare quello che ci piace ("Non fumare un'altra sigaretta, ti fa male"), ci si irrita ("Lasciami in pace, faccio quello che mi pare"). Ma la volontà può essere rinforzata da altri impulsi istintivi, come quando non si fuma una sigaretta per paura di danneggiare la nostra salute. E se si vuol fare qualcosa di sbagliato (come cedere alla violenza della propria ira), il timore delle conseguenze (anche legali) può raffreddare considerevolmente i nostri impulsi. Quindi, se una decisione può essere il risultato del conflitto tra impulsi e volontà, altre variabili ora favoriscono le inclinazioni e ora la volontà.

La libertà ci permette di fare quello che si desidera noi, ma le nostre scelte (desideri delle predilezioni e della volontà) variano quantitativamente e qualitativamente in situazioni diverse. Naturalmente, siamo responsabili anche per aver ceduto alle nostre inclinazioni contro la nostra volontà, perché l'avervi acconsentito non le legalizza. Per questo motivo, se si fa quello che la nostra volontà non vuole, tante volte lo si fa di nascosto (non da noi, che è impossibile, ma dagli altri), anche per evitare possibili conseguenze negative.

Se poi siamo completamente sopraffatti dalle nostre inclinazioni non siamo più liberi (ma non per questo meno responsabili). Per es., se si è alcolizzati, non siamo più liberi, ma schiavi di impulsi di cui abbiamo perso il controllo. Questo non impedisce che si possa cercare una cura disintossicante. Anche un'ambizione sfrenata può perdere il controllo, ma deve pur render conto delle sue azioni.

Le conseguenze delle proprie azioni sono parte del deterrente che frena gli istinti colpevoli. Pochi perdonerebbero al coniuge di avere un amante. Questa proibizione istintiva di relazioni extramatrimoniali è intesa come un meccanismo protettivo del matrimonio (al matrimonio sottraggono un coniuge e il suo affetto). Tanto è vero che se la proibizione non funziona, spesso il matrimonio finisce col divorzio. Il divorzio è traumatico perché dissolve l'ordine naturale della famiglia. Lo è specialmente per i figli, perché risulta nella separazione di quei patrimoni genetici dei genitori che si erano uniti quando i figli sono stati concepiti. Per i figli, l'amante ruba il papà o la mamma (e il papà o la mamma "svendono" i figli alle proprie inclinazioni).

Se i genitori si separano e si risposano, i figli appartengono solo ad uno dei nuovi coniugi e i figli ne sono coscienti. Il genitore può amare una persona verso la quale i figli sentono solo risentimento, una persona "estranea" che necessariamente non ama i figli come se fossero suoi. La ragione è che ne manca l'istinto genetico, perché, di fatto, i figli non sono suoi. Ma il genitore (specialmente la madre) si risente se il nuovo coniuge mostra non affetto, ma anche solo poca pazienza con i suoi figli. Per via di queste conseguenze negative, qualcuno rinuncia all'amante per non rinunciare alla famiglia (sopratutto i figli). Ci sono anche i divorzi resi necessari dai matrimoni impossibili (incompatibilità irreconciliabile), ma rimane il fatto che dove l'amore tra i coniugi è superficiale e l'egoismo individuale profondo, il divorzio diventa "facile". Basta la prima crisi seria o un'infatuazione dei sensi.

Ma il caso più frequente e fisiologico della perdita della nostra libertà di influenzare i desideri istintivi è quando ci si innamora. Se ci si innamora, anche se non si vuole si diventa schiavi della nostra passione e la volontà può poco o nulla. Però, in genere la nostra volontà seconda la nostra passione. Non ci si risente di essere innamorati (anzi). Semmai, possiamo non volerlo solo se il nostro amore non è corrisposto (e ci fa soffrire) o se contrasta con principi morali (come nel caso che uno sia già sposato).

Nel caso di uno scapolo, la supremazia dell'amore sulla volontà (che questa sia d'accordo o meno) è resa necessaria dal fatto che la sopravvivenza della specie ha la precedenza su tutte le nostre inclinazioni che vi si opporrebbero (nel caso specifico, voler conservare la nostra "libertà" o la riluttanza del nostro egoismo ad impegnarsi definitivamente nelle responsabilità del matrimonio). Ma la maggior parte delle persone è pronta a pagare il pedaggio delle pene d'amore per assicurarsi la felicità.

Nel susseguente matrimonio poi risiedono le premesse per le fondamenta della famiglia. Nel caso dell'amore "non permesso" dal fatto che uno sia già sposato, uno non è colpevole per un sentimento che non ha scelto, ma è responsabile della correttezza della sua condotta.

Naturalmente, i limiti della libertà non sono solo negativi (non si dovrebbe essere crudeli, irresponsabili, immorali, ecc.), ma anche positivi. Per es., si devono amare i propri figli. Si può anche non farlo, ma è patologico.

La libertà sociale

Un'altra limitazione essenziale della nozione che la libertà consista nel fare quello che ci piace è che *in certi casi la nostra libertà negherebbe quella degli altri*. Se la nozione che la libertà consiste nel fare quello che vogliamo non avesse restrizioni, un assassino sarebbe più libero di una persona che vorrebbe uccidere, ma non lo fa per altre ragioni, comprese quelle morali o la paura del castigo. Pertanto, se è illimitata, la libertà diventa licenza. Quindi, dal punto di vista sociale i limiti della nostra libertà sono quelli della libertà altrui e reciprocamente. Non si è liberi di fare agli altri quello che non vorremmo che loro facessero a noi, anche nel caso che nessuno ci voglia fare la stessa cosa che noi facciamo loro.

Questo comporta che la nostra libertà abbia dei diritti e dei doveri. Il che è come dire che *si è liberi nel contesto di quello che è permesso a tutti e non solo a noi*. Quello che è permesso moralmente è stabilito dall'istinto morale e dai comandamenti della moralità (certamente non è permesso uccidere anche se uno è assolutamente certo di non essere scoperto).

Quello che è permesso legalmente è indicato dalle leggi del

codice che stabiliscono che certi comportamenti sono legali e altro non lo sono. Quello che è immorale o illegale non ci è permesso e, se lo si fa, siamo colpevoli anche se si evita la punizione. Quindi, si è liberi nei limiti stabiliti dalla moralità e dalla legalità, perché le infrazioni più gravi di certe leggi possono portare a sentirsi colpevoli o ad essere imprigionati anche per tutta la vita (cioè, ad non essere più liberi moralmente o fisicamente).

Poiché la volontà risiede nelle strutture cerebrali, si capisce che la volontà possa essere danneggiata da quello che danneggia il cervello. È per questo che la tossicodipendenza è così difficile da curare dal momento che da una parte mina la sede di quella volontà che dovrebbe impedire l'assunzione di sostanze stupefacenti e dall'altra la mancanza di droga crea stimoli difficili da resistere. La volontà può essere danneggiata anche da altre malattie del sistema nervoso centrale, ma allora può essere solo una parte di una sindrome complessa.

Quindi, le nostre "libere" decisioni sono condizionate da molti fattori, di tanti dei quali non abbiamo il controllo, anche se questo non ci esime dalla nostra responsabilità. Ma certo, le nostre decisioni non sarebbero mai libere se non potessimo mai prenderne nessuna. Inoltre, nessuna decisione è libera quando ci è *imposta da altri contro la nostra volontà e le nostre inclinazioni*, e può non essere libera quando ci è imposta da un nostro stato emotivo che è oltre il controllo della nostra razionalità. Rimane il fatto che un fattore importante che influenza tante decisioni circa quello che si fa è la *nostra responsabilità morale e giuridica. Questa responsabilità rafforza la volontà nell'inibire quello che sappiamo non dover fare.*

La libertà è compatibile con l'ordine se rispetta le necessarie leggi interne ed esterne, ma la libertà diventa una sorgente di disordine quando degrada nella licenza o nella mancanza di responsabilità. Dal che si vede che, per essere veramente varia, la realtà umana deve essere così complessa da sembrare alla superficialità una Varietà caotica, cioè senza delle fondazioni basilari che la regolano.

Somiglianze e diversità delle razze umane

La varietà umana si allarga e si specializza in cerchi sempre più vasti a partire dai singoli individui. Allo stesso tempo, le somiglianze diminuiscono finché non rimangono che quelle fondamentali dell'appartenenza al genere umano. Vi sono differenze tra individui, famiglie, quartieri, città, regioni, nazioni e continenti. Vi sono differenze nel parlare, che includono intonazione, pronuncia, dialetti e lingue. Vi sono differenze nell'abbigliamento, abitudini, abitazioni, mangiare, comportamento, religioni, tradizioni, convinzioni, valori da perseguire e nel livello di queste variabili.

Ognuno si sente attaccato alle caratteristiche dell'ambiente in cui è nato e cresciuto, perché le percezioni che se ne hanno e le vicende cui si partecipa vengono a far parte della realtà del nostro Io. Questo attaccamento si allarga progressivamente dalla vanità personale al campanilismo, al provincialismo e al nazionalismo. Le caratteristiche comuni condivise divengono parte dell'Io di ciascuno e costituiscono un legame di identificazione di una società. Se si sente parlare la propria lingua all'estero da gente che non si conosce, immediatamente si percepisce un legame speciale che li accomuna a noi rispetto a quelli che ci sono estranei per essere stranieri.

Questa diversità di società e di razze favorisce la Varietà e l'originalità delle opere umane ed è fonte di piacere, cultura e prospettiva nel capire (per non parlare del turismo). Se tutto il mondo fosse abitato da individui della stessa razza con esattamente le stesse caratteristiche (lingua, cultura, abitudini, comportamenti, tradizioni, religione, ecc.), la realtà umana subirebbe un deterioramento disastroso anche se si trattasse di una civilizzazione notevole.

Si perderebbe la diversità delle realizzazioni di differenti razze e lo stimolo di conoscenze diverse e delle diverse prospettive che ne risultano. Ne deriverebbe un provincialismo non dovuto al fatto che si conoscerebbe solo la nostra "provincia", ma dovuto al fatto che vi sarebbe una sola "provincia" da conoscere.

Questa diversità di razze è aumentata dalle loro realizzazioni nel corso dei secoli, che a loro volta creano una tradizione specifica che contribuisce all'identità di quella stirpe, anche sulla base della trasmissione del loro patrimonio genetico (come, per es., i tratti somatici). Certamente, un cinese sente verso la sua storia un interesse ben più intenso rispetto alla storia dell'impero persiano o romano. I fattori che influenzano una razza (lingua, religione, credenze, caratteristiche fisiche, tradizioni storiche, contribuzioni culturali, modi di sentire e di esprimersi, abbigliamento, ecc.) tendono a mantenerne l'identità, favoriti in questo dall'esistenza di confini fisici e politici. Anzi, si possono vedere con ostilità le influenze di una società diversa, proprio perché interferiscono con i valori con cui ci s'identifica.

Questa *diversità di razze può creare un antagonismo* che è uno stimolo allo sviluppo, perché introduce la concorrenza. È anche la base del turismo, la cui motivazione principale è il piacere di essere esposti all'altrui diversità che, per il turista, è una novità. Naturalmente, vi sono guerre tra diverse società. Ma queste guerre hanno ben poco a vedere con la diversità di razza, dal momento che si verificano anche all'interno della stessa razza per motivi ideologici, economici o di potere (si veda la rivoluzione americana, o quella francese o quella cinese; o le guerre per l'unificazione di una nazione).

Le *similarità tra le varie razze* (che deriva dal loro essere tutte costituite da essere umani) permette la comunicazione reciproca. In tutte le razze si comunica attraverso codici di suoni e segni scritti, e si reagisce alle stesse emozioni nella stessa maniera (più o meno esplicita secondo quello che si considera appropriato). Per es., dappertutto si può piangere per una forte emozione, ma non per una riflessione (a meno che non commuova).

La comune base di tutti gli esseri umani appartenenti alle varie razze è dimostrata dai dizionari. In tutti i *dizionari bilingui*, si troverà la traduzione di parole come coraggio, sorriso, pianto, speranza, gioia, dolore, ambizione, crudeltà, inganno, corruzione, timidezza, generosità, ecc. Si provano le stesse cose anche se si esprimono con parole differenti. Per es., dovunque la disperazione è espressa col pianto, anche se in qualche parte l'espressione delle emozioni viene repressa, perché la vanità o le tradizioni non la considerano "dignitosa".

Qualcuno crede che sia un segno di forza di spirito sopprimere l'espressione delle emozioni e magari si confonde il coraggio con il nascondere la paura. Quello che varia non è quello che si sente, ma quello che si manifesta. Dovunque, si hanno tutte le virtù e i vizi della natura umana, a testimonianza che ben poco è lasciato al caso nello strutturarla, anche quando si crea una necessaria varietà.

IL CICLO VITALE E L'ORGANISMO UMANO

Se l'entità umana è capace di compiti complessi (come il pensare, il sentire, muoversi, scrivere, dipingere, ecc.), quali sono le caratteristiche che lo permettono? In che modo le caratteristiche della mente e del corpo rendono l'organismo umano adatto ai suoi compiti? Perché è necessario nascere e morire? Cosa caratterizza la parabola della vita? Cosa ci si aspetta da ciascuno di noi e dalla nostra specie? Queste sono alcune delle domande circa le caratteristiche e funzioni del ciclo vitale.

La caratteristica essenziale per mantenere una società vitale ed evitarne l'invecchiamento è il rinnovamento continuo attraverso la procreazione di nuovi esseri e la morte di quelli vecchi. I nuovi esseri seguiranno la parabola del ciclo vitale e assicureranno la continuità della specie riproducendosi a loro volta. Questa successione di eventi richiede un paradigma che deve essere fatto rispettare mediante meccanismi adeguati. Altrimenti, anche se continuasse, la specie umana cambierebbe nelle sue caratteristiche basilari al punto che le generazioni passate diventerebbero incomprensibili e la sopravvivenza impossibile.

L'evoluzione in questo campo consiste nel graduale raffinamento e sviluppo delle caratteristiche umane sotto l'influenza di svariati fattori (comprese le realizzazioni umane), ma non nel cambiamento dei principi genetici di base. Tale evoluzione può essere anch'essa un tratto genetico, nel senso che fa parte dell'organizzazione generale della realtà umana. L'evoluzione permette cambiamenti nell'ambito di un Ordine preesistente, facendo la realtà suscettibile di rispondere alle modificazioni ambientali (comunque causate) in modo da sviluppare le sue potenzialità. Imparando dai cambiamenti creati dal suo stesso sviluppo, il genere umano necessariamente diventa meno rozzo anche fisicamente.

Una serie di requisiti deve essere soddisfatti per la vitalità della realtà umana. Per es., una necessità della procreazione è che porti alla *diversità* dei nuovi individui. Altrimenti, anche se si eccellesse, lo si farebbe tutti nello stesso campo.

Il passato non appesantisce una nuova generazione, perché questa ultima non ne ha né esperienza diretta né una conoscenza approfondita. Questo contribuisce potentemente a farla differente. Inoltre, una nuova generazione considera quella precedente "vecchia" di anni e "antiquata" nel modo di vedere. *Una nuova generazione si forma sulla base degli ultimi sviluppi del progresso (quelli a cui è esposta direttamente) e questo la rende "moderna".* Per es., usa il telefono cellulare, che era sconosciuto ai genitori quando erano giovani. A loro volta, gli sviluppi tecnologici (nell'epoca attuale, computer, internet, ecc.) modificano comportamenti e la maniera di operare di nuove generazioni.

Il ciclo vitale implica che nuovi esseri devono essere procreati che vivranno una vita produttiva, si riprodurranno e poi devono morire, non tanto per aver esaurito il tempo assegnato alla loro parabola, ma sopratutto per aver esaurito la capacità di realizzarsi assegnata loro dalla genetica. In altre parole, la genetica permette l'espressione delle potenzialità individuali e poi chiude una parabola che non è più produttiva. Ma, come si è visto, il rinnovamento delle generazioni è comunque reso necessario dal fatto che anche se la creatività non declinasse con l'età, tenderebbe a ripetersi nello stesso campo.

La parabola della nascita, vita e morte

La nascita presuppone la procreazione e la procreazione (ordinata) presuppone i genitori e i genitori presuppongono l'unione di un uomo ed una donna nel matrimonio. È straordinario e altamente significativo che la concezione di un nuovo essere avvenga con un atto d'amore reciproco, il precursore dell'amore per i figli. Basti pensare alla trepidazione con cui la moglie annuncia al marito di aspettare un bambino e alla loro gioia.

Anche nel matrimonio, qualcuno può esserne molto dispiaciuto dall'annuncio, ma questo può essere dovuto solo all'egoismo (un bambino può ostacolare la ricerca del piacere), alle povere condizioni economiche o di salute, ecc. I vestiti, i viaggi, le automobili, i ristoranti, i ricevimenti, o le prossime vacanze non sono più importanti dell'avere figli e in ogni caso non sono incompatibili con quelli.

Altre volte, si rinuncia ad avere figli per l'incomprensione di quello che si perde o per sfavorevoli situazioni molto gravi. Inoltre, vi può essere procreazione nell'indifferenza (quando non c'è amore tra i coniugi come nei matrimoni d'interesse), contro la propria volontà, fuori del matrimonio o nell'odio (per es., di chi è vittima di uno stupro). Questi casi comportano la negazione della funzione della famiglia con conseguenze negative per le nuove creature e (se questi casi sono troppo numerosi) per la società.

La donna e l'uomo

Più che una creazione, l'uomo e la donna sono un'invenzione divina oltremodo brillante e altrettanto straordinaria, come tutto il resto. Strettamente parlando, per la riproduzione non sarebbero stati necessari due esseri di sesso opposto dal momento che esiste anche la riproduzione per partenogenesi. Ma le conseguenze della scelta della partenogenesi avrebbero cambiato gran parte della vita umana. Infatti, la donna e l'uomo sono necessari non solo per una riproduzione che porti alla varietà dei figli (ognuno di loro con la sua indelebile e caratteristica personalità genetica), ma anche per la complementarietà degli affetti e delle caratteristiche fisiche e psicologiche.

Quanto piacere dà ad un giovane il vedere una bella ragazza o ad una ragazza vedere un bel giovane? Ma questo è nulla comparato ai sentimenti associati con l'innamorarsi o agli affetti profondi che si sviluppano durante un matrimonio vissuto insieme, condividendo gioie e dolori, e con figli che geneticamente appartengono in eguale misura all'una e all'altro genitore. L'intimità affettiva acquista gran significato proprio per le differenti caratteristiche della maniera di sentire e di pensare di una donna e di un uomo. Vi è un'integrazione di "economie" complementari e non il contrasto della concorrenza di economie simili. Per quanto, il contrasto può essere introdotto artificialmente quando, per es., un sesso vuole essere come l'altro. Si dovrebbe considerare che siamo *uguali solo quando ciascuno rimane se stesso* e non vuole diventare la copia dell'altro.

Infatti, se marito e moglie fossero identici nella maniera di percepire e sentire la realtà, ne risulterebbe un'unione assai meno vivace, dove la routine sarebbe la regola e le effusioni d'affetto (come le liti) una rara eccezione. L'integrazione emotiva tra marito e moglie si vede ugualmente dove non ci sono figli a dimostrare il ruolo della differenza dei sessi, anche indipendentemente dalla procreazione. Persino quando i matrimoni vengono combinati dai genitori, è probabile che col tempo spesso si sviluppino motivi di affetto.

L'importanza del rapporto reciproco tra marito e moglie appare tutto intero nella vedovanza. La perdita di un coniuge può distruggere il significato della vita dell'altro coniuge che sopravvive. In casi estremi, chi rimane solo si suicida o desidera morire per raggiungere il coniuge nell'aldilà. Invece, altri reagiscono alla perdita del coniuge risposandosi e cercando di ricostituire quello che hanno perso.

Le necessarie differenze tra i coniugi possono portare anche ad incompatibilità di carattere o di comportamento che possono sfociare nel divorzio. Ma *il divorzio è più frequente quando la mancanza d'amore permette all'egoismo di esasperare le incomprensioni,* perché solo l'amore (e non certo l'egoismo) è capace di perdonare. Questo può succedere quando l'inevitabile declino dell'essere innamorati non è fisiologicamente seguito da affetti profondi.

Gli sposi amanti devono evolvere negli sposi genitori per divenire idonei ai nuovi compiti. Rimanere innamorati come a venti anni per tutta una vita può essere solo una non del tutto inconsapevole finzione. Un'illusione cara a cui non si vuole rinunciare e che ostacola lo sviluppo fisiologico associato con la formazione di affetti reciproci nell'ambito della famiglia.

Alcuni non si sposano perché non trovano un compagno o compagna adatti, o il loro egoismo non li vuole trovare, o non si innamorano o il loro amore non è corrisposto. Questo rientra in quella distribuzione di eventi che ad un estremo vede gli scapoli e all'altro vede i poligami.

I genitori

La creazione di un nuovo organismo è straordinaria come le altre fasi del suo successivo sviluppo. I rapporti fra donna ed uomo sono molto più complessi di quanto comporti la riproduzione, e tendono ad essere complementari. Un uomo e una donna non solo pensano differentemente, ma anche sentono differentemente. Questo da una parte diminuisce l'antagonismo e dall'altra rende l'unione più funzionale, perché vi è l'integrazione di caratteristiche differenti (necessarie per compiti differenti) piuttosto che sovrapposizione superflua di caratteristiche uguali.

Ma qui si considerano solo le conseguenze biologiche dell'esistenza dei due sessi. Come si è detto, i genitori e i loro patrimoni genetici sono indispensabili per la Varietà della stirpe umana. Ma a questo proposito si devono soddisfare due requisiti in apparenza contrastanti. *I figli devono avere un'identità unica rispetto a tutti (compresi i genitori), ma non devono essere estranei ai genitori, come invece sono estranei al resto delle persone.*

Genitori e figli non sono estranei non solo perché ci sono somiglianze in qualche tratto fisico (per es., colore dei capelli) o psichico, ma sopratutto perché vi è un'appartenenza genetica che addirittura contribuisce al concetto di stirpe nella famiglia. Così, per es., i figli possono avere certi tratti fisici e di carattere che erano presenti nei nonni. I rapporti fra fratelli e sorelle sono condizionati dal fatto che sono *nati dagli stessi genitori* (vedi le somiglianze tra i figli). Questa condivisione di caratteristiche genetiche stabilisce quel legame speciale di affetti e di "sangue" (legami genetici) che caratterizza l'entità famiglia.

Se il padre e la madre sono necessari dal punto di vista del concepimento di un nuovo essere, il concepimento è solo l'inizio della loro funzione. Un primo fattore fondamentale è che la madre provveda le condizioni essenziali per lo sviluppo dell'embrione. Ma i *due genitori* (invece di uno) sono necessari dal punto di vista funzionale e non solo per la mescolanza di due patrimoni genetici. Una donna che aspetta un bambino è resa assai più fragile dal portare nel suo grembo un nuovo essere. Questo rende indispensabile un marito che le risparmi le fatiche più dure, dato che come uomo non è mai sottoposto alle limitazioni fisiche della maternità e può continuare a lavorare e a provvedere alla famiglia.

Inoltre, il fatto che i genitori siano due costituisce *un fattore di riserva*. Come la presenza dei due occhi, permette la vista nel caso se ne perda uno, così i due genitori permettono la protezione della prole anche se uno dei due venisse a mancare. Ma la perdita di un genitore dimostra la necessità di tutti e due. *Sia la madre che il padre sono necessari*, perché hanno funzioni differenti e complementari. Infatti, la perdita di uno dei due genitori rappresenta una condizione di svantaggio considerevole per i figli e per il loro normale sviluppo.

Queste considerazioni illustrano alcune delle tante caratteristiche necessarie al matrimonio. Se la famiglia viene seriamente menomata dalla perdita di uno dei genitori, sia per morte o per divorzio, le vittime innocenti sono i figli ancora piccoli. E, per cominciare, non vi è famiglia quando si ha la procreazione senza matrimonio. I figli sono allora esposti al rischio di uno sviluppo pieno di difficoltà, incertezze e deficienze.

Per il padre e la madre, essere genitori è un privilegio e un obbligo a tempo pieno con funzioni diverse, ma essenziali. Per il privilegio, basti pensare alla sfortuna di non aver figli: in genere, una coppia ne è desolata. Per l'obbligo, se non lo si sente, non siamo buoni genitori. Per il tempo pieno, un neonato ha bisogno di essere continuamente protetto, anche se le lunghe ore di sonno (continuazione della vita intrauterina) permettono pause.

Inoltre, un bambino deve essere continuamente guidato nel suo sviluppo, dal momento che un bambino non sa quello che è bene o male per lui, fisicamente o spiritualmente. Questo richiede un'assistenza e sorveglianza continue che per essere adeguate dovrebbero essere quelle dell'amore della mamma (e non quelle pagate di un'estranea, che si comporta secondo i suoi valori e non secondo l'affetto).

Il nuovo essere si trova in un mondo di cui non sa nulla: tutto è nuovo per chi è nuovo. Pertanto, non meraviglia che si possa mettere in bocca una spilla e che a tre anni si avventuri giù per le scale. Ha bisogno d'assistenza per nutrirsi, imparare a camminare o a parlare. Gli si deve dire quello che va bene e quello che non deve essere fatto. Deve sentire che gli si vuol bene, perché questa è la sua garanzia contro i timori della sua fragilità.

In altre parole, gradualmente si inseriscono i figli nella società umana mediante un apprendistato giornaliero che dura anni. Per un apprendistato efficiente, il maestro deve essere l'amore dei genitori. In questo campo, ogni supplente non può essere che inadeguato (vedi la matrigna o l'ospizio per gli orfani). Siccome la mente è immatura, nei primi anni di vita il bambino impara giocando, cioè, divertendosi in assenza di stress e con istruzioni pratiche a seconda dei casi.

A questi compiti è adatta soprattutto *la mamma*. Solo il suo amore ha una dedizione senza eccezioni, la pazienza, l'istinto, la grande intimità dell'affetto reciproco con i figli. Quello della madre è naturalmente un lavoro più che a tempo pieno, dal momento che non solo deve prendere cura dei figli, ma anche della casa, la spesa, il cucinare, ecc. Alla mamma, i figli (maschi o femmine) confidano le loro pene e cercano il suo conforto (e, in questo, ai figli spesso si aggiunge il marito). Questo riflette la grande intimità d'affetti che dura tutta una vita. Il "Giorno della Mamma" si verifica 365 volte l'anno. La madre è il perno intorno a cui ruota la famiglia. In una famiglia, la funzione della donna non è dispensabile neanche quando non ci sono bambini.

E *il papà*? Ebbene, la natura gli dà altri interessi: lo manda a lavorare fuori casa, dandogli l'ambizione in modo che consideri il suo lavoro importante, abbia il desiderio di aver successo e promozioni, e la soddisfazione di provvedere al benessere della famiglia. In questa maniera, porta a casa il contributo finanziario che provvede alle necessità pratiche della famiglia e, allo stesso tempo, contribuisce al funzionamento e sviluppo della società con le sue contribuzioni nel campo della sua attività.

Certamente il padre ama i figli (metà del patrimonio genetico dei figli viene da lui), condivide i loro interessi, segue i loro progressi e usa la sua autorità come strumento di educazione.

Il suo affetto verso i figli è certo forte, ma la sua espressione più misurata (non copre certo di baci il viso ridente del bimbo come può fare la mamma). D'altra parte il suo lavoro lo tiene lontano per la maggior parte del giorno e questo limita l'intimità del contatto giornaliero con i figli. Il padre è reso necessario anche dalla necessità di un'educazione equilibrata: la sua autorità si oppone a che l'amore della madre possa talvolta sfociare in una debolezza che danneggia l'infanzia. Della mamma non si ha il senso di soggezione che si può avere verso il padre.

Per proteggere la famiglia, persino le professioni e i mestieri che potrebbero essere nella sfera degli interessi naturali di una donna (sarti, cuochi, stilisti, profumieri, ecc.) sono in genere esercitate da uomini. Ma anche i figli dei cuochi e dei grandi sarti hanno diritto ad una mamma. Per quanto, è interessante che nella gran moda il gusto raffinato di uno stilista sia talvolta associato ad atteggiamenti e sensibilità di carattere femminile. Invece di togliere la madre ai figli, la natura dà sensibilità e fantasia femminili ad un uomo.

Si deve aggiungere che nei tempi attuali, c'è una *marcata tendenza delle donne a lavorare fuori di casa.* Questo fenomeno viene visto come una conquista dell'eguaglianza femminile. In realtà, le cose sono un po' diverse. Se c'è un dubbio circa l'uguaglianza tra donne e uomini, questo dubbio dovrebbe essere se, dal punto di vista biologico, la donna non sia superiore all'uomo.

Certamente, dal punto di vista intellettuale le donne possono fare bene come gli uomini (basta considerare che le studentesse sono brave quanto gli studenti e qualche volta di più). Ma, come per tutti, *l'uguaglianza consiste nell'essere se stessi e non imitare gli altri (ed esserne delle copie).* In fondo, anche "una copia che ha successo è un originale fallito". Sarebbe assurdo sostenere che una donna per realizzarsi dovrebbe cessare di essere donna (per imitare gli uomini). Sarebbe negare l'importanza e l'eguaglianza della donna. Che si direbbe se un uomo volesse realizzarsi comportandosi come una donna e "liberandosi" della sua mascolinità?

In realtà, si stanno verificando *fenomeni che modificano le condi-*

zioni della vita umana e che sono il risultato del progresso. Il tempo e l'impegno da dedicare alle faccende di casa sono stati drasticamente ridotti dall'uso della meccanizzazione, a cominciare dagli elettrodomestici e dai cibi già preparati. Il che libera molto tempo per una donna. Inoltre, molte donne perseguono un'educazione avanzata. La disponibilità di posti di lavoro permette la possibilità di raddoppiare lo stipendio del marito lavorando fuori di casa. Questo permette una vita più agevole, come una casa più comoda, vacanze, automobili, vestiti, ristoranti, ecc.

Ma vi è un prezzo per tutto. Cosa si direbbe se il papà, ritornando stanco dal lavoro, dovesse preparare la cena, pulire la casa, aiutare i figli con i compiti scolastici o con i loro problemi, ecc.? Eppure, è quello che una mamma dovrebbe fare. Anche se si provvede a molte di queste cose con l'aiuto a pagamento di estranei, il problema rimane che essere madre è una "professione" a tempo pieno. Inevitabilmente, la famiglia soffre per la lontananza della madre per tutto il giorno. Negarlo sarebbe disconoscere l'importanza essenziale e insostituibile di una madre e donna nella vita della famiglia.

Nell'assenza per lavoro della madre, i figli crescono precocemente indipendenti, quando sarebbe meglio che a quello stadio di sviluppo fossero guidati da chi vuol loro bene a tal punto da considerarli parte di sé, invece di essere esposti ai pericoli di un ambiente esterno dove può succedere (e succede) di tutto.

Per queste difficoltà create dalle cambiate condizioni ambientali, si fanno meno figli e talvolta ci si ferma al primo. Ne consegue uno squilibrio per il figlio unico, dal momento che cresce senza i vantaggi del contatto con un fratello o sorella coetanei. I bambini di età simile non si stancano dei loro giochi, ma i genitori si stancano di parteciparvi. Per i genitori, i giochi dell'infanzia appartengono ad un'età superata da molto tempo.

Una madre che lavora fuori, non può espletare tutti suoi compiti casalinghi e porta a casa i suoi problemi. In realtà, una madre non ha bisogno di provare nulla, perché già prova tutto, essendo il perno della famiglia. Per quanto certi fenomeni siano inevitabili (sono il risultato di cambiamenti inevitabili), ci sono anche le conseguenze inevitabili: i fallimenti del "successo". Il fatto è che infrangere le leggi naturali (in questo caso, l'organizzazione fisiologica della famiglia) comporta un disordine che viene confuso con una conquista e che alla lunga provoca danni considerevoli.

Ancora più difficile e pericolosa è la convivenza di una coppia non sposata. Di figli non se ne fanno sia per il legame non sanzionato dal matrimonio sia perché sarebbero una complicazione non gradita. Si passano come "fidanzati" gli anni migliori per la creazione di una nuova famiglia. I rapporti non possono che essere insicuri dal momento che non vi è un legame stabile e la separazione non richiede neanche un preavviso di due settimane. Una litigata più violenta delle altre, la stanchezza dell'abitudine o una nuova infatuazione può bastare. Invece di dare se stessi alla comune entità (la famiglia), vi è spesso un atteggiamento antagonista, che domanda la parità degli egoismi, specialmente se ambedue i conviventi lavorano in qualche attività esterna.

Si cerca il piacere nelle sue varie forme in mancanza di doveri verso la famiglia. Le vacanze, viaggi, vestiti, pranzi, feste, ricevimenti, ecc. sono perseguiti come ideali di vita. Alla felicità si preferisce il piacere. Il problema principale qui è che si sovvertono le prescrizioni della natura. Si crede che quello che si fa sia valido solo perché viene trovato conveniente.

È anche vero che *quello che si fa può essere dovuto non tanto all'incomprensione di un necessario Ordine quanto a cambiate condizioni di vita di cui non si ha controllo.* Ma non ci si sente le vittime di una situazione che comporta lati negativi considerevoli e pertanto non si cerca di moderarne le conseguenze. Invece, si può avere la presunzione di introdurne un ordine più "moderno", al punto ci si sente obbligati ad aumentare il numero percentuale delle donne nelle varie attività di lavoro. Ci si crede di diminuire la "discriminazione" verso la donna, quando invece si discrimina contro la madre. Non ci si rende conto che nell'ignorare la fisiologia si possono fare sbagli che, per essere moderni, ancora non mostrano tutta l'entità delle conseguenze negative. Ma quando tale comportamento dilaga e persiste, le conseguenze negative per una società diventano fin troppo evidenti (come il pericoloso declino delle nascite).

La convivenza di due persone dello stesso sesso comporta una situazione ancora più difficile dal punto di vista fisiologico. Dal punto di vista della natura, in qualsiasi campo la varietà comprende le varie possibili combinazioni ed eccezioni. Ma la natura non permette che si generalizzino e si legalizzino le eccezioni. Delle eccezioni non si può fare la regola, perché questo risulterebbe in un disordine patologico alterando il profilo della curva di distribuzione. Inoltre, si sovvertono valori stabiliti dalla necessità.

L'adozione di un disordine sistematico distrugge il funzionamento di una complessa realtà, un funzionamento che non abbiamo stabilito noi. Una società non diventa "liberata" quando sostituisce le sue preferenze alle leggi di natura. Invece, per incompetenza e talvolta arroganza, introduce solo l'anarchia. Semplicemente, non ci si rende conto della funzione di eccezione assegnata al disordine. Ma le conseguenze dei nostri sbagli (se generalizzati) non tardano a diventare manifeste.

Per queste ragioni, solo un matrimonio fra un uomo e una donna è fisiologico dal punto di vista di una riproduzione senza la quale non vi può essere futuro per una società. Per quanto permessa, ogni altra forma di convivenza è una *caricatura* del matrimonio. Manca una caratteristica fondamentale: non porta alla procreazione dei figli e alla continuazione ordinata della specie. Inoltre, manca la caratteristica fondamentale della complementarietà.

Non si può (né assolutamente si deve) imporre a nessuno né il matrimonio né quale preferenza sessuale uno debba avere. La preferenza particolare per lo stesso sesso può essere l'estremo di una curva di distribuzione alla cui estremità opposta sono i libertini ossessionati dall'altro sesso. Inoltre, certe preferenze sessuali sono spesso il risultato di anomalie genetiche (e quindi non una libera scelta). Ma non si può (né si deve) fare una norma pubblica delle eccezioni private che sono agli estremi della curva della normalità (come, per es., fare del libertinaggio e poligamia una regola accettabile da tutti). Anche le eccezioni sono permesse dalla genetica, ma come eccezioni individuali.

Quanto poi alle adozioni di bambini da parte di "coppie" omosessuali, si va da un'assurdità fisiologica all'assurdità morale della parodia della famiglia. Si affiderebbe l'innocenza ad un'istruzione assai particolare, in cui un bambino non sa neanche chi deve chiamare papà e chi mamma (o se ha due papà e nessuna mamma, o il contrario secondo il caso). Nessuno ha il diritto di imporre le proprie preferenze e pertanto neanche quello di legittimare le eccezioni della propria fisiologia insegnandole all'infanzia.

Per quanto riguarda la famiglia, il problema non è se uno è morale o moralista, ma quali siano le esigenze fisiologiche della biologia. Il problema è di non distruggere il futuro della propria stirpe attraverso l'incomprensione delle leggi che regolano la realtà umana. Si possono praticare le eccezioni delle leggi di natura privatamente, ma non legalizzare le eccezioni come regole. Un atteggiamento individuale può essere agli estremi delle leggi naturali, ma ad una società questo non è permesso. Similmente, si può essere individualmente disonesti, ipocriti, falsi, ecc., ma questo non autorizza a legalizzare disonestà, ipocrisia, falsità, ecc. Inoltre, quello che è morale non è dettato dalle nostre preferenze e convenienze, ma dalle scelte della genetica.

Il matrimonio, concezione e nascite sono stadi diversi di un piano strategico che ha portato all'esistenza di ciascuno di noi.

La procreazione

Se un nuovo essere non fosse differente da tutti (anche da chi lo crea) non sarebbe un nuovo essere, ma una copia di altri (cioè, un clone). Mediante la grande varietà delle possibili combinazioni del patrimonio genetico dei *due* genitori, si assicura che *la diversità non risulti in un essere estraneo a chi lo crea.*

È per questo che un figlio dell'adulterio della moglie è estraneo al marito di quella, dal momento che il marito col figlio della moglie non ha nulla in comune. Lo stesso vale per i figli illegittimi del marito, ma allora si sa con certezza che il figlio illegittimo è estraneo alla moglie. In questo caso, si ha la varietà genetica, ma non l'appartenenza.

Lo stesso vale per un figlio adottato, la cui non-appartenenza genetica lo distingue da un figlio naturale, ma questa non-appartenenza viene accettata consciamente dai genitori adottivi, che in genere adottano un figlio quando non ne hanno di naturali. I profondi legami d'affetto che si sviluppano tra un figlio adottato e i genitori adottivi superano questa difficoltà. Ma il fatto rimane che se un figlio adottivo scopre a 18 anni d'essere adottivo, ne prova uno shock considerevole.

Il figlio adottivo può voler allora conoscere la madre biologica (il padre meno spesso) e sente istintivamente di essere divenuto in qualche misura un estraneo nei riguardi dei genitori adottivi. Certamente, i rapporti non sono più come quelli di prima. Si può risentire del fatto che gli si sia "mentito" chiamandolo figlio. Questo sarebbe ingiusto e offensivo all'amore sincero che gli hanno dato, ma il risentimento sarebbe dovuto non alla mancanza di gratitudine, ma alla forza degli istinti genetici.

Per quanto riguarda il ruolo del *caso* nella procreazione, questi è responsabile per lo spermatozoo che (tra milioni di concorrenti) vince la maratona e feconda l'uovo. Immediatamente dopo, l'uovo non è più disponibile per altri spermatozoi. "La strategia del caso è di non averne": questa è la sua maniera di contribuire la Varietà alla strategia generale dell'Ordine. In questa maniera, il caso contribuisce potentemente alla Varietà senza introdurre il disordine. In realtà, il disordine sarebbe introdotto dalla soppressione del caso, perché allora sarebbe compromesso questo meccanismo essenziale per creare la Varietà. Il caso si basa sulla combinazione casuale di eventi, una combinazione che può essere favorevole (fortuna) o sfavorevole (sfortuna).

Le caratteristiche fondamentali e basilari di un individuo sono fissate al momento della concezione, come la statura, il colore degli occhi, la finezza del volto, le doti di carattere, le doti intellettuali, il senso morale, le inclinazioni istintive, la sensibilità, ecc. Fattori ambientali (dalla famiglia all'educazione scolastica e religiosa) influenzeranno potentemente il "prodotto finale". Tuttavia, il fatto rimane che le caratteristiche di base, fisiche e di carattere, cambiano ben poco. Non le caratteristiche genetiche possono essere modificate, ma la loro espressione.

Lo stadio della gestazione è protetto dall'ambiente esterno e si nasce solo quanto la sopravvivenza fisica è assicurata da *un minimo sviluppo degli organi vitali* come il sistema nervoso, cardiovascolare, renale, polmonare, intestinale, ecc. (vedi le cure necessarie per i prematuri: si usa l'incubatrice per continuare certi aspetti dell'ambiente uterino). Ma un neonato è una creatura quanto mai fragile, perché non è autosufficiente e deve essere nutrito e accudito. Infatti, basta abbandonarlo per un giorno o due nell'ambiente esterno per decretarne la morte.

Questa auto-insufficienza globale continua per anni perché un nuovo essere continua a maturare e svilupparsi fisicamente e psichicamente fino all'età adulta. Se fosse abbandonato dai genitori, un bambino di otto anni non sarebbe molto meno fragile di un neonato per quanto riguarda la sopravvivenza.

Lo sviluppo continua dopo la nascita nell'ambiente esterno in modo che il neonato ne assorba le caratteristiche e vi si inserisca. Di qui l'importanza del *luogo di nascita: nessuno nasce all'estero,* ma invece in un posto ben preciso cui (se vi cresce) uno si trova legato affettivamente per tutta una vita. Crescendo, del luogo di nascita si assorbono le caratteristiche come la lingua, la religione, i costumi, la maniera di pensare, di esprimersi, di comportarsi, ecc. Queste caratteristiche vengono a far parte integrante della nostra identità. Inoltre, vi si è esposti durante il periodo formativo. Molti sono orgogliosi di un posto solamente perché vi sono nati e pertanto vi sono affettivamente legati.

Ogni nuovo essere viene così gradualmente ad appartenere alla società del suo tempo e del suo luogo, cioè viene esposto ed impara gli sviluppi della società che trova nel suo luogo di nascita, sviluppi che possono essere drasticamente differenti da quelli che hanno trovato i suoi genitori alla loro nascita. *Il fatto di essere nuovo fa un nuovo essere contemporaneo*: entrando nella vita, è esposto agli ultimi sviluppi del progresso.

Allo stesso tempo, la vecchiaia (per es., dei nonni) si stacca progressivamente da quello che emotivamente le diviene indifferente e, dal punto di vista cognitivo, incomprensibile. Un giovane impara facilmente mentre un vecchio non solo ha difficoltà ad imparare cose nuove, ma per di più le dimentica, come tante delle cose vecchie. Questo sottolinea la necessità del rinnovamento della razza umana attraverso le nuove generazioni.

Il lungo periodo di auto-insufficienza dopo la nascita richiede non solo la protezione e la cura fisiche, ma anche lo *sviluppo intellettuale* della prole. A garantire la protezione e lo sviluppo della prole è preposto l'amore dei genitori e l'ambiente della famiglia. Solo un profondo amore reciproco (tra genitori e figli) garantisce una relazione speciale capace di affrontare le più difficili evenienze (vedi quello che fanno i genitori per un figlio menomato o per i figli in genere).

L'ambiente della famiglia provvede l'opportunità di rapporti quotidiani, in cui figli e genitori si sentono partecipi della stessa speciale intimità. Qui si insegna tutti i giorni quello che si ritiene utile ai figli, si scambiano le manifestazioni di affetto, ci si consola e ci si incoraggia a vicenda, e si trova quel calore sincero che invano si cercherebbe altrove. Gli affetti istintivi fanno della famiglia un'entità unica. Solo uno scriteriato affiderebbe i figli al convivente.

La nuova fase nel dramma della vita comincia quando alle soglie della vita adulta ci si innamora: questo è un prodromo dello stadio che porta all'indipendenza dei figli, al loro matrimonio e alla formazione di nuove famiglie. I rapporti di affetto con i genitori rimangono, ma a questi si aggiungono quelli nuovi e più immediati, dovuti al fatto che i figli diventano loro stessi sposi e genitori. L'inesorabile ciclo della vita continua quale che siano le condizioni esterne, dalla più orribile miseria al lusso più sfacciato. In un certo senso, la successione degli stadi genetici spinge ciascun nuovo essere ad uscire dalle quinte della famiglia per entrare sul palcoscenico della vita perché possa recitarvi la sua parte.

Il programma genetico della vita di ciascuno prevede la nascita, lo sviluppo, la maturità, il declino e la morte.

La nascita

Il ciclo di ciascuno comincia dalla concezione, dal *miracolo* della concezione, così complesso da essere incredibile. Nell'uovo fecondato vi sono tutte le istruzioni che porteranno alla formazione non solo dei vari organi, ma di un individuo unico, differente da chi l'ha preceduto e da chi lo seguirà. *La genetica è la dimostrazione più straordinaria che esista della pianificazione di un miracolo.* La complessità dell'organismo è talmente stupefacente che abbaglia la competenza di chi vi è esposto, come nel caso di uno studioso della biologia. Che poi i processi primordiali che portano a tale complessità siano insiti nelle due prime cellule embrionali sfida non la comprensione, ma la stessa immaginazione.

La vita intrauterina porta allo sviluppo dell'organismo fino allo stadio in cui si rende possibile la vita extrauterina. La nascita inaugura l'inizio dell'autosufficienza biologica del nuovo essere, nel senso che ora il suo organismo è sviluppato abbastanza da sopravvivere nell'ambiente esterno (senza l'interposizione della placenta e dell'ambiente materno). Cioè, è capace di respirare, alimentarsi, far circolare il sangue, etc.

Come razza, il genere umano non è eterno e pertanto ha avuto un'origine e possibilmente avrà una fine (come quella dei dinosauri). Ma certamente vi è un principio e una fine per ciascun essere umano. Dal momento che i nuovi individui si "agganciano" allo stadio di progresso vigente al momento della nascita nel luogo dove nascono, i nuovi esseri si sviluppano fisicamente e mentalmente con quello.

Pertanto, *gli ultimi sviluppi della società diventano i primi per nuovi esseri.* A partire da questa base, essi contribuiscono al progresso di cui sono divenuti partecipi. Poiché le nascite si verificano tutti i giorni, vi è una graduale e continua immissione di nuove creature nella struttura della società in continua evoluzione. Tuttavia, ad ogni determinato momento, vi sono le categorie dei bambini, adolescenti, giovani, adulti e vecchi. Pertanto, l'immissione di nuovi esseri è graduale e continua, ma le varie categorie sono distinte e permanenti, anche se chi vi appartiene passa col tempo dall'una all'altra.

I nuovi organismi crescono e raggiungono la maturità fisica

e mentale, un processo che permette da una parte la riproduzione e dall'altra nuove contribuzioni nei vari campi, dall'arte alla scienza. Questo processo non può durare in eterno dal momento che quello che nasce ad un certo punto muore. L'evoluzione verso la maturità alla fine diventa l'involuzione della vecchiaia sotto il ticchettio inesorabile dell'orologio della genetica. Pertanto, la vita è un'occasione *unica* offerta alla realizzazione dei nostri meriti.

Ogni nuova leva trova l'ambiente che è stato modificato dalla precedente. Per citare un esempio tra tanti, se una società diventa più prospera, la nuova generazione viene allevata nel benessere e si abitua a privilegi che le sembrano dovuti. In genere, i figli si risentono di qualche aspetto della loro educazione, perché contrasta con le loro inclinazioni naturali. Pertanto, educheranno i lori figli differentemente, contribuendo alla diversità delle generazioni, anche se i loro figli si risentiranno lo stesso della diversa educazione ricevuta per lo stesso motivo (può essere in contrasto con le loro inclinazioni naturali). In ogni caso, il risentirsi dell'educazione ricevuta è uno dei fattori che portano a sviluppare la propria indipendenza.

L'infanzia

Prima di andare a scuola, per l'infanzia, il gioco è l'occupazione principale, perché all'immaturità e fragilità dell'organismo infantile deve essere risparmiato lo stress. L'infanzia impara divertendosi. Nell'adulto, il rapporto s'inverte, e il gioco (rilassamento) interrompe lo stress giornaliero.

L'organismo umano si caratterizza per essere in continuo cambiamento, dalla concezione alla morte. Anche dopo la nascita, l'organismo è immaturo per una vita indipendente. Un neonato non parla, non è capace di alimentarsi da sé, non sa camminare, non sa proteggersi dal freddo e dai pericoli, ecc. (anche se sa sorridere). È immaturo, perché sarebbe fisicamente impossibile tenerlo più a lungo nell'utero per farlo maturare di più.

Questo implica che vi debbano essere "meccanismi" che assicurino la sopravvivenza del neonato. Il "meccanismo" più importante è l'amore dei genitori e sopratutto della madre, il cui amore è cementato dall'intimità fisica durante la gestazione nell'utero. Letteralmente, per la madre, il figlio è parte di sé. Questo è il periodo in cui la scuola comincia ad allargare gli orizzonti mentali del bambino ed impiega gli strumenti per uno sviluppo indipendente, insegnando a leggere e scrivere. Se ne aumenta la perizia con le varie branche d'insegnamento dall'aritmetica (si comincia con $1 + 1 = 2$) all'analisi logica, alle scienze o alla storia. Si stimola così la curiosità e la capacità di ragionare. Si aiuta e si guida lo sviluppo mentale di un organismo in sviluppo.

L'adolescenza

L'adolescenza è un non facile periodo di transizione dall'infanzia alla vita adulta. La natura deve gradualmente trasformare l'innocenza dell'infanzia in maniera tale da assicurare le premesse per una vita adulta e per la riproduzione. Per questa trasformazione di serve di due mezzi potenti. Uno è la *graduale maturazione sessuale* e l'altro è *l'innamorarsi*. La maturazione sessuale qualche volta scandalizza l'adolescente in quanto si verifica senza il suo consenso. La prima eiaculazione notturna associata a sogni sensuali o la prima mestruazione sono motivi di profondo turbamento. Il pudore impedisce le confidenze e pertanto si entra soli in un mondo fino allora ignoto. Lo svilupparsi dei caratteri sessuali secondari è parte della scoperta di essere entrati in un territorio di cui si conosce ben poco. Si è sorpresi persino del cambio del timbro nella propria voce.

Ma la natura addolcisce queste necessarie brutalità biologiche, con il dolce interesse che si sviluppa verso l'altro sesso e con il dramma di innamorarsi. Si schiudono allora orizzonti che fanno sognare sogni deliziosi e impartiscono pene intense. *L'amore non tollera l'indifferenza in nessuno*, ma nell'adolescente l'impatto è reso ancora più straordinario dalla conturbante novità dei sentimenti che gli fa provare.

È un periodo reso instabile da modificazioni fisiche ed emotive considerevoli e non meraviglia che un adolescente arrossisca facilmente per una mescolanza d'immaturità, timidezza, insicurezza e mancanza d'esperienza (per lo meno era così quando crescevano in famiglia). Questo è reso più difficile dal fatto che un adolescente prova sentimenti che per la loro intimità non si possono comunicare neanche alla madre.

Questo periodo è importante anche dal punto di vista dello sviluppo intellettuale, perché la maturazione della mente permette un insegnamento più avanzato che a sua volta contribuisce al progressivo sviluppo della mente. Si presentano agli studenti vari aspetti delle attività e creatività umane.

L'adolescenza è resa difficile anche da decisioni che devono essere prese in mancanza di dati di fatto, come la futura professione. Qui, (in mancanza di forti inclinazioni naturali) il caso gioca un suo ruolo, perché le condizioni ambientali influenzano le preferenze. L'adolescente pian piano si distacca dal contatto continuo con la famiglia, preferendo la compagnia di coetanei. Anzi, qualche volta si vergogna del fatto che i genitori siano "antiquati" o troppo protettivi.

Anche questi sono meccanismi per facilitare il progressivo distacco e per stimolare il desiderio della necessaria futura indipendenza. Il rapido sviluppo della mente con l'educazione si associa allo sviluppo di un fisico prestante (un adolescente si piace) e alle interazioni sociali con i coetanei. Le inevitabili disillusioni contribuiscono a rendere i sogni consapevoli delle quotidiane realtà della vita. I forti impulsi ormonali non gli permettono di dimenticare quelli della riproduzione. Un naturale senso di euforia contribuisce a rendere felice quest'età. Per ridere di gusto, un giovane non ha bisogno di una ragione: una qualsiasi scusa è già sufficiente.

La gioventù

Le caratteristiche della gioventù sono il vigore del corpo, l'energia della mente, l'attrattiva fisica, la suscettibilità ed intensità emotive (inclusa la tendenza ad innamorarsi), l'incompleta maturità della mente (dovuta alla necessità di non essere troppo riflessivi), la credenza inconscia che la gioventù sia eterna (vecchi sono solo i nonni) e l'ambizione di affermarsi. Queste caratteristiche rendono la gioventù adatta ai compiti biologici più importanti e cioè la continuazione della specie mediante la formazione della famiglia (una società deve sopravvivere per poter prosperare) e lo sviluppo delle sue potenzialità.

Nella sfera della riproduzione, la razza umana condivide con gli animali gli istinti sessuali, ma se ne distingue per la capacità di innamorarsi. Inoltre, anche negli istinti sessuali vi è una differenza fondamentale. Negli animali l'istinto sessuale è in genere destato dalla disponibilità alla riproduzione, mentre nel genere umano l'istinto sessuale non si limita alla riproduzione.

Queste differenze sono cruciali sotto molti aspetti. La biochimica dell'amore è ancora del tutto sconosciuta, ma non la sua potenza. L'amore si caratterizza per svincolarsi dai calcoli della ragione e per rifiutare gli ammonimenti della ragionevolezza. È stato così strutturato che s'impossessa della mente dal di dentro e non c'è ragionamento (anche giusto e sensato) che abbia la forza di opporvisi. Inoltre, non ha basi "oggettive": ci si innamora di gente brutta o bella, onesta o disonesta, attiva o buona a nulla, ecc., senza nessuna "giustificazione" comprensibile. L'innamorarsi è un fenomeno così straordinario che talvolta basta uno sguardo per iniziarlo in maniera irreversibile verso qualcuno di cui non conosce nulla ("l'amore a prima vista").

In virtù della sua forza, l'amore è la chiave che apre la fortezza dell'egoismo individuale. Allora, il fisiologico amore di sé apre il suo cerchio per includervi la persona amata. Persino l'ambizione è impotente, per quanto alcuni risolvano il problema col fare matrimoni di convenienza e adulteri d'amore. Per superare le inevitabili e considerevoli resistenze interne ed esterne, l'amore deve essere più forte di tutto, persino di chi lo prova. Per questo, si è schiavi d'amore.

L'assoluta indipendenza dell'amore dalla ragione e dalla volontà è dimostrata dal fatto che è impossibile sia volersi innamorare sia non voler esserlo più. L'amore è così forte che non risparmia nessuno, per quanto uno possa essere meschino o freddo di carattere. Tanta è la sua forza che costringe a perdonare anche quello che lo fa soffrire orribilmente. E se non riesce a perdonare, soffre anche di più.

Ma essenzialmente l'amore non trova posa finché non è ricambiato e questa è la base del corteggiamento. Il corteggiamento fa sentire alla persona amata quanto sia straordinaria per chi l'ama. Questo già suscita un interesse acuto che per meccanismi per ora completamente ignoti può portare alla reciprocità dell'amore. Inoltre, l'amore degrada l'interesse emotivo verso altre persone. L'amore è fonte di profonde e talvolta tempestose emozioni e la persona innamorata considera la persona amata così indispensabile che desidera sposarla e condividere con quella la propria vita.

Questo era esattamente lo scopo assegnatoli, perché l'amore porta alla formazione della famiglia e di nuove creature. A sua volta, la famiglia crea le condizioni adatte per un'ordinata riproduzione e pertanto per la continuazione ordinata della specie. Non a caso, gli sposi amanti desiderano diventare genitori. Qui si sviluppa un'altra forma d'amore non meno drammatica e profonda, e certo più duratura: l'amore verso i propri figli. Questa forma d'amore è necessaria per la protezione e lo sviluppo della prole ed è fonte di emozioni di grande significato. Inoltre, l'amore per i figli cementa l'unione dei genitori (per il fatto che condividono gli stessi affetti) e la struttura della famiglia. Il vigore mentale e fisico della gioventù permette di ottemperare alle esigenze della famiglia, sia nel prendere cura dei figli (a cominciare dai neonati) sia nel guadagnare abbastanza da permettere alla famiglia di prosperare.

L'amore, essendo indipendente dal ragionamento e dalla volontà, può colpire anche le persone sposate e portare all'adulterio e anche al divorzio. Altrettanto naturalmente, vi sono le conseguenze di un istinto sessuale che non è legato esclusivamente alla fecondazione. In condizioni normali, la continuità del desiderio sessuale diventa parte dell'espressione d'affetto reciproco tra due persone che si amano. Ma, in questo campo ci sono anche le voglie e le infatuazioni, che non hanno nulla a che fare con l'innamorarsi, ma a cui la debolezza di carattere, la lussuria dei sensi, la noia, l'infatuazione o il desiderio di novità trovano difficile resistere (anzi, non vogliono resistervi per nulla).

Questa è un'altra pagina del copione della vita che riflette la legge essenziale che non vi può essere regola se non vi sono eccezioni. Inoltre, riflette la necessità che ciascuno sia responsabile della propria condotta indipendentemente dalle sollecitazioni di cui può avere o non avere controllo. Al contrario dell'amore, la debolezza, la lussuria, la noia, le infatuazioni e desiderio di novità non sono irresistibili. Ma la condotta può essere il risultato netto di impulsi che possono provocare lacerazioni in tutti i casi. Anche questo campo deve obbedire alle imposizioni della Varietà, ma non può sottrarsi al divieto di essere legalizzato.

La maturità

La maturità si caratterizza per non essere più giovani e non ancora vecchi. Si sono acquisite abbastanza esperienza e perizia, conservando l'energia. Questa è l'epoca della nostra vita dove in genere si sviluppa tutto quello che siamo capaci di fare, perché il nostro sviluppo raggiunge il suo apice e non è ancora minato dell'involuzione dell'età avanzata. All'energia fisica corrisponde quella mentale e una mescolanza ottimale delle nostre qualità. Questa è l'epoca e l'occasione per la piena realizzazione del nostro Io e delle sue qualità. Se il merito ha qualcosa da dire, questa è l'epoca in cui deve esprimersi.

Ma è anche l'epoca dove i primi capelli bianchi (in genere cominciano alle tempie) ci ricordano che la gioventù è passata: questo è già abbastanza per farci intravedere quello che il futuro ci riserba. Per la prima volta, ci si rende conto che non siamo eterni.

La vecchiaia

La vecchiaia è resa necessaria da svariate ragioni, la principale essendo quella della necessità del rinnovo biologico della società. Il declino dell'età si associa ad un deterioramento fisico che colpisce tutti gli organi, dal cervello al sistema cardiovascolare e a quello riproduttivo. Quando ero studente di medicina, all'ingresso dell'Istituto di Dermatologia dell'Università di Pisa, c'era l'iscrizione "Intus ut in cute" ("Dentro come sulla pelle"). Se il rinsecchire e le grinze della pelle si applica anche alle strutture cerebrali...

Così, gradualmente si perdono l'attrattiva fisica, la memoria, la capacità di apprendere cose nuove, la resistenza fisica, le aspirazioni del futuro, l'intensità delle emozioni, ecc. Allo stesso tempo, gli acciacchi e le lamentele aumentano. In altre parole, ci si distacca in maniera progressiva dal dramma della vita per il deterioramento fisico e mentale. La realtà mentale progressivamente si riduce in tutti i suoi aspetti, dalla sensibilità all'intensità e frequenza delle emozioni (i vecchi non arrossiscono), all'ambizione, alle aspirazioni, ecc. Il futuro si riduce ad una rievocazione (talvolta ripetitiva) del passato.

Il che ha il vantaggio di rendere meno dolorosa la morte per chi muore in tarda età e per chi rimane (ancora per un po'), come dimostra per contrasto lo shock che provoca la morte in giovane età. In quest'ultimo caso, sentiamo che la vita è stata crudelmente rubata da un destino senza pietà. Un destino che distrugge la freschezza e la luminosità del sentire tipiche della gioventù.

La vecchia generazione trova le nuove tendenze estranee alle sue abitudini e non ne è attratta (una componente del progressivo "distacco" dalla vita). Inoltre, si dimentica che, quando la sua generazione era giovane, non necessariamente riceveva l'approvazione di quelli che allora erano vecchi. Ma anche se la "nuova" maniera di comportarsi e i nuovi "valori" sono in realtà un deterioramento di quello che le nuove leve hanno trovato, questo è ancora da preferire alla stagnazione che deriverebbe dalla mancanza di rinnovamento fisico dei membri di una società.

Infatti, gli errori sono una componente dinamica inevitabile dello sviluppo umano, ma possono stimolare una correzione. Invece, l'opacità di un'abitudine che si perpetua soffocherebbe ogni sviluppo. Il progredire inarrestabile della vecchiaia porta a dimenticare quello che si sa e non si comprende più quello che è nuovo, perché non ne abbiamo esperienza e perché non si impara più facilmente per l'involuzione del cervello.

Ma anche la vecchiaia ha utili funzioni. La sua esperienza della vita è una sorgente di informazione che si traduce negli insegnamenti che impartisce. Inoltre, è un fattore stabilizzante in quanto non ha l'impetuosità e l'irriflessione della gioventù. Le sue decisioni sono più ponderate, basate sulla lunga esperienza e sulla conoscenza della natura umana, e sono meno affrettate e meno rischiose. Pertanto, la vecchiaia contribuisce all'equilibrio della società come entità totale. Non a caso, i governanti sono spesso ultra sessantenni.

Dal momento che non si sa o non si comprende quello che ancora non si è esperimentato o provato, solo nella vecchiaia si può avere una visione panoramica e più completa della vita. È significativo che i "saggi" generalmente abbiano un'età assai più avanzata di venti anni.

Le attività umane sono le più svariate a seconda degli individui o della situazione, come suonare il piano, dipingere, fare dello sport, pensare, piangere per un'emozione, cantare, dormine, costruire grattacieli, ponti e autostrade, passeggiare, ridere, ecc. In ordine gerarchico, le attività obbligatorie sono: primo, sopravvivere; secondo, crescere; terzo, riprodursi; quarto, creare.

Per poter espletare queste attività, le caratteristiche dell'entità umana devono essere a dir poco straordinarie. Fisicamente, l'uomo non è né più grande né più forte di tanti animali, ma domina la scena terrestre. L'organismo umano si articola nel corpo e nella mente. Il corpo senza la mente può vivere, ma solo in maniera vegetativa, come per l'appunto farebbe una pianta. Questo il caso del coma. La mente senza il corpo cessa di essere mente e non può restare che l'anima.

Per quanto riguarda il corpo, naturalmente in quello che segue sottolineo solo i principi generali dell'organizzazione generale del corpo, secondo le esigenze di una visione panoramica delle componenti che partecipano al quadro generale che caratterizza il genere umano. Quanto ai dettagli delle caratteristiche umane normali e patologiche, basta menzionare la vastità delle informazioni che sono disponibili in una biblioteca di una Scuola di Medicina. Molte di queste caratteristiche sono così complesse da richiedere la specializzazione nei vari campi per essere comprese anche dagli stessi dottori. Ma quello che interessa qui è la considerazione della strategia che ha portato alla creazione del corpo e della mente umani così come sono generalmente strutturati.

IL CORPO

Il corpo è un'entità fisica dotata di caratteristiche speciali che gli derivano dalla specializzazione e integrazione dei suoi organi nel quadro di una funzione globale che include anche la mente.

Il corpo è una stazione biologica capace di ricevere stimoli fisici (visivi, acustici, tattili, gustativi, termici, ecc.) e di inoltrarli come sensazioni ad un organo centrale (il cervello) dove le sensazioni sono decifrate e diventano percezioni. Le percezioni raccolte sono fonte di conoscenza e riflessione, e i pensieri sviluppati portano alla formulazione di decisioni e alla loro esecuzione. Queste funzioni della mente ci permettono un rapporto con l'ambiente esterno con il quale si interagisce e nel quale si agisce. La mente è un'entità dipendente dal cervello, anche se, data la stessa struttura *generale* dei cervelli, le menti possono essere assai diverse. Il cervello è essenziale anche per l'ambiente interno (il corpo) di cui regola per es., la respirazione, la pressione arteriosa o l'appetito.

L'organizzazione del corpo ne fa una macchina complessa ed efficiente per compiere le numerose operazioni fisiche e mentali. Se dal punto di vista fisico, si può non essere più forti di tanti animali, dal punto di vista mentale semplicemente c'è la differenza dal giorno alla notte rispetto agli animali. Anzi, grazie alla mente, si può fare molto di più degli animali anche dal punto di vista fisico: nessun elefante può competere con le macchine inventate dall'uomo, come un trattore od una mancina.

Il cervello è la centrale di coordinazione dove le informazioni raccolte dalle percezioni interne (per es., pressione arteriosa) ed esterne (per es., il giardino immerso nella luce di un mattino di maggio) vengono elaborate, valutate e messe in relazione dalla mente con le informazioni disponibili, sia inconsciamente (per la pressione arteriosa) sia consciamente ("Che bella giornata!"). Quest'ultima affermazione è una conclusione (estetica) della mente, che non è direttamente percepita dall'ambiente, dal momento che la stessa giornata non è bella per chi (per es.) ha delle forti preoccupazioni.

Mediante i recettori, il cervello esplora continuamente il mondo interno (inconsciamente) e quello esterno (inconsciamente e consciamente). Secondo le informazioni che riceve e le reazioni che sviluppa, il cervello agisce come stazione emittente e manda segnali sia all'ambiente interno (per es., la regolazione riflessa della pressione arteriosa) sia all'ambiente esterno (per es., i segnali acustici o scritti delle parole) dove possono essere percepiti da altre entità umane. Se l'attività del cervello è alla base della mente, la mente va oltre la ricezione e l'emissione di segnali: crea una realtà unica, cognitiva e affettiva, la realtà umana.

Organizzazione fisiologica

Tra le varie necessarie funzioni del corpo, vi è la motilità. Per es., la percezione di un pericolo non sarebbe molto utile se non potessimo reagirvi. Una comune reazione è il *movimento* che è essenziale anche per numerose altre funzioni, come il procacciarsi il cibo o eseguire il nostro lavoro. Di qui il sistema muscolare, che per operare ha bisogno di inserirsi su una struttura rigida (impalcatura ossea). Come macchina biochimica, il corpo ha bisogno di numerose altre funzioni come alimentarsi (apparato digerente), eliminare le scorie (reni e polmoni), accumulare riserve energetiche (fegato, tessuto adiposo), riprodursi (apparato sessuale), difendersi dagli assalti di altri organismi (per es., sistema immunitario contro i microrganismi), riparare i danni inflitti (cicatrici), modificare la struttura secondo la funzione (ipertrofia muscolare nell'esercizio fisico), ecc.

Questa organizzazione fisiologica è condivisa con gli animali, ma *il corpo umano ha il grande privilegio di albergare la mente, lo spirito e l'anima. La mente* è la facoltà per cui le percezioni portano alla formazione di pensieri e di sentimenti (un leopardo non diventerà mai un filosofo né la compassione gli impedirà di sbranare un agnellino). *Lo spirito* è lo stigma che caratterizza il lato migliore della nostra umanità (una mente può essere volgare o grossolana, lo spirito no). Mente e spirito pertanto variano indipendentemente in persone differenti, anche in maniera sostanziale. *L'anima* invece certifica che siamo figli di Dio e questa appartenenza è valida ugualmente per il più grande e il più piccolo di noi, e ci fa uguali al cospetto di Dio. Forse anche noi mortali non amiamo i figli indipendentemente dal loro merito e qualche volta di più quando sono disgraziati ed hanno bisogno di noi?

Il corpo (per quanto straordinario nella sua organizzazione) si distingue per la sua transitorietà, svolgendosi secondo la parabola stabilita dalla genetica. Poiché è transitorio, il corpo deve avere un inizio, uno sviluppo ed una fine. Nel regno biologico, l'inizio è in genere il risultato della riproduzione sessuale. Il che implica l'esistenza di un maschio ed una femmina. Al di fuori della razza umana, la riproduzione animale è affidata a meccanismi ormonali (come l'estro) che provocano reazioni riflesse. L'amore non è necessario per l'accoppiamento, per quanto anche negli animali vi siano esempi di stabile convivenza, in cui entrambi i genitori prendono cura della prole (per es., l'alimentazione). In genere, negli animali l'amore si esprime nel profondo attaccamento materno alla prole, che la madre sia una tigre feroce o una pecora mansueta.

In questi casi, il padre è completamente assente nella protezione e sostentamento della prole: dal punto di vista della natura, questo dimostra il ruolo essenziale del padre e della madre nella fecondazione e quello prevalente della madre nel sostenere la continuazione della propria specie. Di qui la superiorità della femmina dal punto di vista biologico.

Anche negli animali, l'importanza del patrimonio genetico ereditato si manifesta spesso nel prevalere del maschio più forte della mandria nel processo riproduttivo. La contribuzione del maschio in genere si ferma qui (l'inizio della riproduzione) e il resto è affidato alla femmina, dalla vita intrauterina del feto alla nascita, alla nutrizione con il latte, alla protezione fisica e ad uno sviluppo sufficiente ad assicurare che la prole possa sopravvivere indipendentemente.

Il caso fa sì che nella prole non vi siano sproporzioni tra il numero di maschi e di femmine (l'Ordine si serve del caso in maniera ordinata). La selezione del maschio più forte dimostra che gli altri maschi non sono necessari per la continuazione della specie. Nelle animali, la trasmissione della vitalità fisica è importante, ma non vi sono differenti attributi della mente da trasmettere. Significativamente, tutte le femmine partecipano alla riproduzione e non vi è selezione che ne ometta alcuna. La selezione del maschio più forte non diminuisce il numero delle nascite, ma una selezione delle femmine diminuirebbe tale numero. Pertanto, tra gli animali la maggior parte dei maschi sono dispensabili per creare la nuova generazione, ma nessuna delle femmine ne è dispensata.

Nel caso della razza umana, *la "scelta" del coniuge* non dipende più dagli attributi fisici (per es., forza fisica, coraggio, aggressività o ferocia del maschio), ma da un meccanismo che dipende da reazioni ancora sconosciute e cioè dall'amore. In realtà, la "scelta" non è una scelta per nulla dal momento che una persona si innamora di un'altra apparentemente a caso, un fattore dei più importanti a questo riguardo essendo la vicinanza fisica (non ci si può innamorare di qualcuno che non si è mai visto). Ma nei matrimoni arrangiati dalle famiglie (come succede in certe società), non vi è neanche "la scelta" dell'amore. In ogni caso, nella razza umana la funzione del padre va ben oltre la procreazione.

L'amore spinge ad un'unione non solo fisica, ma anche di sentimenti caratterizzata da un'associazione stabile, quella del matrimonio e della famiglia. Infatti, siccome la prole ha bisogno di un lungo periodo di sviluppo e di addestramento (tra la nascita fino a una laurea universitaria intercorre un quarto di secolo), l'accoppiamento solo (come per gli animali) non sarebbe adatto per elaborare un prodotto finito di grande complessità come quella di un figlio o una figlia che compie un'educazione universitaria prima di rendersi indipendente dalla famiglia.

Se la famiglia è la regola, naturalmente non mancano le eccezioni, come l'adulterio, il divorzio, l'aborto, il trascurare o l'abbandonare la prole, ecc. Ma finché le eccezioni sono in netta minoranza rispetto alla regola, hanno una loro funzione (anche se non la si approva) nel quadro di una necessaria varietà. Se vi è libertà di scelta, non ci possono essere regole senza eccezioni.

L'innamorarsi è una sindrome acuta dai caratteri quanto mai speciali che fanno sì che la persona amata acquisti un valore inestimabile (non vi è un sostituto accettabile in tutto il mondo) e sia vista solo nell'alone seducente della propria passione. Il dominio dell'amore su tutte le altre emozioni e perfino sull'egoismo personale e sulla freddezza di carattere è reso necessario dalla necessità di stabilire il legame stabile del matrimonio. Questo passo non è facile, perché implica un'unione esclusiva e reciproca per il resto della vita. L'innamoramento non può durare tutta una vita, perché (essendo esclusivamente limitato agli innamorati) ostacolerebbe l'affetto verso i figli.

Gli sposi amanti (chi vorrebbe portarsi dei figli in viaggio di nozze?) si devono trasformare col tempo in genitori che si vogliono bene. Allora, si rende possibile l'affetto fra genitori e figli. Il risultato fisiologico di questo processo è la creazione, la protezione e lo sviluppo di nuovi esseri per la continuazione ordinata della specie. Solo così, lo sviluppo della razza può essere perpetuato dal momento che non solo si creano nuovi esseri, ma si proteggono, si educano, si addestrano e se ne sviluppa il talento, cosicché sono messi in condizione di continuare lo sviluppo di una società. Ogni genitore vorrebbe che i suoi figli lo superassero.

Come accennato, la formazione di una nuova entità umana da due cellule, l'uovo e lo spermatozoo, pone una sfida difficilmente immaginabile. La fusione e successiva divisione di queste due cellule devono crearne dei miliardi in categorie specializzate per sviluppare un essere che possa a sua volta essere capace di riprodursi.

Ma non è solo una questione di numero: in realtà, nelle due cellule iniziali (così piccole da essere misurate in micron) vi devono essere i programmi e meccanismi che portano ad uno sviluppo normale di un corpo quanto mai complesso, fatto di differenti organi con funzioni differenti e coordinate tra loro. *Scientificamente* parlando, questo è un miracolo biologico (ed è solo uno dei tanti che riguardano il corpo e la mente).

Inoltre, il corpo deve svilupparsi secondo uno schema obbligato che include l'infanzia, l'adolescenza, la giovinezza, la maturità e la vecchiaia. Le necessità strategiche della natura chiedono che nuovi organismi nascano, fioriscano e decadano fino alla loro eliminazione. Qualsiasi altra soluzione (come per es. l'abolizione delle nascite o della morte) provocherebbe disastri biologici.

Le caratteristiche del corpo

Per poterlo definire normale, un corpo deve avere delle caratteristiche ben precise, definite su base statistica in un largo numero di persone sane (per es., il tasso di colesterolo o il numero dei globuli rossi). Queste caratteristiche sono determinate dalla necessità di espletare in maniera normale le varie funzioni. Allo stesso tempo, per poter essere differente da tutti gli altri, le caratteristiche di ciascun corpo non solo devono essere differenti quantitativamente e qualitativamente da quelle degli altri (persone alte e basse, grasse e magre, ecc.), ma inoltre devono essere combinate in maniera diversa (per es., uno può essere alto e grasso, alto e magro, alto e atletico, alto e massiccio, alto e sgraziato, ecc.).

La normalità richiede che le caratteristiche varino entro i limiti di una certa gamma, oltre la quale, per es., invece di essere alti, si può essere giganti, e invece di essere bassi, si può essere nani. Ma in tutti i casi, ancora si devono soddisfare certe prescrizioni genetiche per essere normali sotto altri aspetti. Per es., un gigante può essere eccezionale per la statura, ma rientrare nella norma per tutto il resto.

Quali dunque sono le caratteristiche del corpo? Il corpo deve essere un'entità autosufficiente per poter vivere secondo i fini stabiliti e sopravvivere alle sfide che deve affrontare. A tal fine, il corpo deve comunicare con l'ambiente, sia ricevendone messaggi sia inviandone. Inoltre, essendo il corpo una macchina biochimica, deve ricevere dall'ambiente le fonti di energia (il cibo) necessarie per il suo funzionamento insieme al veicolo universale dell'acqua.

A questo riguardo, letteralmente si vive della luce del sole: il sole è la batteria della vita. L'energia solare è trasformata in sostanze vegetali edibili per uomini ed animali. Gli erbivori poi provvedono diverse sorgenti di cibo (carne, latte, e i prodotti che ne derivano). Senza fonti continue di energia, ben presto vi sarebbe solo l'immobilità della morte. L'importanza di questo processo è indicata dal fatto che un'eclissi solare che durasse un anno porterebbe all'estinzione della vita. Inoltre, il corpo modifica l'ambiente per renderlo più adatto al suo sostentamento (come arare, seminare, fertilizzare e irrigare i campi, o costruire una diga).

Per tante delle sue funzioni fisiche, è necessario che il corpo possa stare eretto, perché allora, invece di quattro zampe, si hanno due piedi e due mani. I piedi sono specializzati per la stazione eretta (sarebbe più difficile stare in piedi se le gambe finissero con le caviglie) e per la locomozione. Le mani sono specializzate per movimenti prensili e fini (per es., non sarebbe facile dipingere un quadro tenendo il pennello con le dita dei piedi, per quanto talvolta si ha l'impressione che sia successo effettivamente così...).

Il sistema scheletrico provvede una struttura portante rigida che nell'uomo permette la posizione eretta sostenendo il peso degli altri organi. Per assicurare il movimento, la struttura portante è dotata di articolazioni, cosicché una sezione ossea possa muoversi rispetto ad un'altra (come per le gambe quando si cammina). Per muoversi occorre un motore che sposti una sezione rispetto ad un'altra, come nel caso delle braccia o delle dita. Questo motore è il sistema muscolare. I muscoli sarebbero inutili se la loro contrazione non fosse coordinata (lo si vede in un bambino prima che impari a camminare o quando la funzione non è più normale, come nella paralisi o in uno spasmo muscolare).

Di qui la necessità del cervello e di un sistema di comunicazione tra il cervello e i vari organi (i nervi). Il cervello è la centrale a cui affluiscono attraverso i nervi sensoriali le percezioni che condizionano i comandi. Le percezioni a loro volta richiedono le sensazioni che provengono degli organi dei sensi e che informano continuamente il cervello sull'ambiente interno ed esterno. Alcune informazioni non sono coscienti e (attraverso i nervi) provocano risposte riflesse o di feedback (per es., la regolazione termica o la coordinazione delle contrazioni dei muscoli quando si cammina) e altre sono coscienti (per es., la ricezione di stimoli sonori nella conversazione o l'orientamento nello spazio).

La mente è la funzione del cervello che si occupa del pensiero e dell'affettività. La capacità di ragionare si serve delle istruzioni della genetica e di nozioni acquisite dall'esterno e che possano essere immagazzinate nella memoria. A questa parte razionale si associa la parte emotiva, la cui funzione non è la conoscenza o la comprensione, ma piuttosto i sentimenti. Mediante le emozioni, a loro volta i sentimenti danno un significato personale a quello che si percepisce o si desidera. Quello che non ci interessa o non si desidera o non è importante per noi.

Già questi esempi ci fanno comprendere la complessità delle funzioni e la necessità di specializzazioni nella struttura e funzione degli organi del corpo. Le varie specializzazioni permettono funzioni ben superiori a quelle di un organismo unicellulare (come un'ameba), in cui la cellula che ne costituisce il corpo è in contatto immediato con l'ambiente. In un organismo pluricellulare, le singole cellule sono necessariamente rimosse dal contatto e gli scambi diretti con l'ambiente esterno.

Ma la funzione delle cellule richiede energia metabolica e pertanto l'assunzione di prodotti energetici (cibo) attraverso l'intestino, l'ossigeno per metabolizzarli (polmoni) e l'eliminazione delle conseguenti scorie (polmoni e reni). Il sistema digerente è per così dire un'estensione dell'ambiente esterno, una lunga invaginazione altamente specializzata (dalla pelle si passa alla mucosa) che permette l'assunzione del cibo, il suo frazionamento, la digestione, l'assorbimento dei prodotti digeriti e l'eliminazione di quanto non è assorbito o è secreto nel suo lume.

Una volta che i principi nutritivi siano assorbiti, devono essere distribuiti ai vari organi per essere utilizzati o conservati in depositi come il fegato o il tessuto adiposo. Questa distribuzione è la funzione del sistema cardiovascolare che fa circolare il sangue in tutto l'organismo. Nei capillari, il sangue viene in intimo contatto con lo spazio extracellulare, cui cede gli elementi nutritivi per le cellule (per es., glucosio, aminoacidi e acidi grassi) e l'ossigeno necessario per metabolizzarli. Allo stesso tempo, rimuove l'anidride carbonica e le scorie del processo metabolico, come l'urea. Sali, ormoni e vitamine sono similmente distribuiti.

La circolazione del sangue servirebbe a poco se il sangue non fosse riciclato continuamente. Il sangue si ricarica di elementi nutritivi (per es., dall'intestino, dal fegato o dai tessuti adiposi), scambia i gas nei polmoni (assume ossigeno ed elimina l'anidride carbonica) ed elimina le scorie solide nel rene. Pertanto, *il compito del sistema cardiovascolare è quello di mantenere costante lo spazio extracellulare*, permettendo così una normale funzione delle cellule (vedi le conseguenze di un'ostruzione vascolare: gangrena, colpo apoplettico, infarto miocardico, ecc.).

Tutte queste funzioni devono essere coordinate (per es., fame e sazietà) mediante vari meccanismi nervosi ed umorali e devono essere mantenute entro certi limiti quantitativi (per es. la temperatura del corpo). Ogni deviazione dagli standard fisiologici oltre un certo limite comporta la malattia. Una temperatura ambientale bassa che dura a lungo porta alla necrosi delle parti esposte al freddo, lo zucchero troppo alto al diabete, un continuo stress all'ipertensione, ecc. Pertanto, tante malattie risultano da un'alterata funzione fisiologica.

Le funzioni del corpo vengono profondamente influenzate dalla mente, sia in maniera sfavorevole (per es., insonnia) che favorevole (per es., costruzione di trattori invece che di vanghe per coltivare i campi). Reciprocamente, la mente è profondamente influenzata dal corpo (per es., dalla fame, sonno, stanchezza, depressione o istinti) e dalle sue disfunzioni (per es., malattie psichiche). Se la mente cosciente cessa di funzionare, il corpo assume uno stato vegetativo (coma) che è ancor meno dello stato animale. Se il corpo cessa di funzionare, cessa anche la mente (morte).

Se il genere umano condivide molte caratteristiche fisiche del corpo con gli animali, se ne distingue nettamente per le realizzazioni della mente. Se un orangutan fosse commosso dalla bellezza di una poesia o ragionasse sul significato del bene e del male sarebbe un evento così sensazionale che la maggior parte della gente ne sarebbe non scioccata, ma incredula. Ma basterebbe che l'orangutan sapesse lavarsi il viso, mettersi un tovagliolo intorno al collo o usare coltello e forchetta per creare un grande scalpore (e le più svariate teorie).

Omeostasi

L'omeostasi è la capacità degli organismi viventi di mantenere un equilibrio stabile anche quando le condizioni interne o esterne variano. Per rimanere normale, la funzione del corpo deve essere mantenuta costante a riposo e deve variare quando richiesto dalle varie situazioni. Per es., il sangue pompato dal cuore deve aumentare nell'esercizio fisico per provvedere alle aumentate necessità metaboliche dei muscoli che lavorano.

L'omeostasi richiede prima di tutto la regolazione di un *sottofondo generale*. Per es., il metabolismo deve essere regolato ad un livello ottimale per una normale funzione sia in condizioni basali (metabolismo di base) sia durante l'attività fisica. Di qui, la regolazione ormonale, per es., da parte della tiroide. Gli elettroliti, vitamine, ormoni e le varie sostanze nutritive devono essere mantenuti ad un certo livello idoneo per le normali condizioni fisiche. Certi ormoni si incaricano di stimolare la crescita. Altri ormoni regolano gli impulsi sessuali in modo che le attività relative alla riproduzione non corrano il rischio di essere messe in secondo piano.

Se si intraprende un'attività fisica, aggiustamenti di funzione si verificano in svariati organi, aggiustamenti che permettono al corpo di rimanere normale nonostante che il carico di lavoro sia aumentato. Per es., se uno deve correre le contrazioni dei muscoli scheletrici aumentano in frequenza e forza. Il che comporta un aumento del metabolismo dei muscoli attivi dato che il maggior lavoro causa un aumento del consumo energetico (vedi le gare sportive). Il che risulta in modificazioni funzionali di vari sistemi (cardiovascolare, neuroendocrino, cutaneo, ecc.) per portare più sangue ai muscoli che lavorano o dissipare più calore con la vasodilatazione e con il sudore.

Questo esempio illustra il concetto che l'organismo non solo ha bisogni metabolici di base, ma deve poter far fronte ad aumentate richieste. Se non lo fa, l'azione intrapresa non può essere sostenuta. Per es., un malato di cuore non può montare le scale o mettersi a correre, perché il cuore malato non può aumentare il sangue da pompare nel sistema circolatorio. Si capisce allora che vi debbano essere meccanismi capaci di mantenere normale la funzione del corpo in condizioni diverse (omeostasi), raccogliendo informazioni dai tessuti e modificandone la funzione.

La regolazione omeostatica può essere in più o in meno. Il lavoro quotidiano ha bisogno di pause di ricupero come quella del sonno notturno. Si riducono allora le richieste ad un minimo, cosicché tutte le varie componenti del corpo abbiamo una pausa di ristoro, dal cervello ai muscoli scheletrici (giacendo orizzontali si minimizzano gli effetti della gravità e essendo pressoché immobili si minimizzano le richieste metaboliche).

Dall'altra parte, come un'automobile ha bisogno di benzina, il corpo deve essere nutrito per rimpiazzare le sostanze utilizzate. Di qui, la prima colazione, il pranzo e la cena. Poiché si devono mantenere le funzioni normali (per es., la temperatura corporea) si cerca di proteggere il corpo dal freddo e dal caldo, dalla pioggia e dalla neve creando un ambiente le cui caratteristiche sia tali da richiedere un minimo aggiustamento da parte del corpo.

Si risolve questo problema con la casa, specialmente se ha un sistema di riscaldamento (termosifone) o di raffreddamento (aria condizionata) e con diverso abbigliamento a seconda delle stagioni (non si porta il cappotto d'estate). Tutte queste necessità devono essere pagate, in genere con il salario guadagnato lavorando. Pertanto, la necessità di soddisfare i vari bisogni introduce cambiamenti di comportamento, che possono modificare equilibri in altri campi.

L'omeostasi non riguarda solo l'individuo, ma anche la società. La società comporta varietà di specializzazioni ed offre dei vantaggi incalcolabili, come i trasporti ferroviari o aerei, l'educazione, la rete stradale, l'acqua, l'elettricità, il gas, le autostrade, i ricevimenti, i teatri, i musei, i supermercati, i grandi magazzini, ecc. Siccome la situazione è in continua evoluzione, l'omeostasi è resa necessaria dal continuo rinnovo della società, un rinnovo che evita l'arteriosclerosi dell'abitudine ed il sorpasso da parte di chi progredisce.

Se una società invecchia, resta sempre più indietro. Da questo si vede come l'innamorarsi, sposarsi ed avere figli diventino i meccanismi con cui la società umana progredisce rinnovandosi. Il corpo è preparato anche a questo attraverso i meccanismi che conducono alla riproduzione nella famiglia e i legami speciali che proteggono e sviluppano la propria prole. Quando l'età ottimale per la riproduzione è passata, la menopausa chiude questo capitolo. La menopausa annuncia che l'organismo non è più ottimale per la riproduzione (a cominciare dell'età delle ovaie).

Le emergenze della vita richiedono *fattori di riserva*, una specie di doppi servizi come con due braccia, due gambe, due occhi, due reni, due emisferi cerebrali ecc. L'esistenza di doppie strutture permette la sopravvivenza se una delle due cessa di funzionare. La simmetria dei "doppi servizi" li rende poi esteticamente attraenti (vedi l'amputazione di un arto o la mancanza di un occhio). Un altro esempio di un fattore di riserva è quello del grasso fisiologico che, temporaneamente, permette la sopravvivenza in caso di mancanza di cibo. Il processo genetico include inoltre una crescita ordinata del corpo verso lo stadio adulto e i meccanismi di compenso (per es., ipertrofia muscolare) e di riparazione (vedi le cicatrici).

Per avere un'idea delle funzioni fisiche e mentali espletate dal corpo, basta considerare le deficienze di funzione quando il corpo è danneggiato da malattie o incidenti. Senza gambe non si cammina e senza braccia o dita la maggior parte dei lavori manuali diventa impossibile a cominciare da un muratore per finire con un pittore. Similmente, la perdita di recettori (per es., occhi) comporta una severa diminuzione della normale attività fisica e psichica.

Queste "semplici" generalizzazioni sulla struttura e funzione del corpo fanno intravedere quell'enorme complessità che la scienza va gradualmente svelando. Anche in questo senso si vive, ma ignorando come.

Il processo di crescita e involuzione

Se dal punto di vista psichico si sono accennate alcune modificazioni che avvengono come funzione dell'età, dal punto di vista fisico le modificazioni non sono meno complesse. Anzi, vi è una relazione tra le modificazioni fisiche e psichiche, perché tutte e due possono dipendere da una stessa causa. Per es., gli ormoni sessuali contribuiscono a differenziare il maschio dalla femmina sia dal punto di vista fisico che psichico. Il cambiamento è più notevole durante le fasi più rapide di crescita come nei bambini e adolescenti, specialmente se li si rivedono dopo un intervallo sufficientemente lungo.

Le modificazioni fisiche e psichiche di ciascuno avvengono ogni singolo giorno. Siccome le differenze sono piccole da un giorno al seguente, non ce ne rendiamo conto. Ma basta vedere una persona dopo un intervallo di pochi anni per renderci conto di quanto sia cambiata. Sia la rapida crescita dei bambini che il progressivo decadimento fisico e psichico nell'età avanzata sono facilmente riconoscibili.

Il corpo ha delle caratteristiche ben precise che ne assicurano la funzione (per es. locomozione, assunzione di sostanze nutrienti e liquidi, eliminazione delle scorie, riproduzione, fini movimenti delle dita, regolazioni ormonali, monitoraggio dell'ambiente interno e esterno, controllo dei sistemi come quello muscolare, cardiaco e respiratorio, ecc.). Inoltre, le sue caratteristiche assicurano la normalità nelle sue varie specializzazioni.

Similmente, la mente ha delle caratteristiche ben precise che ne assicurano la funzione (integrazione tra stimoli e risposte, alternanza della consapevolezza col sonno, attenzione, pensiero, affetti, emozioni, memoria, motivazioni, sentimenti, ambizioni, aspirazioni, ecc.) e pertanto la normalità. Basta considerare come l'organismo viene modificato dalla disfunzione della mente, come, per es., la perdita della memoria, insonnia, ossessioni, paralisi, allucinazioni, depressione, mania, anoressia, malattie psichiatriche (come la schizofrenia) che colpiscono la capacità di avere pensieri o affetti normali.

Organizzazione fisiologica

In condizioni normali, al cervello è affidata la regolazione e coordinazione delle varie funzioni (cardiovascolare, respiratoria, nervosa, muscolare, endocrina, ecc.). Tutte le funzioni del cervello sono necessarie per la normalità, ma la più straordinaria funzione del cervello è la mente, perché è il prerequisito per l'appartenenza alla razza umana. Alla mente, sono affidati pensieri, emozioni e regolazione del comportamento.

Naturalmente, vi sono potenti interazioni tra mente e corpo, specialmente sotto condizioni di stress. Per es., nelle gare sportive, sia il corpo che la mente sono impegnati al massimo, perché la mente massimizza la prestazione fisica mediante la motivazione (si vuol vincere) e un'ottimale organizzazione di stimoli e risposte. La gran tensione nervosa si vede negli sfoghi della susseguente vittoria (lacrime, risate, abbracci, salti, urli, gesti più svariati, parole di diversa coloritura, ecc.). Reciprocamente, una deficienza corporea (per es., insufficienza della corteccia surrenale) può avere importanti ripercussioni sulla vitalità della mente.

Fisiologicamente, la mente è condizionata di una serie di modi di essere e di sentire (riflessione, volontà, disciplina, affetti, ambizione, sensibilità, comprensione, desiderio di imparare, ecc.) che assicurano che la sua funzione sia normale (cioè, adatta ai fini ai quali è destinata, come la creazione delle opere umane). Se questi fattori sono o diventano abnormi, la funzione della mente si altera di conseguenza. Se non vi fossero fattori congeniti che influenzano la mente, l'azione di ciascuno sarebbe determinata del caso. Più precisamente, il caso determinerebbe gli stimoli a cui il cervello risponderebbe in maniera riflessa.

Questo comporterebbe reazioni invece di azioni, come negli animali. Se così fosse, non vi potrebbe essere lo sviluppo che caratterizza la realtà umana. *Lo sviluppo richiede una serie di qualità tipiche della mente umana come il pensare, il sentire, l'imparare o il creare.* Per es., la creatività richiede che le migliori versioni della mente siano capaci di rispondere a stimoli interni ed esterni. Un pittore può essere sedotto da un campo di girasoli, ma il suo quadro riflette l'originalità della sua sensibilità (che apprezza la bellezza di quello che percepisce) e della sua creatività (che crea la bellezza di quello che dipinge).

Similmente, un fenomeno naturale può stimolare la curiosità di uno sperimentatore che concepisce ed esegue gli esperimenti che portano a nuove scoperte. Una mente con tendenze filosofiche riflette su quello che percepisce e ne cerca i significati. Quello che viene creato o scoperto a sua volta modifica quello che si fa, perché si parte da un gradino più alto. Nel perseguire le nostre aspirazioni, si agisce (invece di reagire ad uno stimolo). Uno stimolo può anche iniziare una reazione, ma, in risposta allo stesso stimolo, ciascuno agisce diversamente secondo le inclinazioni, interessi, esperienze, comprensione, specializzazione, addestramento, energia, ecc. che lo caratterizzano.

Lo sviluppo delle nostre potenzialità individuali è sempre associato ad emozioni, quali il desiderio di aver successo in quello che si fa e l'intensa soddisfazione di ottenerlo. I successi sono essenziali per cambiare in meglio la percezione del proprio Io. Quanto più grandi sono (o sembrano) i successi, tanto più grande diventa l'Io non solo per se stesso, ma anche per gli altri per quanto con diverse emozioni. Per chi ha successo, l'emozione predominante è la gioia (vedi i vincitori di gare sportive, alcune delle quali comportano addirittura il rischio della vita). Per chi non vince, l'emozione prevalente è il disappunto, che può accompagnarsi alla rabbia, all'invidia e nei casi migliori ad un acuirsi dell'emulazione. Queste emozioni possono accrescere la volontà di vincere la prossima gara.

Il vero premio della gara non è la coppa, ma l'emozione di aver vinto ("I am number one!" = "Sono il numero uno!"). La coppa è il riconoscimento formale del valore del vincitore. Inoltre, per il vincitore, la soddisfazione di aver vinto è il riconoscimento di aver messo a frutto le proprie potenzialità. Pertanto, *le emozioni sono uno stimolo potente e danno un significato profondo al desiderio di realizzarsi.*

Se allora è necessario realizzare con uno sforzo cosciente i doni naturali ricevuti, *vi dovrebbe essere una strategia basata su certe caratteristiche della natura che porti ad un'azione "ottimale".* Ottimale è il comportamento che permette di raggiungere i fini che ciascuno si propone. Ma quale sia per ciascuno un comportamento "ottimale" dipende dalle proprie inclinazioni naturali. Per un asceta, ottimale è la totale dedizione a Dio, per un politico vincere le elezioni e realizzare il suo programma, per uno scienziato fare scoperte, per un artista creare la bellezza, per un atleta vincere le gare, per ciascuno aver successo nel proprio lavoro, ecc.

L'amor proprio di ciascuno richiede che quello che si fa sia fatto bene e che si desideri essere i primi. Questo implica una serie di fattori obbligati, che pur variando qualitativamente e quantitativamente in differenti individui, sono condivisi. Questi fattori guidano il comportamento entro limiti consoni alla strategia generale per lo sviluppo dell'individuo e della società a cui appartiene. Se mancano questi fattori o diventa di moda non curarli, le conseguenze sono negative per tutti (disinteresse, assenteismo, incompetenza, irresponsabilità, superficialità, disfunzione, inefficienza, ecc.).

Bisognerà quindi considerare *qualcuno* degli attributi della mente con l'intento di cogliere alcuni aspetti fondamentali di un campo tanto complesso.

L'amore di sé

Prima di tutto, ci deve essere *un'entità di controllo e di stimolo sul nostro Io che abbia un interesse assoluto e genuino nel proteggerlo e svilupparlo.* Senza questo guardiano, l'Io sarebbe in balia di quello con cui viene a contatto, che siano persone, teorie, preferenze altrui, imposizioni, prepotenze, seduzioni o cattiverie. In ciascuno, quest'entità deve essere abbastanza forte da predominare su altri fattori (congeniti o acquisiti) che potrebbero ostacolarne la funzione.

Solo l'amore ha le caratteristiche adatte a questo compito in quanto è universale, istintivo (e pertanto non è una scelta della mente e non dipende dall'educazione), predomina sulle altre emozioni, ha radici profonde e ha una grande tenacia. Pertanto *l'amore di sé è lo strumento di cui la natura si serve per proteggere e sviluppare ciascuna delle sue creature.* Questo amore è presente in ciascuno fin dall'infanzia, è essenziale, costante, fedele e assolutamente sincero. Questo tipo d'amore non è facile o compiacente, perché può avere (e spesso ha) delle esigenze spietate verso noi stessi per il nostro bene. Per capirne pienamente la funzione, basterebbe sopprimerlo completamente per un certo periodo di tempo: le conseguenze sarebbero devastanti. Non ci importerebbe nulla di noi stessi. Si diventerebbe dei derelitti.

Un santo non elimina l'amore di sé, anzi lo esalta sublimandolo nell'amore di Dio e del prossimo. Il suo è un amore eroico al punto di non rifiutarsi al martirio. Se dona la propria vita, lo fa non per odio di se stesso: è il sacrificio supremo che offre in nome dell'amore di Dio e del prossimo. Se rinnegasse questo amore, tradirebbe la sua santità. È questa la forma più pura dell'amore di sé e la dimostrazione che l'amore di sé comprende anche l'amore del prossimo.

Una persona comune può anche fare del bene ad altri, sia

con la filantropia sia sviluppando un'attività economica di cui beneficiano che ci lavora e chi ne acquista i prodotti. Quest'ultima attività è essenziale, perché non si crea una civilizzazione senza una certa prosperità (per quanto la prosperità di per sé non crea una civilizzazione). La similarità tra un santo e un industriale è che tutti e due vogliono avere successo e la differenza è che il santo lo cerca nelle aspirazioni dell'anima e l'industriale nell'acquisire beni materiali (un industriale povero non si considererebbe mai un successo, anche se avesse altri meriti). Nelle persone vane, l'amore di sé può degenerare in un'infatuazione (narcisismo fisico o mentale).

Ma, in tutti, il collasso dell'amore di sé sotto l'assalto di pressioni eccezionali (come quelle della dissipazione fisica e morale) può aprire la strada al suicidio. In tutte le sue accezioni, il suicidio è la disfatta dell'amore di sé, in quanto distrugge quell'Io che invece doveva proteggere e sviluppare: non si uccide chi si ama. A dimostrare quanto sia fisiologico l'amore di sé, negandolo col suicidio non si diventa certo generosi: si annuncia solo la sconfitta dell'amore di sé. Non si diventa generosi con la soppressione di qualsiasi forma d'amore.

Ma *la funzione fisiologica dell'amore di sé può diventare patologica (egoismo)* o perché l'amore di sé è esclusivo e miope o perché la comprensione della sua funzione fisiologica è insufficiente. La necessità dell'amore di sé si tempera rendendosi conto che "Non è nell'interesse dell'amore di sé essere egoisti". Pensare a se stessi bisogna, ma non solo a se stessi, perché allora veramente si diventa egoisti nel senso comune della parola. Non ci si rende conto che un egoismo miope danneggia il nostro Io rendendolo peggiore. Inoltre, l'egoismo suscita l'egoismo negli altri come reazione di difesa, per evitare di essere danneggiati, o come una buona scusa per giustificare il loro egoismo.

La definizione dell'amore di sé e di egoismo si presta a interpretazioni differenti, soprattutto perché si può scivolare con grande facilità dal fisiologico (amore di sé) al patologico (egoismo). La comprensione dell'amore di sé è ostacolata dal fatto che spesso si è accusati di essere egoisti da chi è egoista per natura e per il semplice motivo che non lavoriamo per il loro interesse. Inoltre, la nostra miopia può interpretare l'amore di sé nel senso più ristretto e pertanto meschino. Oppure, si diventa veramente egoisti come reazione all'egoismo altrui, come se questa fosse una scusa valida e non l'imitazione di un difetto. In ogni caso, l'amore di sé deve essere sempre sorvegliato dalla comprensione della sua funzione per impedire che lavori contro di noi diventando egoismo.

Fisiologicamente, l'amore di sé è più un dovere che un diritto ed è parte dell'istinto primordiale preposto allo sviluppo e alla sopravvivenza dell'Io (e pertanto indirettamente di una società migliore). Poiché è obbligatorio, non meraviglia che l'amore di sé si manifesti fin dall'infanzia ("Mamma, mamma, Gregorio mi ha preso il *mio* giocattolo!"). In un bambino, l'egoismo (fisiologico) è istintivo e necessario, perché la sua mente è immatura per guidarlo. Inoltre, contribuisce a farlo cosciente di sé e lo protegge istintivamente dall'altrui approfitto. La generosità gli deve essere insegnata per far distinguere l'amore di sé dall'egoismo immediato ("Sii buono, Michele, lasciagli il giocattolo per un po' e poi Gregorio te lo rende"). Ma non si dirà che un bambino è egoista solo perché vuole il suo giocattolo.

Questa precocità fisiologica dell'amore di sé è necessaria per la protezione istintiva del proprio Io. Inoltre, l'amore di sé partecipa alla strutturazione dello stesso Io, instillando la coscienza di sé e inserendovi il desiderio di realizzare se stessi. L'amore di sé non è identico all'amor proprio, nel senso che il primo comporta il desiderio di realizzarsi e il secondo la soddisfazione di essersi realizzati (indica un senso di orgoglio per i successi dell'amore di sé).

Per es., l'amore di sé spinge un bambino a voler fare un bel castello di sabbia e quando l'ha fatto l'amor proprio gli fa dire "L'ho fatto io!". La distinzione può non essere troppo marcata, ma c'è una differenza tra studiare tenacemente per ottenere ottimi voti e la soddisfazione di averli poi ottenuti. In ogni caso, non si pretenderà che un bambino con pessimi voti vada a casa tutto contento, perché il compagno di banco ha ottenuto ottimi voti.

L'amore di sé contribuisce a definire la propria realtà, introducendo il concetto di appartenenza a se stessi e della differenza tra l'Io e il resto del mondo. Si acquista man mano la coscienza che ci si appartiene e che la somma delle nostre caratteristiche ci fa un'entità differente da quella di tutti gli altri. Che sia una forma d'amore si vede anche dal fatto che quando ci si innamora di una persona, si fonde l'amore di sé con quello della persona amata, al punto di non esitare a rischiare la propria vita per difendere quella di chi si ama.

L'importanza degli obblighi verso se stessi risiede nel fatto che se la nostra entità sparisce fisicamente (anche per non averla protetta), cessiamo noi e gli altri (cessa tutto). *L'amore verso se stessi include diritti e doveri, ed anche la generosità e l'altruismo* in quanto quest'ultimi aumentano la considerazione che abbiamo del nostro Io. Infatti, l'amore di sé non può volerci meschini ed egoisti. Uno può anche essere e sentirsi egoista, ma non con piacere come se fosse un merito.

Se si deve amare il nostro prossimo come noi stessi, è implicito (anzi esplicito) che ci si debba amare. Se non ci si amasse, a che servirebbe amare il prossimo come noi stessi? Sarebbe come dire: "Ama il prossimo come non ami te stesso" (cioè, non amare il prossimo). E non sarebbe strano se si amasse il nostro prossimo e non noi stessi? Quale virtù ci sarebbe a non amare se stessi? Come si potrebbe lavorare con grande tenacia a realizzare un Io che non si ama? Non amarci non ci farebbe certo migliori e neanche altruisti, se poi non si ama neanche il prossimo. In realtà, il precetto non dice "Non amare te stesso" ma invece "Non amare *solo* te stesso, ma anche il tuo prossimo e come te stesso."

L'amor di noi stessi è un amore sincero che genuinamente si rallegra dei nostri successi senza riserve mentali. Non è invidioso, per quanto possa essere vano. Essendo un dovere verso se stessi e pertanto un obbligo, indirettamente è vantaggioso anche per gli altri. L'amore di noi stessi non può che volere il migliore Io possibile, un Io che desidera di essere onesto, fattivo, generoso, giusto, responsabile, disposto a sacrifici, che ha successo, ecc. Se si ama un Io che è disonesto, irresponsabile, pigro, meschino, ingiusto, poco propenso a sacrifici, che non ha successo, ecc. lo si danneggia e non si può avere un'opinione troppo buona di noi stessi.

Se un delinquente si ama come delinquente, ama la parte peggiore di sé: forse proprio in questo è colpevole, anche perché è oltre ogni redenzione. Una persona normale può apprezzare i propri difetti solo contro le prescrizioni dell'amore di sé. *La mancanza dell'amore di sé non fa nessuno migliore e tutti peggiori.*

Naturalmente, l'amore tende ad esagerare i meriti e diminuire i demeriti della persona amata. *L'amore di sé non agisce diversamente diventando la base della nostra vanità.* Questo spiega perché la vanità sia così diffusa (o piuttosto universale), dal momento che l'amore è raramente obiettivo. Ma se la vanità si attribuisce meriti che non ha o esagera quelli che ha, può pur sempre istillare delle aspirazioni, che possono essere rinforzate dalle ambizioni dell'invidia.

Comunque, l'amor di sé è un nostro preciso *dovere* dal momento che se noi non proteggiamo i nostri interessi legittimi, non saranno certo gli altri a farlo. Non si vede perché gli altri dovrebbero fare quello che dobbiamo fare noi o quale merito ne avremmo se gli altri lo facessero (come per certi figli di papà). Si potrebbe dire che abbiamo il dovere di proteggere i nostri diritti, non dimenticando che gli altri hanno ugualmente i loro diritti. Certo non ci può essere gran merito nel non difendere i propri legittimi interessi contro gli altrui soprusi, così come nel non amarsi. In fondo, anche quando in una certa situazione ci si odia, lo si fa perché ci si ama. L'amore non permette l'indifferenza.

Ma a che servirebbero i meriti di ciascuno se potessero essere impunemente danneggiati o sfruttati da gente di pochi scrupoli? Quale merito ci sarebbe da parte nostra nel lasciare che danneggino i nostri meriti? Ma *soprattutto è nostro compito (e nel nostro interesse) sviluppare quelle potenzialità la natura ci ha dato.* È questo un compito che solo noi possiamo e dobbiamo espletare, a qualsiasi livello si agisca.

Inoltre, non raramente un atteggiamento generoso è visto dalla meschinità come un'occasione per approfittarne. Persino la generosità può essere contestata da altri: i parenti di un filantropo possono essere scandalizzati dal fatto che quello dia agli altri delle donazioni generose che altrimenti poi andrebbero a loro. Ai parenti sembra che la filantropia sperperi la *loro* eredità. Anzi, si risentono perfino se quello fa delle spese "pazze" per se stesso con i suoi soldi (non i loro).

Come si è detto, persino un santo si ribellerebbe a quello che minacciasse la sua santità. In un santo, l'amore di sé (che identifica con quello che ha verso Dio ed il prossimo) gli impone di voler essere santo. Ma anche la gente comune non pone limiti all'amore verso chi ama ed è pronta a fare anche duri sacrifici. La differenza col santo è che lui ama tutte le creature, specialmente i destituiti, e noi solo quelli che amiamo e che ci amano.

Pertanto, l'amore di sé ha le sue responsabilità che non è permesso trascurare impunemente o con profitto. Inoltre, la mancanza di amore di sé non è altruismo, ma colpevole indifferenza e irresponsabilità. Può essere un fatalismo rassegnato, che diventa una scusa per giustificare la propria inerzia. L'amore di sé, inteso come forza di sviluppo, è indispensabile per il fiorire di una società. Anzi, anche una società ha un collettivo amore di sé che si manifesta negli entusiasmi per le affermazioni nazionali.

Nell'amore di sé rientra anche la bontà, la generosità e l'altruismo. Se si ama quello che c'è di meglio dentro di noi, ci sentiamo diminuiti dalla nostra meschinità e dall'insensibilità alle altrui pene. È certo nel nostro interesse morale essere umani e non meschini con gli altri dal momento che ne andrebbe di mezzo la stima verso se stessi. L'amore di sé e altruismo sono complementari e non antagonistici. Non si è certo altruista facendo gli interessi degli altri a nostre spese. A questo proposito, non bisogna dimenticare che *l'amore di sé è una delle caratteristiche stabilite dalla natura come parte della sua strategia generale,* e non una teoria che propongo io.

Dall'amore di sé all'egoismo

Fin qui, si è considerato l'amore di sé come un impulso fisiologico indispensabile. Quando dunque l'amore di sé diventa egoismo e pertanto un difetto e una colpa? *L'amore di sé diventa patologico quando si ama solo se stessi.* Allora, l'amore di sé diventa *un egoismo che non comprende la sua funzione* e vede solo il suo immediato vantaggio e solo i suoi diritti (reali o presunti), ma non i suoi doveri. Nel far ciò, danneggia quell'Io che dovrebbe proteggere e guidare, sminuendolo per mancanza di più vasti orizzonti.

In altre parole, l'amore di sé diventa miope e (invece di portare allo sviluppo) fa diventare più piccoli. L'egoismo rinchiude l'Io nella prigione della sua incomprensione. Ci isola nell'infelicità di un nostro Io sempre insoddisfatto e pertanto insopportabile. L'egoismo è la negazione dell'amore, anche di quello di sé. Ma senza amore non c'è calore di sentimenti. Tuttavia, l'egoismo è un tratto congenito di carattere: non si sceglie di essere egoisti, si ha la sfortuna di esserlo. Se uno è egoista, lo deve alle necessità della Varietà non meno di chi è generoso.

Non capendo la funzione dell'amore di sé, l'egoismo diventa l'impulso predominante che guida il nostro comportamento. Solo quello che ci riguarda esiste o è importante. Tutto dovrebbe ruotare intorno al nostro interesse immediato. Gli altri chi sono? Per il nostro egoismo, nulla. Se c'è amore, è solo un amore miope di se stessi. Ne deriva un comportamento scostante dove si perseguono i nostri "diritti" come se gli altri non ne avessero nessuno e avessero solo doveri verso di noi.

Questo egoismo ha lati negativi considerevoli anche per chi ne è affetto. Il continuo preoccuparsi solo di se stessi ad un certo punto stanca chi lo prova per la sua monotona aridità. Ci si sente sempre le vittime della mancanza di considerazione da parte degli altri, senza renderci conto che in realtà ne abbiamo troppa per noi stessi (e nessuna per loro). Inoltre, la mancanza di equilibrio tra diritti e doveri eccita negli altri solo antipatia.

Tale squilibrio è un ostacolo formidabile alla realizzazione di altri meriti che uno possa avere, dal momento che questi altri meriti vengono posti in secondo piano. Quindi, un egoismo miope è contro il nostro interesse. È un tratto di carattere che danneggia il nostro Io per mancanza di comprensione. È un egoismo che non capendo la sua funzione, l'adultera a nostro scapito. Non sviluppa le nostre potenzialità e ingrandisce i nostri difetti (come l'avidità, l'avarizia, l'infingardaggine, il mentire, l'inaffidabilità, ecc.).

Si potrebbe far osservare che l'ambizione dei grandi condottieri non è certo mossa da altruismo. In realtà, un ambizioso desiderio di grandezza personale è persino ammirato dalla gente finché interpreta il desiderio di grandezza della propria società. In tal caso, c'è una coincidenza d'interessi. Se poi il capo viene sconfitto, alcuni odiano la sconfitta piuttosto che chi ce li ha portati. Ma qui si entra nel dominio delle forze storiche, di cui anche il condottiero può essere lo strumento inconsapevole. Se uno nasce grande, si composta come la sua natura gli impone. L'amore di sé gli impone di mettere a frutto la sua capacità di condottiero: la storia non si fa altrimenti. Sarebbe ridicolo aver preteso che Cesare potesse essere stato un impiegato modello, ignorando le sue qualità eccezionali.

Ci sono punti di contatto tra amor di sé ed egoismo patologico nel senso che tutti e due perseguono quello che vogliono. Per es., taluni vogliono essere generosi perché questo dà piacere alla concezione che hanno di sé (vedi le donazioni di filantropi). Invece, se uno è avaro e trova piacere nell'accumulare denaro e tesori, l'essere generoso gli provoca una pena insopportabile e di conseguenza non dà nulla. Pertanto, sia chi dà sia chi non dà segue quello che dà piacere a lui.

Se è vero che sia i filantropi che gli avari fanno quello che dà piacere al loro Io, non per questo vanno messi sullo stesso piano. Il filantropo trova piacere in quello che dà piacere (e aiuto) anche agli altri, mentre l'avaro trova piacere in quello che non dà a nessuno, eccetto che a se stesso, e la sua avidità può anche danneggiare gli altri (per es., con l'usura). Tuttavia, si potrebbe anche notare che l'avaro è un filantropo a scoppio ritardato: risparmia quello che gli eredi spererperanno (è facile sperperare quello che non è costato nessuna fatica). E il filantropo talvolta dà qualcosa di quello che ha accumulato prima con un'avidità senza scrupoli.

In conclusione, impulsi potenti sono stati preposti alla protezione e allo sviluppo individuale. Il primo e il più importante è l'amore di sé, perché è precoce, istintivo, persistente, intenso, sincero, genuino e assolutamente indispensabile alla formazione della propria identità. Altri fattori che hanno funzioni importanti a questo riguardo in diversi individui sono *l'ambizione, l'invidia, la tenacia, l'energia, la moralità, l'intraprendenza, l'amore per l'arte, la comprensione, la religione, ecc.* Le motivazioni di questi fattori sono differenti, ma tutti influenzano l'azione individuale, qualche volta agendo in sincronia e altre volte in opposizione.

In ogni caso, la realizzazione di se stessi comporta intense emozioni il cui significato è che soddisfano l'amore di sé identificando ciascun Io con le sue opere.

I piaceri e i dolori

Senza piaceri e dolori, la vita emotiva di ciascuno sarebbe piatta per mancanza di significati. Il cercare il piacere e l'evitare il dolore sono potenti fattori nella regolazione del comportamento e nello strutturare la nostra realtà. Questo è dovuto al fatto che vi sono recettori interni ed esterni che, se stimolati, danno un senso di piacere o di dolore. Inoltre, ricordi e sentimenti presenti nella mente possono iniziare emozioni di piacere o dolore. Il fatto che certi stimoli diano piacere e altri diano dolore ha conseguenze pratiche notevoli. Per es., i recettori uditivi permettono di gustare una bella musica e di essere offesi dalla cacofonia.

Questa considerazione suggerisce che la qualità delle menti stabilisce se quello che i ricettori percepiscono dia piacere o no. Se la maggior parte della gente trova piacere nella musica che ascolta, se ne conclude che quella musica è bella. Questo è il meccanismo per cui certe composizioni musicali diventano famose, una fama che incoraggia la produzione di quel tipo di musica da parte di un autore (per es., opere o sinfonie). Similmente diventano famosi altri aspetti della nostra realtà, come certe città (per es., Venezia), ristoranti, cabaret, romanzi, quadri, musei, teatri, ecc.

Tutti provano piacere in qualche cosa, ma quello che dà piacere a ciascuno varia in rapporto alle predilezioni naturali personali (chi trova piacere in una partita di calcio e chi nel pescare). Inoltre, quello che dà piacere varia per la stessa persona quando i suoi recettori sono stimolati in occasioni differenti. Così, la stessa persona cerca il piacere in un buon pranzo, in una serata a teatro, nell'essere con la persona amata, nella visita ad un museo, nel rispondere alle domande ingenue del suo bambino ("Mamma, posso avere la luna?"), nella lettura di un bel romanzo, ecc. L'ottenere i piaceri che si desiderano contribuisce alla nostra felicità in maniera determinante. Sarebbe difficile essere felici se non si ottenesse mai quello che ci dà piacere.

Quindi, provare piacere è tra i fattori che regolano il nostro comportamento non meno dei nostri doveri, come quello di far bene il nostro lavoro. Quello che dà piacere modifica potentemente le varie attività (per es., mode) sia con le preferenze individuali (domanda) sia con la produzione di quello che si sa dar piacere (offerta).

Il provare piacere comporta l'esistenza del dispiacere (dolore). Certo si è dispiaciuti quando non si ottiene quello che ci darebbe piacere. Anzi, quello che si ottiene dopo molte difficoltà ci dà ancora più piacere (come veder infine accettata la proposta di matrimonio). Inoltre, ci sono i piaceri di tutti i giorni, come quelli che rinsaldano la famiglia. Per es., solo vedere i propri figli dà piacere (per quanto qualcuno il piacere lo trova solo guardandosi nello specchio).

Il dolore è anche un'emozione necessaria per poter essere felici (la rimozione del dolore per se stessa già ci dà piacere). Inoltre, il dolore ha funzioni essenziali indipendentemente dalla felicità. Il dolore fisico è spesso un campanello d'allarme che impone l'immediata attenzione su un fenomeno anormale e pericoloso, come l'ischemia cardiaca o un'appendicite.

Sia i piaceri che i dolori sono emotivamente e fisicamente necessari, i primi per rallegrare la nostra esistenza e i secondi per permettere la felicità con la loro rimozione, per evitare danni anche molto seri al corpo e per fare apprezzare quello che dà piacere.

I piaceri e i dolori possono essere sia *fisici* che *mentali*. Tra i piaceri fisici ci sono quelli connessi col mangiare, col bere, con l'attività sessuale, col fumare, con lo sport, ecc. Tra i piaceri mentali c'è l'apprezzamento dell'arte, della bellezza, dell'amore, degli affetti, del senso dell'umorismo, delle vacanze, delle promozioni nella carriera, del comprare nuovi oggetti (vestiti, automobili), dei viaggi, ecc.

Naturalmente, sia i piaceri fisici che quelli mentali riflettono percezioni che avvengono solo nella mente. Un buon pranzo non comincia ai recettori gustativi, ma quando le loro sensazioni sono apprezzate dalla mente. Similmente, i dolori cominciano quando sono percepiti dalla mente. L'anestesia elimina il dolore sopprimendone la percezione da parte della mente. Se uno si brucia una mano, ma la sensibilità al dolore è stata distrutta da una precedente malattia, uno non sente il dolore, ma solo l'odore di bruciato.

La base fisiologica dei piaceri è il desiderio. Il desiderio nasce dal bisogno di percepire il piacere e può riflettere necessità biologiche. Così, si desidera mangiare quando si ha fame o bere quando si ha sete. Il farlo ci dà piacere, perché si ottiene quello che si desidera. Per es., se quando si ha fame, il mangiare comportasse delle sensazioni spiacevoli, diventerebbe una tortura. In effetti, lo è quando si deve mangiare e non ne sentiamo il desiderio (anoressia). Allora, il cibo diventa ripugnante.

Una volta raggiunto il suo scopo, il desiderio cessa. Subito dopo un pranzo abbondante annaffiato generosamente da un ottimo vino, persino un buongustaio inveterato rimane indifferente all'offerta del suo cibo preferito. In un assetato, il desiderio di bere si estingue bevendo acqua (altri preferiscono l'alcol). Quindi, fisiologicamente, un piacere soddisfatto sopprime per un po' di tempo il desiderio che lo ha determinato. Similmente, con l'attività sessuale. Questo è un servomeccanismo ("feedback") negativo per il quale lo stimolo del desiderio è soppresso temporaneamente dalla sua soddisfazione, dal momento che ha esaurito il suo compito del momento.

I piaceri fisici sono transitori e durano solo finché sono percepiti. Tuttavia, se non soddisfatti, avrebbero delle conseguenze serie, come il morire d'inedia, le psicosi o la mancata riproduzione. Questo significa che i desideri sono stimoli necessari per una normale esistenza, spingendo a fare quello che spesso si deve fare e offrendo in più come premio un piacere che rende gradevole la loro soddisfazione.

Come per tutto, anche i desideri si distribuiscono tra valori minimi e massimi. La mancanza di desideri ha conseguenze abnormi e l'anoressia ne è un esempio. In altri casi, il desiderio è persistente anche dopo essere stato fisiologicamente soddisfatto, come succede nel caso dell'obesità o dell'avidità (servomeccanismo positivo).

Se fisiologicamente i desideri (e pertanto i piaceri) sono intermittenti, il ricordo dei piaceri è immagazzinato nella memoria e il ricordarli dà piacere, anche se diverso da quello provato quando sono stati percepiti. Per es., si può ricordare con piacere un picnic con i nostri amici sulla riva di un lago. Se non ci fosse nulla di piacevole da ricordare, già questo ci farebbe meno felici.

Invece di soddisfare desideri fisiologici, si può perseguire il piacere per il piacere. Per es., si può mangiare non perché si ha fame, ma perché ci dà piacere il farlo. Quando il desiderio di piacere si sgancia dalla sua funzione fisiologica e diviene eccessivo, è necessario che sia fermato dalle inibizioni. Altrimenti, ne derivano conseguenze negative di portata considerevole come l'obesità, la cirrosi, enfisema o il divenire debosciati a seconda dei desideri. In questo caso, i desideri possono essere quantitativamente anormali e le inibizioni fisiologiche troppo deboli. *Le inibizioni fisiologiche sono la base della padronanza di sé.*

I piaceri non possono essere dissociati dai dolori. Per es., se fa piacere vedere la persona amata, fa necessariamente dispiace non poterla vedere. Se amare i figli dà piacere, per forza si prova dolore se li vediamo in difficoltà. Se le cose buffe ci fanno fare gran risate mettendoci di buon umore, la loro mancanza ("C'è poco da ridere") ci può mettere di malumore. Se la bellezza ci seduce piacevolmente, la sua mancanza (o la bruttezza) ci può deprimere. Quindi, per evitare i dolori si dovrebbe rinunciare ai piaceri. L'indifferenza eliminerebbe entrambi, ma questo sarebbe di per sé già deludente.

Le virtù e i difetti

La funzione della mente è permeata dalla virtù e i vizi. *Le virtù sono aspirazioni verso una condotta ideale e stabiliscono il livello generale a cui si opera. I vizi sono i fallimenti di tali aspirazioni, cioè delle virtù.* Questo stabilisce che non ci possono essere virtù senza i vizi dal momento che non si può essere buoni se non potessimo essere cattivi, od onesti se non potessimo essere disonesti. Questo fa che sia le virtù che i vizi siano necessari e, come categoria, insopprimibili. Nessuna società può permettersi di ignorare le virtù, anche se quello che è considerato virtuoso in differenti società può variare sotto differenti aspetti.

Naturalmente, il fatto che virtù e vizi siano le due facce della stessa medaglia, non significa che siano (o debbano essere) posti sullo stesso piano. Come categoria, le virtù non sono lasciate alla nostra scelta: non si può considerare la disonestà una virtù, e, se lo si fa, non siamo normali (siamo disonesti). Invece, le virtù sono parte della struttura mentale umana com'è stabilita dalla genetica.

Finché il cervello funziona normalmente, ci si rende conto della necessità delle virtù e del senso di colpa per i nostri vizi. Se si perde questa distinzione, la mente non è più normale. Si può *non obbedire* alle ingiunzioni delle virtù, perché questo è il presupposto della nostra libertà e pertanto della nostra responsabilità. Ma *non si possono negare* le virtù, solo perché fa comodo farlo. Similmente, se si ha fame, si può mangiare o non mangiare (per es., se uno è a dieta), ma, quale che sia la nostra decisione, non si abolisce la fame se non mangiando.

Le virtù sono tante (comprensione, fedeltà, sincerità, modestia, energia, integrità, onestà, tenacia, veracità, ecc.). Sono tutte necessarie, ma *nessuna è senza limitazioni*. Delle virtù, è necessario praticare lo spirito e non la lettera. Inoltre, per quanto indispensabili, *le virtù non hanno il monopolio del comportamento*. Per es., non si potrebbe vivere senza mai mentire. Se lo si facesse, si svuoterebbe di significato la sincerità (divenendo obbligatoria cesserebbe di essere una virtù) e si riempirebbe di astio chi si ritenesse offeso dalle verità che gli dicono. Qualche volta si mentisce per carità nel dare delle risposte discrete a domande indiscrete ("Quanti anni mi dà?"). La domanda è indiscreta, perché in genere non si calano gli anni mai abbastanza. Per evitare il ridicolo di dire un'età così bassa da essere assurda, si delude chi domanda.

Altre volte la domanda indiscreta ci viene posta circa la nostra età ("Quanti anni ha lei?"). Chi mentisce nel rispondere si sente giustificato dalla curiosità importuna e ingiustificata degli altri. Altre volte, mentire è reso obbligatorio da legittima difesa, perché si capisce che le domande sono insidiose e volte a danneggiarci.

Tuttavia, è più probabile rendersi antipatici per dire (troppo spesso) la verità che le menzogne. Le verità che non piacciono, offendono. Tuttavia, *ci si ritiene offesi non dalla verità detta, ma da chi l'ha detta*, persino quando non è stata detta per noi. Questo perché volevamo ignorare per convenienza quella verità spiacevole che invece comincia ad esistere ufficialmente quando viene espressa (anche se tacitamente la sapevamo già).

Invece, le menzogne degli altri possono provocare in noi un senso di superiorità ("È solo un piccolo bugiardo"). Le bugie possono addirittura dare piacere, come quelle dell'adulazione (anche se si sa che sono bugie). Bisogna aggiungere che si possono dire le verità, ma solo quelle che convengono, che possiamo permetterci, che sono utili, che non offenderebbero noi, o che vogliono essere intenzionalmente offensive. Questo può non diminuire la verità, ma certamente diminuisce il merito della motivazione.

In generale, si preferisce dire la verità, perché ci si sente a nostro agio nell'essere veritieri. Ma non necessariamente si dice tutta la verità e nient'altro che la verità. La verità, tutta la verità e nient'altro che la verità non viene detta neanche sotto giuramento nei processi. In tal caso, si può mentire non per il gusto di mentire o per disonestà, ma perché potrebbe essere pericoloso per il testimone o l'accusato mettersi nelle mani di chi cerca di intrappolarlo (anche ingiustamente) con domande insidiose che tendono non a provare la verità, ma a rendere plausibili le illazioni (o insinuazioni) della difesa o dell'accusa.

Che cosa dunque fa la differenza tra l'avere virtù e vizi? Apparentemente, la nostra scelta. Poiché si può scegliere, se si sceglie di agire secondo la virtù se ne ha merito, e se si sceglie di comportarsi secondo il vizio se ne ha demerito. Bisogna aggiungere che un numero importante di fattori influenza la scelta, tra cui la profondità delle convinzioni, gli interessi, l'intensità degli stimoli a cui si è sottoposti, l'intensità delle emozioni del momento, l'educazione, l'intensità del desiderio, i valori morali istillati, la stanchezza di una lunga lotta, la durata della repressione, la debolezza della carne, l'occasione galeotta, le seduzioni dell'idealismo, l'influenza della fede, ecc.

Un'altra differenza fondamentale è *quante e quali virtù ci sono state assegnate dalla genetica*. Per es., si può decidere di combattere o di scappare, ma la decisione non è lasciata unicamente alla nostra volontà, dal momento che è probabile che una persona coraggiosa (di natura) decida diversamente da una persona paurosa (di natura).

Inoltre, *una decisione deve tener conto non solo della virtù, ma anche delle condizioni del momento.* Se un esercito subisce una sconfitta e si ritira, non sarà certo un soldato coraggioso a fermare il nemico. Il quel caso, il coraggio sarebbe un suicidio (e quindi neanche coraggio, ma mancanza di giudizio). Altre volte, un gesto di audacia può decidere una situazione incerta, assicurando la vittoria (per es., Napoleone ad Arcole).

Pertanto, *le virtù sono ammirate perché sono ammirabili. Le virtù sono un dono prezioso in questo: nulla di rilievo può essere compiuto senza una grande virtù in un dato campo.* Le virtù non possono esistere in assenza di vizi, in quanto allora perderebbero il loro merito. Sono le virtù che permettono di soddisfare l'obbligo individuale di mettere a frutto i propri meriti. Senza virtù come la tenacia, l'ingegno, il coraggio, la volontà, la carità, l'onestà, la comprensione, ecc. non molto può essere fatto. Non si dirà che gli opposti (l'incostanza, la stupidità, la codardia, la debolezza, la durezza, la disonestà, l'incomprensione, ecc.) siano alternative accettabili, proficue o desiderabili.

L'importanza delle virtù individuali per lo sviluppo della società è fin troppo ovvio. Inoltre, le virtù stimolano l'emulazione dei migliori, perché sono ammirate. Quindi, la funzione delle virtù investe il comportamento anche fuori del campo strettamente morale. Le virtù ci permettono di introdurre la qualità in quello che si fa.

L'ambizione

Non basta avere dei buoni attributi mentali e fisici se non c'è l'impulso a volerli realizzare. L'amore di sé sembrerebbe una forza che spinge alla propria realizzazione. Ma si potrebbe anche amare la quiete del non far nulla. *La necessità di uno stimolo all'azione si concretizza nell'ambizione.* L'ambizione spinge il proprio Io ad emergere nel campo dove è più dotato (compreso quello fisico per gli atleti). Come tale, è un pungolo costante per chi è ambizioso, come lo era il tafano per la giumenta Io. Se c'è del merito, l'ambizione è un attributo assolutamente positivo dal momento che (realizzando tale merito) ha conseguenze positive per l'individuo e la società (per es., stimolando lo sviluppo di un grande pittore).

Come ci si aspetterebbe dalla varietà delle caratteristiche di ciascuno, *l'ambizione è un tratto di carattere indipendente che non ha necessariamente una relazione con la presenza di meriti.* Quindi, succede che ci possano essere meriti senza ambizione e ambizione senza meriti. Nel primo caso, i meriti non vengono sviluppati per mancanza di uno stimolo istintivo e questo sottolinea l'importanza dell'ambizione nella condotta umana. Nel secondo caso, l'ambizione spinge ad azioni che solo rivelano la mancanza di merito. Ma anche in questo caso è probabile che un ambizioso si realizzi più di un altro che ha le stesse (mediocri) qualità, ma non ha ambizione.

I problemi cominciano quando l'ambizione è grande e i meriti piccoli. Un'ambizione senza scrupoli allora si serve di tutti i mezzi (leciti ed illeciti) per andare avanti. Il risultato può essere che un ambizioso (mediante conoscenze e manipolazioni) riesca ad occupare un posto in cui la sua incompetenza danneggia tutti. Il suo comportamento tortuoso è inoltre fonte di corruzione, perché il suo "successo" stimola l'imitazione di quelli che hanno le stesse caratteristiche. Non stimola l'emulazione, perché quest'ultima stimola solo quelli che hanno merito nei riguardi di quelli che ne hanno di più.

Naturalmente, un ambizioso può essere assai competente nei suoi demeriti, come la simulazione, la menzogna, la mancanza di scrupoli, l'astuzia, l'immoralità, noncuranza per le sofferenze che causa, ecc. Spesso non è competente nel suo lavoro, perché (negli affari o in politica) la sua attività è diretta esclusivamente al suo vantaggio con totale indifferenza verso svantaggi e danni che causa agli altri. Queste considerazioni indicano che di qualsiasi dono importa soprattutto l'uso che se ne fa.

Un individuo o una società senza ambizione, se non sono destinati al fallimento, non sono certo destinati al successo. Ma la nostra limitatezza può denaturare la normale funzione dell'ambizione, mettendola al servizio non dei meriti, ma dei difetti. Similmente, si possono dare a uno dei soldi per mangiare e quello li spende per bere.

L'invidia

Anche l'invidia è necessaria per la Varietà, anche se si è le vittime dell'invidia che si prova.

Nell'ambizione, si vuole progredire che si abbia merito o meno. Invece, nell'invidia si vuole che gli altri non vadano avanti a noi. Si tenta di diminuirli invece di cercare noi stessi di crescere, per quanto l'invidia qualche volta spinge la gente ad agire (e in questo ha una funzione positiva).

Ma in genere, l'invidia è senza speranza. Sa che non può fare molto di più anche se ci prova e non le rimane che insinuare che gli altri valgono di meno di quello che sono. Se possibile, cerca di ostacolarli. Pertanto, l'emulazione ha un atteggiamento positivo (vuol crescere al livello di chi fa di più e anche sorpassarlo, sviluppando il proprio merito). L'invidia invece ha un atteggiamento negativo (vuole diminuire gli altri ad un livello inferiore, il suo).

Nell'invidia, il successo altrui offende, perché sembra diminuire i nostri meriti, non in senso assoluto, ma relativo. Mentre l'ambizione è chiassosa ("Guardatemi tutti"), l'invidia è livida nelle sue frustrazioni interne. L'ambizione è confortata dai suoi successi (veri o immaginari), mentre l'invidia si sente umiliata dai successi degli altri (veri o relativi all'invidioso).

Se in alcuni all'invidia si associa un minimo d'ambizione, allora si sentono stimolati a fare di più per non essere distaccati troppo dagli altri. Se l'invidia si rende conto che non può fare di più (ma talvolta anche se può farlo), cerca di diminuire il merito altrui con la meschinità, le critiche, le insinuazioni, la maldicenza, la cattiveria e persino la calunnia. Per evitare i danni dell'invidia, è bene stare lontani dall'invidioso in modo da non eccitare i suoi veleni, dal momento che l'invidia non è curabile.

Quello che è paradossale è che l'invidioso può avere *meriti reali* nel suo campo (per es., la sua professione), ma ancora risentirsi dei successi altrui in un altro campo (per es., in un'altra professione) che gli è assolutamente estraneo. Questo succede perché l'invidia è un tratto di carattere e, come tale, uno è invidioso comunque. Similmente, la gelosia è gelosa a torto o a ragione.

In genere, l'oggetto dell'invidia sono i parenti, gli amici e i conoscenti, perché un invidioso si confronta con chi conosce e frequenta, dato che questi rientrano nella sfera d'interesse della sua meschinità. Quello di cui un invidioso non si rende conto è che non quelli che conosce lo diminuiscono (l'invidioso può avere nel suo campo gli stessi meriti che hanno gli altri nel loro campo), ma piuttosto la meschinità della sua invidia. Può lesionare se stesso senza necessità, poiché l'invidia conosce la cattiveria, ma non la generosità.

Con tutto questo, un'attenuante non trascurabile è che un invidioso ha un'invidia che lui non ha scelto di avere, ma che spesso coltiva e non condanna. D'altra parte, una funzione positiva dell'invidia è che può essere presa come un (indiretto) riconoscimento delle realizzazioni di chi è invidiato. Non si è invidiati per nulla, per quanto la ragione potrebbe essere sia l'invidia altrui che il merito proprio.

L'emulazione

L'emulazione è una forma di "un'invidia nobile". Non è meschina, perché può permettersi di non esserlo. Sa di poter competere con successo e pertanto viene stimolata, ma non offesa dal successo altrui. L'emulazione denota un carattere che ha fiducia in se stesso e che non teme il confronto. In teoria, l'emulazione dovrebbe mantenere la sua equanimità anche quando non prevale. Ma nei meandri dell'anima umana c'è sempre un po' di posto anche per l'invidia. La differenza è che l'emulazione coscientemente respinge l'invidia nascosta, mentre l'invidioso coscientemente coltiva la rabbia della sua invidia (vi si immedesima e certamente non la condanna).

In conclusione, ambizione, invidia e emulazione sono espressioni dello spirito di concorrenza. Queste caratteristiche possono motivare un'azione più sostenuta di quanto sarebbe nell'assenza di queste variabili. Naturalmente, come nel campo commerciale, la concorrenza può essere più o meno accettabile (vedi la concorrenza sleale).

La presunzione risolve il problema della concorrenza in un'altra maniera: si attribuisce meriti che non ha e vede le critiche altrui come il frutto dell'invidia. La presunzione e la vanità non sono troppo dissimili per il fatto che la presunzione si vanta di quello che assume di avere, mentre la vanità assume di avere quello di cui si vanta (...il prodotto non cambia). Per questa ragione, la presunzione è frequente e la vanità pressoché universale.

La vanità

La vanità protegge ed esagera i meriti che abbiamo e quelli che crediamo di avere. La vanità pertanto riflette l'opinione che abbiamo di noi stessi e che la vanità stessa ci ha aiutato a formare. Dice agli altri che non accetteremo da loro una considerazione che sia inferiore a quella che abbiamo di noi stessi.

A causa di questo, la vanità può esser sfruttata scientificamente, come succede con la pompa delle cerimonie ufficiali. Re e nobili (ma anche i capi di governo) non possono permettersi di presentarsi in giacchetta sportiva e calzoni di velluto ad un'udienza o cerimonia. L'idea generale è che re e potentati non possono permettersi di mostrarsi come comuni mortali (a meno che facendolo in situazioni speciali non ci sia un particolare intento: "Sono anch'io uno di voi").

La gran pompa è resa necessaria non tanto dalla vanità personale (per quanto un re ha o dovrebbe avere un'esagerata opinione di sé), ma soprattutto da necessità politiche. Pertanto, in questo contesto non è nemmeno vanità. Se un capo di stato si presentasse ad una cerimonia con la camicia aperta al collo e in calzoni corti, il primo a risentirsi sarebbe il pubblico, come se gli si fosse mancato di rispetto. Tutti vogliono che una cerimonia sia maestosa e solenne. Basterebbe che ad una cerimonia solenne uno ridesse forte, perché gli è venuta in mente una barzelletta spiritosa, per creare uno scandalo (anche se la barzelletta fosse veramente spiritosa).

Essere abbigliato in maniera maestosa con tanto di parrucca (e il re obbligatoriamente deve essere più maestoso dei nobili) non può dispiacere alla vanità di nessuno. Ma, nello stesso tempo, la pompa ispira un timore reverenziale a chi (come il popolo) questi lussi non se li può permettere. La magnificenza dell'abbigliamento suggerisce una casta privilegiata e speciale. I problemi cominciano quando la classe media si arricchisce, perché allora la sua vanità (ma anche e soprattutto gli interessi connessi con l'acquisita rilevanza economica) comincia a competere con quella dei nobili.

Un'altra maniera con cui la vanità viene "scientificamente" usata è quando un uomo di stato identifica ufficialmente se stesso con la propria nazione, anche quando non tutti la pensano come lui. Così attribuiscono alla loro nazione la propria volontà e parlano in nome di quella: "La Francia (o l'Italia, la Germania, l'Inghilterra, ecc., a seconda del caso) non può accettare che...". Questo ha i suoi vantaggi pratici, perché è assai più difficile combattere gli interessi di tutta una nazione che la pretese della vanità di uno solo.

Se poi l'uomo di stato fa effettivamente gli interessi della sua nazione, la "vanità" diventa solo uno strumento d'azione politica. Fa sì che la gente comune si senta partecipe delle grandi decisioni che sono state prese in suo nome. Dal che si vede che in realtà non c'è nulla di semplice o di inutile, perché spesso diversi fattori si incrociano a produrre lo stesso effetto.

Con tutto questo, la vanità obbliga. Costringe a voler essere quello che si vuole apparire o che ci crediamo di essere, anche se in genere non raggiunge completamente l'obiettivo. Certamente, la gran pompa di un duca non si conciliava con la vigliaccheria, per quanto non necessariamente lui scendeva di persona sul campo di battaglia (come del resto i capi di stato maggiore). Però, l'umiliazione di una sconfitta sarebbe stata sua. Quindi, la vanità è spesso costretta ad associarsi con l'ambizione, e non è priva di obblighi anche considerevoli.

In tutti quanti, la vanità non solo protegge, ma deve anche

essere protetta dalle potenziali umiliazioni ("La sua automobile è più lussuosa della mia") e pertanto anche la vanità influenza il comportamento. In particolare, la nostra vanità è ferita quando ci criticano (specialmente se hanno ragione), perché questo tende a diminuirci ai nostri occhi e a quelli degli altri. Comunque, la più importante funzione della vanità è la protezione di quello che percepiamo di noi stessi.

L'amore e l'odio

L'amore nelle sue varie forme ha un ruolo enorme nell'influenzare la mente, i suoi contenuti, le sue emozioni e le sue azioni: di questo si è trattato. Se l'amore ha tanta influenza negli avvenimenti umani, anche l'odio (il suo opposto) gioca un ruolo importante, per quanto assai meno frequente. Alle radici dell'odio ci può essere anche l'amore (per es., nei delitti passionali: si odia quello che non si può amare), ma anche l'esagerazione di altri fattori, come l'invidia o una vanità offesa.

L'odio si associa ad amarezza, risentimento, durezza e persino a crudeltà. Quando si odia, si è pieni di livore e non si è felici. Ma la sua forza non può competere con l'amore. L'odio occupa la mente, ma non interamente, costantemente o appassionatamente come l'amore. Comunque, se esiste l'amore, il suo contrario, l'odio, è inevitabile e contribuisce spesso al dramma umano.

Una società di individui in cui non esistesse l'odio non è facilmente concepibile, perché implicherebbe la mancanza di passioni. In alcuni, l'odio ha la funzione che l'ambizione ha in altri: spinge a fare, se non altro per umiliare e vincere quelli che si odiano. Essendo un sentimento negativo, l'odio non accetta l'indifferenza. Questo implica che influenzi l'azione umana aggiungendovi spesso il dramma. Un odio implacabile non rifugge nemmeno dall'omicidio.

I DONI

In ultima analisi, tutto quello che costituisce sia la realtà umana sia il mondo fisico è un dono divino, anche se l'abitudine ci fa prendere per scontato quello che si riceve tutti i giorni (come se potesse venire dal nulla). Ma basterebbe che uno di questi doni venisse revocato per modificare profondamente la nostra stessa esistenza o perfino distruggerla. Per es., la cessazione della luce del sole o del riciclaggio dell'acqua ben presto renderebbero impossibile la vita. Chi altro se non Dio avrebbe potuto sviluppare dal nulla un sistema fisico e biologico altrettanto straordinario?

I doni divini non si limitano ad assicurare la sopravvivenza del mondo biologico, ma anche arricchiscono la vita umana in maniera straordinaria. Le caratteristiche che abbiamo ricevute non solo ci permettono di apprezzare le meraviglie del Creato, ma rendono la vita umana un dramma degno di essere vissuto. Se poi è necessario che ogni caratteristica umana sia associata al suo opposto (per es., virtù e vizi, il bene e il male, meriti e colpe, piacere e dolore, ecc.) ne consegue che si devono considerare come doni ambedue gli opposti. Infatti (come discusso), se si elimina una caratteristica (per es., l'infelicità) si elimina anche il suo opposto (la felicità). L'abolizione del male comporterebbe l'abolizione del bene.

Pertanto, le varie caratteristiche della mente umana (anche quelle che consideriamo negative) hanno tutte una loro funzione che non può essere abolita senza peggiorare il sistema. Per es., la sensibilità può far soffrire, ma la sua soppressione farebbe ben arida la nostra esistenza. Senza sensibilità, non solo la bellezza cesserebbe di esistere, ma anche tutte le espressioni dell'arte, come musica, poesia, romanzi, architettura, pittura, scultura, ecc.

Senza i vari doni, ne seguirebbe un abbrutimento generale. Per es., senza l'ingegnosità della scienza, il progresso cesserebbe. Tuttavia, tra i doni, ve ne sono alcuni la cui giustificazione sembrerebbe essere in apparenza solo la necessità della Varietà (per es., la vanità). Invece, anche la vanità come (per es.) il dolore hanno funzioni di rilevo nell'economia generale dell'esistenza.

Tra i doni più importanti ci sono quelli che ci permettono di *contribuire alla realtà umana con le nostre creazioni.* Questi doni partecipano alla costruzione della nostra realtà e danno nuovi significati alla nostra esistenza. Se questi doni fossero dovuti al caso, il caso dovrebbe avere un'intelligenza e una strategia di cui finora non ha mai dato nessuna prova. Chi crea a caso qualcosa di meritevole? Qualcuno può anche operare a caso, ma non creare qualcosa di meritevole. I doni che ci sono dati sono una manifestazione dell'amore del nostro Creatore. Certamente, il caso non sarebbe così assennato e sollecito da darci gli attributi che rendono possibile una realtà umana unica nell'universo.

Essendo doni, è difficile dimostrare che avevamo diritto a quello che ci è stato dato, a cominciare dal dono della vita. Che la vita sia un dono lo dimostra il fatto che per forza di cose si nasce senza essere stati consultati (come potrebbero chiederci il permesso dal momento che non si esiste ancora?). La vita è così cara che nessuno vuole rinunciarvi. E se uno vi rinuncia in genere è per ragioni straordinarie e drammatiche o per eventi patologici (e.g., depressione) che travolgono l'istinto della sopravvivenza con il crollo rovinoso di profonde emozioni.

L'istinto della sopravvivenza è un fattore primordiale nel proteggere la vita dalla minaccia della morte. Ma sarebbe ben superficiale pensare che si viva solo perché un istinto ci impedisce di lasciare una vita che ha solo lati negativi. Al contrario, i molti e sostanziali doni che ci sono stati dati rendono la vita meritevole di essere vissuta pienamente.

Caratteristiche dei doni

Tra le caratteristiche umane che ci sono state donate, si possono distinguere quelle conoscitive, affettive e creative. Tra quelle conoscitive si trovano la conoscenza e la comprensione (il dono della logica) che portano alla realizzazione di tante opere straordinarie. La logica permette la comprensione stabilendo rapporti corretti tra quello che si percepisce o si ricorda.

Tra caratteristiche affettive vi sono il piacere e il dolore, i sogni e le delusioni, le aspirazioni e i fallimenti, i vari tipi d'amore, gli affetti, ecc. (il dono delle emozioni). Ci è stato dato il dono di provare piacere negli affetti, sensazioni fisiche, mangiare, bere, cantare, musica, danza, bellezza, arte (per es., opere, poesie, sculture, romanzi, quadri), sogni, sport (per es., vela, sci, nuoto), passatempi (giochi), ecc. Tra le caratteristiche creative si trovano la sensibilità, immaginazione, fantasia ed originalità artistica. Se si tolgono uno o più di questi doni, la vita ne viene profondamente menomata.

Si pensi a quello che gli animali non hanno rispetto a quello che abbiamo noi: per es., un cane non ragiona, non canta, non apprezza la musica, non danza, non fa sport, non va a teatro, non legge un libro, non gioca a scacchi, non beve un buon vino, ecc. Non per nulla si parla di una "vita da cani" quando le cose non ci vanno bene. Eppure, i cani ricevano un trattamento di prima classe rispetto agli altri animali.

La gentilezza che un tordo si può aspettare è la fucilata di un cacciatore e una balena non può aspettarsi molto di più di un arpione. Senza parlare delle lepri e della caccia grossa, o anche degli animali domestici (polli, conigli, bovini, ecc.) allevati per essere mangiati. Per capire l'enorme differenza con cui siamo stati trattati, va benissimo che un vitello fornisca le scaloppine alla marsala, ma un adolescente... Questo non vuol dire che l'uomo è crudele (per quanto si possa essere crudeli con gli animali), ma piuttosto sottolinea quanto sia straordinaria la sua posizione nell'ecologia dell'Universo.

La varietà dei doni

Se letta alla luce della riflessione, la lista dei doni è piuttosto lunga. Uno dei più importanti è il dono della Varietà delle cose create, come quella dei fiori, dei frutti, delle verdure, delle cose edibili, delle bevande, ecc. Si capisce subito che *differenza drammatica farebbe se nella categoria rispettiva fossero stati creati solo i garofani, le pere, le patate, i polli o l'acqua.* Dove finirebbero i fiorai, i ristoranti, i bar? Niente caffè, niente latte, niente vino, niente vitella, niente formaggi, niente dolci, niente pranzi... E se i soli pesci fossero i muggini, i soli uccelli fossero i corvi, i soli mammiferi i bisonti, la sola stagione l'inverno, e il solo paesaggio terrestre la tundra, si vivrebbe una vita primitiva.

Niente neve, montagne, ghiacciai, laghi, mari, pioggia, nebbia, colline, vallate? Niente profumi diversi, sapori diversi, piaceri diversi, illusioni diverse, sport diversi, sentimenti diversi? Niente canzoni, sogni d'amore, slanci della gioventù, grazia dei bambini, eroismo, esaltazioni, curiosità, aspirazioni, speranze, malinconia, illusioni, delusioni, paure, seduzioni, tristezza, ecc.? Niente danza classica? E una notte di luna? Niente passioni? Niente desiderio di conoscere e ancor più di comprendere? Non più la muta meraviglia per lo spettacolo di un Universo dalle dimensioni insondabili? Pian piano, la vita si ridurrebbe non a quella di un albero, ma a quella di un sasso. Semplicemente, non avrebbe più significato, anzi, non sarebbe vita.

Basterebbe l'uniformità per rendere la mente poco creativa. Per es., in un quadro, per mancanza di varietà, una natura morta rappresenterebbe o delle pere o delle patate o dei garofani... Si prende per scontato tutto quello che ci è stato dato, come se fosse stato un nostro diritto naturale. Ma *forse è per questo che tutte le cose sono veramente doni: non ci viene chiesta neanche la gratitudine.*

Il prendere per scontati i doni ricevuti forse è il dono primordiale ed essenziale che permette tutti gli altri. Anzi, la nostra inconsapevolezza di quanto ci è stato dato può essere una necessaria premessa per sentirci liberi e per non essere schiacciati da quello che, per noi, è troppo grande non per poterlo comprendere, ma addirittura per poterlo concepire (come l'estensione della Creazione). Istintivamente si ama Dio per il suo amore verso di noi, invece di temere un padrone al quale sappiamo di dovere tutto. Vediamo alcune caratteristiche di alcuni doni.

Le caratteristiche conoscitive

Di questo soggetto ho trattato nel considerare la mente e la realtà, e il fatto che la nostra realtà è quella della mente. *L'attività della mente caratterizza in modo specifico l'entità umana.* Per es., cosa diventerebbe un pianista senza la mente? O un filosofo? O un commerciante? O un operaio? Di fatto, la realtà umana sparirebbe del tutto e nulla si salverebbe per cui valesse la pena di vivere. Sparirebbe non solo la coscienza di ogni realtà, ma la stessa realtà anche se le molecole del mondo fisico continuassero ad esistere.

Senza la mente, come nel coma, il corpo avrebbe solo funzioni vegetative ed sarebbe incapace di sostenersi senza assistenza sanitaria. La morte fa cessare le attività del cervello, e pertanto quelle della mente. Quale dono inestimabile sia la mente lo dimostrano le sue straordinarie realizzazioni e anche la tragedia del suo deterioramento per età o per malattia. La qualità della vita è una funzione della qualità della mente. Anzi, l'essenza della vita risiede in gran parte nella mente (che comprende la percezione del corpo e delle sue vicende).

Le caratteristiche affettive

Come indicato sopra, le caratteristiche affettive sono rappresentate dai sentimenti, che sono maniere di sentire caratterizzate dalle emozioni. In genere, comprendono una sfera d'attività che è indipendente dalla logica. L'affettività dà significato a quello a cui siamo esposti, poiché gli eventi possono rallegrarci o affliggerci, sedurci o deluderci, esserci interessanti o indifferenti, ecc. In questa maniera, l'affettività contribuisce all'individualità della nostra realtà.

Il riverbero emotivo ha un'enorme importanza nel determinare il comportamento, qualche volta contro le raccomandazioni della logica. L'indifferenza favorirebbe l'apatia togliendo i significati a quello che si vive. È quello che succede con la depressione.

Sensibilità, immaginazione e creatività

Nel campo dell'estetica, la sensibilità percepisce selettivamente la bellezza, dal momento che un bel fiore o una bella canzone non sono nulla per uno che non ha sensibilità. Senza la sensibilità, la bellezza e la bruttezza sono sostituite dall'indifferenza. E con una sensibilità senza buon gusto esiste la bellezza "sbagliata", perché si può ritenere bello quello che è brutto. L'immaginazione ci permette di creare la realtà che ci desidera come lo detta la nostra maniera di sentire, indipendentemente da quello che si percepisce. La creatività è la capacità di esprimere in maniera originale e esteticamente attraente quello che l'immaginazione le offre.

Questi doni della sensibilità e dell'immaginazione sono le premesse per le creazioni della musica, teatro, romanzi, pittura, architettura, canzoni, sculture, danza, ecc. La bellezza della natura si trova dovunque, ma quella delle creazioni umane definisce una civiltà.

Il dono della sensibilità ci fa apprezzare le creazioni umane e ancor più immediatamente quelle della natura. Il piacere di contemplarle spinge a tutta una serie di attività come assistere a spettacoli (concerti, opere, balletti, ecc.), leggere, visitare i musei e esposizioni, fare delle crociere, viaggi, assistere a spettacoli sportivi, praticare sport, cercare le bellezze naturali, ecc. Ci si sente sedotti dal piacere estetico. Esserne privati renderebbe la mente digiuna di questo piacere e la nostra vita opaca. Il fatto è che ci si intrattiene l'un l'altro con la creatività umana.

Anche in questo campo, l'abitudine a quello che ci dà piacere estetico avrebbe effetti letali. La bellezza perderebbe gran parte del suo fascino se si fosse sempre esposti allo stesso spettacolo. Di qui, *la varietà nella natura e nell'arte.* Le stagioni cambiano lo scenario naturale e il loro contrasto ne aumenta l'attrattiva. Per es., i rigori dell'inverno si fanno apprezzare dalle nostre emozioni, come quando alla finestra la nostra solitudine guarda la neve che cade silenziosa nel freddo intenso di una corta giornata o che copre di purezza incontaminata i picchi delle grandi montagne. Anche il ritmo gentile di una fine pioggia sulle foglie in una giornata d'autunno può parlare con dolcezza alla nostra malinconia.

Ma, per contrasto, queste sensazioni rendono ancora più viva l'esultanza della primavera, il piacere per la temperatura mite, i primi bocci, il languore dei profumi, la grazia spontanea dei fiori, la trasparenza del crepuscolo, la leggerezza dell'aria, la morbidezza dei sentimenti, l'abbandono degli slanci e dei sogni dell'anima. E il rigoglio dell'estate (il tempo delle messi e delle vacanze, l'intrattenersi nel giardino della natura) viene accresciuto dalla successiva grazia d'autunno. L'autunno delle prime foglie secche, delle giornate gradualmente più corte e più fredde, del sottile rimpianto per estate ormai passata e del melanconico preannuncio d'inverno. Vi è la dolcezza di una sottile melanconia.

Ma anche tutti i giorni, l'alba ed il tramonto non sono mai uguali, offrendo ogni volta uno spettacolo che rallegra il nostro sentire. Né è permesso all'abitudine di svuotare le belle giornate di sole del piacere che danno per l'alternarsi di tutte le sfumature della varietà, come il cielo nuvoloso, la pioggia insistente, la nebbia dai contorni sfumati, il freddo intenso, il vento gelido, la brina ed il gelo. Sono questi gli stimoli che eccitano la sensibilità e pertanto cambiano la realtà non solo di quello che si vede, ma anche di quello che si sente. Certo, si perderebbe molto se la giornata più bella dell'anno si ripetesse ogni giorno per tutto l'anno.

Queste sensazioni si ripetono e si rinnovano quando gli stimoli ritornano (per es., la nuova primavera), ma non si perpetuano eccetto che nella creatività. La creatività non fissa per sempre le emozioni provate. Invece, se l'artista crea qualcosa di bello sulla base delle sue emozioni, crea una sorgente di emozioni estetiche per chi ha la sensibilità di apprezzarle. Essendo diversi, gli artisti rispondono alle loro emozioni con opere di natura diversa (come la pittura, o la musica o un romanzo) e secondo il loro stile personale. E chi vi è esposto risponde non alle emozioni che hanno spinto l'artista a creare, ma a quelle che la sua opera suscita in chi vi è esposto.

Naturalmente, non solo la creatività, ma anche la sensibilità ha variazioni individuali e quindi alcuni apprezzano una cosa (per es., concerti di musica classica) e altri apprezzano altre cose (per es., concerti di musica leggera). Anzi, ci sono "specializzazioni" anche nello stesso campo, cosicché qualcuno apprezza la pittura di una certa epoca e altri di un'altra epoca (o di un certo stile o di un certo pittore). Queste variazioni sia nella creazione che nel suo apprezzamento hanno la funzione essenziale di permettere lo sviluppo di forme diverse d'arte e pertanto di contribuire alla necessaria Varietà. Se tutti creassero solo canzoni o tutti apprezzassero solo canzoni, la musica ne sarebbe mortalmente ferita. La stessa cosa avviene in tutti gli altri campi della creatività.

La creatività non si esprime solo nel campo artistico, perché l'ingegno umano manifesta la sua abilità creativa in tutti i campi. Ma solo la creazione della bellezza appartiene all'arte. Quello che è creato dal progresso tecnico non è necessariamente bello (per es., la bomba atomica), ma richiede un ingegno non comune e ha conseguenze che possono essere enormi (come la cessazione o la prevenzione di una guerra mondiale, o lo sviluppo di centrali nucleari per la produzione d'energia elettrica). Per fare un altro esempio, la creazione dei computer e di internet ha un'enorme influenza sul comportamento umano e sulle sue realizzazioni (per es., permettendo l'uso delle sonde spaziali).

Tuttavia, i progressi tecnici sono spesso il risultato di contribuzioni personali multiple e sono destinati ad essere sorpassati da nuovi sviluppi tecnici. In contrasto, non c'è progresso nell'arte nel senso che la bellezza assume aspetti e stili che sono diversi, ma non necessariamente migliori. L'arte può utilizzare recenti progressi tecnici (per es., il cemento armato per l'architettura) e questo permette soluzioni meccaniche di più largo respiro (per es., grandi arcate). Ma questo di per sé non crea un'opera d'arte, solo un'opera contemporanea (che, se è bella, è anche un'opera d'arte).

In ogni epoca, lo stile deve essere diverso, perché la maniera di esprimersi di un artista è (e deve essere) sempre personale. Lo stile riflette le caratteristiche della personalità dell'artista, e pertanto la mancanza di personalità artistica si riflette nella mancanza di stile. Ma (quale che sia lo stile) è il risultato (la bellezza) che conta. Dopotutto, lo stile è sfortunatamente assai meno frequente della mancanza di stile.

La creatività ha un'importanza essenziale nella realtà umana perché rappresenta la contribuzione umana alle opere della natura. Per quanto la creatività umana sia sottoposta alle limitazioni della sua realtà, di fatto è uno dei più grandi doni di Dio. Per rendersene conto basta pensare al rimpianto per le grandi opere perdute e al disastro irreparabile se si perdessero tutte le grandi creazioni umane.

Pertanto, il dono della sensibilità, dell'immaginazione e della creatività cambia la realtà umana dalla percezione passiva dei sensi all'espressione attiva delle creazioni.

In conclusione, siamo gli spettatori e gli attori del dramma della vita, che, come tutti i drammi, include lo scontro di opposti che agiscono nel quadro di una strategia generale per creare le nostre emozioni.

Lo scopo (e pertanto l'obbligo) principale della nostra esistenza è lo sviluppo delle nostre potenzialità come individui e società.

Che cosa potrebbe essere più importante del realizzarsi? Che cosa sarebbe un musicista che non scrivesse la musica che sente dentro di sé? Nulla. Lo stesso vale per ciascuno di noi e per tutte le attività umane. Ognuno di noi è necessario, anche se nessuno è indispensabile. Un meccanico competente è meglio di un ingegnere incompetente, anche se quello che fanno è di differente rilievo (anzi, proprio per quello).

Se coloro che si sono distinti nei campi più svariati non avessero messo a frutto i loro talenti, non vi sarebbero state civilizzazioni. Come potremmo aspirare a vivere una vita che fosse simile a quella degli animali? Come risponderemo se ci sarà chiesto come abbiamo messo a frutto il talento datoci?

E come potrebbe esserci una civilizzazione senza la realizzazione delle potenzialità più svariate, grandi o piccole, di una società. Cesare avrebbe fatto ben poco senza il valore e l'eroismo dei suoi soldati, anche se lui e le sue vittorie sapevano ispirare quell'eroismo. E quali grandi opere avrebbero potuto essere realizzate se nessuno le avesse apprezzate? Quali opere d'arte sarebbero state create nell'indifferenza generale verso la bellezza?

La barbarie non è solo la mancanza di realizzazioni da parte di una popolazione, ma anche la mancanza di condizioni adatte per la realizzazione di potenzialità e aspirazioni di quelli che ne hanno. Il fatto è che la barbarie non può essere un ideale di vita per nessuno. Se la barbarie si distingue, è per la sua violenza, crudeltà e rozzezza. La barbarie non solo non costruisce una civilizzazione, ma distrugge quello che le civilizzazioni hanno creato. Lo fa forse solo quando le civilizzazioni decadono. Il che farebbe della barbarie la iena o l'avvoltoio della storia. Ma certamente la mediocrità non è il sostituto adeguato della barbarie.

L'obbligo di mettere a frutto i doni ricevuti concerne prima di tutto l'eccellere nelle attività individuali e collettive. Questo non implica solo l'applicazione delle leggi di natura come responsabilità, comprensione, moralità, continuazione della specie, regolazione dei rapporti sociali, addestramento delle nuove generazioni, ecc., ma anche gli standard di qualità che si applicano a queste attività.

Se siamo creati secondo un certo stampo, diviene spontaneo domandarsi: "Da Chi?", "Perché così?" "Per quale scopo?". Sono queste le domande che più o meno esplicitamente tanti si sono poste nel corso dei secoli. Questo già dimostra quanto le risposte siano difficili o quanto sia difficile che siano soddisfacenti per tutti e in tutti i tempi.

La necessità di una causa

E qui ritorniamo al vaso trovato rotto in salotto. Tutti senza eccezioni ammettiamo che il vaso esiste perché certamente qualcuno l'ha fatto, anche se non sappiamo chi o come. Se si applica la stessa domanda all'Universo ("Chi l'ha fatto?"), sembrerebbe ragionevole concludere che anche l'Universo qualcuno deve averlo fatto, anche se non sappiamo da Chi o come. Sulla creazione dell'Universo si è scritto tanto, ma nel frattempo noi non abbiamo creato altri universi o fatto aggiunte al nostro universo. Semmai, noi aumentiamo non l'Universo, ma la nostra conoscenza dell'Universo. *All'Universo, si possono aggiungere mille scoperte e cognizioni, ma non una singola molecola.*

Si è scritto tanto, perché si conosce e si capisce poco di un soggetto tanto difficile. Le domande senza risposta eccitano sempre un gran numero di risposte, perché non ne trovano una soddisfacente. Ma certe risposte sono inevitabili come le domande. La necessità di una causa non può essere ignorata tanto facilmente: lo proibisce la scienza e il suo metodo. Su questa proibizione, la nostra logica è d'accordo. La nostra difficoltà a capire non ci autorizza ad essere illogici. Anzi, la nostra ignoranza deve fare i conti con una curiosità insopprimibile che usa la logica come strumento per capire. La logica non può permettersi di essere incoerente: diventerebbe illogica.

Non è forse il rigore deduttivo della logica uno dei fondamenti che permettono le conclusioni necessarie per progredire? Se obbligatoriamente vi deve essere qualcuno che ha creato il vaso e pertanto ne spiega l'esistenza, non ci si deve domandare chi ha fatto la luna? Una luna che, nonostante abbia 1/50 del volume della terra, è come una molecola quando è comparata alle dimensioni del resto dell'Universo.

Creazione ed evoluzione

Alla domanda su come l'universo ha avuto origine, si potrebbe rispondere proponendo *due possibilità: o l'universo è stato creato o è il risultato dell'evoluzione.* Come si è detto, l'evoluzione si fa presto a scartarla: *nulla evolve dal nulla.* Quello che nasce dal nulla *è creato.* Naturalmente, questo non elimina la successiva evoluzione della creazione. Anzi, il creato cambia gradualmente, per es. con stelle che si estinguono e altre che si formano. Il nostro stesso sole si spengerà nelle nebbie di un lontano futuro. Anche il genere umano evolve per molti fattori, incluse le sue stesse creazioni. Come il corpo è modificato dall'esercizio fisico, così il cervello è modificato dall'esercizio della mente. Per es., dove si stampano libri, la cultura fa certo meno rozzi e permette di creare a livelli più avanzati.

Ma l'evoluzione descrive, non spiega. Anche la vita di ciascuno di noi è un fenomeno in continuo cambiamento sotto le prescrizioni della genetica e l'influenza dell'ambiente, ma quest'evoluzione non nega che siamo stati creati dai nostri genitori. Dire che dobbiamo l'esistenza non ai nostri genitori, ma all'evoluzione farebbe ridere anche una rana.

Un processo di cambiamento necessariamente comprende fenomeni "evolutivi" e "involutivi". Individualmente, l'evoluzione dalla nascita alla maturità è seguita dall'involuzione della vecchiaia. Collettivamente, l'evoluzione è permessa dalla nascita di una nuova generazione e dall'eliminazione della precedente. Ma ogni nuova generazione prima di tutto è creata e poi evolve. L'evoluzione e involuzione riflettono quello che la genetica fa. Non si cresce e s'invecchia per via dell'evoluzione e della successiva involuzione. Si cresce e si invecchia secondo gli schemi di un ciclo vitale stabilito dalla genetica, un ciclo che (come tale) varia ben poco.

Ma se questi processi estremamente complessi fossero affidati all'evoluzione (indipendentemente dagli schemi della genetica), bisognerebbe domandarci se l'evoluzione è un'entità (quale?) che ha una strategia e pertanto un'intelligenza e degli obiettivi specifici. In realtà, l'evoluzione a livello biologico è solo la descrizione di quello che si vede accadere nelle varie specie, e cioè i cambiamenti che risultano per lo più da cambiate condizioni ambientali. Se il clima terrestre diventasse uniformemente polare morirebbero i leoni, e se diventasse uniformemente tropicale morirebbero gli orsi polari. Vi sarebbero allo stesso tempo evoluzione ed involuzione di specie differenti, associate agli squilibri dell'ambiente.

La realtà fisica o biologica si sviluppa ordinatamente secondo i suoi schemi e non secondo il caso. Tuttavia, questi schemi possono essere alterati da modificazioni ambientali, che possono essere causate sia da quello che si fa (progresso o inquinamento dell'ambiente), sia da quello che si subisce (per es., l'impatto di un grande meteorite). Invece di determinare gli sviluppi di una vita ordinata secondo un preciso schema d'azione (come fa la genetica), *l'evoluzione segue evenienze che non controlla*. L'evoluzione non inizia e invece segue avvenimenti che non ha causato. In fondo, l'evoluzione è un adattamento (positivo o negativo) imposto da modificazioni dovute a cause disparate. Non crea la normalità, ma è solo la reazione a modificazioni normali o anormali. Per es., se il lavoro meccanico è fatto dalle macchine, il sistema muscolare si sviluppa meno.

Ma l'evoluzione non prende iniziative, perché non ha strategia che persegue scopi ben definiti. L'evoluzione e l'involuzione sono piuttosto la risposta passiva ai cambiamenti delle condizioni ambientali, come la disponibilità del cibo, educazione, progressi tecnologici, inquinamento atmosferico e delle acque, scoperte, alterato equilibrio tra ambiente e specie viventi, inquinamento chimico, radioattivo e industriale, consumismo, squilibri nel riciclaggio dell'acqua o conquiste territoriali.

L'evoluzione non determina la necessità dell'educazione di una nuova generazione, per quanto il processo educativo possa evolvere, per es., mediante l'uso dei computer. Evenienze naturali come un enorme meteorite che colpisse la terra o le modificazioni indotte dalle glaciazioni e dall'aumento della temperatura dell'atmosfera terrestre potrebbero cambiare drasticamente le condizioni di vita, al punto di distruggerla. L'evoluzione è una forma di adattamento a quello che viene imposto alla biologia per poter sopravvivere in un ambiente divenuto diverso.

Chi crederebbe che il vaso trovato rotto in salotto non sia stato creato e che invece sia il prodotto dell'evoluzione? Chi crederebbe che l'elenco telefonico di Manhattan non sia stato stampato da qualcuno e che invece potrebbe essersi evoluto da lettere e numeri mescolati a caso? Chi crederebbe che un elenco telefonico con milioni di nomi in ordine alfabetico e di numeri tutti diversi possa evolversi dal nulla o anche da lettere e numeri disparati (creati da chi?). Non lo si crederebbe anche se si concedesse all'evoluzione venti miliardi di secoli per farlo. Da non dimenticare che l'elenco dopo un anno si tira via.

Se l'evoluzione spiegasse l'origine dell'universo, l'evoluzione sarebbe un miracolo divino oltre la comprensione umana. Mentre la creazione comporta un'inevitabile evoluzione, l'evoluzione dal nulla non potrebbe che essere nulla. Nihil ex nihilo: questo è un principio scientifico. La scienza, studiando i meccanismi, trova le cause.

Creazione e caso

Similmente, sarebbe un miracolo divino se il caso fosse il creatore dell'Universo. Come si è detto, il caso è un mezzo potentissimo di cui si serve l'Ordine per creare la Varietà. Ha una funzione ben definita (e non casuale) nella strategia generale. Per es., il caso determina le combinazioni genetiche, che devono essere diverse per assicurare la varietà nella normalità. Questa è la ragione per cui gente normale può procreare (ma non programmare) un genio e, in genere, un genio procrea gente normale. La genialità è il risultato della lotteria genetica: milioni giocano e pochi vincono il gran premio. Ma il caso si caratterizza non tanto per mancanza di strategia quanto per la necessità di non averne una sua.

Il caso deve operare secondo il processo di casualità, dove gli avvenimenti non sono né preveduti né prevedibili, perché il caso non segue una sua propria strategia: deve solo seguire quella impostagli dall'Ordine. Il caso può essere determinante in singoli avvenimenti, ma non ne sceglie espressamente nessuno. Come per il gioco al lotto o per la roulette, non ci sono fattori che favoriscono un numero particolare e pertanto i numeri che risultano non sono né prevedibili né influenzabili. Per es., nella fecondazione normale (in vivo), il sesso di un embrione è determinato dal caso e non dai genitori.

Gli eventi si distribuiscono lungo una curva obbligata, prescritta dalla probabilità (pochi valori estremi ai due lati di quelli più frequenti). Ma per ciascuno di noi, un tipo di evento (per es., la statura) può essere all'estrema sinistra della curva della statura e un altro (per es., il coraggio) essere all'estrema destra della curva del coraggio. Le varie curve sono fuori fase in maniera individuale.

Naturalmente, il caso è parte della strategia dell'Ordine come mezzo. Tale deve rimanere per non causare disordine: il caso non ha una sua intelligenza e lo stesso Ordine riflette quella del Creatore, essendo un codice delle leggi necessarie per la funzione della sua creazione. Il caso intrinsecamente contribuisce alla necessaria Varietà. Ma non gli si possono attribuire funzioni come quella di creare, perché lo snaturerebbero. Chi costruirebbe un palazzo secondo i suggerimenti del caso invece che secondo la progettazione del costruttore? Chi creerebbe un quadro a caso (per quando qualcuno ci si prova)? Come sarebbe possibile che il caso fosse responsabile per l'Universo quando nelle leggi dell'Universo non vi è nulla a caso?

L'Universo è regolato da leggi ferme e immutabili. Masse enormi si muovono a velocità fantastiche. Per es., la terra ruota su se stessa alla velocità di circa *27.8 km al minuto* e intorno al sole alla velocità di circa *30 Km al secondo* (e noi con la terra). Tuttavia, gli astri si muovono con una tal precisione che è possibile prevedere un'eclissi solare con anni di anticipo. Vi è una reciproca attrazione tra luna e terra (vedi le maree), ma la luna continua nella sua orbita (invece di precipitarsi sulla terra o allontanarsi nello spazio) perché vi è un equilibrio di forze che ve la costringe.

Naturalmente, lo stesso complesso Ordine che determina le cose inanimate interviene nel regolare le cose animate. La complessa perfezione del corpo umano si rivela agli occhi attoniti della scienza. Ogni ricercatore vede un particolare aspetto del mondo fisico e biologico. I ricercatori trovano una naturale soddisfazione nell'essere gli autori delle loro scoperte, anche quando non reagiscono con un senso di meraviglia al significato straordinario di quello che scoprono.

Bisogna aggiungere qui che anche la mancanza della realizzazione dei significati è prevista, per evitare di essere schiacciati dalle meraviglie della creazione. In tal maniera, si vive la nostra umanità senza essere sempre nell'ombra della Divinità. Ma anche chi ha la sensibilità di apprezzare (o per lo meno intravedere) la prodigiosa perfezione, ingegnosità, complessità ed estensione dei fenomeni naturali, non ne è schiacciato, perché è sedotto dalla bellezza dei capolavori di Dio.

Dunque, il mondo fisico e la realtà umana non sono (e non possono essere) il frutto del caso o di un'evoluzione dal nulla, anche se evolvono nel tempo una volta creati. Ma "la nostra logica non può negare l'esistenza di un Creatore senza rinunciare ad essere logica".

Il Creatore, il bene e il male

Quale Creatore? Vorremmo forse noi vedere il Creatore quando già si rischia di essere (se non mentalmente distrutti) certo resi coscienti della nostra insignificanza dalla grandezza della sua creazione? Non siamo capaci di creare un filo d'erba, ma negheremmo un Autore della creazione dell'Universo? Quell'Universo così straordinario che non ci annienta solo perché la sua bellezza è ancora più straordinaria?

Ma se non vediamo Dio (e non possiamo vederlo), la sua opera parla di Lui. Chi se non Dio onnipotente avrebbe potuto creare l'universo e le sue creature? Dio che ha dato il giardino terrestre a noi che stiamo diventando cattivi giardinieri? A chi dobbiamo i piaceri che ci vengono dalla sensibilità come la bellezza, sentimenti delicati, emozioni squisite, una vanità audace, la dedizione d'amore, le aspirazioni più alte? Dio che a sua somiglianza ci ha dato il privilegio di creare, cosicché le opere umane adornano la sua creazione terrestre?

Naturalmente, ci saranno tanti pronti ad elencare *le cose che nessuno vuole*, a cominciare dalle malattie, i dolori, le disgrazie, i terremoti, le atrocità delle guerre ecc. per poi finire con una morte obbligatoria. Ma consideriamo un po' cosa avremmo fatto noi per correggere "gli sbagli" di Dio.

Una prima realtà che dobbiamo affrontare è che quello che regola l'esistenza deve preoccuparsi di ciascun individuo e della razza umana allo stesso tempo. Tra i bisogni dell'individuo e quelli della società non vi è necessariamente contraddizione, anzi vi sono reciproci vantaggi (per es., le cure mediche). Ma ci sono casi in cui è necessario che i bisogni essenziali di una società prevalgano su quelli dell'individuo, perché altrimenti tutti (individui e società) ne sarebbero danneggiati.

È questo il caso degli eserciti, la cui funzione è di assicurare la sopravvivenza di una nazione attraverso il sacrificio della vita di parte dei suoi membri. Un soldato morto non sa neanche se il suo sacrificio è seguito dalla vittoria o dalla sconfitta. Ma senza tali sacrifici, la guerra sarebbe perduta prima di cominciare con conseguenze negative per la nazione sconfitta e tutti i suoi cittadini. Invece della distruzione di soldati, si potrebbe avere l'eliminazione irreversibile di una nazione dalla scena della storia. Questo è solo un esempio di un supremo male (la morte) che non può essere evitato senza la sconfitta ed il danno di tutti.

Inoltre, tutti vogliamo essere liberi anche quando ci si può danneggiare. Ma chi vorrebbe che, quando accende l'ennesima sigaretta, Dio gli apparisse e gli ordinasse di non fumare? O di non bere? O di non indulgere in quello che gli dà piacere anche se lo danneggia?

Ma se siamo liberi, a chi rimprovereremo la bronchite da fumo, la cirrosi e la gastrite da eccessivo alcol, l'obesità per la nostra ingordigia, la pressione alta e gli infarti per la nostra ambizione, il diabete per il nostro grasso e la nostra riluttanza alla dieta e all'esercizio, la polmonite per esporci al freddo senza necessità, ecc?

Naturalmente, tante sono le malattie di cui non abbiamo colpa, ma quante cose si farebbero che non sono permesse se non fosse la paura della malattia? E le malattie non portano un dramma che ci fa consci della fragilità della nostra umanità? Quali diritti naturali avanzeremo a protezione dalle malattie: su che baseremmo il diritto ad essere tutti sempre sani quando possiamo essere noi stessi la causa dei nostri mali?

Il problema è che la mancanza di dolore e di tragedie non porta alla felicità, ma al dissolvimento. Se mancassero i dolori, si abuserebbe dei piaceri. Non per scelta, ma perché si sarebbe rotto un equilibrio fra forze opposte. L'eliminazione del "male" (quello che non ci conviene) denaturerebbe il "bene" (quello che ci conviene). In mancanza del male, il bene si sfilaccerebbe per lo sparire del suo opposto. La spiritualità sarebbe sommersa dalla ricerca del piacere. Inoltre, non si apprezzerebbe la mancanza del male se quello non esistesse e si metterebbe in pericolo la presenza del bene per la stessa ragione (l'assenza del male). Si abolirebbe la possibilità di essere felici.

Similmente, l'eliminazione dei piaceri (ma non dei dolori) porterebbe ad una vita che non meriterebbe di essere vissuta. In questo caso, si perderebbe la felicità, ma non l'infelicità. *Non si elimina arbitrariamente nulla che non generi un susseguente squilibrio.* Se si elimina il contrasto di forze opposte, eliminandone una si favorisce lo squilibrio di quella che rimane. Il risultato generale sarebbe che l'eliminazione della patologia, renderebbe senza significato la fisiologia. Inoltre, non si apprezzerebbe l'assenza di quel male a cui non saremmo esposti.

La realtà mentale e la scienza

A questo punto, sembra opportuno fare una digressione sui rapporti tra filosofia e scienza, tanto più che in questo saggio se ne propone l'integrazione.

Se la realtà è mentale ed inoltre è diversa per le differenti menti, com'è possibile che esista la scienza, le cui verità si caratterizzano per essere universali, oggettive e valide per tutti in ogni tempo? E se la scienza esiste, qual è il suo rapporto con la filosofia? A questo punto conviene dire che se vi è incompatibilità tra una teoria filosofica e la scienza, non è la scienza che si deve preoccupare. Infatti, la scienza prospera invidiabilmente anche quando la filosofia la ritiene impossibile: non si va sulla luna con le speculazioni filosofiche, ma con le conoscenze scientifiche. Pertanto, o una particolare filosofia sbaglia circa l'impossibilità della scienza o la contraddizione tra filosofia e scienza è solo apparente. Certo è che *una molecola non è un'opinione*, ma un dato di fatto basato su prove.

Le basi della scienza
Quando si afferma che la realtà è mentale, allo stesso tempo si riconosce che esiste un mondo fisico con caratteristiche e leggi ben definite. Quando si dice che l'oggetto "rosa" esiste solo nella mente, simultaneamente si afferma che le molecole della rosa preesistono alla sua percezione. Se nel mondo fisico la rosa non è bella e profumata, pure ci sono molecole che sono all'origine delle nostre affermazioni. Gli aggettivi che si aggiungono non sono arbitrari, semplicemente perché riflettono la funzione di strutture cerebrali preposte alla percezione delle sensazioni ricevute.

Le molecole della rosa sono soggette alla gravità e, se si lascia andare una rosa, quella cade al suolo. Se non cade al suolo, vi è un'altra forza fisica che lo impedisce per essere più forte della gravità, come per es., una violenta folata di vento. Non si vedono forse i tetti delle case volar via in un uragano?

Per quanto riguarda la bellezza, questa non ha molecole nel mondo fisico. Esiste solo nella mente, perché è il prodotto della sensibilità e del buon gusto (proprietà genetiche della mente).

Siccome la bellezza non ha una base molecolare nel mondo fisico fuori del cervello, viene studiata dall'estetica, ma non dalle scienze fisiche (non esiste un'unità di misura della bellezza che sia valida per tutti). La bellezza ha certo una base molecolare nel cervello (quello che consideriamo bello non lo scegliamo noi, ma la genetica). Un danno localizzato del cervello potrebbe alterare l'apprezzamento della bellezza. Ma poiché la bellezza esiste solo nella mente, il senso estetico può essere l'oggetto di studio della filosofia.

Pertanto, la base della scienza sono i fenomeni fisici che si verificano indipendentemente dalla mente e che sono percepiti da questa secondo la sua maniera di percepire.

Differenze tra filosofia e scienza

Quale è dunque la differenza tra filosofia e scienza? Nella filosofia la mente analizza la mente, le sue caratteristiche, le sue funzioni e i suoi metodi servendosi sopratutto della logica e della riflessione. Per la filosofia, un'affermazione illogica non può essere valida. Nella sua indagine filosofica la mente, attraverso l'osservazione e la riflessione, investiga quello che la caratterizza, come, per es., i concetti di questa circa quello che è bello (estetica), giusto (moralità) o religioso (Dio). Inoltre, la filosofia studia la relazione tra la mente ed il mondo fisico. La mente ha una realtà e la filosofia domanda in che cosa consista, come la mente formi la sua realtà, quali siano le basi di certe caratteristiche mentali (estetiche, intellettuali, religiose, emotive, ecc.).

Tuttavia, le risposte a queste domande non possono prescindere dalle scoperte della scienza. La scienza indaga il mondo fisico (incluso il cervello) servendosi del metodo sperimentale. Il metodo sperimentale comporta anche la logica, perché dai dati sperimentali si devono dedurre correttamente le conclusioni. Ma nella scienza una deduzione (*anche valida*) non ha valore senza le prove fornite dall'esperimento (è solo una teoria da provare). Senza l'esperimento, non si sa se una deduzione è valida anche quando siamo sicuri che lo sia. Senza dati sperimentali, non è permesso dedurre nulla, perché per la scienza sarebbe per l'appunto dedurre dal nulla. Non basta essere convinti, perché l'esperimento può dimostrare che si sbaglia.

A cavallo tra scienza e filosofia, ci sono discipline come la psicologia che tentano di applicare metodi scientifici allo studio della mente. Si fanno allora degli esperimenti per vedere come la mente reagisce.

Quello che permette alla scienza di operare e prosperare è che la *realtà mentale di ciascuno è individuale, ma non arbitraria.* Soprattutto, la realtà mentale di persone esposte allo stesso fenomeno (per es., l'alba) può essere differente ("Come è delicata!", "È presto e voglio dormire ancora", "Stamani è particolarmente fredda", "Mi chiudi gli scuri della finestra", ecc.). Ma gli stimoli che sono all'origine delle differenti realtà mentali sono gli stessi (in questo caso il sorgere del sole).

Per qualcuno l'alba può essere soprattutto fredda, anche perché non è vestito abbastanza mentre si reca al lavoro, mentre un altro che sta caldo nel letto può essere sedotto dalla delicatezza dei colori, dallo spettacolo della natura che apre il sipario ad un nuovo giorno con il crescente sfavillio della luce del sole.

Se la scienza considera lo stesso stimolo (in questo caso, il sorgere del sole), può misurare la temperatura, l'ora a cui il sole sorge secondo le stagioni, l'intensità della luce, la graduale progressione del chiarore, la velocità del vento o i rumori del primo mattino. Questi dati sono acquisiti usando strumenti e convenzioni accettati da tutti (per es., termometro e la scala Celsius). Per qualcuno, l'alba può essere fredda (un barbone) e per un altro (più coperto) non esserlo, ma la scienza indica che per tutti la temperatura è (per es.) 8° C. Questo dato (8° C) ha valore universale ed è una verità scientifica, mentre le sensazioni individuali di freddo o caldo appartengono alla realtà mentale individuale e pertanto non possono avere valore universale (una persona ha freddo e un'altra no, talvolta anche se vestite alla stessa maniera). Invece, *quello che ha valore universale è che menti differenti possono percepire lo stesso stimolo in maniera differente.*

Quello che la scienza non fa è di esprimere giudizi per i quali non è attrezzata. Per es., la scienza non dirà mai che un'alba è bella o delicata o che la mattinata è fredda, perché quella è la realtà delle percezioni individuali e degli aggettivi. Invece, la scienza si esprime con la realtà delle misure numeriche. La necessita di usare dati e non sensazioni nasce dal fatto che la scienza studia il mondo fisico e le sue leggi.

Anche quando la scienza studia la biologia, investiga le strutture del corpo e la loro funzione, verificando le conclusioni mediante esperimenti appropriati. Per es., se si propone che l'attivazione del sistema nervoso simpatico accelera la frequenza del cuore, bisogna dimostrare che il blocco o la sezione dei nervi simpatici impedisce tale aumento di frequenza.

Limitazioni della filosofia e della scienza
Come ogni altra attività umana, la scienza, per rimanere scienza, ha le sue limitazioni: oltre i dati di fatto, non deduce le ovvie conseguenze oltre quello che scopre. Per es., la scienza si pronuncia sulla fisica dei raggi solari che creano l'alba, ma non su Chi quei raggi ha creato. La scienza misura i terremoti sulla scala Richter, ma non si pronuncia sul significato di tante vittime innocenti. La scienza sa che se si è poco vestiti, la dissipazione del calore del corpo dà una sensazione di freddo e ne esplora i meccanismi, ma non si pronuncia se sia giusto o no che qualcuno non sia vestito abbastanza.

Mediante i suoi metodi e strumenti, la scienza indaga il mondo fisico, ma si rifiuta di entrare in quello metafisico. Tuttavia, la scienza mediante i suoi strumenti (per es., microscopi e telescopi) scopre cose che non sono percepibili ai sensi umani (come un virus o una stella distante un numero enorme di anni luce).

Una limitazione della filosofia è che invano cercherebbe le conoscenze del mondo fisico stabilite dalla scienza con il rigore della logica e della riflessione. Anzi (quando non sorretta dalle scoperte della scienza) la filosofia tenta di dedurre da quello che non sa (com'è ripetutamente successo nella sua storia). Vuole diradare la nebbia della sua ignoranza con l'acutezza delle sue intuizioni. Può allora sbagliare in maniera clamorosa, perché allora la logica deduce non da quello che sa, ma da quello che immagina. Ma l'immaginazione non appartiene né alla filosofia né alla scienza: appartiene all'arte o più in generale all'estetica. Si potrebbe dire che *quando la filosofia non è sorretta dalle conoscenze della scienza, è corretta da quelle.* Se alla scienza non è permesso di andare dal fisico al metafisico, alla filosofia non è permesso di dedurre il fisico dal metafisico (o dall'immaginazione).

Il progresso tecnologico permette alla scienza di scoprire le meraviglie della natura, ma la scienza non se ne commuove né ne cerca l'Autore. La scienza (come scienza) non può e non deve fare della filosofia, ma solo attenersi a quello di cui fornisce le prove sperimentali, prove suscettibili di verifica da parte di differenti ricercatori. Similmente la filosofia (come filosofia) non può e non deve dedurre da quello che non sa, perché non ha stabilito le premesse che permettono deduzioni valide.

Interazioni tra filosofia e scienza

Se la scienza è ancorata a quello di cui dà la prova, i suoi risultati non possono essere ignorati dalla filosofia. Quando circa 2400 anni fa Democrito ha affermato che "Nulla esiste eccetto atomi e spazio vuoto; tutto il resto è un'opinione" ha dimostrato la grande acutezza della sua mente, ma non l'esistenza e la complessità degli atomi e delle varie particelle subatomiche. Tale conoscenza ha richiesto l'ingegnosità della scienza nello sviluppare quegli strumenti che permettono di dimostrare e studiare gli atomi. Rimane ben inteso che la scienza richiede l'addestramento della mente, un addestramento in cui la filosofia gioca una parte non specifica, ma fondamentale, insegnando a ragionare.

Una differenza tra filosofia e scienza potrebbe essere formulata dicendo che la filosofia studia l'entità che percepisce (la mente e la sua realtà) e la scienza quello che è percepito (quello che origina gli stimoli, vale a dire il mondo fatto di molecole e pertanto anche il cervello). Quello che la scienza scopre diviene poi uno "stimolo" per la mente, nel senso che la mente usa le scoperte della scienza secondo la sua maniera di operare.

Per es., un fisico contribuirà conoscenze nel suo campo di specializzazione che sono di gran lunga più profonde e dettagliate di quelle contribuite da persone che hanno altre specializzazioni. Similmente, per le scoperte nel campo della medicina, fisiologia, chimica, matematica, biochimica, ecc. La filosofia non può permettersi di ignorare queste conoscenze come, per es., che la fisiologia delle percezioni necessita ricettori specializzati e di messaggi (i potenziali d'azione) trasmessi dai nervi al cervello.

Le scoperte della scienza concernono le verità delle strutture fisiche e della loro funzione, verità che sono eterne. *Queste verità sono rese eterne dal fatto che la natura non cambia.* Per es., la fisiologia del corpo umano rimane la stessa, come immutate rimangono le leggi che governano l'Universo, a cominciare dalla legge di gravità. Ma le scoperte della scienza influenzano la filosofia anche direttamente. Per es., lo studio delle funzioni del cervello è necessaria per una migliore comprensione delle funzioni della mente. L'influenza è reciproca, nel senso che la filosofia può porre delle domande che stimolano la scienza a cercare le risposte.

Pertanto, la realtà umana è mentale come dimostra la filosofia, ma non indipendente dalle molecole e le loro leggi come dimostra la scienza. Questo indica che filosofa e scienza sono complementari perché studiano componenti che sono diverse, ma con relazioni quanto mai strette. In realtà, tutte le attività umane sono complementari. Non vi sono menti che possano comprenderle tutte, ma *ciascuna branca di attività studia con i suoi metodi differenti sfaccettature della stessa complessa realtà.* Le conoscenze così acquisite tendono poi a confluire in una migliore comprensione della realtà umana.

In fondo, questa sintesi è un esempio di come si possa costruire un ponte che permette alla filosofia e alla scienza di comunicare. Questo ponte è reso possibile dal fatto che interessi scientifici e filosofici possono risiedere nella stessa mente. La filosofia permette di dedurre nuove conoscenze da quei fatti a cui la scienza si limita. Per es., la filosofia considera il ruolo della genetica nella strutturazione della realtà umana, quella genetica che la scienza indaga.

La diversità nella filosofia

Tutti i filosofi usano la logica e la riflessione, ma molto spesso con conclusioni quanto mai differenti.

Pertanto, sembra inevitabile proporsi la domanda perché vi siano così grandi differenze tra le conclusioni di differenti e altrettanto prominenti filosofi. Non è certo possibile che tutti abbiano ugualmente ragione dal momento che spesso non sono d'accordo. Il che potrebbe spingere qualcuno a domandarsi come sia possibile diventare prominenti sbagliando. Naturalmente, si diventa illustri per l'acutezza con cui si sviluppa una tesi: vi è allora qualcosa che vale la pena di considerare, anche se non tutte le conclusioni possono convincere e qualcuna è certamente sbagliata.

Le diverse conclusioni dei diversi filosofi sembrano essere una necessaria conseguenza di una necessaria Varietà. Un filosofo non può pensare se non secondo le esperienze, caratteristiche e convinzioni della sua mente, che può essere idealista, romantica, pratica, scettica, spirituale, cinica, religiosa, atea, ecc. Per es., una mente mistica indaga prevalentemente le cose dello spirito, e una mente pratica quelle del materialismo. In un certo senso, queste differenze sono l'espressione della necessaria mancanza d'universalità dei singoli individui. Di quello a cui siamo esposti, ci si concentra in quegli aspetti che interessano la nostra mente (una mente le cui caratteristiche non abbiamo scelto noi).

Se l'avere un interesse particolare comporta limitazioni, vi sono certamente anche vantaggi. I vantaggi consistono nel fatto che quello che interessa un particolare tipo di mente viene perseguito con maggior profondità dalla sua acutezza. Inoltre, le convinzioni personali possono spingere ad indagare con passione e sistema quello in cui si crede. Anzi, se ne diventa gli avvocati, nel senso che si sviluppano tutti quegli argomenti che sembrano "provare" la teoria sostenuta. Il risultato è che i diversi aspetti della realtà trovano differenti proponenti che ne illustrano il ruolo, la funzione, il significato e le applicazioni. Quello che la visione personale perde in universalità, l'acquista nello sviluppare in profondità un certo aspetto di quella universalità.

La contribuzione allora risulta in una migliore comprensione dell'aspetto considerato. Passando in rassegna conclusioni differenti e anche del tutto opposte, si aumenta la comprensione in generale. Naturalmente, l'analisi dei differenti aspetti deve essere fatta ad un livello di qualità. Anche se le conclusioni particolari sono erroneamente estrapolate a conclusioni generali, pure rimane l'analisi approfondita di quell'aspetto che è stato considerato da un particolare filosofo.

In questo senso, la contribuzione è valida, anche se non è accettabile in tutto o non è accettata da tutti. Ma ciascun filosofo è grande per chi ne condivide l'atteggiamento mentale. Per es., un filosofo essenzialmente confuso sarà quanto mai convincente per chi (come quello) è essenzialmente confuso. In quello che non si capisce, c'è sempre l'attrazione dell'avventura. Similmente, un certo atteggiamento mentale fa preferire le conclusioni di quel filosofo che ha lo stesso atteggiamento mentale.

Un fattore ulteriore di sviluppo è *l'alternarsi sul palcoscenico della vita di differenti aspetti della natura umana* (per es., illuminismo, romanticismo, misticismo, ecc.). In tutti i tempi, ciascuno di questi aspetti appartiene in maniera diversa a differenti menti, ma favorisce lo sviluppo di quelle menti che condividono l'atteggiamento corrente. Così, in un'epoca religiosa fioriranno i filosofi religiosi (teologi) e in un'epoca illuministica i filosofi "razionalisti". Se un filosofo sbagliasse l'epoca, semplicemente non sarebbe di moda, anche se poi (col passare del tempo) inizia una nuova corrente di pensiero.

Le differenze proposte sono meno divergenti di quello che sembri, nel senso che la stessa cosa può essere vista da angoli diversi. Ma questi angoli sono fisiologici in quanto ci sono intelletti romantici, logici, religiosi, scettici, spirituali, ecc. In ogni tempo e luogo, prosperano quelli che sono all'unisono con l'epoca, per quanto qualche volta non lo sono e la cambiano. Le differenti conclusioni illustrano la diversità della maniera di pensare e dei suoi metodi analitici, contribuendo argomenti diversi ad una comprensione di aspetti diversi della stessa realtà. La diversità di conclusioni stimola lo sviluppo, dal momento che chi non è convinto di una teoria cerca di dimostrare la sua invalidità e di proporre una propria teoria come valida. Le varie teorie illustrano validamente punti importanti, ma quello che non possono avere è un'universale validità.

Il risultato è che spesso un sistema creato da una mente prominente è un gradino che porta allo sviluppo di quello successivo da parte di una mente similmente prominente nella scala dello sviluppo filosofico. Lo sviluppo delle varie indagini permette di capire progressivamente di più.

Vantaggi e limiti dell'analisi

Se quello che caratterizza la vita è determinato dalla strategia dell'Ordine (un ordine che non può essere alterato senza conseguenze peggiori di quelle che si vorrebbe correggere), a che serve l'analisi? Soprattutto, serve ad una migliore comprensione. Per es., la conclusione che l'Ordine non può essere alterato senza conseguenze negative è uno dei risultati dell'analisi che ha implicazioni pratiche essenziali.

La funzione dell'analisi
L'analisi favorisce la comprensione di quello che si percepisce, si pensa, si sente, si crea, s'immagina, si fa e più in generale di quello che si vive. L'analisi delinea la realtà umana, i suoi meccanismi di regolazione e i suoi possibili significati. Soddisfa il desiderio naturale di cercare di comprendere la realtà in generale e noi stessi in particolare. Se e quando si comprendono le leggi naturali, ci si rende conto dei fattori e delle regole che sono indispensabili per il successo degli individui e delle società.

Per es., si cerca di capire l'inevitabile relazione tra bene e male, la libertà e la sua relazione con la responsabilità, i pericoli delle infrazioni delle leggi naturali, i danni di un egoismo miope, i limiti delle virtù e dei vizi, la necessità delle aspirazioni, i danni degli sbagli, i pregi e le limitazioni delle mode, ecc. Si diventa coscienti di quello che, nel nostro interesse, bisognerebbe fare od evitare. La comprensione dovrebbe aiutarci a decidere gli scopi che dovremmo proporci e il nostro comportamento riguardo a tali scopi.

Per es., se si comprendono i limiti e le caratteristiche del bene e del male, siamo in una posizione più favorevole per perseguire il bene. Si possono ancora fare degli sbagli, ma per la nostra debolezza, non per la nostra ignoranza. La storia della razza umana si caratterizza per l'alternarsi di periodi di gran fioritura e di decadenza. Bisognerà pur domandarsi quali sono i fattori che portano allo sviluppo e al regresso, e se sia possibile favorire quei fattori (se si comprendono) che portano allo sviluppo delle civilizzazioni.

Rapporto tra analisi e realtà
L'indagine della realtà non sostituisce né sostituirà mai quello che comprende (cioè, la realtà esaminata). *Se la comprensione vuol sostituire le sue regole a quelle della natura, vuol dire che non ha capito.* Certe realtà ideali proposte dai filosofi sono utopie che, se applicate, non durano. I regni, gli imperi, le repubbliche dei filosofi o le dittature del proletariato possono rappresentare soluzioni di necessità storiche, ma non hanno valore universale o permanente. Infatti, non durano quando hanno compiuto la loro funzione.

Per es., la monarchia può portare all'unificazione di una nazione, ma una volta che la nazione sia unificata e la classe media diventi sufficientemente sviluppata, la monarchia è eliminata o assume una funzione simbolica dell'unità nazionale e anche "decorativa". Naturalmente, questi eventi storici (e anche le teorie dei filosofi) sono eventi previsti dalla Varietà che è intrinseca nell'Ordine: la Varietà offre nuove occasioni di sviluppo stimolando fattori diversi.

Se è vero che *la filosofia non modifica la natura umana è anche vero che modifica il comportamento umano.* Per es., la filosofia provvede le basi teoriche che squalificano il sopruso del potere (concetto di uguaglianza) o giustifica l'ambizione non in se stessa, ma come impulso istintivo necessario per la realizzazione del merito. È anche vero che se la filosofia non modifica la natura umana, *la natura umana modifica la filosofia.* Infatti, i sistemi filosofici di differenti filosofi possono essere quanto mai diversi nella loro analisi e nelle loro conclusioni secondo la natura di chi li sviluppa e alle condizioni che vengono analizzate.

La filosofia persegue l'analisi e una migliore comprensione della realtà umana e pertanto ne modifica l'azione. La mancanza di riflessione (senza riflessione non ci può essere filosofia) priva gli istinti dell'analisi della loro funzione e dei significati di quello che perseguono. Gli istinti sono meccanismi di cui si serve la genetica per caratterizzare la realtà umana, ma gli istinti non analizzano se stessi né hanno la coscienza della loro funzione. L'enorme importanza della filosofia nell'influenzare il comportamento umano si vede anche nelle limitazioni di sviluppo delle società barbariche. Quelle società non ragionano e tendono ad essere violente, cioè più vicine alle bestie. Una delle conseguenze più ovvie è la mancanza di sviluppo o uno sviluppo lento e insignificante.

Le conseguenze della comprensione

Se si capiscono le fondamenta delle realtà, si può tentare di perseguire quello che è positivo e di evitare quello che è negativo. Dopo tutto, come individui e come società, si può perseguire anche quello che ci danneggia per ignoranza, incomprensione, incompetenza o arroganza. Capire quello che regola la vita degli individui e della società è la premessa (per quanto sia solo la premessa) per evitare le conseguenze dell'incomprensione.

La comprensione ci mette in grado di valutare criticamente la corrente "normalità", che può anche rivelarsi anormale. Solo la comprensione può suggerire le soluzioni necessarie, e non certo le nostre inclinazioni e preferenze. La comprensione mette a fuoco quello che inconsciamente si vive.

Non si deve immaginare che sia necessario che *tutti* capiscano o debbano capire, perché questo sarebbe contro le prescrizioni della natura. Se *tutti* capissero nella stessa maniera le stesse verità, si minerebbe la stessa Varietà che è una caratteristica fondamentale della realtà e non solo di quella umana. Ne risulterebbe uniformità di comportamento che diventerebbe oppressivo e monotono, creando uno squilibrio che deriverebbe dall'imporre un equilibrio particolare (quello della comprensione generale: tutti filosofi). Se *nessuno* capisse le verità necessarie, il risultato sarebbe una gran confusione d'istinti e riflessi, sganciati da una visione generale della realtà umana.

Se q*ualcuno* capisce è per ciò stesso in grado di guidare il resto. Lo si vede bene quando un grande statista guida la sua nazione verso lo sviluppo e il successo. Allora, le leggi promulgate si basano sulla sua comprensione dei meccanismi di base, vale a dire delle relazioni obbligate che vi sono tra premesse e conseguenze. Per es., se si riconosce l'importanza che il merito ha per tutti (anche per quelli che non hanno meriti particolari), lo si può promuovere.

Se si usa il merito (invece dell'incompetenza ambiziosa), i migliori risultati sono a vantaggio di tutti. Se si favorisce l'equità, si incoraggia l'ordine delle relazioni sociali. Se si favoriscono le attività industriali e commerciali, si promuove il benessere generale, che poi si dovrebbe tradurre nel sostegno delle attività creative, ecc. Se si promuove la creatività offrendole occasioni di sviluppo, si creano le basi per contribuire alla continuazione o allo sviluppo di una civilizzazione. Anche quando non c'è materiale umano eccezionale, una comprensione illuminata eleva la qualità di quella che altrimenti sarebbe la compiacenza della mediocrità.

Comprensione ed istinti

Al contrario della riflessione, gli istinti sono universali. Pertanto, gli istinti regolano potentemente il comportamento umano in ciascuno di noi, anche nell'assenza di comprensione. Gli istinti sono essenziali nel provvedere il minimo necessario per la sopravvivenza individuale e di specie, perché riflettono la comprensione della natura. Guidano gli individui nell'adempiere funzioni senza le quali non vi può essere una vita normale. Per es., gli istinti (come l'innamorarsi) portano al matrimonio e al desiderio di figli e pertanto assicurano la continuazione ordinata della specie.

La filosofia comprende questa necessità, ma nessuno si sposerebbe solo per continuare la specie. La filosofia comprende le funzioni dell'amore (inclusa quella di una necessaria riproduzione), ma non sarebbe capace di suscitarlo. Inoltre, gli istinti possono perseguire scopi che vanno oltre la loro normale funzione. Per es., l'innamorarsi può portare all'adulterio, e quindi non al matrimonio, ma al divorzio. E l'istinto sessuale può portare solo al libertinaggio.

Anche se la filosofia non determina gli istinti, tuttavia la comprensione della filosofia spinge chi ne ha la responsabilità a cercare quegli strumenti che favoriscano un certo comportamento, quali, per es., stimolare le nascite agevolando chi procrea figli quando questo è reso necessario dal declino del numero delle nascite. L'analisi della filosofia prevede le conseguenze negative dell'invecchiamento di una razza.

Naturalmente, *anche la riflessione può sbagliare e proporre soluzioni incorrette che più sono ancora più pericolose se diventano di moda.* Dal momento che si può credere di capire anche quando in realtà si sbaglia, *gli istinti possono diventare un fattore di sicurezza*, perché si oppongono a quanto minaccia le leggi della genetica. Per es., credenze e mode possono essere il risultato di diversi fattori (incluso il desiderio di novità), ma non della comprensione. Ci si associa a quello che è di moda solo perché è di moda, non vedendo i possibili danni. Le mode, necessarie come fattori di sviluppo, non si basano sulla razionalità, ma sulla necessità della varietà (per es., le gonne sono ora lunghe e ora corte, i tatuaggi imperversano, la pittura può perdersi nelle sue astrazioni o la poesia può compiacersi delle sue stranezze). A causa della loro funzione, dopo un po' le mode devono soprattutto cambiare, lasciandosi dietro le loro contribuzioni (se ne hanno).

Alcune mode possono essere meno innocue di quello che sembra, invadendo campi di cui non sanno nulla. In questo caso, gli istinti possono opporsi, anche se non coscientemente, a quello che può danneggiarci come individui e società. Qualche volta, gli istinti si oppongono, anche con ragione, a quello che ci si crede di capire.

La comprensione come guida

A differenza degli istinti, la comprensione va oltre le necessità della sopravvivenza, assegnando scopi e insegnando metodi che portano al fiorire della creatività umana. Non si sopprimono o si modificano gli impulsi istintivi, ma si mettono al servizio della realizzazione di se stessi. In fondo, questa è forse la differenza principale tra una vita animale e una vita guidata dallo spirito. Mentre la prima non include la seconda, la seconda non vuol certo eliminare la prima, rendendosi conto della sua importanza (o anche quando non se ne rende conto).

L'essere consapevoli che tanti dei fattori che ci regolano sono il risultato inevitabile d'inevitabili cambiamenti (incluso il progresso) impone una continua valutazione dei loro significati e influenze. Diventa necessario regolarli per sviluppare i loro lati positivi e ridurre il danno di quelli negativi. La comprensione poi si articola nei vari campi. Se un uomo di stato capisce le leggi della storia, cerca i mezzi per giocarvi il ruolo assegnatovi e non di provocare disastri criminali.

Similmente, se si comprende, per es., il ruolo della moralità, ci si rende conto che il suo declino non può essere presentato come una conquista moderna ("liberazione"). Se si capisce la necessità di comunicare con Dio, s'intende come possa essere pericolosa la moda d'ignorare le religioni rivelate. L'indebolimento delle religioni in genere non porta ad un comportamento più "illuminato", ma solo ad un comportamento meno responsabile, caratterizzato dal deterioramento delle inibizioni *fisiologiche*. Individualmente, ci è permesso di essere immorali, ma non di patrocinare l'immoralità. In fondo, tra i reati, vi è anche quello di apologia del reato. Per es., si può rubare (ed essere puniti), ma non fare del furto una virtù (ed essere lodati).

La comprensione non è il rimedio infallibile contro i mali che affliggono individui e società dal momento che, per es., si può capire e non agire, capire e tuttavia scegliere la soluzione sbagliata ("Video meliora proboque, deteriora sequor"), capire e non aver coraggio, capire e in realtà non aver capito, capire ed essere impotenti contro fattori troppo forti, ecc. Ma la comprensione è l'ingrediente indispensabile per sviluppare soluzioni adatte: non lo farà certo l'incomprensione. Non si può fare bene quello che si capisce male.

Questo naturalmente non vuol dire che la comprensione porterebbe automaticamente ad un sistematico miglioramento delle attività umane per molte ragioni. Così, la comprensione non è universale, non è costante, non è univoca, non trova consensi generali, non è quantitativamente o qualitativamente simile in persone differenti, può scontrarsi con interessi opposti, e varia secondo le caratteristiche di ciascuno (la comprensione è maggiore nel campo della nostra perizia).

Se io non capisco quello che tu capisci, posso non essere per nulla d'accordo con te solo per quello.

Altre ragioni sono che la comprensione non necessariamente risulta in un'azione conforme (non basta capire che il fumo fa male per smettere di fumare), che gli avvenimenti spesso richiedono risposte obbligate (per es., la legittima difesa), che (pur capendo) si sia costretti dalla situazione a soluzioni non condivise dalla comprensione, ecc. Ma sopratutto, la comprensione capisce che non ha il permesso di alterare le leggi di natura ed è solo un fattore (per quanto essenziale) nel determinare la condotta individuale e collettiva. Nel caso della condotta collettiva, più di una comprensione generalizzata, può essere importante quella di chi guida una società nei vari campi.

Ma in ogni epoca, vi sarà sempre uno scontro tra comprensione e incomprensione, fra bene e male, fra moralità e immoralità, tra civilizzazione e decadenza, tra idealismi ed egoismi, tra virtù e vizi, ecc. Tale scontro è insito nella dinamica della natura umana. Alle epoche "illuminate" seguiranno quelle "oscure", tutte e due con i loro sbagli, ma sia le soluzioni appropriate che i nostri sbagli possono contribuire al predominio di uno degli opposti. La nostra responsabilità come società è di favorire lo sviluppo di un'epoca illuminata e di ostacolare la mediocrità dell'epoca per quanto possibile. In ogni caso, la comprensione è solo un fattore tra i molti che regolano il comportamento.

Una civilizzazione può decadere non perché le leggi naturali cambiano, ma perché l'uso che se ne fa non è più ottimale, come, per es., non coltivando il talento o l'ambizione di eccellere (quali che siano le cause per i cambiamenti di condotta). O coltivando la mancanza di talento o il disordine nella condotta. O per l'assenza di talenti notevoli.

Il successo è ben raramente il risultato dei nostri difetti, dell'ignoranza o del caso. Di qui, la necessità che la nostra incomprensione non porti al fallimento generale. In realtà, *è legge di natura che spesso si agisce per correggere le infrazioni delle sue leggi*. Si cerca di modificare situazioni prevalenti nel tentativo di correggere ingiustizie e sbagli, e favorire lo sviluppo. Per es., una corruzione rampante favorisce il perseguire l'egoismo sfrenato degli individui a scapito della società. La corruzione c'è dovunque, ma una società meglio organizzata è capace di tenerla sotto controllo. La corruzione da potenziale diventa attuale quando il deterioramento del clima sociale lo permette.

Non è possibile forzare la gente a seguire i dettami di quello che è migliore nella natura umana, ma invece si può far sì che la concezione delle virtù e dei vizi non venga adulterata, che certi valori inspirino la condotta della gente e che le infrazioni delle leggi del codice siano punite. Se non si comprendono i fattori in gioco, si è determinati dagli stimoli a cui siamo esposti e alla possibilità di sbagliare, anche in modo serio. Si rinuncia ai vantaggi di una scelta ragionata.

In ogni caso, la vita sarà sempre come una giungla lussureggiante, piena di fascino e di sorprese, bella di fiori rari e di piante esotiche, piena di suoni attraenti o minacciosi e di bestie feroci, senza sentieri permanenti e con frequenti insidie, in cui è facile perdersi anche quando condotti da guide competenti.

Limiti dell'analisi

Non vi sarà mai un sistema definitivo per una realtà ottimale. Data la nostra diversità individuale, è impossibile che la realtà possa essere ottimale per tutti. Tuttavia, c'è la possibilità molto reale che la realtà sia già ottimale, ma non nel senso superficiale che tutto vada benissimo per il nostro individuale egoismo naturale. Invece, *la realtà potrebbe essere ottimale nel senso che le leggi di natura rispondono ad una Necessità che ne assicura la funzionalità e pertanto la sopravvivenza (ed anche le fluttuazioni in più o in meno).* Ne consegue che se si capiscono le leggi di natura si possono perseguire comportamenti che tengano conto di quelle leggi per ottenere risultati migliori.

Invece, quando si vogliono modificare le leggi di natura non si crea una realtà migliore, ma piuttosto nuovi problemi. Si cerca di modificare le regole di un equilibrio che non si capisce. La comprensione non cambia l'equilibrio, ma comprendendo, migliora l'uso dei fattori che vi contribuiscono, adattando il nostro comportamento al successo dei nostri scopi. Per fare un paragone, le regole e le pedine di una partita di scacchi o di dama sono fisse per tutti i giocatori, ma chi vince e chi perde. Chi vince ha una migliore comprensione dei fattori in gioco, anche se né lui né chi perde possono cambiare le regole. Ma chi vince percepisce tra le mosse permesse dalle regole quelle che gli permettono di prevalere.

Inoltre, *la mente è incapace di dare ordini ai sentimenti* (per es., all'amore). Se non vi si riflette, si vivono meccanismi che si ignorano. Per questo, prima bisogna vivere (affidandoci alle leggi di natura) e dopo fare della filosofia (analizzandole). Questa considerazione sottolinea la funzionalità dei meccanismi che ci regolano, dal momento che si agisce secondo regole naturali anche senza riflettervi o senza comprenderle.

Ma il *livello* della nostra condotta individuale e sociale non può essere basato sull'incomprensione, perché questa può permettere squilibri dei fattori istintivi per non capirne la funzione. Si può non comprendere, ma i risultati dell'incomprensione non possono essere che errori. Per es., solo chi capisce la fisica e l'ingegneria costruirà aeroplani che volano. Anche i fisici e gli ingegneri usano le leggi di natura per ottenere risultati anche brillanti, ma non è loro permesso di modificarle. Lo stesso vale per le leggi che regolano il comportamento della mente umana. Quanto meno si capisce, tanto più elementare è il livello a cui si vive.

Bisogna aggiungere che l'involuzione di una società può essere anche il risultato di leggi naturali e non solamente dell'incomprensione. Per es., l'eccessiva opulenza di Roma imperiale era il risultato dei suoi successi, ma era incompatibile con le antiche virtù romane. Anche se si capiva questo, non erano certo le leggi di Augusto che potevano impedire la decadenza dei costumi che seguì al lusso smoderato. L'analisi deve tener conto del fatto che in una società quello che è possibile non è sempre frenato da quello che è desiderabile.

Ruolo degli opposti

Ciascuno, pur strutturando la sua esistenza secondo la matrice di cui è fatto, aggiunge la sua tessera al mosaico della vita. Una tessera dai colori più o meno brillanti, come lo richiede la sintesi del mosaico.

Ne risulta uno spettacolo eccezionale nella sua complessità e bellezza. La vita è talmente straordinaria nelle occasioni per svilupparsi, nei successi e nei fallimenti, negli affetti e dedizioni, nelle aspirazioni e illusioni, negli slanci ed emozioni, nella gioia e nel dolore, nell'esaltazione e nella depressione che la morte sembra essere sempre fredda e crudele. Addirittura, la morte sembra crudele anche quando conclude una vita inane. E invece è una necessità fisiologica anche quando conclude una vita eccezionale.

Pertanto, la comprensione non può essere dissociata da una profonda umiltà, perché ci espone alle esigenze di una Necessità che *deve* funzionare. La Necessità è resa tale da una superiore comprensione strategica (quella di Dio) che sviluppa meccanismi per far funzionare (e pertanto durare) una realtà estremamente complessa. L'estrema complessità è resa necessaria dalla capacità di compiere con successo compiti straordinari, evitando allo stesso tempo gli effetti collaterali negativi di quello che si vuole ottenere. Per es., la Necessità non può permettere né alla crudeltà né alla pietà di essere *l'unica regola assoluta e uniforme* di comportamento, anche se la crudeltà dovrebbe essere sempre respinta e la pietà sempre coltivata.

Le proposte umane possono correggere gli errori di una particolare situazione. Ma non durano, perché (indirizzandosi solo a certi aspetti, ma non al quadro generale) una volta esaurita la loro funzione, creano squilibri non tollerabili. Per es., è facile prevedere le conseguenze di tante teorie, anche moralmente superiori. Nell'organizzazione della natura umana, c'è posto per le più grandi virtù e i più grandi vizi e pertanto per la scelta responsabile tra merito ed demerito. Soprattutto, uno sforzo continuo è necessario per far sì che l'equilibrio tra bene e male non venga rotto per mancanza di virtù e delle loro inevitabili infrazioni.

Spesso i filosofi esprimono opinioni generali che riflettono le loro convinzioni personali. Un'anima spirituale vedrà l'idealizzazione dell'amore come uno scopo meritevole e la soluzione delle lotte dell'uomo. Ma una seria limitazione di questa proposta (o di altre proposte in generale) per quanto riguarda il ruolo dei diversi aspetti dell'animo umano, è il presupposto che Dio si è sbagliato e la nostra saggezza propone soluzioni migliori rispetto a quelle del Creatore.

L'amore è una forza irriducibile che determina molte azioni individuali e collettive, ma non è il solo elemento nell'equazione della vita. Per es., è probabile che un banchiere sia motivato più dal profitto (che coincide col suo concetto di successo e persino di bene) che dall'amore fraterno. Ma il primo dovere di un banchiere è che la sua competenza finanziaria faccia la sua banca finanziariamente forte, affidabile e funzionale (e questo assolutamente richiede che la banca sia in attivo): nel far questo, il banchiere serve la comunità. Se fosse compassionevole e incompetente come banchiere, il suo fallimento danneggerebbe sia i suoi clienti sia il ruolo delle banche nell'economia di una comunità. L'interesse del banchiere al profitto non gli impedisce di essere personalmente un filantropo.

Similmente, non si capirebbe il significato della storia, se gli eventi storici fossero condannati in nome dell'amore e della giustizia. Non solo la condanna non funzionerebbe, ma in aggiunta, lo sviluppo dello spirito umano sarebbe ostacolato dai danni della mancanza di antagonismi e da una pace perpetua. Infatti, lo sviluppo richiede un'intensa lotta contro gli ostacoli esterni e contro la mediocrità che è in ciascuno di noi. In questa lotta, uno deve reclutare tutte le sue risorse al fine di riuscire. Ma è proprio la lotta che fa crescere le persone.

Nessuna impresa eccezionale è facile o può esserlo. Se lo fosse, *ipso facto* l'impresa non sarebbe eccezionale. Amore e affetti sono indispensabili al cuore, perché aggiungono profondi significati alla vita di ciascuno e mitigano le asprezze della lotta. Ma l'amore e gli affetti (pur essendo essenziali) non sono le uniche variabili che determinano la vita. Una persona sinceramente affettuosa e altrettanto perfettamente infingarda non sarebbe neanche affettuosa verso la famiglia a cui imporrebbe una vita di stenti.

Se ne deve dedurre che si sbaglia nel predicare l'amore fraterno? Certamente no, perché amore e carità sono parte integrante della strategia generale della natura. Si può negare l'amore solo se non si comprende la sua funzione e necessità. La mancanza d'amore sarebbe la fine della natura umana ed il principio di una giungla morale. Senza l'amore, nulla si opporrebbe ai vizi opposti come l'odio o la crudeltà, e soprattutto ad una vita arida.

Ma un equilibrio dinamico richiede il contrasto di forze opposte di simile grandezza. Se l'amore fosse il solo fattore che dominasse le relazioni umane, le conseguenze non sarebbero positive. Per quanto l'amore sia indispensabile, la competitività ha anche funzioni importanti, ma si basa sull'antagonismo che stimola ad eccellere. La competitività deve tener conto anche delle esigenze dell'amore, compreso l'amore verso di sé inteso nella sua migliore accezione. Bisogna predicare l'amore per prevenire le devastazioni dell'odio. Ma il fatto rimane che *non si può sopprimere anche una sola delle caratteristiche umane (positive o negative) senza introdurre il disordine degli squilibri.*

Il comportamento può anche andare contro le leggi della natura (per es., una spietata crudeltà), ma dobbiamo renderne conto alla nostra responsabilità. Spesso quello che ci "giustifica" è la nostra incomprensione e la più pericolosa è quella delle persone che si distinguono. Non perché sono più stupide, ma perché si occupano di problemi assai più difficili e perché i loro sbagli danneggiano più gente.

Non è facile distinguere la funzione delle variabili che ci sollecitano, anche perché spesso ci si avventura in quello che è "nuovo" (cioè differente) senza un'adeguata comprensione ed esperienza, e pertanto senza prevederne le conseguenze. Questo può succedere perché i desideri vogliono ignorare la comprensione, perché si sdegnano i suggerimenti dell'esperienza, perché si ha l'ambizione di essere "innovatori", perché non si ha esperienza, o perché è troppo difficile capire. Ma l'incomprensione per sé non fa eccellere nessuno. Tuttavia, il diverso comportamento è previsto dalle differenti leggi di natura e pertanto cambia nella forma rimanendo lo stesso nella sostanza. Quello che fa la differenza sono i risultati che legittimano solo i comportamenti meritori.

CONCLUSIONI GENERALI

Il genere umano è il gioiello della creazione divina. Questo gli dà grandi privilegi e allo stesso tempo un'altrettanto grande responsabilità. Quello che ci fa speciali (il nucleo essenziale della natura umana) è *la mente con la sua capacità di pensare (logica), di sentire (emozioni), di immaginare (creatività e fantasia) e di interagire tra le varie menti (conoscenza). Queste proprietà della mente si verificano in un corpo altamente specializzato per le sue varie funzioni.*

La mente ci permette di vedere il bene e il male e la nostra libertà ci permette di scegliere fra i due, facendoci responsabili delle nostre azioni. Questo immediatamente chiarisce che se non esistesse il male non potremmo essere liberi, perché obbligati a seguire il bene. Ma il nostro comportamento non è affidato unicamente alla nostra comprensione, perché istinti naturali sono istillati in ciascuno di noi a proteggere la fisiologia di quello che facciamo come individui e società.

La vita è un'occasione unica che ci è data in dono e di cui dovremmo essere grati. Un certo numero di anni è dato a ciascuno di noi per vivere l'avventura umana su questa terra ed essere protagonisti del dramma dell'esistenza. Un dramma che si caratterizza per il contrasto tra impulsi opposti, per gli alti e bassi, per la sublimità e la bassezza, per le virtù e i vizi, per la creatività e l'insipienza, per il desiderio di eccellere e l'ignavia della mediocrità, per i nostri slanci e la nostra meschinità, per la commedia e la tragedia che offriamo sul palcoscenico della vita.

Sono i nostri lati positivi e negativi che ci fanno essere umani. Ma si diventa meno umani se prevale un termine dell'equazione, se per es., prevale una bassezza senza remissioni o l'incomprensione dell'arroganza.

La lotta è il mezzo per realizzarsi e la compiacenza il mezzo per cessare di svilupparsi. Per questo, la nostra esistenza deve comprendere prove e sofferenze, senza le quali la vita perderebbe la sua intensità emotiva. In ogni caso, la vita ci è tanto cara che si sente una profonda angoscia quando la nostra sopravvivenza è minacciata da una malattia o da una situazione pericolosa.

La vita offre anche numerosi piaceri che le danno significati speciali come quelli degli affetti profondi, delle passioni intense, del fascino della bellezza, dei successi, delle espressioni della creatività, delle speranze trepide, dei sogni d'amore, ecc. Le differenti emozioni sono alla base di tante creazioni.

La simbiosi della mente e del corpo fa di noi uno straordinario organismo che interagisce con l'ambiente esterno. La nostra unicità individuale necessita sia la nostra mente che il nostro corpo e le loro interazioni. Il corpo è la sorgente di tante percezioni che fanno parte essenziale della nostra realtà mentale. Basta pensare all'importanza essenziale di quello che si vede. Inoltre, è nel corpo (cervello) che sono fissate le nostre inclinazioni naturali.

La mente reagisce emotivamente a quello che il corpo percepisce ed è capace di creare modificando così l'ambiente con l'aggiungervi la bellezza delle creazioni umane. La mente è la sede dei fermenti del conscio e del subconscio, della felicità e infelicità, dell'ingegnosità umana, dei piaceri e dispiaceri, delle speranze e delusioni, dei ragionamenti e delle emozioni, dell'esplorazione dell'ignoto attraverso gli strumenti e i metodi della scienza. La mente ricorda, percepisce e anticipa. La mente crea la bellezza delle arti, il tempo e lo spazio.

Nella mente, l'amore governa una parte sostanziale del comportamento umano, come si vede per es. da quello che prova una madre verso la sua creatura appena nata, i rapporti affettivi tra i genitori e figli, i sentimenti del primo amore adolescente, la passione che lega gli amanti, i legami affettivi del matrimonio, la funzione indispensabile dell'amore di sé, l'amore verso Dio e più ancora quello di Dio verso di noi.

La mente ci permette di aver coscienza di Dio, delle sue opere e di noi stessi. Letteralmente, la mente è il faro la cui luce fa nascere la nostra realtà estraendola dall'oscurità dell'inconsapevolezza. Impulsi istintivi assicurano la sopravvivenza fisica ed evitano il caos che deriverebbe dall'incomprensione individuale di un Ordine necessario. Tali impulsi provocano non azioni riflesse, ma azioni riflettute dalla mente.

La mente ci rende consapevoli della nostra realtà, che è poi la realtà della nostra mente. Anzi, la mente *crea* la nostra realtà. Quando si percepisce, si osserva, si studia, si legge, si esperimenta, si scambiano opinioni, si pensa o si riflette, strutturiamo una realtà sempre più complessa. In ultima analisi, la mente è la base della nostra libertà, perché è capace di analizzare e di accettare o respingere quello a cui è esposta. L'insoddisfazione e curiosità della mente le danno una sete inestinguibile di conoscere e capire. Inoltre, ciascuno ha la sua mente e questo ne assicura la varietà e soprattutto l'individualità nel sentire ed operare sulla scena umana.

La vita è un dono divino, un dono unico e straordinario. A tutti è dato di viverla e a nessuno di comprenderla interamente. Ma il mistero che la circonda la rende ancor più affascinante. In realtà, siamo i protagonisti e i testimoni di uno spettacolo straordinario dalla cui bellezza siamo affascinati.

Ma se siamo liberi e indipendenti, *siamo dunque anche soli?* In parte, lo dobbiamo essere, come lo è uno studente che fa un esame o i nostri figli quando si rendono indipendenti da noi. L'esame della vita esige che ciascuno dia risposte individuali a quello di cui è responsabile e delle sue risposte ha il merito o demerito. Ma il dono che sconfigge la solitudine è l'amore. E questo include l'amore tra le creature, l'amore verso Dio e quello più grande di Dio verso di noi.

La comprensione dei doni di Dio dovrebbe istillare un'umile e profonda gratitudine. A cominciare dal dono di essere nati. Ma è necessario che riceviamo i doni senza esserne coscienti. Il non essere coscienti dei doni ricevuti è il dono che ci permette di essere i figli di Dio e di non essere resi insignificanti dalla sua grandezza. Nell'essere creature di Dio risiede la dignità di ciascuno di noi.

ADDENDUM

Per un ulteriore sviluppo di vari temi discussi si vedano i seguenti libri di aforismi e saggi:

Aforismi

L'Enigma della Mente: Aforismi/The Riddle of the Mind: Aphorisms, pubblicato dall'autore, New York, 1996.

La Realtà dell'Io: Aforismi, Editing Edizioni, Treviso, 2006.

Foglie d'Autunno (Riflessioni e aforismi), Maremmi Editori, Firenze, 2006.

Conchiglie/Sea Shells, Albatros Il Filo Editrice, Roma, 2009.

Aghi di Pino/Pine Needles, Casa Editrice Joker, Novi Ligure, 2009.

Aforismi e saggi

Diario di un Fisiologo del Cuore, pubblicato dall'autore, New York, 1994.

Saggi

"La realtà, la mente e la poesia" incluso nel libro di poesie *Non Sempre*, Editing Edizioni, Treviso (in una collana diretta da Paolo Ruffilli), 2005.

"Spazio", "Movimento", "Tempo", "L'Io", "La natura della realtà", "La relazione tra tempo, spazio e movimento", "L'Arte" inclusi nel libro *La Realtà dell'Io: Aforismi*, Editing Edizioni, Treviso (in una collana diretta da Paolo Ruffilli), 2006.

Research in Physiology A Liber Memorialis in Honor of Prof. C. McC. Brooks; a cura di F.F. Kao, K. Koizumi e M. Vassalle. A. Gaggi, Publisher, Bologna, Italy, 1971.

Cardiac Physiology for the Clinician, a cura di M. Vassalle, Academic Press, New York, 1976.

Cardiac Physiology for the Clinician, a cura di M. Vassalle, tradotto in cinese, 1978.

Excitation and Neural Control of the Heart, a cura di M. N. Levy e M. Vassalle. American Physiological Society, Bethesda, Maryland, 1982.

Chandler McCuskey Brooks: The Scientist and The Man, a cura di M. Vassalle. State University of New York, Health Science Center at Brooklyn, 1990.

Diario di un Fisiologo del Cuore, (Include saggi filosofici), pubblicato dall'autore, New York, 1992.

Emozioni Perdute/Lost Emotions, (Poesie in italiano e inglese), pubblicato dall'autore, New York, 1994.

L'Enigma della Mente: Aforismi/ The Riddle of the Mind: Aforismi, pubblicato dall'autore, New York, 1996.

La Realtà dell'Io: Aforismi/ The Reality of the Self: Aphorisms, pubblicato dall'autore, New York, 2000.

La realtà dell'Io: Aforismi (versione italiana), Editing s.a.s., Treviso, 2006.

Dune/Dunes, (Posie in italiano e nella versione inglese), pubblicato dall'autore, New York, 2001.

Penombre/Twilights, (Poesie in italiano e nella versione inglese), pubblicato dall'autore, New York, 2003.

Non Sempre/Not Always, (Poesie in italiano e nella versione inglese), pubblicato dall'autore, New York, 2004.

Non Sempre, (Poesie in italiano), Editing s.a.s., Treviso, 2005.

Foglie d'Autunno, (Aforismi e Riflessioni), Maremmi Libri, Firenze, 2006.

Le Radici del Cielo, (Poesie in italiano), Maremmi Libri, Firenze, 2008.

Conchiglie/Sea Shells, (Aforismi e riflessioni), Albatros Il Filo Editrice, Roma, 2009.

Aghi di Pino/Pine Needles, (Aforismi e riflessioni), Casa Editrice Joker, Novi Ligure, 2009.

Albatros